赣鄱文化研究丛书

胡迎建 ◎著

鄱阳湖与赣江是中原与长江通往岭南的黄金水道，是数千年来江西境内水道航行的转运脉络。

赣鄱水运文化史

中国书籍出版社
China Book Press

图书在版编目（CIP）数据

赣鄱水运文化史 / 胡迎建著 . -- 北京：中国书籍出版社，2019.7

ISBN 978-7-5068-7313-0

Ⅰ.①赣… Ⅱ.①胡… Ⅲ.①内河运输—交通运输史—文化史—研究—江西 Ⅳ.① F552.9

中国版本图书馆 CIP 数据核字 (2019) 第 112692 号

赣鄱水运文化史

胡迎建　著

责任编辑	李　新
责任印刷	孙马飞　马　芝
封面设计	田新培
出版发行	中国书籍出版社
地　　址	北京市丰台区三路居路 97 号（邮编：100073）
电　　话	（010）52257143（总编室）　　（010）52257153（发行部）
电子邮箱	chinabp@vip.sina.com
经　　销	全国新华书店
印　　刷	北京柏力行彩印有限公司
开　　本	180 毫米 ×260 毫米　　1/16
字　　数	355 千字
印　　张	23
版　　次	2019 年 9 月第 1 版　　2019 年 9 月第 1 次印刷
书　　号	ISBN 978-7-5068-7313-0
定　　价	86.00 元

版权所有　翻印必究

前 言

江西处于中原与岭南、沿海与内陆的交接处,东北大鄣山与安徽交界,东面怀玉山脉与浙江为邻;东南武夷山脉与福建交界;南面大庾岭与广东交界,西面罗霄山脉与湖南交界;西北幕阜山脉与湖南、湖北为邻。三面环绕山脉,北峙庐山,赣江、信江、抚河、昌河、修水五大水系注入鄱阳湖,呈扇骨状分布。李纮在《南园答问》中写到江西山水之奇,借东滇公子之语说:"历彭蠡之浩渺,仰庐阜之崇隆。西山绵延而亏日,章江澄澈而涵空";"盖江西之水,北会为汇;江西之山,同交于湖。山无旁走,水不外趋"[1]。

江西与水有着密切的关系,北面的长江是江西外出的重要水道,进来是鄱阳湖。历史上,江西有着江湖水运枢纽的重要地位,特殊的地理位置和水道流向,使江西的水道航运对于贯通中国的南北东西交通起着重要作用。清初大学者顾亭林誉其为"吴头楚尾,粤庭闽户,形胜之区"[2]。就连江西之得名,别称西江、江右,也莫不与江有关,以至有学者认为,"江"是"江西的地域文化名片"[3]。

然而本书何以要称《赣鄱水运文化史》呢?江西简称赣,古代未见这一说法,估计始于清末,其语源则来自江西最长的河流——赣江,这与湖南简称湘类似。20世纪90年代,江西学术界兴起赣文化的大讨

---

[1] 杨希闵:《乡诗摭谭续集》卷九,宣统庚戌夏敬庄用原稿定本照校刊本。
[2] 顾炎武:《天下郡国利病书》卷七十九。
[3] 朱虹,方志远:《人文江西读本》,二十一世纪出版社2017年版,第22页。

论，当时虽有极少数人不同意"赣文化"这一说法，但作为江西这一区域文化的特有名称，已经深入人心了，并极大地激发了江西人的认同感与自信心。二十年后，江西诸多学者又认为，仅言赣文化还有不足，鄱阳湖是诸水之总汇，连通中国第一大江——长江。它的周边地区又是江西文明最早的发源地，所以，以赣江、鄱阳湖作为江西这一区域文化的代称，更为恰当，这也说明赣鄱与水文化是密不可分的，而江西作为省名，着重在地理与行政。

鄱阳湖与五大水系，是数千年来江西境内的转运脉络，鄱阳湖与赣江是中原与长江连通岭南的黄金水道。鄱阳湖是江西的母亲湖，它不仅以其博大壮阔的自然风貌，更以它的巨大功能成为长江流域的璀璨明珠；同时，鄱阳湖区域是江西古文明的孕育地，研究赣鄱古代水运，应是地域文化的应有之义。

"北人乘马，南人乘船。"这句古谚语说明了南方与水的密切关系。水运是依赖河流湖泊而产生的人类文明。古代江西水上交通的发展，有力地推动了江西经济的发展、社会的进步。譬如说：古代政区，府、州、县的设置，就与水道有莫大的关系。试看，从西汉时的豫章郡治到现在的江西省会南昌市，作为长江以南的重镇，两千年来成为江西区域不变的中心，与南昌附近是赣江、抚河、信江河床的交汇处，成为南北东西水运的中心密切相关。赣州是章贡两水的交汇处。吉安是赣江与禾水、潇水的交汇处，抚河是临水与盱水的交汇处。江西经济与商业的兴衰，客运与货运的来往，江西人走出江西，或科举、出仕，或经商或旅游，大多依靠水运航行，外地人来江西，也大多如此，甚至历代的水上战争，都离不开水上运输。由此又牵涉到造船业与港口。就连游览文化，也与水道有很大关系。譬如庐山，古代来游者络绎不绝，写下了数以万计的诗词[1]，就与它处于大江大湖之畔有关，无论从长江还是经由鄱阳湖乘船而来，泊岸不远即可来山游览，甚至不用上岸，在江湖上乘船观望，也可以写出咏叹庐山的作品。

---

[1] 上海古籍出版社2010年版《庐山历代诗词全集》，收入16000多首诗词。

此书要谈的是赣鄱水运历史与人文。水运，包括物运船与客旅船以及救生船，还有相关的造船业、港口、航道治理等。同时，航运又涉及水流及其涨落，也涉及环境、气候，乃至州县政区、漕政与水上治安机构的设置。

在上古文献中，对赣江、彭蠡泽（鄱阳湖前身）水道乃至人文的记载虽有所关注，但非常简略。《禹贡》中仅有"东汇泽为彭蠡""过九江至于敷浅原"等片言只语。《山海经·海内东经》中记述了赣江："赣水出聂都山，东北注江，入彭泽西。"[1]《左传》中涉及江西区域的人事仅两三处而已。沿江滨湖一些交通运输条件比较好的地区，开始成为物资集散要地，这有赖于地面出土文物作佐证，如新干县界埠乡发现的战国粮仓遗址就是一例。

秦汉时期，北方文明渐渐传入长江以南的蛮荒之地。《史记》《汉书》中有关江西区域的内容多了起来。特别是《汉书·地理志》，记载了豫章郡下属十八个县的建置与水流状况，还有关于古彭蠡泽"彭蠡既猪（同潴），阳鸟攸居"[2]的记载。《后汉书·郡国志》中，也有"豫章水"的只言片语。参考其他文献，可以得知，从北方通达东南沿海的几条水陆相间的要道大都取道江西。自东吴至南朝，水陆交通得到进一步开发。江西由于盛产稻谷，交通便捷，运输日益繁重。南朝京城建康以外的大粮仓，有两处设在江西。这一时期，各方军事力量都企图控制处于江湖要冲的江州地区，以争夺长江下游京都建康，这无疑促进了造船业的发展。同时，人们对江西河流湖泊的认识也是随着开疆拓土与经济不断发展而逐渐深化的。难得的是，田园诗祖陶渊明、山水诗派开山祖谢灵运的诗作中都有关于在这一带江湖航行的描绘。

南北朝时，有一部记载全国河道的专书《水经注》，作者郦道元，北魏时洛阳人，在南北分裂的时代，他并未到过南方，其中却有江西水道的记载，尽管有些记载不准确，但毕竟勾勒了这一时期江西水道的粗线条。

---

[1]（清）郝懿行：《山海经笺注》卷十三，巴蜀书社1985年版。
[2]《汉书·地理志》第八上，团结出版社1996年版，第269页。

隋凿大运河，江西水运航路进一步纳入全国水运网。唐代洪州（治南昌）已是南北交通的重要区间港，"宏舸巨舰，千舳万舻，交贸往还，昧旦永门"，其时，江南西道的造船技术，也达到相当发达的程度。那时留下的文学作品，有不少描绘了水上风光与航运情景。

宋代的赣江、鄱阳湖，是南方"纲运"必经之地，"漕引江淮，利尽南海""楚湘闽广，舟车络绎"。北宋增设南康军、临江军、南安军，也就是为了确保这条航运线的安全。南康军还筑造了紫阳堤以停泊船只，以免受风浪的侵袭。这一时期有关水运的文献资料多了起来，为人们了解当时的航运情况、漕粮等物品运输的数量、港口的兴建、造船基地规模与造船技术的程度都提供了相当的参照系。宋代也是文化高涨的时代，江西本土文人大量涌现，向朝廷与地方政权输送人才。外地官宦与行商的流动、迁客骚人的过往诗文，都留下赣、鄱水上航运情景的描绘以及他们面对江湖的内心感受。譬如，北宋苏轼、苏辙，南宋范成大、杨万里、朱熹多次往返赣江、鄱阳湖水域，留下大量详细而生动的诗文，涉及江西大大小小的水道与航运。

依靠骁勇善战的骑兵征占建立起来的元代政权，以访贤为名搜罗江西的士人为其统治服务。大一统的疆域，蒙古人、色目人络绎进入江西。元代江西为重要行省之一，"使驿往来，朝令夕至，声闻可达"。江西的漕运通往大都，较之两宋路程更加遥远；江西的茶、木、瓷器等通过商贸得以运送到大西北甚至更远的地方。

朱元璋与陈友谅大战鄱阳湖，朱军胜而陈军败，奠定了明政权的基业。明初，一批批江西人被迫背井离乡，从各条水陆通道，迁往湖广。江西人会读书，能经商。无数文化精英或出仕，或讲学，活跃于各界；不少商人艰难起家，奔走于大江南北、云贵高原。明代朝廷在江西设北、南两关（九江关、赣关）以征收关税，成为封建王朝的财赋基地。江西四大名镇即景德镇、吴城镇、樟树镇、河口镇均因贸易、航运而兴。谚云："买不完的汉口，装不尽的吴城。"正是当年盛况的写照。从文献来看，明代较以前有着更多的史部、子部书、地方志以及碑记、石刻文字，其中有关水运的资料不少，尤其要提到的是明代徽商黄汴编纂的《天下水陆路程》，详载二京十三布政司水陆路程、各地道路的起讫分合和水陆驿站名称。由此可了解江西进出航运路线，还有食宿条件、物产行情、社会治安、行会特点、船轿价格等，也间有所记。

清军南下，与宋、元相同，也是从长江进入鄱阳湖、赣江的，以残酷的屠戮在数年间征服了江西全境。由于人口的锐减，清初从闽粤两省迁移了不少农户，定居于江西较为偏僻的边界，开垦土地。清代江西的水运航道在地方官的组织下得到进一步整治，但在雍正、道光年间及其后，岭南的漕运已不再完全依赖赣江、鄱阳湖、长江、大运河，而是走海运过闽、苏、鲁附近海域经天津至通州，而后更有洋轮从事海运。至光绪年间，内河漕运全罢。近代铁路兴起，京汉铁路、粤汉铁路的通车，加剧了江西水运的衰弱。民国初年，南浔铁路通车，连本省的客货运输也不仅仅依靠水运了，鄱阳湖港口集镇如姑塘、渚溪、吴城镇等逐渐冷落萧条，有的不复存在。以前有的江西学者认为，近代铁路的兴建，使江西失去了水上交通的优势，造成了江西的落后。其实，追其源委，其实早就与海运的兴起有关。但清末至民国时期，长江至鄱阳湖的轮船运输业也兴起来了，并逐渐担当了江西水运的主力军。

值得一提的是，清代的省志、府县志，卷帙浩繁，较明代的方志篇幅大为增加，其中，有关江西水运的记载甚多，涉及政区、物产、经济、贸易、集镇、海关、兵事等。

水神崇拜，也是水运文化的特有现象。从三国时代宫亭庙的蛇神保佑，到唐宋时代赣江上游的石固神，再到元明时代的晏公庙、定江王庙（俗名老爷庙）、张公庙等，都有神奇的故事与传说，然无不体现过往船只在大自然威力之下所产生的敬畏感与祈祷平安的愿望，而种种祭祀也得到朝廷与地方政权的引导与扶持。

古代江西区域的战争，以水上战争居多，规模也最大，主要以彭蠡湖即后来的鄱阳湖、赣江为战场，展开舟船之间的争逐。战争使正常的水路运输无法进行，但战争也催生了造船的规模与造船基地的建设。《左传》中第一次记载江西区域的大事便是春秋时代吴国对楚国番邑的征战，后来，楚国军队仍是利用水道攻取吴国的边界。再后来，秦军征战南粤与闽越,更上溯赣江或信江然后横越大山大岭到达岭南与福建。六朝时期,彭蠡湖左蠡与湖口是叛军与官军必争之地。刘裕攻破卢循在左蠡的扼守,挫败其黄粱美梦,也为刘裕自己日后篡位改朝奠定了基础。元末朱元璋在鄱阳湖以弱胜强,打败了陈友谅。明中叶,宁王朱宸濠谋反,率军过鄱阳湖,入长江,占安庆,其势猖獗,却败于王阳明抄后路的水战中。清代太平军石达开部扼守石钟山,将湘军水师分隔于长江与鄱阳湖两处,后因彭玉麟水师施火攻而溃败。治乱兴衰,在水路上的表现颇为明显。

江西的山,若是以三千年为时间段来看,变化并不大,但江西的水,江河与湖,三千年足以改变它的一些形状。活动其间的人与水运,一代代走来,随着朝代兴废,在赣鄱大地与河流写下了多少有声有色的文化风景。代代有所不同,很多水运文化消逝了,有的演进了。诚如西晋湛方生诗云:"此水何时流,此山何时有?人运互推迁,兹器独长久"(《帆入南湖》)。从史书、方志、诗文中,约略可窥赣鄱水运文化的兴衰。

按照《辞海》的解释:文化包括文字、语言、地域、音乐、文学、绘画等,大致上可以用一个民族的生活形式来指称它的文化。在考古学上,"文化"则指同一历史时期的遗迹、遗物的综合体。同样的工具、用具、制造技术等是同一种文化的特征。故本文要叙述的历史,即是对千百年来人们在鄱阳湖与赣江诸河流中出现的文化现象之管窥,这一研究对象离不开江西自然环境、生态、物产以及历代政治、经济、商贸。

因水运而创作的诗文,是历代文人的智慧结晶。文人们随着舟船的航行而铸造了一个个鲜活的意象。譬如,在唐代大诗人李白的心目中,帆船是志向与力量的象征,诗云:"长风破浪会有时,直挂云帆济沧海"(《将进酒》);远去的帆船又寄托了悠然不尽的思念之情:"孤帆远影碧空尽,惟见长江天际流"(《黄鹤楼送孟浩然之广陵》)。在另一位大诗人杜甫笔下的孤舟,却又是孤独寂寞的意象:"危樯独夜舟"(《旅夜书怀》)、"老病有孤舟"(《登岳阳楼》),这些锦章妙句广为流传。同样,在赣鄱水运航道上,在漫长的旅途中,历代文人经受多少艰难险阻,甚至难以预料的生命之虞；他们在开阔的视野中，在流动变化的风景线中，在憩息的港湾中，或惊或愕，或悲或喜，以吟咏诗词打发寂寞的时光，留下了大量感人肺腑的篇章，描绘了无数生动的情景，铸造无数联翩而来的意象。从诗文中，还可以了解古代水道及其两岸的环境，了解江湖的涨落，了解古代关津、集镇的状况以及商贸活动的情景。

"劳者歌其事"，伴随水运劳作而产生的船工号子与排工号子，是劳动人民粗糙的原始的文艺生活，虽然不能进入文学的高级殿堂，但也能由此略窥其心态，了解当时水道从业者的劳作与生活的细节。

本书溯自上古，下限至民国时期，基本上是按朝代分章。每章之绪言，略述行政建置，乃是因为任何叙述，须在某一空间范围内展开，况行政区域关系到经济、商贸、文化诸方面，与水运也有相当密切的关系。

新中国成立之后的水运文化，未在本书章节中叙述。这是由于随着工业化的进展，交通运载工具改为汽车、火车为主，随之衍生的文化现象也大为消解。加以新中国成立后的水运及其文化诸方面的记述，在方志、交通志中的记载非常翔实，志书撰写的原则是详今略古，故此书不必再设章节而费笔墨。只是新中国成立后赣鄱水运的大势，须在此略作叙述。大体上说，新中国成立以后，无论是对航道的疏浚还是港口的建设，都付出了巨大的努力，但由于现代陆路交通工具的蓬勃发展，水运无可避免由盛而衰。

1953年，九江至都昌县从长江至鄱阳湖，经过湖口、星子县的客轮通航。1954年，这条航线延伸至鄱阳县。1979年，因旅客少，都昌至鄱阳县航班停止。1958年，都昌至南昌通过鄱阳湖、吴城的隔日客轮通航。60年代末至70年代末，沿湖的砂矿开采因工业与建筑业的发展而兴盛，都昌老爷庙处创办型砂矿，继而永修松门山、星子沙山均创办型砂矿，有拖轮、驳船在这一带装载，运输繁忙。

20世纪，轮船、驳船、水泥船逐渐取代木帆船。在南昌、都昌、星子、鄱阳县，都出现了现代造船厂。1960年，永修县造船厂造出第一艘135匹马力拖轮。1965年下半年，都昌县造船厂制造出120马力钢质轮船"险峰"号。1971年5月，江西东风造船厂建成投产。1999年5月，鄱阳县"振兴号"旅游船开始首航。7月1日，新建成的鄱阳港客运码头启用。

新中国成立后，赣江、鄱阳湖航道多次疏浚。航道部门采取炸礁、清障、疏浚、轻便导流等手段维护和开辟航道。自1988年动工，至1993年12月都昌港疏浚工程完成，疏浚总工程量12.91万立方米。1992年10月，赣江（南昌至湖口段）航道整治工程竣工，全长156公里。2002年11月，南昌至湖口段（赣江下游至鄱阳湖航道）整治工程开工，2005年3月竣工，航道可通航千吨级船舶。

在赣江中游，1989年为万安水电站的兴建而截流，赣江水道异常艰险处的十八滩不复存在。分宜县1957年建造江口水库（后名仙女湖），截断了赣江支流袁水的航道。在永修、武宁县之间，1975年竣工的柘林水库（后更名庐山西海），截断了修江航道。信江、抚江也因水流量少而在秋冬时无法通航。目前，我省尚存赣江航运线、饶河航运线、鄱阳湖航道线以及长江航道线等，截至2015年年底，全省航道通航总里程5716千米。其中，一级航道长江江西段156千米，二级航道175千米，三级航道284千米。年吞吐量超过百万吨的港口33个，码头泊位1765个，千吨以上深水泊位157个。2015年，全省完成港口吞吐量3.27亿吨。

湖口自古为江湖锁钥、交通要津，向以木船摆渡。1959年始建码头，以渡轮往返。2000年11月，自九江至景德镇筑高速公路竣工通车，湖口大桥同时竣工，轮渡不复需要。

2017年4月，我来到星子县城南湖畔的紫阳堤，深切感受到，工程用则兴，不用则废。缅想当年，帆樯蔽湖而来，纷纷入港停泊。如今水上航运衰落，旧日繁华港口一片萧条，连堤上的花岗石条也横七竖八地躺在那里。不过，我也听到了好消息，听说文物部门将拨款修复紫阳堤，作为文物工程的修复，这或许能让人发思古之幽情。

历史的赣江、鄱阳湖对今天仍有借鉴作用，据《赣江生态经济带战略研究报告》中说：

赣江是江西的母亲河，在整个长江流域的生态安全系统中具有重要地位。赣江生态经济带范围内的水资源与水力资源、生物资源、森林资源、矿产资源等均占据全省绝对份额。赣江经济带地区拥有丰富的旅游资源，红、古、绿交相辉映，具有深度打造的基础和优势。

提升赣江水运功能，落实《全国内河航道与港口布局规划》，按照"畅通、高效、平安、绿色"的高等级航道要求，以筑坝工程、护岸工程、护滩工程、疏浚工程等形式开展航道整治，实现赣江航道全线渠化，达到三级及以上通航标准，建成赣江井冈山、新干、龙头山三大枢纽，提升万安枢纽船闸通航能力，把赣江建设成为国家高等级航道，全省高等级航道将达到795公里；积极推进南昌至湖口二级航道、赣州至南昌三级航道建设，加强以九江港、南昌港两个国家级内河港口为主体，赣江、信江及鄱阳湖区域性港口为补充的港口群建设，振兴赣江千年黄金水道。[①]

沧桑之变，既与人类科技进步、交通工具与路线改变有关，也与河流变化、生态变化有关。赣江、鄱阳湖水道尽管不能恢复古代的辉煌，但仍有待在更高科学利用意义上的复兴，比如，随着旅游的兴起，发展乘船游览事业仍有相当的前景。我期待今后以更现代化的工程、高科技手段重振赣鄱水运的雄风。

还须说明的是，本书叙及的星子县于2016年改名庐山市，但因书稿基本完成于改名之前，故未作改名处理，也许这样更符合历史之语境。

---

① 载江西省社会科学院主办《专报》2017年第1期，第10页，第21页。

目 录

○ 前　言

○ 第一章　赣鄱水系概况

第一节　地域地貌　2
第二节　鄱阳湖　3
第三节　赣江、抚河、信江、饶河、修江　13

○ 第二章　先秦时期

第一节　古航道与造船业的发端　39
第二节　吴头楚尾之说与春秋时代的水上战争　40

○ 第三章　秦汉时期

第一节　水陆交通路线的开拓　45
第二节　造船业与港口　52
第三节　有关水运航行的几件大事　55

○ 第四章　两晋至南朝

第一节　赣江诸水与彭蠡湖航道　61
第二节　宫亭庙神　68
第三节　有关水上航行的诗　71
第四节　彭蠡湖、长江航道几度成为水军战场　74
第五节　造船业的发展　78

第五章　隋唐时期

第一节　水运航道与商贸	80
第二节　发达的江西造船业	86
第三节　从文人笔下看江西的重要港口、城镇	88
第四节　文人笔下的水道航行情景	95
第五节　省际水陆联运	101
第六节　江西境内的多次水上战争	102

第六章　宋代

第一节　江西区域的水路交通	108
第二节　大庾岭路、赣江、抚河的修治	114
第三节　漕运与其他物产的水运	116
第四节　泊船港口、码头要津	122
第五节　水神崇拜	125
第六节　江西造船业的大发展	129
第七节　波及鄱阳湖、赣江的战事	133
第八节　文人笔下的行船情景	134

第七章　元代

第一节　江西行省下的水站设置	159
第二节　漕运与商贸物品	160
第三节　造船概况	162
第四节　水神崇拜	164
第五节　文人笔下的水运情景	165
第六节　元末鄱阳湖水域的战事	171

第八章　明代

第一节　航运水道	177
第二节　江西的漕运与粮食贸易	193
第三节　江西的造船业	196
第四节　水路设施的修造与疏浚	197

第五节	四大名镇与水运	201
第六节	钞关与其他小市镇的兴起	206
第七节	水神崇拜	212
第八节	水上治安与战事	218
第九节	文人笔下的赣鄱水运情景	221

○第九章 清代

第一节	军政、漕政、漕运	237
第二节	客货水运	245
第三节	江西四大名镇与其他港口	248
第四节	九江、湖口、姑塘钞关	258
第五节	江西的造船业	262
第六节	水运航行安全的设置	267
第七节	水路的疏治	270
第八节	船工与排工号子	272
第九节	水神崇拜	275
第十节	江西的水上战事	281
第十一节	晚清江西轮船航运业之起步	285
第十二节	文人笔下的江西诸水路	288

○第十章 民国时期

第一节	轮船运输业与主要航运线	325
第二节	帆船与水运航道	328
第三节	通过水运的省内外贸易	331
第四节	造船业努力求发展	333
第五节	航道的整治与红船的没落	334
第六节	船民、牵船夫生活、劳作情景	336
第七节	文人笔下的江湖与航运	338

○后　　记　　　　　　　　　　　　　　　　　349
○主要参考文献　　　　　　　　　　　　　　　352

赣鄱水系概况

【第一章】

江西地理环境优越，气候四季分明。从吴头楚尾到设置豫章郡，又历经江南西道、江西行省等变迁，逐渐成为相对独立的行政区域。境内名山胜水众多，赣鄱水系是古代江西的大动脉，或曰生命线所攸系。

第一节　地域地貌

江西处于中国东南，长江以南。南面为五岭山脉。北峙庐山、石钟山，东有怀玉山，东南武夷山，西南罗霄山脉，西北幕阜山脉。地理坐标介于北纬24°29'—30°05'，东经113°35'—11°29'之间。总面积16.69万平方公里。江西南部与中部，丘陵众多，中部与北部是地势坦荡的赣抚平原，地势由南向北，渐次向鄱阳湖倾斜，构成一个向北开口的巨大盆地。

鄱阳湖在赣省北部，盆地最低部，向外依次为鄱阳湖平原、赣抚平原、赣中南丘陵和边缘山地。全省河流总数多达527条，其中，全年有水的约160条；[①] 一说，江西境内有大小河流2400条，[②] 总长约1.84万公里。除北部瑞昌、彭泽等地部分河流直接注入长江，西部萍乡、南部寻乌和定南部分地区属于珠江流域外，其他各主要河流均分别发源于省境东西南三面的山地，穿越广大的丘陵，流入鄱阳湖，最后经湖口注入长江，形成一个完整的以鄱阳湖为中心的成扇骨状分布的水系。主要有五大水系，即赣江、抚河、信江、修河、饶河。赣江自南而北流贯全省，包括贡水在内全长76.6公里，赣江流域面积达8.35万平方公里，是仅

[①] 此据1979年江西内河航道普查资料。
[②] 《江西省交通志》，人民交通出版社1993年版，第233页。

次于岷江的长江第二大支流。

赣鄱水系指的是鄱阳湖与赣江诸水系。唐代吴筠诗云："百川灌彭蠡，秋水方浩浩。九派混东流，朝宗合天沼。"（《登庐山东峰观九江合彭蠡湖》）宋代徐照诗云："港中如十字，蜀广亦通连。"（《过鄱阳湖》）鄱阳湖纳五河，通长江，是古来的黄金水道。乘船是古人出行的主要方式。泛游湖中，天光水色，赏心乐事。北宋赵忭有诗云："长波万顷阔，大舸一帆轻。"（《经彭蠡湖》）南宋张孝祥过吴城有诗云："吴城山头三日风，白浪如屋云埋空。北来大舸气势雄，车帆打鼓声蓬蓬。"（《吴城山》）古时大船打鼓行进，于此可知。

第二节　鄱阳湖

鄱阳湖概貌　鄱阳湖位于长江中下游分界处之南，犹如一只宝葫芦，系在长江腰带上。整个湖泊烟波浩淼，水域辽阔，是我国第一大淡水湖。湖泊南北长170公里，东西最宽为74公里，岸线长达1800千米。湖泊正常水位情况下面积3960平方公里，最高洪水位22.58米（吴淞，1998年）。鄱阳湖水系流域面积为16.22万平方公里，相当于长江流域面积的9%；其中，江西境内面积15.71万平方公里，占全省土地总面积的94%。由湖口入长江的水量多年平均值为1457亿立方米，超过黄、淮、海三河入海水量之和。其中，五大河入江水量1265亿立方米，占入江水量的86.8%。洪峰期间，接纳长江水，调节容积达180亿立方米，可以减少下游水害，成为长江中下游的天然水库。

鄱阳湖壮阔浩瀚，"春水湖平，霁天景旭"。若有风来，洪涛拍天，浩瀚壮阔。有时狂风大作，洪波舂撞。迨至冬时，湖水消退，形成大片洲地，湖中航道老河出现一线迤逦，故谚云："涨水一大片，退水一条线。"它是一个过水性、吞吐型的湖泊。

鄱阳湖既是江西水运的总枢纽，又是长江流域航运的重要组成部分。湖泊烟波浩渺，湖汊水网密布，湖畔青山绿野相间。朝晖夕阴，春涨秋退，气象万千。湖边有都昌、湖口、九江市庐山区、星子、德安、永修、新建、进贤、余干、南昌县、鄱阳县。在湖口、都昌、鄱阳县、南昌城、吴城、星子很早建有泊船港口。

庐山雄踞于鄱阳湖西北，名山名湖，一阴一阳，刚柔相济，相得益彰。历来兼言湖山之美的诗甚多，因湖而仰望庐山之挺拔高峻，因山而俯临鄱阳湖之渟潴汪洋。张九龄诗云："兹山镇何所，乃在澄湖阴。下有蛟螭伏，上与虹霓寻。"（《出守豫章郡途次庐山东岩下》）此言于湖上见庐山为镇，蛟螭乃水中所藏，山上有虹霓。李白诗云："屏风九叠云锦张，影落明湖青黛光。"（《庐山谣》）此言山映湖中。明代曾棨诗云："晴影遥连洞庭阔，黛光倒浸庐山长"（《彭蠡湖》）；邵长蘅诗云："湖势北摇匡庐动，江声西拥豫章浮"（《鄱阳湖》）；吴炜诗云："彭蠡章江一水长，千峰倒影连微茫"（《过彭蠡湖望庐山歌》），此言赣江与鄱阳湖相连。李梦阳诗云："匡庐彭蠡曲相连，伐鼓蛮歌趱进船。屏见云横石壁净，镜开日破浪花圆"（《泛鄱阳湖》），描绘了鄱阳湖上千帆竞发的场景。闵麟嗣诗云："宫亭凌晓发，浩淼乘长风。峨峨天子障①，突兀来舟中。"（《湖中望庐山》）言庐山突兀如来眼前，重在写湖山之关联，风浪起则湖摇匡庐，晴明之时则湖浸庐山，映衬鲜明。

还有不少诗写到鄱阳湖的形势与地理特征。王子庚作《鄱阳湖用李空同韵》诗中云："神禹潴成后，东来第一湖。亘绵四州境，横纳十川图。地好居阳鸟，天教引渴乌。上游资险要，前代用师徒。"后二诗均引用了《禹贡》之说。

宋代大学者朱熹《九江彭蠡辨》文中对鄱阳湖地形与水势早有生动描述：

> 自今江州湖口县南，跨南康军、饶州之境，以接于隆兴府（南昌）之北，弥漫数十百里。其源则东自饶、徽、信州、建昌军，南自赣州、南安军，西自袁、筠以至隆兴、分宁诸邑，方数千里之水，皆会而归焉。北过南康扬澜、左蠡，则两岸渐迫山麓，而湖面稍狭，遂东北流以趋湖

---

① 天子障：即庐山。《山海经·海内东经》云："庐江出三天子都，入江彭泽西，一曰天子鄣。"

口而入于江矣。然以地势北高而南下，故其入于江也，反为江水所遏而不得遂，因却而自潴，以为是弥漫数十百里之大泽，是则彭蠡之所以为彭蠡者，初非有所仰于江汉之汇而后成也。不唯无所仰于江汉，而众流之积，日遏日高，势亦不复容江汉之来入矣。①

彭蠡即鄱阳湖古称，此文对鄱阳湖的范围、水系、湖之形成均有较为准确的描述。

鄱阳湖的地理演变　距今6000年至7000年，彭蠡盆地潴水为湖，形成《禹贡》所称的"彭蠡泽"。经过由北而南移的漫长地貌演变过程，是地壳断陷积水而形成的构造湖。《禹贡》是《尚书·夏书》中的一篇，是古代完整而有系统的地理书，其中记载了九江与彭蠡。认为长江发源于陕西沔县，东流为汉江，汇为长江东流，"南入于江，东汇泽为彭蠡。东为北江，入于海"。又曰："岷山导江，东别为沱。又东至于澧，过九江至于东陵，东迆北会于汇，东为中江，入于海。"又曰："岷山之阳至于衡山，过九江至于敷浅原。"九江乃长江九条支派，敷浅原历代诸说不一，朱熹认为即庐山，有人以为即古鄡阳平原，即鄱阳平原，朱熹弟子蔡沈则认为在德安县境内的敷阳山。

鄱阳湖的前身彭蠡湖，其水域主体部分起初在彭泽县西北与安徽大雷湖一带，上承九江来水。又称彭蠡泽，古彭蠡泽之南部称宫亭湖。东晋陶渊明诗中有对彭蠡湖的描写："洋洋平泽"（《时运》）；"迥泽散游目"（《游斜川》）；"洲渚四缅邈，风水互乘违"（《于王抚军座送客》）。

据著名的历史地理学专家谭其骧与张修桂合撰的《鄱阳湖演变的历史过程》考证，低洼的鄡阳平原，本是人烟稠密的城镇，至隋唐时代，彭蠡湖向南方进一步扩展下沉，淹没了鄡阳平原，直至饶州鄱阳县附近，形成浩瀚壮阔的大湖，湖名也开始改称鄱阳湖。在演变过程中，汉时之鄡阳县沉没，其故址在都昌周溪乡以南的湖中，而在鄱阳湖以西的吴城却日渐隆起，故有古谚云："沉鄡阳，起吴城。"以都昌左蠡至星

---

① 见吴宗慈撰、胡迎建校注：《庐山志》下册《艺文·历代文存》，江西人民出版社1996年版，第45页。

子扬澜为界线，以北部分称为鄱阳湖北湖，以南为南湖，北湖深而南湖浅。都昌左蠡至星子扬澜，是南北湖之间的狭窄水域。

根据史籍记载，大约在秦末汉初，长江主泓道形成[①]，逐步移到现今湖口附近位置，形成长江现在的基本格局。湖口至星子一线由于庐山隆起形成的湖口地堑被水充满，江北原长江主泓道逐渐沉积成雷池等中小湖泊。古人沿用旧名，将湖口至星子水域称为彭蠡湖。三国时代至晋代，因湖岸有宫亭庙而又称之为宫亭湖。《三国志·周瑜传》载周瑜于建安五年（200年）率军"还备宫亭"，宫亭湖在星子县城以东湖域。因当时彭蠡新泽的南界，不超过罂子口一线，罂子口东岸为都昌县左蠡，西岸为星子县扬澜，湖面宽约4公里。彭蠡新泽从形成以后至隋唐时代，历时千年以上，范围相对稳定，始终局限在今鄱阳湖北部湖区。未见向南扩展至鄱阳平原的任何记载。

上古时代，湖汉水（赣江）下游两岸属于河网交错的平原地区，适宜人们居住生活，农业经济发展已具相当规模。因此，西汉立朝时就在湖滨平原中部、今鄱阳湖中心地区设置鄡阳县，其辖境大约在今矶山—长山一线以西的鄱阳湖南部湖区中，隶属豫章郡。考古发现，鄱阳湖中的四山（即四望山）是汉代鄡阳县城遗址[②]。鄡阳设县前后，今日浩渺的鄱阳湖南部湖区大水面尚未形成，当时的地貌形态应当属赣江下游水系的冲积平原，谭其骧先生称湖汉水下游平原地区为鄡阳平原。综合《汉书·地理志》和《水经注》等史籍的记载，公元5世纪以前鄱阳南部湖区尚未形成，汉魏六朝时期，鄡阳平原是河网交错的地貌景观。鄡阳县址是河网交汇的中心，直到隋唐时代，鄱阳湖的范围仍然局限在鄱阳湖北部湖区，今日鄱阳湖南部湖区当时尚未形成。

导致地层下沉、湖水向南扩展的原因是东晋频繁发生地震，据《晋书》记载：东晋太兴元年"十二月（319年1月）庐陵、豫章、武昌、西陵地震，涌水出，山崩"。随后在东晋咸和二年四月乙未（327年5月23日）豫章郡发生4级地震；咸安二年十月辛未（372年11月24日）安成

[①] 鄱阳湖研究编委会：《鄱阳湖研究》，上海科学技术出版社1989年版，第60—71页。
[②] 许怀林：《江西史稿》，江西高校出版社1998年版。

郡发生4级地震；义熙五年正月戊戌夜（409年2月10日）九江西南4级地震，"有声如雷"。义熙八年正月至四月（412年3—5月）吉安、赣州4级地震。此后江西中部、北部没有发生地震，一直平静到公元1330年。根据专业技术机构分析，太兴元年（319年）的那次地震震级达到5.5级，强度大、范围广，造成地层沉陷，地下水抬升。[1]

这一演变过程是缓慢的。鄱阳湖以松门山为界，大致分为南北两部分。南部宽广，为主湖区；北部狭长，为入江水道区，湖盆自东向西、由南向北倾斜，整个湖区地貌由水道、洲滩、岛屿、内湖、汊港组成。根据《太平寰宇记》并参照《舆地纪胜》的记载，唐宋以来松门山南部鄱阳湖的范围大致如下：今鄱阳县西北长山（又名强山），宋代已处在湖中，当时鄱阳湖南部湖区的北界与今大体相同。鄱阳湖的东界，史书记载明确，在今莲荷山与鄱阳县城之间。汉代的武林，宋时已成鄱阳湖的东南涯。《太平寰宇记》记载饶州余干县："武陵山在县东北三十里，临大湖，《汉书》作武林"，大湖即指莲荷山以南、康山以东的鄱阳湖大湖湾水面。宋代康山已在湖中，湖区南界当在康山以南。

清代以后，圩堤不断修筑，湖沙淤积，鄱阳湖日渐缩小。直至21世纪之交，开始退田还湖，初步扭转这一演变趋势。

古人早已认识到，鄱阳湖在长江流域中，起到调节江西五河与长江流量的作用。宋代李纲过此，对这一带地理深有感悟。其《彭蠡》诗云："神禹治水江为最，逦迤委蛇东作汇。泓澄不独阳鸟居[2]，浩荡端使群川会。群川已会江不湍，朝宗到海东南安。"群川汇为鄱阳湖，不仅是阳鸟有了栖居之处，且因有了此湖之容纳，江河不至于湍急，由此徐徐输入大海，东南一带赖以安宁。所以他又说："世间此境良不多，洞庭三峡真么么。"清代梅文鼎《题〈匡庐彭蠡图〉为文江李醒斋学使》一诗可以说是此诗的补充："君不见神禹昔导南条水，东迤北汇为彭蠡。表里江汉纳百川，洞庭其兄震泽弟。"洞庭湖为此湖之兄，太湖为其弟，亦巧于

---

[1] 唐国华、胡振鹏：《鄱阳湖历史演变新考：北宋时期鄱阳湖南部大水面的形成》，载《江西文史》第14辑，江西人民出版社2017年5月版，第3页。
[2] 此诗句出自《禹贡》云："彭蠡既潴，阳鸟攸居。"

比譬。

鄱阳湖南阔北窄,清末陈三立《泊湖口》诗中以形象的拟人手法描摹其形势云:

> 宫亭迷首尾,但有瓠壶腹。引吭循舌下,哆口又微束。
> 大江横啮之,倾注无不足。馀涎纳若拒,澄浊界匹幅。
> 夜舟插崿嶂,万象相照烛。戍鼓挝参差,旄帜影岩屋。
> 苍紫下扑入,摩荡千里目。云间缺月上,坐看石钟蠱。
> 阻绝不得往,想象僧传粥。蛟鼍几出窜,涛澜闻击触。

起句言宫亭湖即鄱阳湖至湖口一带水域,口窄肚大,如瓠壶腹。至湖口一带适如咽喉般窄小,而石钟山如口中舌头,张口而又略被紧束。将鄱阳湖当作动物来描绘,别开生面。长江横啮湖口,江水之馀澜如涎,若纳而又拒收之,极写江湖吞吐之状。湖水清澄而长江混浊,形成清与浊的界线奇观,即"澄浊界匹幅"之谓。至"夜舟插崿嶂",转写石钟山之峻而多洞窟。戍鼓之响,旄帜之影,"苍紫"之山色扑入鄱阳湖中,无不生动如画。诗人的写实本领在其锐利的观察力再加上丰富的想象力。又《宫亭湖伤夏舒堪》一诗则写到造成鄱阳湖风浪之险的地势原因。起首云:

> 宫亭险在山,叠嶂与风抵。拗怒轩大波,风旋波愈诡。
> 漂没岁相望,憧憧杂人鬼。自逢汽船通,劣胜篙橹耳……

宫亭湖风浪之险恶,乃是因为湖边叠嶂(当指庐山)与大风相遇,拗怒而掀起轩然大波,风旋转而波浪愈加奇诡难防,所以,常有沉船事故发生。有了轮船通航,稍微胜过撑篙摇橹。

鄱阳湖航道 鄱阳湖水域辽阔,水流平缓,水上航运条件优越。枯水季节分为东水道、西水道和入江水道。东水道纳赣江南支、抚河、信江和饶河之水,西水道纳赣江主支和修河之水;东、西水道在星子县南境潴溪口并流，流经湖口，称为入江水道。

湖口 在鄱阳湖入长江处，东为湖口县，雄峙石钟山。山有二，西北近长江处称下钟山，西南面对鄱阳湖为上钟山，故称双钟，对岸为九江梅家洲。

清代　湖口港

历来有关此地形胜的论述不少，摘录如下：

湖口，古彭泽地，在彭蠡之口。其建县则自南唐保大中始也……土著人民，星驰商旅，舟人渔子，上下于洪涛汪渚中者，不待询而识为湖口。(《湖口志》)

大江之西，表里湖、江、饶、广；东引吴、越、袁、吉，西距湖、湘，惟九江绾毂其口。左顾则扼湖以东制之，右顾则扼江以西制之，形势为江西重。(余文献《修浔城记》)

山耸崇峦，水汇巨浸。(《湖口志》)

江右全舆，大江横其北趾，章贡贯厥中胸，彭蠡汇于腹尾，而总会于湖口一邑，湖口诚要地哉！(董榕《志》)[1]

湖水南来而清，江水西出而浊，咸汇于前，而后朝宗于海。(李龄《志》)

湖口江湖都会，水陆通津，时平则南北四达，舟车万里；有事则羽

---

[1] (清)李成谋、丁义方撰，徐奠磐、刘文政校注：《石钟山志》卷一《形势》，江西人民出版社1996年版，第7页。

檄交驰，烽烟先被。(《湖口志》)[1]

现叙述从湖口向南的水运航道，略叙湖域之津渡、山岛、水域。

自湖口南行不远，湖西有姑塘港。继续前行，湖中有大孤山，山形似鞋，又名鞋山。湖名称鞋山湖，过庐山五老峰东水域，名青山湖。过湖口屏峰山、都昌马鞍山土目矶一带水域，称土目湖。明清时在土目矶建置铁柱，指示过往船舶避开矶石。

前行至星子县城东南，岸畔有宫亭庙，这一带水域遂称宫亭湖。明代吴国伦诗云："欲向匡庐卧白云，宫亭水色昼氤氲。千山日射鱼龙窟，万里霜寒雁鹜群。浪拥帆樯天际下，星蟠吴楚镜中分。东南岁暮仍鼙鼓，莫遣孤舟逐客闻。"(《鄱阳湖二首》) 即写这一带景色，湖色氤氲，浪拥千帆而下。

再过宫亭庙附近的神林浦，前行三里西转，即可航行至星子县城（古南康府城）南，豁然一大湖湾，古名落星湾，今名十里湖。李白诗云："楼船若鲸飞，波荡落星湾。"(《豫章行》) 近城处湖中有落星石，俗名落星墩。黄庭坚《题落星寺》诗云："星宫游空何时落，着地亦化为宝坊"；"落星开士深结屋，龙阁老翁来赋诗。" 即咏此石与落星寺。

星子县城为古南康府治所在。背倚庐山，面临鄱阳湖，向来文人盛赞其形胜：

南国咽喉，西江锁钥。扬澜左蠡浮其前，五老九奇屏其后。控五岭，压三吴，汇岷江，潴彭泽，维地南要，据江上流。星石浮南，鞋山锁北，山泽雄奇，带砺险固，实为江右之门户云。

匡庐，天下之名山，江表之胜概。(南唐冯延巳《开先寺记》)

蜿蜒蝉联，指列条敷亘五百里，实溢城星渚之奥区，洪州诸郡下流之屏障。

(《匡庐山志》)

---

[1] (清)李成谋、丁义方撰，徐奠磐、刘文政校注：《石钟山志》卷一《形势》，江西人民出版社1996年版，第8页。

山岳配天，庐阜标其秀；江湖纪地，彭蠡擅其雄。（宋晏殊《重修真如院碑记》）①

山峙云护鄱阳湖

再前行，自星子县城东南航行三十里的狭窄水道，古称罂子口，航道险要。都昌东岸为左蠡山，星子西岸为扬澜山，两岸收束成瓶颈状。朱熹《九江彭蠡辨》文中所说："北过南康扬澜、左蠡，则两岸渐迫山麓，而湖面稍狭。"《五灯会元》载栖贤寺道坚禅师语云："扬澜左蠡，无风浪起。"言其地纵然无风，也会掀起三尺浪。薛所习《郡湖辩》云："左蠡者，蠡之左也；扬澜者，蠡波至此回腾浩荡也。"扬澜湖靠近星子水域，左蠡湖靠近都昌水域，即老爷庙一带。水流湍急，两岸多沙山。清代潘耒诗云："扬澜左蠡横天流""白沙赤岸结如绮"（《登五老峰最高顶》）。

清雍正版《江西通志》论鄱阳湖北部诸湖汊云："湖阔四十里，袤三百里。南跨南昌，西接南康，东抵饶州，尽汇诸江之水。古称彭蠡，一名宫亭，一名扬澜，近都昌县为左蠡湖，近湖口者为土目湖，北为皂湖、白洋湖；又北为西仓湖、劳渡湖，为白虎塘，皆在鞋山（亦名大孤山）上下，由湖口出大江。此豫章水殊源同归之大概也。"②

过此狭窄湖口前行，至渚矶附近，湖面平阔，为鄱阳湖南面水域，

---

① 以上见同治版《星子县志》卷二《山川志》，星子县政协文史资料委员会点校本，1989年印，第1122页。
② （清）李成谋、丁义方撰，徐奠磐、刘文政校注：《石钟山志》卷二《山水》，江西人民出版社1996年版，第33页。

至此，分为东西两航道。

鄱阳湖东航道　继续东南行，为都昌县城，前有港，县城滨湖南面凸起南山。有南山寺，翠松环绕。古名清隐寺，始建于唐，北宋时改名清隐禅院。从县城西望隔湖对岸，为松门山，在永修县东北，东西长四十里。南朝时顾野王《舆地志》云："自入湖三百三十里，穷于松门。东西四十里，青松遍于两岸。"宋代乐史《太平寰宇记》载："其山多松，遂以为名。北临大江及彭蠡湖。山有石镜，光明照人。"

再继续南行，有棠荫岛，由四个小岛组成，又名泗山，古代又名四望山。这一带水域自古以来就是水运交通的要道，过往商旅络绎不绝。据同治版《都昌县志》记载，明清时棠荫岛上曾设有棠荫巡检司，以保障水运安全。

继续东北行，湖中有长山群岛，有人考证此即上古鄱阳山。前行近鄱阳县城处，有饶河入湖口，饶河为昌江与乐安江合流后之河名，往昌江上行可至景德镇。

再南行，进入余干县域内，滨湖有康郎山。此地曾为元末朱元璋、陈友谅大战场。清代张射光诗云："万顷江流远岫围，晚来风静浪痕微。波心贾舶鸣榔去，湖上渔船晒网归。水势直兼残日涌，山形争逐断霞飞。幽人相戒登高望，常恐警涛溅客衣"（《康郎晚眺》），写鱼米之乡、山水相依之景真切如画。

再往前行向南，为信江入湖处，附近有瑞洪镇，抚河入鄱阳湖口亦在附近，乘船可由此上溯抚河。船自抚河来，也可从此转入信江。

鄱阳湖西航道　在星子渚矶附近，与东航道分行。渚矶又称珠矶，又称渚溪，可泊船。清初李元鼎诗中云："旅望天方阔，茫然一苇轻。沙回双岸曲，日落两湖明"（《珠矶晚泊》），两湖指的是鄱阳湖主体部分与内湖汊之蚌湖。

南行约三十里至吴城，在鄱阳湖西，赣江、修水入湖口处。传说三国东吴大将太史慈驻守海昏，为操练水军，在距海昏县治（今芦潭）三里许，隔修河相望的小山筑土城。又沿赣江向南威逼，迫使豫章（今南昌）太守华歆离去。太史慈走后，土城遂毁。据《新建县志·望湖亭记》载，吴山乃"汉海昏仓廒所也",即粮仓所在地。明代以来,吴城形成商业贸易集散之街镇,极为繁华。清代中叶以后,两广漕运不再经过鄱阳湖,近代直贯中国南北的粤汉铁路、京汉铁路通车,后来是本省南浔铁路的通车,此地不再是交通要道,日益萧条冷落,不少房屋后又毁于1938年日军进攻时。

此处向西南行,即赣江北支,经黄家渡、樵舍然后至南昌城;自吴城溯修水西行过永修县,至修水县。

第三节　赣江、抚河、信江、饶河、修江

鄱阳湖五大水系:赣江自南,抚河自东南,信江自东,饶河自东北,修水自西汇入鄱阳湖。五大水系的干流河段,穿行于丘陵、平原地区,中游与下游的落差不大,水满而流缓,适宜于舟船航行。鄱阳湖—赣江航道内与众多支流相接,形成一个完整的水运网络,外与长江航道交汇,构成古代东南地区一个大航运交通系统。

赣江　自发源最远的贡水由南而北流贯全省,全长758公里,为江西最长之河,流经寻乌、会昌、于都、赣县、万安、泰和、吉安、吉水、峡江、新干、清江、丰城、新建等县,绕南昌城西北,分南、中、北三支,分别注入鄱阳湖,流域面积80948平方公里,相当于全省总面积的一半。

赣江在樟树镇至吴城段为下游,河流所经多为冲积平原,河床底质以沙和沙夹淤泥为主。樟树段至万安县为中游,河流进入丘陵和吉泰盆地,河面渐宽,水流渐缓,河床底质多沙、卵石。万安县以上为上游,河行于山区、半山区,河道狭窄,水急滩多,河床底质多石质和卵石。赣江碍航浅滩较多,达二百余处,其中以过渡性浅滩为主,滩上最大流速由每秒1米至2米不等。

赣江上游有两大支流:一为章水,一为贡水,分别自西南与东南方向北流至赣州城北相汇,故谓之赣江。唐人耿湋诗云:"章江与贡水,何

事会波澜。万里归人少，孤舟行路难。天光浮曲浪，春色隔连滩。花发从南早，江流向北宽。"(《发南康夜泊灨石》)两水相汇则江宽，写出了这里的气候与水系特征，兹分别叙来。

贡水 《贡水志》云："湖汉水出雩都县乐山。"张尚瑗《赣江考》："湖汉水者，贡水也。"以今日科研实测，贡水源于瑞金与福建长汀交界处武夷山脉中段，为石寮河，纳上洞河后，称日东河。一说发源于闽、赣边境的武夷山脉，源头在寻乌县珊贝附近[①]。自东向西流经瑞金城，与黄沙河(亦发源于石城)交汇，称绵水，亦称瑞金江。南宋吴浚诗云："水瘦滩声健，天寒霜意新。犬牙舟过石，鱼贯路行人。"(《重过瑞金江》)河流浅而滩声响，因石如犬牙，舟行艰难，此诗的描绘令人如临其境。

绵水流经会昌县，与源于寻乌之湘水交汇，一称会昌江。湘水，又称湘洪水，得名于韩湘子，与湖南湘江无关。宋人曾丰诗云："石峡侵寻过，江流次第平。篙人轻去住，船势任纵横。稳不妨危坐，忙犹得意行。明朝从起晚，但要到州城。"(《出会昌峡》)清人杨永植诗云："水穿罅隙生吞吐，峰入苍冥乍有无"(《舟过湘峡》)；董哲诗："皎皎清光蘸碧波，江流如练泻银河"(《湘江偶赋》)，其峡之险窄、水之清幽可以想见。

然后，在会昌洛口镇汇入发源于安远之濂江(亦称安远水)，继而在于都县城上游约两公里处，纳入发源于宁都肖田之梅江，梅江上游有一支系发源于石城县的琴江。董天锡诗云："朝宗三涧自天成，总汇梅川一派清。"(《三江毓秀》)流向西北偏西，穿过长约5公里的峡谷后流向正西，于赣县江口乡汇入平江。相继汇入源于兴国县、自北而来的黄田水、潋江，自南而来的源于龙南县、流经信丰县之桃江，至赣州城北与章水交汇。

章水 发源于崇义县聂都山张柴洞，流经大余，在南康市三江乡与上犹江汇合。犹江发源于湖南汝城县黄岭山，流经崇义、上犹、南康。章江流至赣州城旁，在八境台与贡水交汇，始称赣江。《山海经》："赣水出聂都东山，东北注江。"《汉书·地理志》云："章水出大庾县界。"章水

---

① 此说见1979年江西省内河航道普查资料。

之深阔，似超过贡水，且近大庾岭，向为航运要道。古代向以章水为赣江之主流，但今日经实测长度，则贡水较章水稍长。

古代水运南北行旅，自赣江南行入章水往大庾县，为南安府城所在。至此则舍船登岸，改陆路越大庾岭而往岭南之南雄，入浈水而通东江。清代查慎行有诗云："《八境图》中路，西为五换船。乡心同北望，客况异南迁。秀峰标双塔，清流稳一川。好风三百里，计日指蛮天。"（《自赣州》）蛮天即指广东。章水上行，须换乘船五次，以适应越来越浅的河水。顾祖禹《读史方舆纪要》云："南安府，东至赣州府二百五十里。"

章、贡两水在赣州合流为赣江，又有赣县龙溪水、长步水汇入。宋代徐鹿卿《赣滩》一诗叙述水系较详明，从豫水发源处说起：

> 嵯峨聂都山，豫水兹发源。始者才滥觞，其细流涓涓。
> 东行界南野，章水西入焉。又东渐雄长，有州故名虔。
> 贡水远来赴，融合为赣州。当其初合时，泓渟匪为渊。
> 中通尺五流，玉虹卧蜿蜒……

豫水又名热水，在南康县西南，发源于崇义聂都山。东行至南康县南野口，汇入章水。至赣州城北储潭处，贡水来汇。清人董天锡诗云："双江形胜玉虹流，万户风烟绕郡楼"（《双江楼》）。

自赣州城至万安县一段航道，计长一百二十公里，两岸重山连绵，河中礁滩遍布。向称"九曲十八滩"，分布于赣县和万安县境。这一带河道险要，或礁石林立，暗伏中流；或层崖紧束，弯流九转；或石矶突兀，波横浪急。往来船行过此之忧恐可知。《水经注》记："赣川石岨，水急行难。"徐鹿卿的《赣滩》一诗对赣石滩描绘尤为生动：

> 群山来左右，万石梗后前。初疑牧群羊，或讶堕飞鸢。
> 伏犀状魁杰，浮雁影接联。背何阵敢死，赴浴池连钱。
> 下者宛蹲踞，上者将腾骞。或矫首欲斗，或宛留安眠。

或退然深伏，露尖大如拳。或竦然特起，俨立高齐肩。
或两两为偶，或伍伍相连。此有一席平，彼有万窍穿。
齿齿漱寒冽，眼眼开青圆。形模互驰骋，气势相吐吞。
平坦十数丈，变怪纷百千。顾盼不暇给，算数畴能殚。
天公轰震霆，力士推雷门。上下相舂撞，对语不得闻。
众滩角巉崄，四滩独称尊。其一曰天柱，竖立如登天。
幽深下无际，涡盘蠡回旋。其下为舞索，风索飞翩翩。
绝流迤而东，蛇蚓相萦牵。大蓼与惶恐，殆见伯仲间。
轻驶疾于箭，号怒沸若煎。下此得安流，衽席过舟船。

用一连串博喻，形容赣江滩石或似群羊，或似飞鹰，似犀牛，似雁群。或如壮士临阵敢死，或如美女赴浴池。低处宛如蹲踞，高处如欲腾骞。或昂头欲斗，或卧如安眠。其形或如退而潜伏，或露出尖端如拳头。或列密齿，或如圆眼……或如天公轰雷，如力士推开雷门。其中四滩尤其险恶。天柱滩竖立如登天，下临幽深，涡盘回旋。舞索滩如风索翩翩，如蛇蚓萦牵。还有大蓼滩、惶恐滩，船至此轻驶，疾如箭飞。过此而下，始可安然卧席。诗人纵其才力，穷形尽相，细大不捐。

《贡水志》则对十八滩滩名记载更为详细："至万安县治，其间有十八滩。旧皆属虔州，至熙宁割赣县地立县。而万安有滩凡九，其水自赣州城下二十里，澄泓清澈，滩曰储滩，由仙女潭而下石峭鳞，曰鳖滩，自鳖滩而下横弦滩，曰天柱滩，更下曰小湖滩，更下曰铜盆滩，又杂志称阴滩、阳滩、会神滩，皆赣县地。白青洲而下至梁口，入万安，曰梁滩。至黄金洲曰昆仑滩，至检田岗曰晓滩，至武索曰武索滩。皂口而下曰小廖滩。韦家步而下，曰大廖滩。滩下有郭公潭，清深延长。至华思曰绵津，而下曰漂神滩，长滩数里为神潭。出潭有旗鼓石，列滩口曰黄公滩。水性湍险，惟黄公滩为甚。"[1]

在赣县境内的有储滩、鳖滩、横弦、天柱、小湖、铜盆、阴滩、阳

---

[1] 载《江西省交通志》，人民交通出版社2010年版，第707—708页。

滩、会神滩。其在万安县内的有梁滩、昆仑、晓滩、武索、小蓼、大蓼、绵滩、漂神、黄公诸滩。[1]然诸名称不一,九滩如按由南而北的顺序是:

(一)良口滩,距万安县城一百里,以地处良口而得名。滩中有等船洲,多巨石,水流急湍,行舟须谨慎。

(二)昆仑滩,距万安县城八十里,以地处昆仑村,故名。滩中有黄金洲,滩多沙石。

(三)晓滩,距万安县城七十里,在检田岗附近江中。

(四)武索滩,距万安县城六十里,以地处武术,故又名武术滩。滩中有五排横突江心的礁石,形如五条绳索,故名五索。江水湍激,山势险峻。匡坊(在武索下)有猪兜石。南宋徐鹿卿《过赣滩》诗云:"玉局诗中惶恐滩,闻之已为骨毛寒。那知武索并天柱,更向前头作怒澜。""滩声噪杂怒轰雷,顽石参差拨不开。行客尽言滩路险,谁教君向险中来。"认为武索滩较惶恐滩更为险要。附近有皂口。《江西通志》卷五十八:"皂口江在万安县南六十里,一名造口江。"万安县南有皂口,又称造口。至此又汇入皂口江与遂川县之左右溪。清人王渔洋诗云:"急雨孤篷湿,高峰四面同。茫茫送滩水,飒飒会江风。"(《皂口雨泊》)

(五)小廖滩,距万安县城五十里,以地处小廖村,故名。滩中有曲尺石,峭石弯曲,行舟须迂回绕过。匡坊在武术山下有猪兜石,极易毁坏船。

(六)大廖滩,距万安县城四十里,以地处大廖村,故名,滩中有鹅鼻石。石峭鳞列,容易触船。潭下有郭公潭,清深缥碧。

(七)棉津滩,距万安县城二十里处,以地处棉津,故名。冬天水浅时,船行易搁浅。

(八)漂神滩,距万安县城十五里。滩中有鸟儿石,似兽角突兀水面,滩下数里处有神漂潭。潭水清深,观鱼辄出现。潭之两岸,多种茶株,味香美,故俗谚云:"密溪水,神潭茶。"

(九)惶恐滩,在万安县城南门外一里处。暗礁险恶,历来驾船者

---

[1] 载清同治版《万安县志》卷一,第20页。

视为畏途。旧志云："十八滩之最险者惶恐滩，有屏风石。"滩中屏风石，嶙峋峭拔，原名黄公滩。苏轼于绍圣年间贬广东惠州，路过万安，误听为惶恐滩。其诗云："七千里外二毛人，十八滩头一叶身。山忆喜欢劳远梦，地名惶恐泣孤臣。长风送客添帆腹，积雨浮舟减石鳞。便合与官充水手，此生何止略知津。"（《八月七日初入赣过惶恐滩》）南宋时王阮诗云："水泝安流舟不难，人心自畏石头顽。黄公误听作惶恐，玉局先生盖谓滩。"（《惶恐滩》）玉局先生即指东坡，因苏东坡曾提举玉局。此后黄公滩名失，惶恐滩名反而大彰。文天祥《过零丁洋》诗中："惶恐滩头说惶恐，零丁洋里叹零丁。"惶恐滩即指此。

另外，还有黄土滩，其水呈黄色；三峡滩，滩势甚曲，石多嶙峋，前人以为似长江瞿塘峡而命名；煮雪滩，在梅陂山北；狗脚滩有灯檠石、天柱石；横瑠滩有横石，俱能毁坏舟。

还有金滩，宋代乐雷发《金滩》诗云：

泷吏崖翁是赏音，江流泯泯对秋吟。天虾扑火帆樯晚，水狗捐鱼岛屿深。千里庭闱云满眼，十年湖海雁惊心。今宵客枕清如水，趁读西山夜气箴。

船行过天柱滩、惶恐滩时，必须拉纤前行，稍有不慎，便会樯倾楫摧，货毁人亡。

正由于十八滩奇险，历来文人过此而留下诗文甚多，衍生了一道特殊的文化风景线。

船行至此，境界一开，好山叠叠如屏，树林如层锦，滩声如雷。悬崖高处的茅屋，远望竟如缀楼台。清代袁枚《过万安县》诗云：

舟过万安县，悠然心目开。恍疑仙境入，只见好山来。
树色千层锦，滩声四面雷。悬崖几茅屋，远望似楼台。

赣江北行经过万安县城，于罗塘附近纳入遂川江，遂川县古名龙泉县，故此水又称龙泉河。至泰和县栖龙乡，纳井冈山流来之蜀水，流经吉泰盆地，至泰和县城一带，河流急涌变为平缓之势，至此江名澄江，也称太和江。汇入泰和县东南之仙槎江，稍弯而向西北流。杨万里诗云："绿杨接叶杏交花，嫩水新生尚露沙。过了春江偶回首，隔江一岸好人家。"（《二月一日晓太和江》）江水初生，江岸杨树、杏花、人家，俨然在目。晚清大诗人陈三立作有《快阁铭》云：

赣之水危悍而曲盘，郦氏称"赣川石岨，水急行难，倾波委注"是也。而泰和当赣水之冲，水沿其外郭，至是流始舒夷，波渟澜清，山川载宁，人遗其险。县城东南，形胜之盛，快阁临其上。宋元丰间，里人黄鲁直至官，觞咏其地，快阁名乃大著，翰墨歌吟，照烂无极。

从此铭可知，奔涌的赣水流经此地变为平缓。宋代大诗家黄庭坚知太和县（后改名泰和县）时有诗之名句云："落木千山天远大，澄江一道月分明"（《登快阁》），快阁因此而闻名。清代施闰章诗中云："极浦帆樯移远树，四山烟雨罩孤城"（《重登快阁同阮怀》）；查慎行诗中云："西昌汉古邑，地势实开拓。镜光十里平，倒影见城郭"（《泰和城外望快阁》），晴雨各有其妙境。

赣江流至吉安县，汇入孤江。继续北流，相继汇入自西流来的禾水、浆山水、泸水。禾水发源于萍乡义川，流经永新县，故又称永新江；浆山水源于宁冈；泸水源于武功山而流经安福县，汇入阎水；禾水与泸水相汇而下，流至吉安城南的神岗山下汇入赣江。这一段赣江又称吉水，汇入吉安县之习溪水、横石水，流经吉安市北附近螺子山下，故亦称螺川。明末女诗人刘淑英十八岁时与夫同游螺川，后有诗回忆当年："期到清溟月里游，一林香弄木兰舟。水天相印人如玉，归把萱花并压头"；"花枝解语尽嫣然，打棹双双泛碧川。自在水云闲欲定，忘机禅鸟静于禅"（《因忆前游吟八首》）。河水之流，何其自在悠然。清初王猷定诗云："长江流剩梦，孤棹拨残星"（《螺川早发》）。长江乃言赣江，即此地之螺川。清代神韵派领袖王渔洋诗云："螺川川北字江西，沙暖水暄咫尺迷"（《吉水绝句》）。亦言螺川之水缓流而迂曲。

吉安城外码头与行船

又斜东北流至吉水县，汇入青原区之文水、西北之横石水。在吉水县城上游又汇入永丰县流来之恩江。恩江上游为乐安县之鳌溪、大溪。赣江过峡江县，有黄金水注入。赣江至此而狭隘，县城傍山而窄小。清人潘耒诗云："峡江山对锁，不觉有江来。船向羊肠出，城临虎穴开。"（《峡江》）两山相对，几不知其下有江水，羊肠极言水道之窄，形势之险要。又王渔洋诗云："短岫幽篁峡口阴，乱帆鸦轧满江浔。长年烟际遥相问，十八滩头水浅深。"（《峡江县》）可见，峡口津渡处的泊船之多而杂乱。逆水而上的行船上，艄公急于打听上游十八滩之深浅，若浅则行船艰难。赣江至此段称峡江，查慎行诗云："踞高因峡势，随地改江名。"（《峡江县》）

江水再下流至新淦县（今名新干县），有泥江水南来汇入。元初，何中在此上船远航有诗云："振衣上野航，回道谢山阪。日淡秋不空，风清片帆远。沙光侵岸发，峰影随人转。前渡烟水深，离亭路今缅。"（《发新淦金水亭》）清代丁炜有诗云："城下空江向北流，虔州西上正悠悠。柳边过雨鹭窥网，花外夕阳人倚楼。渔笛数声愁欲剧，篷窗孤枕梦偏幽。一川烟景频来往，每对青山忆旧游。"（《新淦舟行》）水上乘舟，看白鹭窥鱼，人倚楼上，有萧散之趣。在船舱关上篷窗，不觉倚枕悠然入梦。

赣江流至清江县，有源自玉华山的淦水汇入，清江县或因江水清而得名。范成大诗云："芳林不断清江曲，倒影入江江水绿。未论万户比封君,瓦屋人家衣食足。"(《清江道中橘园甚夥》)可知一江两岸,遍植橘林,不仅风光秀美,且为当地农家带来了富庶。农家种橘,至清代犹如此,查慎行诗云:"甘林百里夹清江,两岸风来白雪香。"(《清江道中》)橘花盛如白雪,则其繁茂可知,倒映清江,别有风韵。

赣江流至临江镇,另一大支流袁江汇入。宋代设临江军于此,下属新喻、新淦、清江诸县。到了明代成化年间,袁江改道,在清江县樟树镇附近汇入赣江。1988年,撤销清江县,改设樟树市,市治设樟树镇。

赣江航道

袁江 发源于罗霄山脉的武功山,初称芦溪,在萍乡境内。唐代袁皓诗云:"泸水东奔彭蠡浪,萍川西注洞庭波。"(《重归宜春经过萍川题梵林寺》)萍川即萍水,发源于宜春县水江乡,流经上栗县、安源区,环绕萍乡市,在湘东出江西境内,与渌水合流,汇入湘江。萍水与芦溪,两水分流,属于不同流域。如果船自湖南醴陵而来,入萍水经黄花渡、湘东驿,至萍乡城后,必须改由陆路至芦溪,地势渐低。查慎行诗云:"黄花古渡接芦溪,行过萍乡路渐低。"(《自湘东驿遵陆至芦溪》)记叙旅途真切。

芦溪流经宜春城(今称袁州区),其地有袁山,因东汉袁安隐居于此而得名,水流至此又称袁水,又有仰山之水汇入。唐末韦庄诗云:"山色东南连紫府,水声西北属洪都。"(《袁州作》)言此水西北流而往洪都(南昌)。明代苏葵《泛袁河》诗曰:

柔缆危樯款款拖,傍花随柳上袁河。山深鸟语张仪辩,春老风光下惠和。

行过不妨樵竖识，耽闲无奈钓翁何。日斜更倚船楼望，怪杀王孙草色多。

船舶悠然而航行于袁河，柔缆款款而拖，可知岸上有人以缆绳牵拖船前进。往往无风而行时采取此方法。既说"船楼"，则船之规模可能也不算小。作者苏葵，广东顺德人，时任江西提学佥事。

袁江在宜春城的一段又称秀江，因其地流水清澈，风光秀丽。明代徐琏《秀江》诗云：

袁山形胜双螺秀，缥缈长江驻锦轺。东注波涛接海岛，西来源发自罗霄。城边环带清泉间，渡口横穿画舫桥。景仰遗风韩刺史，雍熙从此乐唐尧。

此诗描绘秀江之缥缈，发源于西面的罗霄山脉，向东流注，最终奔入大海。末联缅怀唐代袁州刺史、大文学家韩愈在此之教化。

徐琏又有《秀江桥》诗云：

方桥鳌戴班工巧，五空横流玉垒墩。平地顿忘江水阔，阴廊不见履霜痕。徒舆普济思仁泽，商贾经营望龙浑。东向卢洲迥异景，氤氲秀气结红门。

首联写到秀江桥规模之壮观，结构之巧妙，桥墩之有五孔。商贾经营，有此过往则生意兴隆。清代著名诗人黄仲则有诗云"夜气一何悄，扁舟系古杉"（《秀江夜泊》），亦咏其地。

袁江流经新喻县（今新余渝水区）一段则称渝水，有孔目河水汇入。北宋刘敞诗云："八月江湖秋水高，大堤夜坼声嘈嘈。前村农家失几户，近郭扁舟屯百艘。蛟龙蜿蜒水禽白，渡头老公须雇直。城南百姓多为鱼，买鱼欲烹辄凄恻。"（《城南行》）刘敞，新喻人，目睹故里秋涨堤破而冲决不少农户的悲惨情景，此地水流大而汹涌可知。

袁江至临江镇与赣江合流。然至明成化年间，袁江改道至樟树镇附近汇入赣江。明代王阳明在樟树镇誓师征讨宁王朱宸濠。清人黄爵滋有诗回忆当年："赣波浩荡注洪州，战迹荒凉古树秋。岭月带星沉戍堠，峡云飞雨入渔舟。市声乍散人烟外，灯影遥明野渡头。闻说鱼龙今退避，江乡禾稻可全收。"(《舟泊樟树镇》)"战迹"或言此事，末联言江水退而两岸乡野将迎来大丰收。

赣江再北流，过丰城附近，有丰水、富水自东南来注入。若是风定涛平，四顾可见："村藏翠竹千重出，江转青山四面来。章贡烟波连棹影，匡庐路径隔云隈。"(鄂容安《丰城道中》)然其地春夏易涝，清代陆菜诗云："春江灌潦水，百堵没沧洲。釜已游鱼鳖，涯难辨马牛。橹声来木杪，帆影度城楼。双剑沉何处，消宵起暮愁。"(《自丰城抵万安，江水大涨》)众水积潦相汇，江水汪洋，民屋被淹，船行树杪之上，诗人为丰城龙泉剑不能斩蛟退水而悲悯生民之灾。

至南昌县市汊街附近，又有锦水自西来汇入。

锦水 一名蜀江，发源于袁州区慈化乡，流经万载县，有石洞水、金钟水、锦水汇入。又有宜丰县盐溪水、上高县斜口水汇入，至高安又称筠河，至新建县流湖乡象牙潭注入赣江。象牙潭因水流至此弯曲成潭，状似象牙而得名。元代何中诗云："水禽两两树三三，近浦遥峰隔嫩岚。新换一天秋色别，短篷又过象牙潭。"即言其地。清人陈弘绪说："蜀江在新建西南六十里，一名筠河。自瑞州高安入境，合象牙潭水入章江，亦名锦江。"[1]入赣江口附近对岸有市汊街。清代陈文瑞有诗云："小江口过大江湾，市汊遥遥列阛阓。丰富两条春涨合，扁舟安稳下矶山。""阛阓"即言因水运津渡而兴起的市汊街。"丰富"即言丰城之丰水与富水。

赣江下游流至南昌城西，赣江此段又称为章江，因章江门得名。清代陈弘绪说：

在郡西章江门外，《水经》所谓"赣水出豫章"是也。控引众流，总成一川。《后汉书·郡国志》曰："赣有豫章水。"雷次宗云："似因此水为其地名，虽十川均流，而此流最远，故独受名焉。"十川者，赣、庐、

---

[1] (清)陈弘绪：《江城名迹记》，江西人民出版社2015年版，卷三，第60页。

章、淦、盯、蜀、馀、鄱、僚、循，为十川也。绪按，豫章自以树得名，次宗之言未为核实。①

晋朝雷次宗在所著《豫章记》中怀疑豫章郡是因豫章水而得名，但陈弘绪认为豫章是因大樟树而得名，两说难以定是非。

赣江下流，绕南昌城西北，转东北流经扬子洲而分为东西两河，歧为四支。

赣江西河至樵舍分汊为北支与西支。北支流经蒋埠；西支东北行经樵舍、昌邑、黄家渡至吴城镇，于望湖亭前与修江汇合入鄱阳湖，这是最主要的一条航道。

赣江东河在焦矶头分汊为中支与南支。

中支经过成新，楼前，大口湖，在朱港入鄱阳湖，航道浅，是主要的泄洪口之一。

赣江南支过扬子洲南，过尤口、滁槎、赵家围，在梅溪口与老抚河、信江西支汇合后入鄱阳湖。赵家围（今名港子口赵家，属昌东镇），明清时属新建县，设有赵家围河泊所、巡检司。顾祖禹《读史方舆纪要》卷八四载："（赵家围）在南昌府城东七十里，西距黄家渡四十里。"古代赣江南支由此，东北行可至饶州鄱阳县，东行可转入信江航道至上饶县，也可以东南行转入抚河航道至抚州。至清代后期，由于水流缓慢，河流淤积泥沙严重。南支至赵家围口又歧为二支，水更浅而船行愈加不便。

清同治年间，兴国县学者胡发琅在他所著的《信游脞记》中说：

鄱湖南境，支港旁午，错出灌子口，为南昌、饶州、广信要道。比淤，春冬绕北三十里而行。吏议浚之。浚固不易，且恐不旋踵而塞。

章水大体自南之北，中过南昌，乃分流东行为诸港，仍北会于湖。于势为横出。其流固缓。灌子口在诸港南，尤有不可持久之势，寖假而

---

① （清）陈弘绪：《江城名迹记》，江西人民出版社2015年版，卷三，第59页。

迤北。诸港日以深广，势遂专趋诸港，而灌子口益缓，水缓而沙停矣。诚欲通者，其在堰上游分出之北港，而杀其泄乎？[①]

灌子口疑指其南支。因水流缓而积泥沙，地方官吏主张组织人力疏浚，他认为此种做法不容易，即使疏通了，恐怕不久又将淤塞。他主张在其上游筑堰引水，加大水流量，借重水流之冲势而冲泄其泥沙。但也只成为纸上谈兵。现在行船因水浅则更困难。

赣江上游主要为两大支流——章水、贡水。自赣州至新干县为中游。自新干至吴城为下游，水流平缓，河面开阔，便于行船。赣江连同鄱阳湖组成纵贯江西全境的南北水上交通网络，在中国古代南北交往中发挥了重要的作用，是唐宋以来漕运、纲运、盐运、商运与客运并通达广州对外贸易的重要通道。帆船可上溯至章江上游的大余、上犹，贡水的会昌、于都等地。晚清以来，洪水时内河轮船可达赣州；平水时煤轮可达吉安，浅水时汽轮与大帆船可达赣县；枯水时小轮船可达樟树，汽轮可达吉安、泰和。

抚河 发源于广昌、宁都、石城交界的灵华峰东侧，源河称为龙井水；一说源出武夷山脉西的广昌县南的驿前乡赤水镇血木岭，纳塘坊水。流经南丰，直北流至南城县，汇入黎川县流来的黎滩河、飞猿涧、七星涧。南城古为建昌府治，故又称为建昌江。南城东有万年桥，蒋士铨过此有诗云："飞梁跨水一千步，空际行人自来去。乱山中断走虹霓，下有蛟龙不敢怒"（《万年桥》），由桥长而可知江面之阔。

流域地势东南高西北低，广昌至南城间河段为抚河上游，始称旴江，又称汝水，其地多为山地丘陵；自南城以下至抚河为中游，旴江转而西流，先后有金溪县福水、三港水自东来注入。地形平坦，河面宽阔，河床不稳定。清代蒋士铨诗云："雨来水势箭脱弦，雨过河身沙滞船。爬沙作沟放船下，上水船来如病马。"（《建船谣四章》）山洪暴发，则河水急涌，如箭脱弦；雨过则沙泥淤积，船行艰难。下行须爬沙蓄水，然

[①] 胡发琅：《信游脞记》，《肃藻遗书》卷三，清光绪十三年刻本。

后放沟水以利船行。上溯则拖纤步步移行,如病马之缓行。

流过抚州,称为抚河,临水汇入。临水是抚河最大的支流,来自崇仁河和宜黄水之合流。清代吴乃伊诗云:"夹岸烟光蘸碧川,轻鸥点点傍沙眠。隔溪沽酒归来晚,芦荻滩头月满船。"(《晚泊抚州》)碧水悠悠,沙鸥点点。月夜泊舟饮酒,其乐何如!

抚河过临水口后,又纳入较大支流东乡水,河面开阔。抚河流过进贤县箭江口三江镇附近,歧为两支:东支经梁家渡、塔城乡入青岚湖,注入鄱阳湖。乾隆十六年《南昌县志》中称之为东河:"东河之水发于盱江,《水经》所谓出南城县西北,流经南昌县南是也。北流数百里至箭江,绕中洲之左,径温家圳,又西径枕头埠,又北径梁家渡入南昌界。"

西支自三江口经南昌县罗家镇附近谢家埠,是抚河下游的一处重要口岸与商埠,今名谢埠街。然后经泾口、塘南镇附近汇入鄱阳湖。有邬子港,与余干瑞洪镇相对。原有邬子驿,明洪武初年置有邬子巡检司。明人龚敩有《八月十六夜泊邬子寨示祝权》诗云:"邬子岩前江雾开,瑞州河口北风回。南山一点青螺小,鄱水千群白雁来。明月尚圆天气好,良宵虚度客心哀。故园松桂无人管,只恐秋霜两鬓催。"

抚河全长387.5公里,流域面积达17000平方公里。

信江 秦汉时称馀汗水,隋时称馀水,唐代以后始称信河,又称信江,整个水系向西流。诚如清末王赓言诗云:"凡水皆东流,此水独西走。"(《信江词》)发源于玉山与德兴交界处的信源山南侧,为金沙溪,一名上干溪。至玉山县城附近纳古城溪,称为冰溪,又称玉山水。至十里山纳玉琊溪后始称信江。西南流,汇入下干溪、沧溪。至上饶信州城旁,汇入源于武夷山经广丰之丰水(古又称永丰溪)。清代查慎行乘舟

玉山县信江岸

自玉山往信州有诗云："西下鄱阳总顺流,波声汩汩橹声柔。玉山城外唱歌去,三十三滩是信州。"(《西江棹歌》)可见江中沙石滩之多,大抵写实。王赓言诗云："玉带东城南,夹岸多杨柳。宜雨复宜晴,鱼鸟乐渊薮。颇怪名信江,潮汐曾未有。"(《信江词》)诗人乐见沿江生态之优,但诧怪既然言信江,本应有潮信,而其实此水并无潮涨汐退。

信江西流,有上饶县楮溪加入,过灵山麓汇入灵山之溪水。宋代杨万里诗云："饶水回回转,灵山面面逢"(《灵山》),写出了水流迂回的特征。清代蒋士铨诗云："灵山居郡帅,九石列牙兵。水借龙门锁,关宜猛兽横。"(《九石》)

过铅山县,有汭川自西南汇入,继而源于武夷山之青溪、紫溪自东南来汇。河口镇在交汇处。两淮都转盐运使李根云说："其地多山,百川奔凑城北,一河贯群山而绕还阛。其源来自闽峤,紫溪、江东二水入焉,而汇于石塘,北过青山,又西北至河口,会玉、饶诸水以达于彭蠡,盖闽越吴楚间一大要津。"① 玉饶即玉山沙溪、上饶灵溪。

过横峰县,汇入宋溪。西流至弋阳,汇入葛溪、明溪,称为弋水。唐代许浑诗云："江行春欲半,孤枕弋阳堤。云暗犹飘雪,潮寒未应溪。饮猿闻棹散,飞鸟背船低。此路成幽绝,家山巩洛西。"(《春泊弋阳》)观此诗则可见其时三月春日犹有雪飞,天极寒冷。江畔有猿,闻棹声即逃散,可见唐代其地生态之良好。

继续西流,有须溪加入,合称为贵溪。宋人晁补之诗云："应会逐臣西望意,故教溪水只西流"(《贵溪在信州城南,其水西流七百里入江》)。

过贵溪汇入罗塘河、泗沥河。至余江璜溪镇,汇入源于武夷山之白塔河,塔河过龙虎山一段称泸溪。明代名相夏言诗云："水碧沙明洲渚回,篱深竹静草堂开。风吹山木萧萧下,日落江帆片片来。"(《象麓草堂初成和杜》)象麓即象山之麓,江水环绕,帆船片片,风光宜人。信江流经此段称余江。余江县古称安仁县,故水又称安仁水。清代方振诗云："蕞尔城三里,悠然水一湾。波添贵溪雨,云起建昌山。"(《安仁县》)

---

① 李根云:《新建大义桥记》,载乾隆版《铅山县志》。

自余江县流至余干县,有龙窟河,并纳东乡县青田、白莲二港之水西流。至余干县东南新渡万家,分为东、西两支。西支称为西大河,为干流,至瑞洪镇的张家湾与进贤县章家村附近流入鄱阳湖;东支又称余水,亦名东大河,经马背咀,北越珠湖,在鄱阳县乐安村附近与乐安河汇合。至鄱阳县东汇入昌江,合流后称饶江,经鄱阳县南西下过双港汇入鄱湖。

乐安江发源于婺源,流经德兴,汇入洎水,至乐平,称为乐安江,至鄱阳县与昌河相汇。

信江全长404.5公里,流域面积17600平方公里。流经玉山、上饶、铅山、弋阳、贵溪、鹰潭、余江、余干、鄱阳等县。自玉山至贵溪为信江上游,流经山地和丘陵;贵溪以下,至鹰潭,为中游,过鹰潭则为下游。一带多为冲积平原地带。支流广丰河、铅山河、白塔河等,可通航木帆船或排筏。信江是古代江西通往福建、浙江的水上通道,水运繁忙,大船可至河口镇,小艇可至玉山,是古代"闽越入京道"。近代因水土流失,流量少,河道条件恶化,淤、浅、险、急、弯的滩道逐渐增多。余干以上滩险水浅,余干以下,春夏水涨时又成泽国。

饶河 在鄱阳湖东面,是昌江与乐安河在鄱阳县姚公渡汇合后的总称。饶河北支为昌江,一名大河,又名北河,来自安徽祁门县,两支水源分别来自黄山余脉大洪岭与东界西坑,在祁门县城相汇,过倒湖纳北河。入江西境内,过峙滩至明溪,有小北港、储田水、建师港水先后汇入。昌江上游,江多滩,船行不易。清代景德镇督陶官唐英有诗云:"三百六十滩水恶,狂澜至此流涓涓。"(《昌江夜泛过玉笋峰》)流至浮梁县城,有东河(又名鄱源水)、婺源浇岭之水汇入。河水渐大而清。查慎行有诗云:"浮梁县西山渐平,浮梁县东水更清。濛濛天气长如雨,卧听前湾水碓声。"(《昌江竹枝词八首》)

水流至景德镇,称为昌江,因景德镇在唐代称昌平镇。昌江横贯景德镇城中心,并有南河(一名历降水)绕于东南,西河斜贯于西岸。三水绕城,水运方便。南河是瓷土、窑柴的取给线,运销瓷品的航道则依赖于昌河。向来商贾云集,"浮梁属东偏邑,提封仅百里许,山川秀丽,人文物产甲于他邑，且土宜于陶，陶之利用走天下，商贾远来，舟车云集"①虽然山川偏远，但由于制瓷业的发展，水运的便利，该地向来多呈现一派繁荣，"延袤百七十里，秦并以来，分合异隶，州邑异名，虽山川阻塞，地势异于平原，而舟车络绎，洋洋乎大国之风哉"。②

昌江下流，纳滨田水、游城水，至姚公渡汇入乐安河。全长253公里，安徽境内82公里，江西境内171公里，流域面积近6000平方公里。昌江自发源处至景德镇河段两岸高山峻岭居多，景德镇至姚公渡河段两岸为丘陵平原相间地带，河道水流平缓。还有50多条小的支流，形成纵横交错的河流网络。

饶河南支为乐安河，以流经余干县东北的乐安乡而得名。发源于婺源与安徽休宁县交界处的莲花顶西侧，婺源河称为段莘水，与源出五龙山南侧的朝阳台来水相汇，至港口纳源出溪头的武溪水，于汪口与江湾水交汇；流经秋口至武口与纳古坦水、浙源水的清华水交汇，成为星江河之始端。星江河流过县城称婺江，至梅林纳潋溪（即西坑）水，至小港纳高砂水，出婺源县西南流向德兴县，为乐安河上游。流经德兴县境内，有建节水、体泉水、李宅水、中云水、赋春水加入。水量渐丰，两岸多丘陵河谷。至德兴县城有洎水来汇。至乐平县境洛口，官庄水、长乐水先后汇入。过鹭鸶埠至桐山港，有曹溪河汇入，至浯口纳入槎溪（一名吴溪水）。至鬶山下纳纲山河（一名安殷河）。至乐平县城以下，进入平原区，河宽增至200米，至石镇街以下增至500米左右。其间纳入菱田水。至鄱阳县蔡家湾，在左岸乐安村汇入信江东大河即余水相汇，全长312.5公里。

又北流至角山，主河分为两支：一支西走转北至清洲湾，折西南出表恩入鄱阳湖；一支北流至姚公渡与昌江（亦称饶河北支）相汇，称为饶江，又称鄱江。然后在龙口注入鄱阳湖。自发源处至德兴香屯，为乐安河上游，流经山地与丘陵地带。香屯至乐平为中游，流经丘陵地带。乐平至龙口为下游，流经平原和湖滨低洼地带。乐安河属山区性河流，洪

---

① 康熙版《浮梁县志》卷首黄家遴序。
② 康熙版《浮梁县志》卷一《舆地志》。

水暴涨暴落。

查慎行有《望江南·朝辞景镇晚抵饶，舟中即事》云：

江行好，袅袅挂帆时。一练澄波烟锁住，三竿红日雾消迟。此景晓来宜。
江行好，历历乱帆时。牛背日斜鸦独立，渔湾人去鹭双窥。此景晚来宜。
江行好，寂寂卸帆时。群雁惊人霜外起，小船吹笛月中移。此景夜来宜。

饶即饶州府，府治鄱阳县。景德镇运瓷船过此入鄱阳湖。蒋士铨诗云："接官亭下系浮梢，方物传来一水遥。满载冰瓷夸大贾，青花样子是官窑。"（《鄱阳竹枝词》）言运输瓷器之船满载而来，老板夸口说是官窑所产的上等青花瓷。

饶河绕鄱阳县城南向西折而流向双港，分为两支：一支北流出太子湖，在乐亭入鄱阳湖；一支西经莲湖乡龙口入鄱阳湖。龙口一称饶河口，为昌江、乐安河、万年河枯水期出口水道，也是饶河水系由鄱阳湖进入长江的主要出口。汛期，鄱阳湖水漫至姚公渡以上时，昌江与乐安河直接入湖。

清代黄家遴《鄱江道中》一诗云：

江源来近远，千里向西流。双港石梁渡，孤城水气浮。
邮笺催候吏，宵柝杂村讴。于役宁辞倦，沧浪一钓舟。

写此水入湖景象真切如画，点缀候吏、村讴等人文活动。

民国初年，婺源人江峰青有《小舟夜出饶河口》诗云："天气阴森水气昏，水天一色碧无痕。凫群四五不成阵，渔火两三疑有村。章贡双流湍蠡渚，徽饶重险界龙门。干戈永戢湖山好，我亦维舟醉一尊。"又诗句云："远浦见山浮棹小，极天连水暮云黄。"（《舟至饶河口晚眺》）饶河口处江湖开阔之境，豁然入目。

昌江、饶江水运通往鄱阳湖，进而上通赣江，下通长江，为景德镇瓷业贸易提供了便利的条件。

修河 以江水修长得名，亦称修水、修江，《水经注》中称为"循水"。有三源同出于湘、鄂、赣边境的幕阜山脉。源于铜鼓县修源尖东南侧，为金沙河。流入修水县境内称东津水，流至马坳镇纳渣津水始称修河。百葛水、小杭水、山口水（又称铜鼓水）、黄沙水、船滩水、洋湖港先后汇入，水量大增，又有东北之鹤源水汇入。经武宁县，纳入清江水、澧溪、罗溪、洋井水、斜滩水。又有汾水自北来、白石山水自南来注入。至永修县境内，进入平原地带，水势平缓，有白槎水、八洞水、沙洲上水、蔡溪河汇入。过永修县城后，于山下渡汇入修河最大支流——潦河。

潦河有两支：一支自奉新冯川与龙溪水相汇，称南潦河；一支源于靖安县双溪，称为北潦河，南北潦河至安义县石窝相汇。

修河汇入潦河后继续东北流，过沙湖山、蚌湖、大湖池中间地带至吴城镇望湖亭下，与赣江北支同汇鄱阳湖。流经修水、铜鼓、武宁、永修、德安五县，主流长304公里，流域面积14700平方公里。修河在涂家埠以上流经山区和丘陵区，以下则流经平原地区。江水量丰但落差大，滩险较多，山洪多发。

还有发源于瑞昌南义乡胡炎洞的博阳河，流经德安县，在星子县褚溪附近注入鄱阳湖，其下游称为杨柳津河。从发源处至入湖口全长113公里。德安段至鄱阳湖在高水位时可通航30吨帆船，枯水期不通航。

江西水运的发展，有赖于众多河流、适航的航道，以及优越的地理条件与丰富的物产资源。江西属亚热带湿润季风气候，雨量充沛。物产丰富，特别是粮、茶、纸张、木材的贸易主要依赖于水运。古代江西，山清水秀，生态环境好，过往官员、文人以诗词、文为水道、航运留下了一幅幅生动的画面。

长江航道 以上所说的是江西的内河，还有一段公共航道，即江西北面长江航道，上通汉水与洞庭湖，下至镇江而连通大运河。九江航段西自瑞昌下巢湖曹丘岭，东至彭泽太泊湖牛矶山，长151.9公里。江宽水深，水流平缓，洲滩群生。江西人向称为外江，而将湖口以南的鄱阳湖与五河航道称为内河，合称内河外江。鄱阳湖水系经湖口与长江联成完整的航道网。长江是进入鄱阳湖的必经水道,对江西发展长途水运与通江达海的远洋运输,提供了天然的航道。北宋南丰人曾巩《发彭泽》诗云:

卧闻橹声知雨来,起见江流与天合。山回风吹雾不尽,帆健船冲浪相杳。归云难乘望空断,落日乍掩凉可纳。去家今夜一千里,谁见愁来坐方榻。

雨中行船,不仅张帆风饱帆腹,且加以摇橹,足可与浪相搏,行速是很快的。然客子思家,彭泽至故里抚州尚有千里之遥,故独坐方榻而思乡。

长江流经浔阳县境,在今九江市北一段即称浔阳江。唐白居易《琵琶行》"浔阳江头夜送客"即在溢水入浔阳江口处。元代林景熙亦有《浔阳江》诗,中云:"闲将千古意,吹入一江秋。"

鄱阳湖上航行的帆船

长江主航道有移动,如小孤山向在长江航道之南,古代不少诗文均记为彭泽小孤山。现在主航道移至山南,小孤山与江北陆地相连。

除上述各河外,江西省北部有少数河流直接流入长江,发源于瑞昌西南青山的溢水,东流至九江城,连通龙开河,注入长江。相传昔时有人洗盆于此,忽遇水涨,龙衔盆去,因名。入江处称为溢口、溢浦,向为戍守要地。至1994年,龙开河口一带全部被填塞。

《石钟山志》引《江西通志》云:"瑞昌芦泉石旁大塅、梅溪、白龙诸泉,潴为赤湖,流为瀼溪,东流经九江城西,入龙开河,东通溢浦港,白乐天听商妇琵琶处；南通濂溪港，宋儒周元公所寓也。东流入浔阳江。湖口沙头港，发源黄土岭，接沙头河入大江。沙头一名麒麟河，系明万历中增设湖口关税，商舟往来所泊，易以嘉名，如杨港曰武曲港，黄牛湫曰文昌袱，老鸦矶曰凤凰矶之类是也。"①

西部有萍水，源于萍乡上栗，经清溪、湘东入湖南醴陵流入湘江。

南部大庾岭南北诸水，除流入江西的章、贡两江外，其余分别注入广东的北江、东江和湖南的湘江。如源于安远三百山的水即流入广东东江；九连山南之水流入东江，山之东南诸水出江西注入广东韩江。

附：江西水道入彭蠡湖说

王凤生

鄱阳湖，即彭蠡湖，一名宫亭湖。周回四百五十里，浸南昌、饶州、南康、九江四郡之境，收江西全省水，汇入大江。

按水自西南归湖者：一、章水，源出南安府聂都山，东北至南康县，有崇义县之南源水、上犹县之犹水、米家水自西来注之。又有龙南县之桃水、信丰县之绵水，至赣州府东北入于贡水，自南来注之。

一、贡水，源自福建长汀县新路岭，西经瑞金县，合绵江，又西经会昌县，合湘洪水及安远县之安远水，折而北流径雩都县。南有石城县之琴水、灞水、宁都州之梅川，清音水自东北来注之，又合雩水，西□□。有兴国县之黄田水、潋江自北来注之。又西至赣州府东北，与章水合流，名曰章江。有赣县之龙溪水、长步水自西北来注之。又直北稍西流，经万安县南，合皂口江及龙泉县之左右溪，一名遂水，自西来注之。又北经泰和县，合县东南之仙槎江，稍折而西北流。有永新县之永新江、永宁县(宁冈)之浆山水、新喻县之同水、安福县之泸水、阁水自西北来注之，又西经吉安府合庐陵县之习溪水、西北之横石水，又斜东流经吉水县，合县南之吉文水、西北之南溪水及乐安县之鳌溪、大溪，

---

① (清)李成谋、丁义方撰，徐莫磐、刘文政校注：《石钟山志》卷二《山水》，江西人民出版社1996年版，第33页。

二水自永丰县东来注之。又东经峡江县,有黄金水西来注之。又东经新淦县,有泥江水南来注之。又东流经临川府东,合清江县之淦水,又县西之太平江及袁州分宜县之秀水,仰水自新喻县西来注之。又东流经丰城县,有丰水、富水自东南来注之。折而北流,有万载县之石洞、金钟、锦江三水,新昌县之盐溪、上高县之斜口水,至瑞州郡城高安县汇为蜀江,自西来注之。又斜东流至南昌府建昌县(今永修),东南与盱水合。

一、盱水,源出广昌县南血木岭,东经南丰县,直北流至建昌府南城县。有新城之黎川、飞猿、七星洞诸水自南来注之,合而为建昌江。折而西,有金溪县之福水、三港水自东来注之。又西经抚州府临川县,有宜黄县之宜、黄二水,连樊水,崇仁县之临水、宝唐水自西南来注之,合为汝河,一名抚河。又西北流,分为两支:一合进贤县之三阳水,出南昌县东北入鄱阳湖;一出南昌郡城后,会章江合流而北经新建县之东北入鄱阳湖。

一、修水,源出义宁州幕阜山,合东北之鹤源水,东流径武宁县,有汾水北来注之,白石山水南来注之。又东流经建昌县,有宝峰、斛源二水南来注之,又东百二十里入于鄱阳湖。又奉新县上承龙溪水、冯水,经安义县北,合龙江水,汇为奉新江。又有靖安县之双溪,俱东流注于修水,连鄱阳湖。

信水自东南归湖者,以玉溪源出玉山县怀玉山,一名上干溪,西南流,合下干溪、沧溪二水,经广丰县西流,有永丰溪;又西经广信府上饶县,名上饶江,有楮溪,俱南来注之。郡城之南为铅山县,有汭川,自西南来注之。又西经兴安县(横峰),有宋溪。又西经弋阳县,有葛溪、明溪。又西经贵溪县,有须溪。又西经安仁县,有白塔河,汇为锦江。俱自南来注之。又西经余干县,有龙窟河,并纳东乡县青田、白莲二港之水西流,由饶州郡城南入鄱阳湖。

一万年县,东承弋阳县之水,为泊江。一乐平县,上承德兴县之建节水及安徽婺源县诸水,为乐安江。一浮梁县,上承婺源、休宁二县之水,名昌江。并北纳源出祁门县之倒湖,南纳源出婺源县之浇岭水,合流而西入鄱阳县境,为鄱江,由饶州郡城东北入鄱阳湖。至浮梁县西,有童子溪,即小儿滩。都昌县北有郭山湖、后港,南有陈合塘,俱西流经入鄱阳湖。

按：此文叙述并考证江西诸水道大体无误，有些地名略有变更。章贡合流为赣江，先后汇入赣西来之秀水、仰水，即袁江上游宜春段。合盱水与汝河而称为抚河。修水流至永修县，汇入潦水，即此文中的"奉新江"与"靖安县之双溪"来水，分别称为南潦水与北潦水。乐安江与昌江合流为鄱江，今又称饶河。

作者王凤生（1777—1835），祖籍婺源，随祖父迁居江宁。嘉庆间先后任平湖知县、署嘉兴知府、玉环厅同知；道光间任归德知府，署两淮盐运使。道光十一年（1831）出差湖北，查办岸务，其时著《汉江纪程》，此文大抵写于其时。

先秦时期

【第二章】

豫章郡设立前，江西无独立的行政区划，春秋时期，先后属吴、楚管辖范围。向有"吴头楚尾"的说法，彭蠡湖之，西属楚，东属吴。吴宗慈、辛际周《江西省古今政治地理沿革总略》云：

> 江西省为《禹贡》扬州之域，其北部一隅汉柴桑，彭蠡县地则属荆、扬二州境，彭蠡以东属扬州，以西属荆州。春秋时，东部一隅，秦汉馀汗县地属吴外，全部皆为吴之西境、楚之东境，其界域不可考。七国时，越灭吴，楚灭越，全境属楚。[1]

荆州、扬州为上古九州时的分野，此言区域之大略，似乎印证了宋代开始出现的"吴头楚尾"之说。上古江西未形成相对独立的区域，是春秋时吴国、楚国水军屡次争夺的边缘之地，不过，此说失之笼统，钩沉史籍，古彭蠡湖周边地区经历了由越族繁衍、吴国占有，后为楚国占据，再由吴国占据，最后仍为楚占据的拉锯状过程，其时进入了战国时期。

有关文献提及上古江西的邑有番、艾。《史记》卷四十《楚世家》："（楚昭王）十二年（前504），吴复伐楚，取番。楚恐，去郢，北徙都鄀。"《吴太伯世家》卷三十一也说到：阖庐十一年（前504）"吴王使太子夫差伐楚，取番，楚恐而去郢徙鄀"。

番，音婆，其地即后来的鄱阳县。唐《括地志》云："饶州鄱阳县，春秋时为楚东境。秦为番县，属九江郡，汉为鄱阳县。"番本为楚邑，

---

[1] 民国吴宗慈、辛际周合编：《江西省古今政治地理沿革总考》，《江西文献丛书》1947年印本。

春秋晚期（前504）被吴攻占，楚王惧而迁都。

春秋时代，"豫章"在江北，《左传》昭公十三年（前531）、定公四年（前506）的记事中，多次提及楚与吴国交战于"豫章"。西晋杜预注曰："此皆当在江北、淮水南"，是"汉东、江北地名"。唐孔颖达也指出：《汉书·地理志》中的豫章为郡名，在江南，而此所言在江北。

第一节　古航道与造船业的发端

彭蠡湖流域航道的开辟可以追溯到先秦时期，当地越族居民素擅长"水行山处，便于用舟"。

宋代乐史《太平寰宇记》中载，宫亭湖"按图经云在（江）州南，彭蠡湖侧。周武王十五年置分风擘流，上下皆得举帆"，所置疑为高耸的风向标之类。此段文字说明，其时彭蠡湖即有舟船航行。

彭蠡泽为古扬州域。西晋出土的《竹书纪年》载：周成王二十四年（前1093），周天子接待过"干越来宾"，并有"干越献舟"记述，说明干越其时已善于造船，周王朝在古余干地区设"应"国以管理。1958年，在黄金埠古墓中出土西周铜甗，内壁铸有"应监作宝尊彝"铭文。据郭沫若考证，"应"即应国，"监"是周王朝派驻应国的监国者。

战国时期，沿江滨湖一些水运条件较好的地区，开始成为物资集散要地。新干县界埠乡出土的战国粮仓遗址即是一例。遗址距赣江1.5公里，有着便利的水运条件，残址长61.5米，宽11米，堆积的碳化米粒高达1.2米，足证两千多年前的赣江已成为"漕运通渠"。

在鹰潭龙虎山、信江支流泸溪河沿岸一带，至今仍有大批崖墓。出土悬棺中，有独木舟形制的船棺，皆是剜整木而为之。考古专家认为，悬棺为古越族人所为，根据其型制特征并经碳14测定，认定这批墓葬是春秋战国留下的。墓葬表明当时船棺墓葬已成一种习俗，也反映了当时江西东部信江流域的造船技术水平。

江河湖汊网密集、林木茂密的古江西区域，有发展造船业的良好条件。春秋时代，番邑一带发生过水上战争，攻城掠地，以水军为主，离不开舟船，自然也就有了造船业。

第二节 吴头楚尾之说与春秋时代的水上战争

春秋前期，楚国东进。《左传记事本末》卷五十载："定公二年，秋，楚囊瓦伐吴师于豫章。"说明鲁定公二年（前508）这一时期的彭蠡湖一带以前属吴国，后被楚国攻占了。《史记·货殖列传》："衡山、九江、江南、豫章、长沙，是南楚也。"[①]《元和郡县志》："洪州，春秋时楚之东境。"

仅在四年之后，吴楚两国又发生较大战争。鲁定公六年（前504）在番邑，吴国派水师攻打楚国水师并获胜。据《左传·定公六年》载："吴太子终累败楚舟师，获潘子臣、小惟子及大夫七人。"《史记·吴太伯世家》载，楚昭王十二年，"吴王使太子夫差伐楚，取番。"《史记索隐》："番，音潘，楚邑名，子臣即其邑大夫也。"《史记·伍子胥传》载："阖庐使太子夫差将兵伐楚，取番。"《索隐》注："番，盖鄱阳也。"这次发生较大规模的水战，战争工具主要是舟艇，而且俘获番邑的地方长官子臣，他部下还有六人也被吴国水师所抓获。只是上述两种书所记载的伐楚人物——吴国的太子不同，一言夫差，一言终累。为《左传》作注的杜预以为，终累为夫差之兄，《史记索隐》以为是"名异而一人"，是非难定。疑终累为阖庐之故太子，后来被伍子胥所佐助的夫差篡夺为太子。子臣为番邑大夫，但其生平无可考。

潘即番县，清代梁玉绳在所著的《史记志疑》中以为是司马迁误以潘姓为地名，其实司马迁未误。潘或为番之古名，从水，其地在当今之鄱阳县及其周围地区。那时番地拥有大片平原河汊，番为当时政治、经济的一个中心，后来低洼的平原受地层沉陷影响，被南移的彭蠡湖淹没，而彭蠡湖后来也就因近鄱阳县而改名鄱阳湖。

[①] 司马迁《史记·河渠书》卷一二九，中华书局1959年版，第3268页。

此战之后，即公元前504年至前475年，彭蠡泽周边地区为吴国所占有。吴王阖庐、夫差父子两代，国力强盛，统治区域扩大到彭蠡湖西部。夫差穷兵黩武，渡江北上争霸，两次打败齐国，与晋国争盟主。公子庆忌谏阻夫差争霸被拒绝，为避嫌疑，往艾城居住。《左传》鲁哀公二十年（前475）记曰："吴公子庆忌骤谏吴子，曰：不改必亡。勿听，出居于艾。"杜预注："艾，吴邑，豫章有艾县。"说明艾邑是当时吴国西部边远的城邑，艾在今修水、武宁一带。鲁哀公二十年即公元前475年，也就是说，这段时期，江西北部基本上为吴国所占有。

曾被吴国打败的越王勾践，卧薪尝胆，"十年生聚，十年教训"，出兵直袭吴都姑苏。鲁哀公二十二年（前473）"冬十一月丁卯（二十七日），越灭吴。"《史记·吴世家》也载，夫差二十一年（前475）越国军队"遂围吴"。至夫差二十三年（前473）"十一月丁卯，越败吴。越王勾践欲迁吴王夫差于甬东，予百家居之。吴王曰：'孤老矣，不能事君王也。吾悔不用子胥之言，自令陷此。'遂自刭死。越王灭吴。"勾践尽得吴地，江西转归越境之内。战国中期，周显王三十五年（前334），楚发兵攻越国，杀越王无疆，赣地复入楚国，其时进入战国时期。

江西号称"吴头楚尾"，此说在宋代文献始见。按蔡靖泉《楚尾吴头考辨》一文的说法，最早见于黄庭坚《谒金门》词："山又水，行尽吴头楚尾。"亦作"楚尾吴头"。朱熹《铅山立春》诗曰："春回楚尾吴头。""吴头楚尾"的语源还见于洪刍《职方乘》和祝穆《方舆胜览》。洪刍《职方乘》说："豫章之地，为吴头楚尾。"洪刍和兄洪朋、弟洪炎、洪羽号称"豫章四洪"，即北宋诗人黄庭坚外甥。祝穆《方舆胜览》也说："豫章之地，为楚尾吴头。"祝穆是南宋人，与朱熹有亲戚关系，可见"吴头楚尾"之说，在宋代得到不少文人学者的认同。

"吴头楚尾"之说，是后人追缅上古历史所形成的地理概念，其实含混不准确。

秦汉时期

【第三章】

秦始皇统一六国，天下一统。始皇二十六年（前221）设郡县，分天下为三十六郡。江西区域隶属九江郡，此郡范围包括今安徽、湖北、江西之一部，郡治在安徽寿春。《广信志胜》："秦始皇分故干越地置番阳、馀干、太末三县地。"均隶属九江郡。因九江郡范围过大，又分为九江郡、衡山郡、庐江郡，原属九江郡的江西，大部分改隶庐江郡，郡治在番阳（今鄱阳县）。吴宗慈《江西古今政治地理沿革图·汉前江西地理沿革图》标示秦代江西设有鄱阳、馀汗、艾、新淦、安平、庐陵、南壄七个县。

秦末，刘邦在垓下之战打败项羽之后，派大将灌婴平定了长江以南，江西也就在那时归属了汉朝版土。《史记》中说：灌婴"破吴郡长吴下，得吴守，遂定吴、豫章、会稽郡"[①]。江西不少方志记载，灌婴在浔阳凿浪井，在南昌筑灌婴城，大多以此为依据。

西汉高祖五年（前202）置豫章郡（郡治南昌），管辖十八县：南昌、庐陵、彭泽、鄱阳、历陵、馀汗、柴桑、艾、赣、新淦、南城、建成、宜春、海昏、雩都、鄡阳、南壄、安平。海昏由艾分出，县治设今永修县吴城镇芦潭西北。

县治多设在靠近江河湖畔，大多在两水交汇处。或是交通方便，或有军事战略意义之处。其中滨湖的有鄱阳、历陵、馀汗、海昏、鄡阳、彭泽（县治在湖口，辖境包括今日之湖口、彭泽两县）；设在赣江以及支流之畔的有南昌、庐陵、赣、新淦、建成、宜春、雩都、南壄、安平。

[①]《史记》卷一一三《樊郦滕灌列传》第九十五，中华书局1959年版，第2671页。

第一节　水陆交通路线的开拓

秦朝统一而安定的政局使中国交通迈入新的时代，形成了以长安（咸阳）为中心的全国交通网，江西是当时京城长安通向东陲和南疆的水陆交通要道。秦汉两代对岭南和东越的用兵，多经过江西。当时江西是战船停泊、集结与补充军需之地，水上的军事活动是这一时期江西境内的主要运输方式。

始皇三十三年（前214），秦发兵五十万分五路大举进攻百越，其中两路取道赣境。

刘安《淮南子·人间训》载，秦始皇为统一岭南，发兵五十万，分为五军，"一军塞镡城之岭，一军守九嶷之塞，一军处番禺之都，二军守甲野之界，一军结馀干之水"。秦南征大军主力皆取道彭蠡湖流域：一路溯赣江河谷而上，经今南昌市、丰城市、樟树、新干县、峡江县、吉水县、吉州区、泰和县、万安县、赣州市、南康，至大余县越过大庾岭横浦关（今小梅关）进入广东南雄县境，然后顺北江南下至番禺（今广州市）；另一路军队由大将屠睢率领，"馀干之水"即余干之潼湖、族湖、锦湖三个水口。军队集结于馀干，然后溯信江东行，经今鹰潭市、贵溪、弋阳县而至铅山之河口。又分为两路：一路由铅山县东南折，越武夷山进入福建崇安县境；一路继续沿信江东行，经今上饶市信州区、广丰、玉山县，进入浙江江山县境。[①]

大庾岭本名台岭，又称梅岭，在大庾县南，绵亘于赣粤边境二百余里，东西走向。据《越绝书》载："越王子孙姓梅，秦兼并六国，越王逾零陵往南海，越人梅鋗从至台岭家焉。"梅鋗为越王大将，统军保越王至台岭，见地势险峻而驻扎下来。后越人重梅鋗之贤，遂称台岭为梅岭。群岭绵延中，有数处低矮凹口。秦王朝在此设横浦关，置兵戍守。循赣江河谷越大庾岭横浦关通往岭南的道路，成为连接中原与岭南地区的主要交通干道。秦末赵佗据岭南，为抗击汉军南下，曾檄告横浦等关，"急绝道，聚兵自守"。

---

① 周源和、魏嵩山：《秦始皇修驰道与秦王朝的陆路交通》，载《地理知识》1974年第4期。

1976年，遂川县藻林左溪河边出土了一批青铜兵器，青铜戈上刻有"廿二年临汾守眲库系口工鸣造"，经考古学家鉴定，为秦始皇二十二年（前224）在临汾县（今山西新绛县东北）制造的。遂川正南与大余县相近，位于大庾岭北，出土的这批青铜兵器，是秦朝为统一岭南地区取道于此的见证，也是秦代彭蠡湖流域作为连接中原与岭南地区的重要交通纽带的有力证明。①

秦王嬴政二十五年（前223），秦灭楚后的第二年，出兵攻打南方越国的遗族，当时进军路线是沿江西信江，越过武夷山脉的云际关、分水关、二渡关等地区，然后沿闽江东下，直达东冶（今福州市）。江西东部山区的分水关（今铅山县境）、杉关（今黎川县境）等两地的山道关隘也先后开通。从此北方通往东南沿海的几条水陆相间的要道大都取道江西：北南向的赣江，逾大庾岭下浈水而达岭南；一条顺信江跨武夷山，再下闽江或瓯江而抵福州或温州；一条循抚河谷地，溯盱江，越血木岭，入福建宁化，再下沙溪水而达福州。

秦开"新道"，"自北徂南，入越之道，必由岭峤"②。从咸阳出发过潼关，由洛阳、汝阳折向东南，经南阳沿白河、汉水入长江，而后经古彭蠡湖进入赣江流域，翻越大庾岭，出横浦关（即梅岭关）进入广东，从此江西成为南北交通的中枢之一，可以说，江西交通道路的开拓，是秦始皇对百越用兵的结果。

西汉时期，不少战事是以赣水作为重要的交通水道。建元六年（前135）八月，闽越攻打南越国，南越向汉朝廷求援。汉武帝"遣大行王恢出豫章，大农韩安国出会稽，皆为将军"③。在汉朝大军压境的情况下，东越人杀了闽越王郢。后来，王恢派遣鄱阳令唐蒙出使南越，回到京城后，上书汉武帝，言及从豫章郡到南越的水路，"今以长沙、豫章往，水道多绝，难行"④。这里所指的可能是在赣江上游的水道难行。

---

① 参见彭适凡：《遂川出土秦戈铭文考释》，载《江西文物》1980年第3期。
② 杜佑《通典》卷一八四《州郡》一四。
③《史记》卷一百一十四《东越列传》第五十四，中华书局1959年版，第2981页。
④《史记》卷一百一十四《西南夷列传》第五十六，中华书局1959年版，第2994页。

西汉武帝元鼎五年（前112），《史记》载："南越反，东越王馀善上书，请以卒八千人从楼船将军击吕嘉等。"但兵至揭阳时，以海风波为借口，停滞不前，并暗地与南越勾结。到了秋天，汉武帝以"主爵都尉杨仆为楼船将军，出豫章，下横浦"[①]。横浦关即在大庾岭。

汉武帝元鼎六年（前111）秋，东越王馀善得知楼船将军杨仆向朝廷请求攻打他，决定举兵反汉，"发兵拒汉道"。称驺力为"吞汉将军"，杀汉三校尉。元封元年（前110）武帝派四路大军，水陆并进，前往闽越地区平叛。四路大军其中有两路皆取道彭蠡湖流域：一路由楼船将军杨仆率领，水路航行"出白沙、武林"。《史记索隐》："徐广云在豫章界。案，今豫章北二百里，接鄱阳界，地名白沙，有小水入湖，名曰白沙坑，东南八十里有武阳亭，亭东南三十里地名武林。"《汉书·地理志》："鄱阳，武阳乡右十余里有黄金采。鄱水西入湖汉。"[②]据此分析，杨仆的进军路线当与秦始皇南征闽越的进军路线相同，即沿今信江东行，至铅山县南折，越过武夷山进入闽越境内。

另一路由中尉王温舒率领二十万军队，"出豫章、梅岭"[③]。王温舒的进军道路有两种可能：或自豫章郡治（今南昌市）出发，乘船溯赣江而上，至赣州后沿贡水东行，复由于都县境溯梅江北上，至宁都县东北秀岭，转溯盱江，然后越过血木岭进入闽越境内；或自豫章郡治沿抚河南下经南城县沿盱江南下至宁都县，东越武夷山进入闽越境内。由于文献记载简略，此"出豫章、梅岭"究竟是走的哪条路，尚难确定。但不管走哪条路，同秦代相比，西汉时的彭蠡湖流域水运航道更为拓展，由豫章郡管辖的赣水与彭蠡湖已成为南北交通的重要通道。

两汉时期，赣水与彭蠡湖这一水道的发展主要由以下两方面促成：

一是汉朝廷与南粤国的高端往来和商旅运输。当时，中原至东南沿海地区的交通，虽已开通东南海道，但因航海易遭受风暴袭击，风险太大，往往取道豫章境内的水路和陆路南下。汉初，中原与南粤互通关

[①]《史记》卷一百一十三《南越列传》第五十三，中华书局1959年版，第2975页。
[②] 薛学点校《汉书·地理志》卷二八上，团结出版社1996年版，第284页。
[③]《史记》卷一百一十四《东越列传》第五十四，中华书局1959年版，第2983页。

市，汉之"金铁田器，马牛羊"①，即用于农耕的铜铁具和牲畜输往南粤，南粤和海外的象牙、犀角、珠玑、玳瑁、翡翠等珍品运往中原；南粤上交汉朝廷的贡品以及朝廷的赏赐物品，大多经由赣江、湘江往返。如南粤王"时内贡职"，向汉文帝上书中所列贡品有白璧、翠鸟、犀角、紫贝、桂蠹、生翠、孔雀，②其他还有石蜜、鲛鱼、荔枝、珊瑚树等，朝廷也往往"厚报遣其使"，这些物品皆从这一水道运输。民间商贸与高层顶端的异地交往，大大促进了豫章郡内的交通运输。

二是征战活动。汉武帝时，对南越、闽越发动过大规模的战争，豫章郡处于非常重要的地位，是后方补给特别是战船的供应地，而且兵力的集结和调遣往往都在豫章郡内进行，这对赣水与彭蠡湖水上交通运输的发展也起到了刺激和推动的作用。

辎重粮秣是征战必不可少的主要运输物资。秦汉征服闽粤的战争中，水上物资运输方向是从北向南或向东南，即以长江与彭蠡湖交汇处为起点，分别至武夷山西麓、后来的铅山县一带与大庾岭。两次战争的兵员均在二十万人左右，军需运输量大，其中必有相当部分军需物资是从长江运经豫章郡的过境补给物资，且有相当数量的船舶方能完成运载物资任务。

水路的开拓与船只的广泛使用，为江西这一区域与海内各地的经贸文化交流创造了条件。这种盛况也许正如左思《吴都赋》所说："水浮陆行，方舟结驷，唱棹转毂，昧旦永日。……轻舆按辔以经隧，楼船举帆而过肆。"

西汉初期，豫章郡一带尚是地广人稀，处于自给自足的状态。司马迁《史记·货殖列传》："楚越之地，地广人希（同稀），饭稻羹鱼，或火耕而水耨，果隋蠃蛤，不待贾而足。"③"豫章出黄金……江南卑湿，丈夫早夭，多竹木。"《史记》"集解"徐广曰："鄱阳有之。""正义"《括地志》："江

---

① 《汉书》卷六五《西南夷南粤朝鲜传》，团结出版社1996年版，第961页。
② 《汉书》卷六五《西南夷南粤朝鲜传》，团结出版社1996年版，第961页。
③ 《史记》卷一二九《货殖列传》第六十九，中华书局1959年版，第3270页。

州浔阳县有黄金山，山出金。"① 黄金的出产，为这一带增殖了财富。

早在高祖十二年（前195），刘邦立兄刘仲之子刘濞为吴王。王国都在扬州，吴王刘濞拥有江淮之地。司马迁《史记》中说："东有海盐之饶，章山之铜，三江五湖之利，亦江东一都会也。"② 刘濞召集逃亡犯人为他开铜矿铸钱，煮海水制盐，设立官家集市，不用百姓交纳赋税。《史记》又载："吴有豫章郡铜山，濞则招致天下亡命者盗铸钱，煮海水为盐，以故无赋，国用富饶。"③ 乐史《太平寰宇记》还记述南昌县附近的西山，吴王濞曾派人在此采铜铸钱。为充实财力而到江南采矿，必定是以船只航运于扬州与南昌之间。吴王濞后以"诛晁错，清君侧"为名，发起七国之乱，后兵败被杀。

西汉初年，开放关塞，免征关税，让百姓开发山林湖泽，经济发展，物尽所用，为南来北往的商人提供了一个相对自由的广阔空间。正是"汉兴，海内为一，开关梁，弛山泽之禁，是以富商大贾周流天下，交易之物莫不通，得其所欲"④ 的开明、开放时代。至惠帝、高后时，"复弛商贾之律"。宽松、优惠的工商政策，有利于各地物产的流动，促进了商贸的快速发展，因此，"重装富贾，周流天下，道无不通，故交易之道行"⑤。

西汉中叶以后，商贸活动逐渐活跃。当时豫章郡的竹、木材、粮食、鱼、陶瓷、铜矿等货物都是商贸的主要物质，金、银、铜、铁器具则是输入或辗转输往岭南的重要物资。豫章郡是水资源、鱼资源丰富的区域，除了赣江水系与彭蠡泽的野生鱼之外，还有人工养鱼，如《水经注》所载东汉和帝永元中豫章太守张躬筑塘以通南路，遏赣江洪水，兼养鱼，"鱼甚肥美"⑥。豫章的大木材："生于深山穷谷，经历山岭，立千丈之高，百丈之蹊，倾倚险阻，崎岖不便，求之连日，然后见之，伐斫

---

① 《史记》卷一二九《货殖列传》第六十九，中华书局1959年版，第3270页。
② 《史记》卷一二九《货殖列传》，中华书局1959年版，第3267页。
③ 《史记》卷一百六《吴王濞列传》，中华书局1959年版，第2821页。
④ 《史记》卷一二九《货殖列传》第六十九，中华书局1959年版，第3261页。
⑤ 《史记》卷一一八《淮南衡山王列传》第五十八，中华书局1959年版，第3088页。
⑥ 郦道元：《水经注》卷三九《赣水注》。

连月然后讫。会众然后能动担,牛列然后能致水,油渍入海,连淮逆河,行数千里,然后到洛……东至乐浪,西至敦煌,万里之中,相竞用之。"① 运向中原精细加工,更远至东北乐浪郡(在今朝鲜),西北至敦煌。

南方丰富的物产,需要商人贩运与销售,"江南之楠梓、竹箭……待商而通"②。除了专业商贾外,还有不少"编户齐民",舍农之本而事末利。从事方物土产的交易。东汉时,地广人稀的状况有所改变,彭蠡湖周边与鄱阳平原应是豫章郡人口最为稠密的地域,清末以来,都昌、鄱阳县发现不少东汉时期墓葬,可以为证。

有关汉代江西区域的水道,在班固所撰《汉书·地理志》中也可约略窥见:

豫章郡,高帝置,莽曰九江。属扬州。户六万七千四百六十二,口二十五万一千九百六十五。县十八:南昌,莽曰宜善。庐陵,莽曰桓亭。彭泽,《禹贡》彭蠡泽在西。鄱阳,武阳乡右十余里有黄金采。鄱水西入湖汉。莽曰乡亭。历陵,傅易山、傅易川在南,古文以为敷浅原。莽曰蒲亭。馀汗:馀水在北,至鄱阳入湖汉。莽曰治干。柴桑,莽曰九江亭。艾,修水东北至彭泽入湖汉,行六百六十里。莽曰治翰。赣,豫章水出西南,北入大江。新淦,都尉治。莽曰偶亭。南城,盱水西北至南昌入湖汉。建成,蜀水东至南昌入湖汉。莽曰多聚。宜春,南水东至新淦入湖汉。莽曰修晓。海昏,莽曰宜生。雩都,湖汉水东至彭泽入江,行千九百八十里。鄡阳,莽曰豫章。南野,彭水东入湖汉。安平,侯国。莽曰安宁。③

此段文字中,凡"莽曰",均因西汉末王莽篡位改制,将县名也改了。但王莽新朝不久被推翻,地名也就恢复了原称,在此不论。此文简略展示了当时河流的走向,也可见设县与水道的密切关系。兹对地名略

---

① 王符:《潜夫论·浮侈篇》。
② 桑弘羊:《盐铁论·本议篇》。
③ 薛学点校:《汉书·地理志》卷二八上,团结出版社1996年版,第284页。

加释读。"彭泽，《禹贡》彭蠡泽在西。"此彭泽县治在今湖口县文桥乡，小凰山上。辖今湖口、彭泽两县。故彭蠡泽在其县治之西。鄡阳县之鄡水，又名饶河，昌河之下游，流入古赣江，湖汉水亦赣江之异称。馀汗之"馀水"，发源于县东北，与汗水（信江）合流，至鄡阳县入湖汉。可见，此鄡阳县较今日之都昌县域要大得多。南朝以后，鄡阳平原沉入鄱阳湖中。艾县即今日修水县。"赣，豫章水出西南，北入大江。"此赣县即后来的赣州。豫章水指的是发源于崇义县聂都山的章水，"北入大江"，指的是与贡水合流后的赣江。"南城，盱水西北至南昌入湖汉。"盱水为抚河之上游，源于广昌县至南城一段，在此即指抚河。"建成，蜀水东至南昌入湖汉。"建成即后世之高安县，蜀水即锦水之古名，发源于万载，流经高安。"宜春，南水东至新淦入湖汉。"南水即袁水，新淦县治在今樟树市境内。"雩都，湖汉水东至彭泽入江，行千九百八十里。"雩都之湖汉水即贡水，与章江合流后应是向北行。"南野，彭水东入湖汉。"南野辖区很广，彭水发源于南野，自东注入湖汉水，湖汉水即赣江，"湖汉及赣，并通称也"。此乃汇入赣江上游贡水。彭水疑即来自寻乌会昌县之湘水，汇入贡水，其时尚未设置会昌县。

至东汉末期，基本形成了以豫章郡城为中心而向周围州郡辐射的以水路为主的交通网络，主要路线如下：

一是豫章郡至九江郡：自今南昌循赣江过彭蠡湖进入长江，可达九江郡治所寿春（今安徽寿县）。

二是豫章郡至南海郡：自今南昌经新淦（治今樟树市）、石阳（治今吉水）、庐陵（治今吉安市）、赣县、南野（治今南康县），南越大庾岭横浦关可达南海郡番禺（治今广州市）。

三是豫章郡至闽中郡：由赣江转信江向东，陆路翻越仙霞岭，可达闽中郡的东冶（治今福州市）。

四是豫章郡至长沙国：经新淦县（今樟树市）循南水（今袁水）经宜春县（今袁州区）通往长沙郡醴陵县（今湖南醴陵市）。

五是豫章郡至会稽郡：自馀汗（治今余干县）沿信江，经玉山可往会稽郡等。

六是自南昌经馀汗县(今余干县)、鄱阳县循饶河、昌江往丹阳郡黟县(今安徽皖南)。

七是自海昏县(治所在今永修县芦潭)循修水经艾县(今修水县),转陆路至长沙郡下隽县(今湖北通城县西北)。

由于豫章郡治处于东西南北水运的中心,水运交通迅速发展起来,形成向周边郡县辐射的交通网络,商贸流通其间。

第二节 造船业与港口

水网密布、江河纵横,山林资源特别是樟、楠、梓、竹等得到开发,大量用于造船、造屋、制作棺椁等。彭蠡湖、赣江流域,河网密集,有发展造船业的良好条件,可造较大的船。

古谚云:"北人乘马,南人乘船。"南方人多用船,说明南方河流众多,又盛产木材用于造船。"船",《释名·释船》曰:"船,循也,循水而行也。"又曰:"舟,言周流也。"此皆声训。"航"字亦从舟。舟船是重要的交通工具,且船运更能承受重物,汉代已经有了比较先进的舟船。

据载,西汉时期已能广泛使用铁制生产工具,如斧、凿、锯、锥等,这为造船手工业的发展提供了良好的物质条件。从西汉开始,豫章郡就是重要的造船基地,寻阳、馀汗、鄱阳是重要的造船处。西汉刘安所著《淮南子》云:"柜、楠,豫章之生也,七年而后知,故可以为棺、舟。"

汉代已经能够制造多种类型的船,如民用舟船、运输货船、军用战船,乃至高达十余丈、建有三层楼的"楼船"。其中,民用舟船主要有扁舟、轻舟、舸、舫、艑、艇、舲、舡等。如《淮南子·代真训》说"越舲蜀艇,不能无水而浮",高诱注曰:"舲,小船也。"其时江西的木船已有浅水船和深水船的区别,航行于深浅大小不同的河流。《汉书》载:"其入中国必下领水。领水之山峭峻,漂石破舟,不可以大船载食粮下也。"

越人欲为变，必先由余干界中，积食粮，乃入，伐材治船。"①由此可知，当时的闽越边界之余干以东的信江地域已能够根据河道条件，建造适宜航行的浅水船舶。

汉代较先进的船舶以军用战船为主，主要有先登、艨艟、赤马舟、戈船、斗舰、楼船等。如《释名·释船》曰："军行在前曰先登，登之向敌阵也。外狭而长曰艨冲，以冲突敌船也。轻疾者曰赤马舟，其体正赤疾如马。"

西汉建造的楼船具有高大、坚固和快速的特点，是当时的一种战舰。汉武帝"治楼船，高十余丈，旗帜加其上，甚壮"②，"楼船分上下两层，无帆篷，无尾舵。"③元鼎六年（前111），楼船将军杨仆率领楼船水兵二十万人在江西境内，其楼船数量自属可观。此种楼船为何地始创，惜史载阙如，无由知其详。如据《史记·南越列传》中"出豫章"句推断，亦可能其中有一部分在江西制造，因为出师的始发港为豫章。不过无论如何，此次楼船游弋于赣江，以及后来驻守在江西东北部水域，对于江西造船手工业的发展无疑是有相当促进作用的。

还有一种快艇，称为鹉子舟。东汉末年，扬州刺史刘繇采取许劭的建议，派朱皓攻打豫章太守诸葛玄，后又命令笮融助朱皓。笮融到南昌后，诈杀了朱皓，自代豫章太守。于是，刘繇讨伐笮融，"融以鹉子舟劫馀干民以为从"④。笮融使用的"鹉子舟"，按其舟名，应是形似鸟状的战船，首尾尖削而翘，船体较长，速度快，适宜于深水河中行驶。

由于造船技术的不断提高，因而舟船的使用相当普遍。当时船只通常按长度"丈"来计算，所谓"船长千丈"，是指商贾的所有船只累积长度达1000丈，说明船只数量之多。国家也以丈来征收船税，一般"船五丈以上一算"⑤。这种做法一直延续到清朝的设关榷税。

魏蜀吴三国鼎立时期，江西区域在孙吴境内。到吴末帝孙皓时，豫

---

① 《汉书》卷六四《严助传》，中华书局1962年版，第2781页。
② 《史记》卷三十《平准书》，中华书局1959年版，第1436页。
③ 《文物》杂志1976年第3期。
④ 《清同治版《余干县志》卷七《武事》。
⑤ 《史记》卷三十《平准书》。

章郡分为6郡57县,有豫章郡、庐陵郡、鄱阳郡、临川郡、安成郡、庐陵南部都尉。此时期内,诸郡未遭受战争的重大破坏,社会比较安定。东吴政权致力于江西经济的开发:一是为了扩大土地、人口和补充兵源,多次征讨山越,强迫他们出山与汉族人杂居,有利于农业经济的迅速发展;二是利用赣江纵贯南北的水运条件,加强东吴各郡并与岭南之间经济和文化的联系,同时也促进江西自身经济的发展;三是在江西建立水军基地,训练士卒,用于兵事;四是大力发展江西的造船手工业,在豫章郡建立造船基地。

据史载,东吴战船最多时拥有五千余艘,有的船大到能"载坐直之士三千人",有的大船分上、中、下五层,雕镂彩绘,精巧绝伦。孙权本人就乘坐过"长安""飞云"号等战舰巡视各地。

豫章(南昌)的谷鹿洲即为当时吴国的造船基地之一,在豫章郡西南赣江边,能造楼船、浅水舟、鹍子舟、艑、舠艒等船。《水经注·赣水》:"赣水又径谷鹿洲,即蓼子洲也,旧作大艑处。"《豫章古今记》亦作谷鹿洲,云:"在州城西南百步,有一大桥。"谷鹿洲即舠艒洲,音讹之字。《广雅》:"舠艒,船也,音钩鹿。"《三国志·吴志·吕蒙传》记载,吕蒙袭攻关羽,"至寻阳,尽伏其精兵艨艒中。"舠艒本作艨艒。唐代虞世南《北堂书钞》:"豫章城西南有舠艒洲,去度支步可二里,是吴吕蒙袭关羽,造舠艒大艑处。"舠艒洲即蓼子洲,后世名蓼洲,蓼子洲是汉代造船厂遗址。

舠艒属艑船的一种,形状似鳊鱼,缩头、弓背、大腹。这是受到鳊鱼体形的启发,是江西造船工匠长时期辛勤劳动的智慧结晶。艑船是当时南方内河中较大的货运船舶,是著名的船种之一。后来的江西"抚船"形状与鳊鱼酷似,很可能就是源于当时的舠艒船。

当时赣江沿岸的造船业应是非常发达的,这与水军作战之需要有关。东吴在南昌建立造船基地,对江西造船技术的进步有着深远的影响。

港口 赣江和信江沿岸的主要泊船地,在秦汉时,由于有军运船只的进出,故获得较快的发展。如秦时设置的南埜(今大余)县,县治所在地为赣江上游最南的一处港口。船只到达南埜后，物资在该地起卸，改换陆运。因此，南埜是江西较早的一处水陆换载港口；其次为馀汗（今余干县），地处信江下游。在秦汉征伐东越时，军运物资在馀汗中转，因此也是较早的一处港口。其他如彭泽（今湖口）、鄡阳（今都昌县南）、海昏（今永修县吴城镇西南）、鄱阳县、豫章（今南昌市）、新淦（今樟树市）、巴邱（今峡江）、庐陵（今吉安）、南康（今赣州市）、雩都（今于都）等城镇，都是当时船只往来停泊与修造地。又据唐代李吉甫《元和郡县志》，汉高祖六年（前201），灌婴筑城于九江湓浦口，当亦成为港口船舶停泊处。

第三节　有关水运航行的几件大事

据班固《汉书·郊祀志》载：武封年间，汉武帝南巡，"登礼灊之天柱山，号曰南岳。浮江自寻阳出枞阳，过彭蠡，礼其名山川"[1]。此处的寻阳在安徽境内，非后世九江之浔阳。汉武帝南巡，自寻阳出发，经枞阳（今在安徽境内）溯长江到过彭蠡湖。祀祭名山川，未说什么山，按方位自然是庐山。以帝位之尊，乘着巨舸，统御船队，亲临古江西区域山水，也属罕见之举。《汉书·武帝纪》中还记载，元封五年（前108）冬，汉武帝"自寻阳浮江，亲射蛟江中，获之。舳舻千里，薄枞阳而出。"

元平元年（前74）夏四月十七日，汉昭帝刘弗陵驾崩无嗣，大将军霍光向皇太后奏请，征山东昌邑王刘贺入宫为帝。在位仅27天，便被霍光和大臣们联名上书废除了，另立武帝曾孙刘询已为汉宣帝。元康三年（前63）三月，宣帝诏贬刘贺为海昏侯，食邑四千户。刘贺前往封地豫章海昏侯国。国都地处南昌东北、赣江入彭蠡湖口，便于官府控制。水网密布，在海昏国出入运输物资也很便利。

刘贺在此愤慨不平，盼望回到故土，常乘船东望。南朝初雷次宗《豫章记》曰："海昏侯国，在昌邑城东十三里。县列江边，名慨口，出

---

[1] 薛学点校：《汉书》卷二十五下《郊祀志第五下》，团结出版社1996年版，第175页。

豫章大江之口也。昌邑王每乘流东望，辄愤慨而还，故谓之慨口。"[1] 记载了因其愤恨而产生的地名。豫章大江即赣江入彭蠡湖处，应在今日还未到吴城的一带。如此而言，海昏侯的紫金城距离当年豫章大江（赣江）近湖处并不太远[2]。附近地名今仍有昌邑乡。"每乘流东望"，则说明他是坐船泛赣江而至湖边的，"每"说明了他来此处次数之多，"东望"则应是东北望，几千里外是他的故乡山东昌邑。"乘流"则说明他是坐船而来，他开始适应出游乘船了。足见北人在这里改变了过去的生活方式。后来负责督察豫章郡等地的扬州刺史姓柯，向宣帝上书，检举刘贺与前任的豫章太守卒史孙万世有秘密会面。刘贺言语中有后悔当年未斩杀大将军霍光之意。汉宣帝下诏削去刘贺三千户食邑。神爵三年（前59）刘贺去世。

正因刘贺封在海昏，典籍上留下一些与他相关的水道记载的痕迹，《水经注》也记载了因其愤慨而产生的地名。"其水东北径昌邑城而东出豫章大江，谓之慨口。昔汉昌邑王之封海昏也，每乘流东望，辄愤慨而还，世因名焉。"[3]《水经注》作者郦道元晚于《豫章记》作者雷次宗，加以郦道元本人并未到过南方，有可能他是将《豫章记》改写收入其书的。唐代杜佑《通典》的记载适可对海昏其地与水道作补充："汉曰海昏，昌邑王废后迁于此，故城见在，有杨柳津、上辽津，后汉艾县也。"[4] 杨柳津、上辽津是海昏侯国的二处水津渡，清代王谟《江西考古录》对此作有考证：

　　按：《通志》："建昌县南十七里有上缭营，汉昌邑王贺所筑。"地颇险要，在三国时最为强盛。《吴志·孙破虏传》曰："豫章上缭宗民万余家，策劝刘勋攻取之。"……今上缭营即所谓上缭壁也，一作上僚。雷次宗

---

[1] 转引自吴曾《能改斋漫录》卷九《地理·慨口》，中华书局1960年版，第279页。
[2] "慨口"：由于400年后的晋大兴二年（318）这里发生大地震，古彭蠡湖底此时发生剧烈的地质运动，其后彭蠡湖下沉，而古赣江入湖的河道泥沙淤积形成冲积洲地，形成后来的吴城，地理变化太大，所以，已无人知道"慨口"准确方位。
[3] 郦道元著，谭属春、陈爱平校点：《水经注》卷三十九，岳麓书社1995年版，第575页。
[4] （唐）杜佑：《通典》卷一八二《州郡十二·古扬州下·豫章郡》。

《豫章记》曰:"上僚有亭,亭侧有二百家。"《水经注》曰:"僚水导源建昌县,又径海昏县,谓之上僚水。"一作上辽。《豫章古今记》:"上辽津在海昏县东二十里,津西有石姑宫,汉昌邑王贺所居处。"[1]

东汉末年黄巾起义失败后,大小军阀纷纷拥兵割据。《三国志》载,建安三年(198),孙策授周瑜建威中郎将,进军柴桑(今九江一带),破刘勋,讨江夏。至鄱阳县,南下定豫章(治今南昌)。建安五年(200),江夏太守黄祖遣将邓龙带兵数千人入柴桑县,周瑜追击并擒杀邓龙之后,返回到宫亭湖(今星子县城东水域),大练水师,加强防守,准备抵抗曹军。《三国志·周瑜传》:"(瑜)枭其渠帅(邓龙),囚俘万余口,还备宫亭。"[2] 当时的柴桑(寻阳郡治)已成为东吴的水军基地,"督护要津"。

---

[1] (清)王谟撰,习罡华点校:《江西考古录》,江西人民出版社2015年版,第21-22页。
[2] 郑天挺主编:《三国志选》,中华书局1962年版,第261页。

两晋至南朝

【第四章】

太康元年（280）晋灭吴，二十余年后，西北少数民族首领相继建立政权，形成五胡十六国。

晋惠帝元康元年（291），朝廷鉴于荆、扬二州疆土广远，统治不易，于是割扬州之豫章、鄱阳、庐陵、临川、南康、建安、晋安，荆州之武昌、桂阳、安成，一共有十郡，因江水之名而置江州。江州治所在豫章，元帝时一度移武昌，不久移还豫章，后又移治寻阳。

西晋末期，八王之乱，中原战争频繁，南方形势相对安定，北方人纷纷避乱渡长江南下。来到豫章诸郡的北方人，带来了中原的先进生产技术和工具，有利于彭蠡湖周边、鄱阳平原一带的经济开发、文化交融。赣江、彭蠡湖流域是著名的产粮区和粮储之地，手工业、商业贸易、矿冶业等行业都有一定程度的发展和进步。物产流通、商业贸易必须依靠水运。

东晋建都于建邺，长江成为重要的运输线，江西已经成为重要的粮食输出地。东晋成帝咸和二年（327），历阳内史苏峻作乱反晋，宫室焚毁，朝廷粮食乏绝，完全依靠江州漕运供给，《晋书》载："是时朝廷空罄，百官无禄，惟资江州运漕。"[1] 东晋咸康中（335—342），江州治所再迁寻阳。江州成为米市转运地，必有相当多的粮食出自彭蠡湖、赣江流域，经由长江运往下游建邺，江州已成为来商坐贾、舟船辐辏之地，物产外运，多经由此地港口。江州刺史温峤命鄱阳内史纪瞻率水军平定苏峻之乱。平叛后，都邑一片残破荒凉，大臣温峤力主迁都豫章，理由是豫章郡粮食丰足，司徒王导以不宜轻易迁都为由加以反对，只好作罢。

永初元年（420），刘裕取代东晋，建立宋朝，是为宋武帝。据《宋

---

[1]《晋书》卷八一《刘胤传》，中华书局1974年版，第2114页。

书·州郡志》，江州移治寻阳，领10郡，说明地控长江东西的江州寻阳位置非常重要。其时有豫章郡、鄱阳郡、庐陵郡、临川郡、安成郡、南康郡、寻阳郡共七郡，在后来的江西省版图内。但其后江州又移治豫章，至陈代，复又移寻阳。

据载，东晋大兴元年（318）在彭蠡泽发生过一次地震，地层下陷。此亦由海昏侯墓的出土而得到证实。宋永初二年（421），因彭蠡湖盆地多次沉降运动，湖水南侵，鄡阳县地大部分沦入湖中，鄡阳县撤销，其地划归彭泽县，隶江州。其时在彭蠡湖口置湖口戍。宋元嘉二年（452）以海昏县并入建昌县，迁县治于艾城附近，称建昌。

自刘宋初至侯景之乱前（420—548），南朝保持了近130年之久的相对安定局面，各种农作物与经济作物广为种植，加上水运交通便捷，南朝刘宋时，京师以外的三大官仓，有两个设在彭蠡湖周边境内。《隋书·食货志》："其仓……在外有豫章仓、钓矶仓、钱塘仓，并大贮备之处。"[①] 豫章仓在今南昌，钓矶仓在彭蠡湖畔，钱塘仓在今浙江杭州。大粮仓依赖于船只运输，所以都建造在水边。这一时期，雷次宗在《豫章论》中描述自己的故土是："地方千里，水陆四通。风土爽垲。奇异珍货，此焉自出。"

第一节　赣江诸水与彭蠡湖航道

这一时期，在彭蠡湖与沿赣江南下逾大庾岭横浦关通往岭南的交通继续保持畅通。从南北朝时郦道元《水经注》中可见当时人对水道之认识，由此而与航运息息相关。兹摘录并分段试作解读或补充：

赣水出豫章南野县西，北过赣县东。《山海经》曰："赣水出聂都山，东北流注于江，入彭泽西也。"班固称"南野县。彭水所发，东入湖汉水"。庾仲初谓"大庾峤水，北入豫章，注于江者也"。《地理志》曰：

[①]《隋书·食货志》卷二十四。

"豫章水出赣县西南,而北入江。"盖控引众流,总成一川,虽称谓有殊,言归一水矣。故《后汉·郡国志》曰:"赣有豫章水。"雷次宗云:"似因此水为其地名。虽十川均流,而此源最远,故独受名焉。"刘澄之曰:"县东南有章水,西有贡水,县治二水之间。二水合赣字,因以名县焉。"是为谬也,刘氏专以字说水,而不知远失其实矣。①

此段主要记载赣水之起源与得名之义。赣水出南野县,指的是章水。其时南野县辖地包括后来的大庾、崇义、上犹县。聂都山在今崇义县。郦道元认为,无论是说彭水、大庾峤水,还是豫章水,其实指的就是赣水,只是称谓有不同。雷次宗是东晋南朝初豫章人,《水经注》所引的有可能出自他所撰的《豫章记》中。雷次宗认为豫章郡名出自豫章水,因此,水源头最远。其实,从今天的实测来看,更远的源头为贡水,即此段文字中说到的"湖汉水"。刘澄之所说的水名与后世最为接近。赣县治所在今赣州城,章贡两水在此合流。诸多引文记叙了章贡两水合流后赣江北流经过的地域。但郦道元认为,刘以解字法即赣之得名乃由章贡两字合写之说大缪。又曰:

豫章水导源东北流,径南野县北。赣川石阻,水急行难,倾波委注,六十余里。又北径赣县东,县即南康郡治,晋太康五年分庐江立。豫章水右会湖汉水,水出雩都县,导源西北流。径金鸡石,其石孤竦临川。耆老云:"时见金鸡出于石上,故石取名焉。"湖汉水又西北径赣县东,西入豫章水也。

章水北流经过南野,在今南康市境内。因赣水流受乱石阻挡,水流湍急,行船困难。这段水程六十多里,波浪翻滚。继续北流至赣县,其时为南康郡治,即后来的赣州。湖汉水(贡水)自东而来,与豫章水(章水)相汇。文中认为湖汉水发源于雩都,大概其时石城、会昌等地均在

---

① 郦道元:《水经注》卷三十九,岳麓书社1995年版,第571—575页,下同。

雩都之境内。但是,《水经注》对赣州以北至万安县这一带水路的艰难略而未载。又曰:

又西北过庐陵县西……《十三州志》称:"庐水西出长沙安成县。"……东至庐陵入湖汉水也。又东北过石阳县西。汉和帝永平九年,分庐陵立。汉献帝初平二年,吴长沙桓王立庐陵郡,治此。豫章水又径其郡南。城中有井,其水色半清半黄,黄者如灰汁,取作饮粥,悉皆金色,而甚芬香。

赣江西北流,过庐陵县,汇入发源于安成县的庐水。庐水后名泸水;源于安成县,在后来的安福县境西部。安成本来隶属长沙郡,孙吴时分豫章、庐陵、长沙郡三地立。长沙郡隶属有六县,其中有安成县。《十三州志》久佚。赣江继续向东北流,经过石阳县西,乃庐陵郡之治所,即后来的吉安城,绕过城南。

又东北过汉平县南,又东北过新淦县西。牵水西出宜春县……牵水又东径吴平县,旧汉平也,晋太康元年改为吴平矣。牵水又东径新淦县,即王莽之隅亭,而注于豫章水。湖汉及赣,并通称也。又淦水出其县下,注于赣水。又北过南昌县西。盱水出南城县,西北流径南昌县南,西注赣水。

汉平县大致在吉水境内。赣江经过其县南。至新淦(今名新干,但辖区甚广,包括后来的新喻、临江县),汇入"牵水",即从宜春流过来的袁水。袁水东流经过吴平县(在今樟树市境内),汇入赣江。赣江又称豫章水,一曰湖汉水。故此段文中说:"湖汉及赣,并通称也。"新淦县还有小支流淦水也注入赣江。抚河上流称盱水,此代称抚河,流至南昌县南,向西汇入赣江。又曰:

又有浊水注之,水出康乐县,故阳乐也。浊水又东径望蔡县,县因汝南上蔡民萍居此土,晋太康元年,改为望蔡县。浊水又东径建成县……浊水又东至南昌县，东流入于赣水。

还有来自康乐县（后世改名万载县）一支，名浊水，后世称锦江，亦曰锦水。流至望蔡，即今上高县凌江口附近，合新昌县（今宜丰）盐溪，东经建成县（今高安）继续东向流，在南昌县之象牙潭汇入赣江。《水经注》又曰：

赣水又历白社西……赣水又北历南塘……赣水又径谷鹿洲，即蓼子洲也，旧作大艑处。赣水又北径南昌县故城西，于春秋属楚，即令尹子荡师于豫章者也。秦以为庐江南部。汉高祖六年，始命陈婴定豫章，置南昌县。习俗为豫章郡治，此即陈婴所筑也。王莽更名县曰宜善，郡曰九江焉。刘歆云："湖汉等九水入彭蠡，故言九江矣。"

这段文字记述的是赣江流经南昌城西的情况以及南昌建城之由来。谷鹿洲即蓼子洲，早就是造大船的地方。这一带在秦时处于庐江郡南方。汉初设南昌县，随即成为豫章郡治，陈婴始筑城。王莽新朝时县名更名宜善，豫章更名九江郡。后者改名之由来即刘安《淮南子》所说："赣江等九水入彭蠡湖。"然王莽新朝废则改名也废除了。湖汉水上游即为贡水，赣江的主要支流，代指赣江。又曰：

赣水北出，际西北历度支步，是晋度支校尉立府处，步即水渚也。赣水又径郡北，为津步，步有故守贾萌庙，萌与安侯张普争地，为普所害，即日灵见津渚，故民为立庙焉。水之西岸有盘石，谓之石头津步之处也。……东大湖十里二百二十六步，北与城齐，南缘回折至南塘，本通章江，增减与江水同。汉永元中，太守张躬筑塘以通南路，兼遏此水。冬夏不增减，水至清深，全甚肥美。每于夏月，江水溢塘而过，民居多被水害。至宋景平元年，太守蔡君西起堤，开塘为水门，水盛。旱则闭之，内多则泄之。自是居民少患矣。

此段记叙南昌水系形势。赣水北流，过西北，经度支校尉立府处的水渚。又过豫章城北津步。西北有盘石，即石头津，又名石头渚，因为路当要冲而成为军事要地。晋代大将王敦的部将缪（豪生）在这里击败过攻陷豫章郡的张彦。梁代广州刺史萧勃起兵反叛。新吴（奉新）洞主余孝顷举兵响应萧勃，派遣其弟孝劢守郡城，自己率兵出豫章，与萧勃之弟萧孜在石头渚筑造了两座城堡，各据其一，又多设置船舰"夹水而阵"。

　　石头津处有石头渚，又名投书渚，因殷羡投书而名。殷羡（？—348），字洪乔，东晋陈郡长平（今河南西华县）人，性好玄学清谈，为人孤高洒脱，出任豫章太守。临行前，京都人托其捎带信件百余封。行至南昌城西北石头渚下，他全部投之于江，祈祷说："沉者自沉，浮者自浮，殷洪乔不能为人作致书邮。"后世因称书信遗失为"洪乔之误"。这一故事很有名，说明他不徇私情，也说明他来豫章上任，是行船而来。

　　城东有东湖，十里宽阔，北与城齐，本与赣江相通。汉永元年间江与湖相隔，以保障城中湖水面不增减。南朝宋代在湖西筑堤并建闸门，旱时关闭蓄水，内涝时开闸放水，在当时可谓科学。证以南朝刘宋时雷次宗《豫章记》所云："州城东有大湖，北与城齐，随城回曲至南塘，水通章江，增减与江水同。"亦可知这一大湖与赣江之相通，又曰：

> 赣水又东北径王步，步侧有城，云是孙奋为齐王镇此城之，今谓之王步，盖齐王之渚步也。郡东南二十余里，又有一城，号曰齐王城。筑道相通，盖其离宫也。
>
> 赣水又北径南昌左尉廨西……赣水又北径龙沙西，沙甚洁白……赣水又径椒丘城下。建安四年，孙策所筑也。赣水又历钓圻邸阁下，度支校尉治，太尉陶侃移置此也。旧夏月，邸阁前洲没，去浦远。景平元年，校尉豫章因运出之力，于渚次聚石为洲，长六十余丈，洲里可容数十舫。

　　赣水之东北有孙奋所建王步城，其东南二十里有离宫齐王城。赣水之北在左尉廨，再北有椒丘城，又有钓圻邸，为校尉署所在地。南朝宋景平元年（423）在江边聚石为堤筑港，里面可容纳几十艘船，可见是为水运船只停泊而建的大港口。

文中的钓圻邸，究竟在哪里？王谟《江西考古录》有考证说：

《古今记》曰："钓矶在椒邱下流二百六里。"《通志》："钓矶山在都昌县南五里。有邸阁，度支校尉所居之处，太尉陶侃置也。"侃少孤贫，尝坐此石而钓，累年不移，其石膝磨，今有痕在钓矶。钓圻本作钓矶，邸阁即今漕仓。《水经注》："仓储城，即邸阁。"度支，晋官，掌仓廪事。故知钓圻邸阁，即钓矶仓也，自晋、宋时已有之。[①]

王谟这段考证引用《豫章古今记》《通志》，说明钓矶仓在都昌县南钓矶山。但又引《水经注》钓圻邸在洪州城附近，认为钓圻邸即钓矶仓，则此仓应是在南昌附近。说明他未判断此仓究竟在何处为是。笔者认为，按《隋书·食货志》，南昌附近已有一个大粮仓即豫章仓，不可能又有一个钓矶仓，故在都昌附近之说为是。且有此仓能调配昌江至饶河以及信江船只运输的粮食，钓圻邸与钓矶仓不可混为一谈。

《江西通史》认为，"钓矶仓在今江西星子县内。"并注云："星子县内有钓矶山，晋陶侃微时曾登此山垂钓，钓矶仓由此得名。见《元丰九域志·附录》南康军条。"[②]此说亦误，星子无此山。

《水经注》又曰：

赣水又北径鄡阳县，王莽之豫章县也。馀水注之。水东出馀汗县，王莽名之曰治干也。馀水北至鄡阳县注赣水。赣水又与鄱水合，水出鄱阳县东，西径其县南武阳乡也。……

鄱水又西流，注于赣。又有缭水入焉。其水导源建昌县，汉元帝永光二年分海昏立。缭水东径新吴县，汉中平中立。缭水又径海昏县，王

[①] （清）王谟撰，习罡华点校：《江西考古录》，江西人民出版社2015年10月版，第82页。
[②] 转引自周兆望：《江西通史·魏晋南北朝卷》第四章，江西人民出版社2008年版，第165页。

莽更名宜生，谓之上缭水，又谓之海昏江，分为二水。县东津上有亭，为济渡之要。其水东北径昌邑城而东出豫章大江，谓之慨口。……其一水枝分别注入于循水也。

这里牵涉到沧海桑田的大变迁，即其时鄱阳湖还未形成，其地为鄡阳平原。其时彭蠡湖还在江西与安徽之间区域。赣江北流过鄡阳平原，自馀汗县流来的馀水汇入。再北流，汇入鄱江，即饶河。可以想见，其时的赣江汇十水，可谓浩浩荡荡。赣江北流至鄡阳平原西，又有缭水（后作潦水）汇入。缭水发源于新吴（今奉新县），流经海昏县，故又称为海昏江，分为两支：一支经昌邑城而汇入赣江，一支汇入循水（即修河）。今日潦水上游有两支：一支发源于新吴县（今奉新县），称为南潦河；一支发源于靖安之双溪，称北潦河。在安义县长埠镇合流，至永修县涂家埠汇入修河。《水经注》又曰：

又北过彭泽县西。循水出艾县西，东北径豫宁县，故西安也，晋太康元年更从今名。循水又东北径永循县，汉灵帝中平二年立。循水又东北注赣水。其水总纳十川，同臻一渎，俱注于彭蠡也。

北入于江。大江南，赣水总纳洪流，东西四十里，清潭远涨，绿波凝净，而会注于江川。

循水即修河之古称，艾县故址在修水县。豫宁县曾名西安县，即今武宁。修河从东汉起便是江西至湖南平江和至湖北通城的水上通道（水路为主有少量陆路）。修河经过永循县，即后世之永修县，在吴城与赣江合流，汇入彭蠡湖。此文献认为，赣江总纳十条河流，同归于彭蠡湖。北流于大江，此大江即长江。"东西四十里"应是彭蠡湖的范围，湖面远不及后来的鄱阳湖大。"清潭远涨，绿波凝净"为一组骈句，简练雅洁，应是对彭蠡湖泊美好风光的描述。

彭蠡湖行船，洵为不易。如骤遇狂风，往往有生命危险。梁代阮卓，陈留郡人，性极孝。父亲阮问道任梁岳阳王府记室参军，随同岳阳王镇守江州（当时治所在南昌）时去世。阮卓十五岁，从都城建康奔丧到南昌，将棺柩运回都城。横渡彭蠡湖至中流处，突然遇到狂风，船几乎翻沉，阮卓仰望天空，悲哀哭喊，不久风停，人以为其孝行感动天所致。[1]

第二节　宫亭庙神

航行安全，一向是行船者的期待。为护船航行，人们在彭泽县马当山上建立一座马当山庙。立庙之前，此江水面"回风急击，波浪涌沸，舟船上下，多怀忧恐"[2]。若无庙神保佑，遇到风浪，必引起过往者极大的恐怖。

自三国东吴至南朝的历史文献中，有关彭蠡湖宫亭庙的故事不少，多与行舟有关。过往舟船行人在此向宫亭庙神请福并施舍，以乞求平安。宫亭庙在古彭蠡湖之西南，这里最早流传东汉末年安世高过宫亭庙超度蟒蛇的故事。

西域僧安清，字世高，安息国（今伊朗一带）太子，出家修道。为弘扬佛法，来到东京洛阳，翻译佛经。汉灵帝末年，中原战乱，他离开中原，往南昌传化。《高僧传·汉洛阳安清传》载，安世高游江南时，云："我如果经过庐山，将度我从前的同学。"当他乘商旅船过庐山南面的宫亭湖庙时，船受风阻。众人奉牲请福祈祷时，身为蟒蛇的宫亭庙神遂请安世高入庙，告诉他说："我过去在外国时与您皆出家学道，好行布施，而性情易发怒。现在成为宫亭庙神，周围千里，都是我所管理的地方，因为布施的缘故，珍宝玩器很多；因为容易生气，堕落受报应成为了蛇神。今天见到同学，悲伤与欢快可以倾诉。我的寿命旦夕将完，且将成为丑形长生。假若在此舍生，就会秽污江湖，当超度我在山西大泽中。此身灭后，恐怕堕入地狱，我有千匹绢，并有些宝物，可为我按法营造

---

[1]《南史》列传第六十二《文学传·阮卓》。
[2]《太平御览》卷四八引《九江记》。

一塔，让我的灵魂有个好去善处。"安世高遂向它诵梵语数次，赞呗数次，超度这一蟒蛇，其后取绢物辞别而去。此后，"庙神歇灭，无复灵验"①。

安世高超度蟒蛇神的故事，宣扬了佛教因果报应的思想，而且佛法要高于神灵。当时过往者都要向蟒蛇神其乞求请福，保障行船安全。

葛洪《神仙传》载有栾巴杀狸鬼的故事。蜀郡成都人栾巴，来任豫章太守。得知庐山庙有神，能在帷帐中与帐外人对话，空中投杯饮酒。舟人若以钱财乞福，能使风分为南北风，行船者各得其便，顺风而前进。栾巴到了庙中，神却不见了。栾巴对众人说："庙鬼冒充天官，伤害老百姓很久了，应当治他的罪。"于是将政务交付给部下的功曹，独自去捕捉。庙鬼逃往齐郡，化为书生。由于善谈五行，齐郡太守便将女儿嫁给他。栾巴侦察到他的下落，见齐郡太守，告诉他："你的女婿并非人，而是一只老鬼，曾伪装为庙神。现在逃到这里，我来捉拿他。"于是用太守的笔在奏案上划符。符长啸飞往空中。顷刻，书生携符而来。栾巴叱责他："老鬼，何不现原形！"此鬼应响变为一只狐狸，叩头请求活命。栾巴敕令处死，只见空中一刀飞下，狐狸头落地。太守女已生了儿子，化为狐狸，也被杀死。栾巴才回到了豫章郡。②

这个庐山庙（即宫亭庙）神却是冒充天官、诈骗百姓的妖精，栾巴是为民除害的化身。道教编造的故事说明其符的法力无边。无论是蟒蛇神还是狐狸精，都是因为舟人祈求顺风安全而在此化为神以谋取财物，他们都有转变风向的法术。

《水经注·庐江水》又云："山庙甚神，能分风擘流。住舟遣使，行旅之人，过必敬祀而后得去。故曹毗咏云：'分风为贰，擘流为两。'"③庐山宫亭庙神能使风分南北，还能使水流分向两处流，故过往船只，经过此地，一定要诚敬奉祀方能顺风而前。

---

① 康熙版毛德琦：《庐山志》，星子县政协文史委1991年校点本，第259页。
② 转引吴宗慈撰、胡迎建校注：《庐山志》纲之七《杂识》，江西人民出版社1995年版，第595—596页。
③ 郦道元：《水经注》卷三九，岳麓书社1995年版，第577页。

《水经注》还记载了一个神话故事：吴郡太守张公直一家乘船经过庐山宫亭庙时，其妻夜晚做梦，庙神要征聘其女为妻，醒来惊怖而开船速行，船至中流而不能动。一船人"惊惧"而说："怜爱一女，将导致全家被祸害。"公直只得令其妻将女儿投于江。其妻以席铺于水面，让其亡兄之女代替，而船能前进。公直知道是兄之女，怒斥其妻说："我有何面目于当世！"又将其女投于水中。将要过渡时，远远见到两女儿站在岸边。旁有一吏说："我是庐山君主簿，敬重君之大义，现将两女归还给您。"①

刘义庆《幽明录》则记载了庐山君巫神索物而归还的故事：孙权时代，南方州官派遣一吏员到京城秣陵向孙权献犀簪。此吏经过宫亭湖时，入庐山君庙请福，将盛簪器置于神前。巫神请求吏将簪给她。吏惶惧叩头说："簪要献给天子，我乞求哀怜放过此簪。"神说："当你将到京城石头城时，就会归还。"此吏只得给她而离去。到达石头城时，忽然有鲤鱼长三尺，跃入舟中，剖开鱼腹，果然获得此簪。

在附近不远处的大姑山，上有鞋山庙，当时流传有关神女的传奇。《搜神记》载：

> 有估客舟下都者，过鞋山，见二女子，谓曰："至都，幸为我买丝鞲履。"估客意其神也。至都，即为市履，盛以小笥，并置书刀其中。比还至庙，荐笥履而去，亡其书刀。舟方帆，忽一鲤跃入，剖之，得书刀。②

这艘商船将至京都建康（今南京），经过此山，有两位女子托船上的商人为她买丝鞋。商人已猜测是神女，至京都为之购丝鞋，放置于小笥箱中，与书、刀放在一起。返航至鞋山庙，将丝鞋给了两位女子，书与刀却不见了。船正要扬帆而行，忽然有一鲤跳入船中，剖开鱼腹，得到了此书与刀子。

---

① 郦道元《水经注》卷三九，岳麓书社 1995 年版，第 577 页。
② （清）李成谋、丁义方撰，徐奠磐、刘文政校注：《石钟山志》卷七《轶事》，江西人民出版社 1996 年版，第 91 页。

第三节 有关水上航行的诗

这一时期有关水运航行的诗，数量寥寥无几，而且主要是描写彭蠡湖水道的作品，至于咏赣江诸水的诗，尚未发现有。西晋湛方生《帆入南湖》诗云：

彭蠡纪三江，庐岳主众阜。白沙净川路，青松蔚岩首。
此水何时流，此山何时有？人运互推迁，兹器独长久。
悠悠宇宙中，古今迭先后。

南湖在彭蠡湖西北。《庐山志》记载："江矶山东北为南湖嘴山，在鄱阳湖口。山突出湖心数里，左江右湖，势甚险。东引鄱阳，北俯杨家穴，南控扬澜，而与青山、白沙相望。"[1] 此处代指彭蠡湖。作者因景生情，叩问湖水何时开始流动？庐山何时隆起？人世会推演变迁，古今先后不同，而山水永存。思索宇宙，参悟人生。湛氏又有《天晴》诗云：

屏翳寝神辔，飞廉收灵扇。青天莹如镜，凝津平如砚。
落帆修江渚，悠悠极长眄。清气朗山壑，千里遥相见。

此写晴天行船时的情景，飞廉即风神，收敛了其风扇。青天莹洁如镜，湖面清平如砚。帆船航行于长长的江中，悠悠远望，千里之外的山壑历历可见。

东晋田园诗开山祖、大诗人陶渊明有描写彭蠡湖的诗句："洋洋平泽，乃漱乃濯"（《时运》）；"洲渚四缅邈，风水互乖违"（《于王抚军座送客》）。此可见湖域之广，风浪之变化。还有水道航行的诗，《庚子岁五月中从都还阻风于规林二首》其一云：

行行循归路，计日望旧居。一欣侍温颜，再喜见友于。

---

[1] 吴宗慈撰，胡迎建校注：《庐山志·山北第三路》，江西人民出版社1996年版，第163页。

鼓棹路崎曲，指景限西隅。江山岂不险，归子念前途。
凯风负我心，戢枻守穷湖。高莽眇无界，夏木独森疏。
谁言客舟远，近瞻百里余。延目识南岭，空叹将焉如。

隆安四年（400）初夏，诗人思乡心切，希望早日见到父母与亲友。他乘船过彭蠡湖，鼓棹摇橹，不计水路艰难，江山险要。却因南风太大，有负我心，浪阻而不得前。停桨泊舟，困守湖边。只见无边无际的草莽，森疏的林木，客舟到家并不远，还有一百多里路，放眼可望见南岭，只有叹息却无可奈何。次首还写道："崩浪聒天响，长风无息时。"可见湖面之阔，波浪之高，无法行船。

南岭即庐山汉阳峰。东晋慧远《庐山记》云："自托此山二十三载，再践石门，四游南岭。"慧远《庐山记》又云："其山大岭凡有七重，……七岭同会于东……其南岭临宫亭湖。"庐山有七岭，南岭乃其一，揆之方位，正是后世所称汉阳峰，南临鄱阳湖，即宫亭湖。《水经注·庐江水》载："南岭即彭蠡泽西天子鄣也……山下又有神庙，号曰宫亭庙，故彭湖亦有宫亭之称焉。"[①]

义熙元年（405）八月，陶渊明任彭泽令。在任仅八十余日，辞官归隐于柴桑。赋《归去来兮辞》，写其从彭泽乘舟过彭蠡湖归隐情景："舟摇摇而轻飏，风飘飘而吹衣。"摆脱官场羁绊，回归自然，何其欣快。

山水诗派开山祖谢灵运，也曾乘船从长江入彭蠡湖，将前往临川出任内史，途中作有《入彭蠡湖口》诗云：

客游倦水宿，风潮难具论。洲岛骤回合，圻岸屡崩奔。
乘月听哀狖，浥露馥芳荪。春晚绿野秀，岩高白云屯。
千念集日夜，万感盈朝昏。攀崖照石镜，牵叶入松门。
三江事多往，九派理空存。灵物吝珍怪，异人秘精魂。
金膏灭明光，水碧辍流温。徒作千里曲，弦绝念弥敦。

[①] 郦道元：《水经注》卷三十九，岳麓书社1995年版，第577页。

客游于水道而觉疲劳，所历风潮难以评说。然进入彭蠡湖后，但见洲岛萦回开合，大浪拍岸而岸崩。远观岸际，绿野奇秀，白云屯积于庐山。再向前行，过松门山，寻访石镜。千念万感，又引入人文历史的遐想。三江九派，见于上古典籍的记载，然难以考究。又联想到湖底有珍怪与水碧玉，诗人盼有高山流水之知音。松门山在永修县东北，为一半岛伸向彭蠡湖中，航道绕其旁。

稍晚至南朝梁代，刘删有《泛宫亭湖》诗云：

> 回舻承派水，举帆逐分风。荡漾疑天极，飘飘似度空。
> 樯乌排鸟路，船影没河宫。孤石沧波里，匡山苦雾中。
> 寄谢千金子，安知万里蓬。

回舻即驾船返还宫亭湖中。分风即用宫亭庙故事："山庙甚神，能分风擘流。"船航行在浩瀚湖中，如行至天边，飘荡于碧空中，孤石疑指大孤山。

梁代简文帝萧纲所作《应令》一诗，也写出彭蠡湖一带水路情景：

> 蠡浦急兮川路长，白云重兮出帝乡。平原忽兮远极目，江甸阻兮羁心伤。
> 树庐岳兮高且峻，瞻派水兮去泱泱。远烟生兮含山势，风散花兮传馨香。
> 临清波兮望石镜，瞻鹤岭兮睇仙庄。望邦畿兮千里旷，悲遥夜兮九回肠。
> 顾龙楼兮不可见，徒送目兮泪沾裳。

萧纲出都城建康赴江州（梁代江州治所一度在南昌）任时为应答皇太子萧统《示云麾弟》一诗而作，为九歌体。诗的首尾各四句渲染离别之情，中间六句写彭蠡湖一带山水，也写到谢灵运诗中提及的石镜。

还有梁代何逊《日夕望江山赠鱼司马》诗，写到寻阳湓水一带形势云："湓城带湓水，湓水萦如带。日夕望高城，耿耿青云外。城中多宴赏，丝竹常繁会。"或可见其水之曲折，湓浦之繁华。何逊曾为镇南将军、江州刺史萧伟府记室。

在隋朝的北方人薛道衡看来，大江以南的豫章郡，地处僻远，且因叠嶂重阻，水道多惊湍。其《豫章行》开头即说："江南地远接闽瓯，山东英妙屡经游。前瞻叠嶂千重阻，却带惊湍万里流。"

第四节　彭蠡湖、长江航道几度成为水军战场

两晋南朝时期，皇室与地方军阀的争斗，农民起义军反抗朝廷，均利用长江及其支流水域，开展大规模的水上战争。江州地处京城建康上游，负江带湖，战略地位十分重要，有的水军战争就直接在彭蠡湖至长江一带航道上进行。

西晋咸和三年（328）正月，历阳内史苏峻反晋，江州刺史温峤命鄱阳内史纪瞻率水军平叛。此年春，祖约派遣祖焕、桓抚等袭击寻阳溢口。荆州刺史陶侃应温峤邀往江州平判，共赴国难，派毛宝领兵起程。其时，桓宣军违令在马头山，被祖焕、桓抚围攻，急求救于毛宝。毛宝兵少，与祖焕、桓抚军接战，箭穿髀骨，忍痛拔箭。当夜带伤还救桓宣营，击退祖焕、桓抚军。咸和九年（334），晋太尉、长沙郡公陶侃逝世。

东晋隆安二年（398）七月，王恭、桓玄举兵反。元兴三年（404）二月，桓玄至浔阳，逼帝西上。刘毅、何无忌奉命率兵追赶。四月，与桓玄在桑落洲（石钟山对岸）激战，大败桓玄，乘胜追击。桓玄军烧毁辎重，连夜溃逃。

随后是卢循之乱。义熙五年（409），太尉刘裕率大军北上征讨慕容超。始兴（今广东韶关西）郡太守徐道覆劝卢循乘虚袭取建康。晋义熙六年（410）二月，卢循采纳徐道覆的建议，趁刘裕北击南燕之机，与徐道覆自广州起兵，分两路北犯。率众十万余人，从广州出发，分兵两路北进。卢循一路越五岭，从西面攻长沙，取巴陵（今湖南岳阳市），出洞庭，入长江，杀向江陵；另一路由徐道覆率领，自始兴郡北上，逾大庾岭，连"寇南康（今赣州）、庐陵（治石阳县，吉安市北）、豫章，诸守相

皆委任奔走。道覆顺江而下，舟械甚盛"①。

江州刺史、镇南将军何无忌"自浔阳（今九江市）引兵拒卢循。长史邓潜之谏曰：'国家安危，在此一举。闻循兵舰大盛，势居上流，宜决南塘，守二城以待之'"②，南塘在南昌城西南，如在那里据守，徐道覆之兵舰无所用。但何无忌不听，三月，与徐道覆军相遇于豫章。徐军派数百强弩手登西岸小山准确射击。大西风暴起，何无忌所乘小舰飘向东岸。徐军乘风势以大型战舰紧逼晋军。晋军奔逃而溃散，何无忌本人也战死了。一时朝廷大震，议论奉帝舆北迁以就刘裕。刘裕闻知后，日夜兼行至建康。此时卢循也自巴陵（岳阳）出发，与徐道覆合兵而下。五月，豫州刺史刘毅率舟师两万，与卢循大战于桑落洲，亦败，带着数百人弃船上岸逃生，其余人马均被卢循俘虏，所丢弃的辎重如山堆积。

其时卢循至寻阳，获知太尉刘裕从北方回军来战，起初不相信，后来提审刘毅的俘虏，方大惊失色。欲退守浔阳，攻取江陵，据二州以抗朝廷。徐道覆坚持乘胜直下，攻建康。卢循犹豫不决数日，勉强听从。卢军舟车百里不断，楼船高十二丈，兵士十多万。至建康附近的新亭，屡攻而不能胜，卢循引军退回寻阳，刘裕命辅国将军王仲德等率众追赶卢循。江州刺史庾悦命鄱阳太守虞丘为前锋，多次打败卢循军，进占豫章，断绝了卢循的粮道。建威将军刘道规命南蛮校尉刘遵为游击之军，自率一军在豫章口迎击自江陵而来的徐道覆军队。前驱失利，道规"壮气愈厉"，刘遵在外围横冲直捣，大破徐道覆军，斩首万余，其余几乎全都投水而死。③

徐道覆单舸逃奔湓口。刘裕驻军雷池。卢循、徐道覆又率军数万满江而下，前后几乎不见舳舻之空隙。刘裕尽出轻舟，率众军齐力冲击，又分一支步骑屯西岸，预先准备好火具。以劲弩射击以压制卢循军，趁风水之势以紧逼之。卢循军舰都泊在西岸，被刘裕这支在岸上的步骑投火焚烧，烟焰涨天。卢循军大败，被杀及投水死者万余人。卢循逃至左

---

① 《资治通鉴》卷一一五《晋纪》，中华书局1982年版，第3628页。
② 《资治通鉴》卷一一五《晋纪》，中华书局1982年版，第3628页。
③ 《资治通鉴》卷一一五《晋纪》，中华书局1982年版，第3638页。

蠡口，将往豫章，在此全力设置栅栏以阻其前。刘裕军至左里(同左蠡)，"即攻栅而进，循兵虽殊死搏斗死战，弗能禁。卢循单舸走，所杀及投水死者凡万余人"①。《太平寰宇记》载："左理城在(都昌)县西北四十里，晋卢循所筑，在湖左，因为名，城基犹存。"卢循几经战败，溯赣江退回始兴、番禺，战死于龙编南津。

宋孝建元年(454)二月，江州刺史臧质举兵反叛。臧质是个狂妄自大者，"自谓人才足为一世英雄"，有事不向朝廷请示，反而经常擅自动用溢口与钓矶仓的粮米，并鼓动宋武帝刘裕第六子、南郡王刘义宣谋乱。孝武帝早知臧质有异图，派遣柳元景为抚军将军，以王玄谟为豫州刺史，命柳元景统率玄谟讨伐刘义宣。诸军进驻梁山洲，筑垒严阵以待。刘义宣进至寻阳，以臧质为前锋，与臧质并军水陆俱下。臧质在梁山扎营。王玄谟悉起精兵出战，大败臧质军。臧质逃回浔阳，焚烧府舍，遁南湖中，被追兵一箭射中而亡。②

随后是侯景之乱。梁太清元年(547)，东魏侯景献地降梁。太清二年(548)八月，侯景又在寿阳(今安徽寿县)反梁，然后渡江，攻下建康，软禁萧衍，立萧纲为帝。

太清三年(549)，始兴太守陈霸先接受湘东王萧绎节度，讨伐侯景。在始兴起兵，越大庾岭，南康土豪蔡路养率兵两万于南野(今大余县)阻击。陈霸先大败路养后，在大庾县东(今大余县)修筑崎头古城屯驻。高州刺史李迁仕来袭，陈霸先派杜僧明率兵两万余人据守白口(今泰和县南五里)，筑土城以抵御李迁仕。迁仕亦在赣江对岸筑城与僧明对峙。五月，侯景遣将于庆攻取豫章，然后兵进新淦(今新干县)，陈霸先亦派军南下抵达新淦地区，命周文育进击于庆。与此同时，在白口对峙的李迁仕击败杜僧明军，追至雩都，陈霸先连营全力进击，斩李迁仕。

陈霸先率军北上时，即经过虔州至庐陵的艰难水程。据《陈书》记载，其时"水涨高数丈，三百里间巨石皆没"③。好在诸军顺江而下，进

---

①《资治通鉴》卷一一五《晋纪》，中华书局1982年版，第3640页。
②《资治通鉴》卷一二八《宋纪》，中华书局1982年版，第4011—4019页。
③ 姚思廉《陈书·高祖纪·上》。

攻侯景。大宝元年（550），邵陵王萧纶自鄱阳县水上航行进至长江，领兵西上，征讨叛臣侯景。承圣元年（552）二月，湘东王萧绎派遣王僧辩东击侯景，传檄四方。诸军"发浔阳，舳舰数百里。陈霸先帅甲士三万、舟舰两千，自南江出湓口，会僧辩于白茅湾。筑坛歃血，共读盟文，流涕慷慨"①。

按：胡三省注南江曰："赣水，谓之南江，过彭泽县，西注于彭蠡，北入于江。白茅湾在桑落州（当为洲）西。"可见南江也是赣江之别称。南朝时尚无湖口县，此彭泽县即包括湖口，白茅湾当在今梅家洲一带。

两军一道顺江而下，攻打建康。侯景败，死于乱军之中。然顾祖禹说："梁王僧辩破侯景于落星湾。"②则王僧辩有可能曾击败过侯景之一部。陈霸先平侯景之乱，为他后来改朝换代、登基为陈武帝奠定了基础。

其时豫章太守、观宁侯萧永昏庸而少决断。左右武蛮奴当权，军主文重极憎恨之。承圣二年（553），萧永兴师讨伐建威长史陆纳，"至宫亭湖，文重杀蛮奴，永军溃，奔江陵"③。

晋至南朝时期，在彭蠡湖与湓口（今九江）一带发生了多次战争，水运物资大多是从南向北，通过赣江下游然后北出长江。据史籍记载，陈霸先自岭南起兵至讨伐侯景之乱止，很长一段时间在赣江中游屯军驻守，并广集舟船，征集军粮，为北上进击做准备。卢循叛军从岭南北上，直逼建康，也就是由于后勤军需物资能够通过赣江水运至军中补给。当赣江、彭蠡湖的转运粮道被鄱阳太守虞丘截断后，叛军便受到大挫折乃至败退。④由此可见，赣江水道运输已成为重要的水上军运线，而且水运（军运）能力也是很大的。

---

① 《资治通鉴》卷一六四，中华书局1982年版，第5078页。
② 顾祖禹：《读史方舆纪要》卷八四，《江西二》。
③ 《资治通鉴》卷一六五，中华书局1982年版，第5101页。
④ 《晋书》卷一〇〇，《卢循传》，中华书局1974年版，第2635页。

第五节　造船业的发展

在晋至南朝的几次战争中，众多军队通过赣江、彭蠡湖。战争虽然给社会经济和人民生活带来了灾难，但客观上也促进了这条航道旁的造船业与港口的发展。

在水战中，作战舟舰的需要数量很大，从而促进了造船业的发展。东晋义熙六年（410年）二月，叛将徐道覆率一路大军，从岭南始兴郡越过大庾岭，"使人伐船材于南康山，至始兴，贱卖之，居人争市之，船材大积而人不疑，至是，悉取以装舰，旬日而办"[1]。在南康郡山砍伐造大船的木材，十日之内便造好了兵船。徐军从赣江下驶，指向庐陵、豫章，势如破竹。史籍中有"舟械甚盛""连旗而下，戎卒十万，舳舻千计"[2]的记载，为辎重物资运输的船只数量更多，如以二十万兵员所需粮秣计，其配备的专运船舶则达千艘以上。另据《义熙起居注》载："卢循新作八槽舰九枚，起四楼，高十余丈。"[3]《晋书·何无忌传》又说："卢循遣别帅徐道覆顺流（赣江）而下，舟舰皆重楼……闻其舟舰大盛，势居上流……以大舰逼之，众（何无忌军）遂奔败。"[4]由此得知，徐道覆在南康建造的战舰均属大型舟船，数量多，容量大，基本结构完备，并适合航行赣江水道，故能在初战中打败何无忌所率官军。可见，当时江西的造船技术已达到相当高的水平，造船工场已有较大规模。

---

[1]《资治通鉴》卷一一五《晋纪》，中华书局1982年版，第3628页。
[2]《晋书》卷一〇〇"卢循传"中华书局1974年版，第2635页。
[3] 李昉《太平御览》卷七七〇。
[4]《晋书》卷八十五"何无忌传"，中华书局1974年版。

隋唐时期

【第五章】

唐初高祖李渊"改郡为州，太守并称刺史。其缘边镇守及袗带之地，置总管府以统军戎。武德七年（624），改总管府为都督府"①。贞观初年（627）分全国为十道，"道"为监察区域。开元二十一年（733），江南道分划东西两道，洪州、饶州在江南西道。贞元四年（788），江南西道观察使治洪州，监察洪、饶、吉、江、袁、信、抚、虔八州，和后来的江西省辖区基本一致。

隋唐以来，江南西道社会环境的相对稳定，农业和手工业的发展，交通运输条件的极大改善与商路的开辟，加上商人的活跃，为商品经济发展与城乡商品经济的繁荣奠定了坚实的基础。南昌与地方经济中心的一些州县得到迅速发展。不少地方小市场中心的草市、市镇也普遍兴起，使当地农副产品、手工业品有集散之所。由此，初步形成了有一定系统组织的商品市场。安史之乱后，江南西道上升为唐政权的主要财赋基地之一。曾谪贬江州司马的白居易说过："江西七郡，列邑数十，土沃人庶，今之奥区，财赋孔殷，国用是系。"②而这些物流离不开水路的发展与畅通。

第一节　水运航道与商贸

隋朝统一以后，水运大为改观。大业元年（605），隋炀帝营建东都洛阳，先后征调民工数百万开凿以洛阳为中心，北通涿郡（今北京市），

---

① 《旧唐书》卷三八，《地理志序》。
② 白居易：《除裴堪江西观察使制》，载《白居易集》卷五十五。

南至余杭（今杭州市）的大运河。从洛阳以西引谷水、洛水入黄河，再从洛阳以东的板渚引黄河水入汴水，接泗水，在盱眙入淮河，全长约2000里，是为"通济渠"。又从淮河南岸的山阳（今淮安）到长江北岸的扬州，直达长江，全长约350里，是为"山阳渎"；从洛阳以北的黄河支流沁河向北，经卫河、永定河等，经天津到涿州（今北京），全长约2000里，是为"永济渠"；从长江南岸的镇江通向杭州，长约700里，是为"江南河"。大运河沟通了海河、黄河、淮河、长江、钱塘江诸水系，也推动了长江、鄱阳湖、赣江水运的发展。这条由运河—长江—鄱阳湖水系构成的东部水上交通线，与西部由汉水—长江—鄱阳湖水系构成的水上交通线相呼应，形成了又一条纵贯中国南北的水上大通道。鄱阳湖为水上通衢，通长江，纳赣江、修水、抚河、信江、昌江诸水，加入全国水路交通体系。鄱阳湖水系在全国的交通地位大大提高，成为东南沿海、岭南地区通往中原的必经之地。需要说明的是，隋唐时期彭蠡湖南逐渐南扩饶州鄱阳县，这一湖名开始有人改称鄱阳湖。

长江、大运河、鄱阳湖、赣江、大庾岭商道的畅通，为赣鄱地区的发展带来了巨大的机遇和推动。江南西道上交的粮食等贡赋均以漕运方式转运出境。由洪州（南昌）出鄱阳湖沿长江东下扬州走运河道；另一条自江州（九江）至郑州，经襄州走商山道入关而到达京城长安。安史之乱时，江淮路绝，东南漕运多取此线。

隋唐五代，江西是长江中下游地区重要的交通运输中心。严耕望先生所著《唐代交通图考》清晰地反映了这个时代的交通情况。中国古代交通，北方以陆路为主、南方以水路为主。"凡东南郡邑无不通水"，"舟船之盛，尽于江西"[1]，这就是南方水路交通发达的写照。

大庾岭是横亘于江西和广东之间的一条山脉，山脉整体上呈东北—西南走向，阻隔了长江水系和珠江水系之间的联系。虽然自秦汉时期就已经开始凿通大庾岭，但到了唐代，大庾岭的通行仍然很艰难："岭东废路，人苦峻极。行径夤缘，数里重林之表；飞梁嶫巘，千丈层崖之

---

[1] 李肇：《唐国史补》卷下，上海古籍出版社1979年版，第62页。

半。颠跻用惕,渐绝其元。故以载则曾不容轨,以运则负之以背。"①

随着整个社会经济和对外贸易的发展,亚、非地区许多国家的官吏、使者、贵族、僧侣、学者、商人辐辏而至,广州成为对外贸易的主要港口。由京师至广州的线路,除由江陵府经潭州、韶州至广州的一线外,其余都要经过大庾岭,大庾岭路的地理位置十分重要。大庾岭是赣江和北江的分水岭,因而它又联系着长江、珠江两大水系,畅通与否,直接与两大水系休戚相关。

开元四年(716)秋,洪州刺史张九龄奏请朝廷获准,督率民工在横浦关附近的一处垭口凿山开道。大庾岭通道经过裁弯取直,避险就坦,不再经由横浦关,而改走其东面的大余县梅关,较横浦关驿道路途近五里。路面亦有了相当的拓宽,"坦坦而方五轨,阗阗而走四方"。

大庾岭路开凿后,南北交通畅达,过往物资、行人更是川流不息,为传播中原文化和促进岭南地区的开发创造了条件。唐天宝八载(749),高僧鉴真第五次东渡日本计划未能实现,决定回扬州再作打算时,其返回路线就是从广州经赣粤线至洪州经南京等处回到扬州的。②其时给事中苏洗在《开凿大庾岭路序》中说:"于是镵耳贯胸之类,珠琛绝赆之人,有宿有息,如京如坻。宁欤夫!越裳白雉之时,尉佗翠鸟之献,语重九译,数上千双"③。就是对当时来往繁荣情况的描述。清道光版《直隶南雄州志》记:"然自秦开百越,定郡县以至于唐八百余年,而文物声明,未逮上国,岂非山川险阻,有以畛域之哉?……开元四年,张文献公为左拾遗,疏请开凿庾岭,乃相势度地,堑山夷谷,辟为坦途。然后鱼盐蜃蛤之利以及象犀、珠贝、齿革、羽毛,凡可资民生而备器用者,莫不舆马骈达,通流无阻,而岭南山川之气,遂与中州清淑相接。"④此后,由广州进入中国的海外珍异和香料等舶来品,大都取道大庾岭转输中原

---

① 张九龄:《开凿大庾岭路序》,李世亮:《张九龄年谱》,广东高等教育出版社1994年版,第42页。
② 《唐大和尚东征传》,引自《江西公路史》第1册,人民交通出版社1989年1月版,第11页。
③ 载民国版《大庾县志》卷九,1984年11月重版,第352页。
④ 道光版《直隶南雄州志》卷十一,第29页。

各地，中国出口的丝绸、陶瓷、漆器等，亦多经大庾岭运至广州。

从虔州至吉安段的赣石之险，使得来往船只通行异常艰难。据《陈书》记载："南康灨石旧有二十四滩，滩多巨石，行旅者以为难。"[1]李肇也说："蜀之三峡、河之三门、南越之恶溪、南康之赣石，皆险绝之所。"[2]这说明当时这一段赣水确实凶险异常，不利于通行。

唐朝贞元初，虔州刺史路应"凿赣石梗险，以通舟道"[3]。水路应因赣石之险阻碍交通，这位刺史曾组织人力对此段赣水航道进行整治，凿赣石以便通行，不过其效果有限。

由上可知，赣江、鄱阳湖在古代南北交通中所处的地位。没有赣江，就无由形成中国长达数千里的南北水上通道，也就无从形成南北通道沿线众多的港口和城市。南北水上通道的形成有赖于纵贯江西全境的赣江水道，而赣江航运的发展也有赖于南北通道的广泛联系。大庾岭路和大运河的开凿，是唐代南北航运和江西航运走向繁荣的两大因素。

《茶经》载江西袁州、吉州均产茶。洪州茶在名品之列，"《唐史》曰：风俗贵茶，茶之名品益众……洪州有西山之白露。"[4]浮梁"每岁出茶七百万驮，税十五余万贯"[5]，唐代各地茶商，往往乘船自长江进入鄱阳湖，溯昌江而达浮梁，收购浮梁与婺源的茶，贩茶牟利。白居易《琵琶行》诗云："商人重利轻别离，前月浮梁买茶去。"刘津《婺源诸县都制新城记》说："婺源、浮梁、祁门、德兴四县，茶货实多。"又由于婺源等地茶叶制作精良，品质超群，《膳夫经手录》中说："自梁宋幽并间，人皆尚之。赋税所收，商贾所赍，数千里不绝于道路。"两地的茶叶甚至销往西域，敦煌出土的《茶酒论》谈到：浮梁、歙州（婺源）茶"万国来求"，"商客来求，舡车塞绍"[6]。自婺水至乐安江再至浮梁，进入鄱阳湖，应是主要的水运商道。

---

[1] 姚思廉:《陈书·高祖纪·上》，中华书局1973年版。
[2] 李肇:《唐国史补》卷下，上海古籍出版社1979年版，第62页。
[3] 欧阳修:《新唐书·路应传》。
[4] (宋)李昉等:《太平广记》卷八六七"饮食部二十五·茗"，《文渊阁四库全书》本。
[5] (唐)李吉甫:《元和郡县志》卷二十八"江南道·饶州·浮梁"，《文渊阁四库全书》本。
[6] 潘重规:《敦煌变文集新书》卷七。

自唐德宗贞元九年（793）正式征收茶税开始，茶税日益成为国家财政的重要来源之一，此年饶州所征茶税占全国茶课总额的八分之三，约为12万贯。

江南西道盛产木材，在文献中多有记载。隋代江西木材即远销外地。张玄素说："臣常见隋室初建宫殿（洛阳乾元殿），楹栋宏壮，大木非近道所有，多自豫章采来。"[1]皇甫湜《吉州庐陵县令厅壁记》记吉州"材竹铁石之赡殖"[2]，符载《钟陵夏中送裴判官归浙西序》提到"豫章、江夏、长沙诸郡，地产瑰材，且凭江湖，将刳木为舟，以漕国储"[3]。因江西地区出产良材，故多被贩运至其他地方，据《太平广记》卷三三一《鬼·杨溥》载天宝年间事："豫章诸县，尽出良材，求利者采之，将至广陵，利则数倍。"由于江南西道所产的木材成为输往外地的大宗商品，在一些木材产地还形成了木材交易市场。据《太平广记》卷三五四《鬼·徐彦成》记载，信州有木材市场：

军吏徐彦成恒业市木，丁亥岁往信州油口场，无木可市，泊舟久之。一日晚，有少年从二仆往来岸侧，状若访人而不遇者。彦成因延入舟中，为设酒食，宾敬之。少年甚愧焉，将去，谢曰："吾家近此数里别业中，君旦日能辱顾乎？"

徐彦成许诺，明日乃往。行里余，有仆马来迎，奄至一大宅，门馆甚盛。少年出延客，酒膳丰备。从容久之，彦成因言住此久，无木可市，少年曰："吾有木在山中，明当令出也。"居一二日，果有材木大至，良而价廉。市易既毕，往辞少年。少年复出大杉板四枚，曰："向之木，吾所卖，今以此赠君，至吴，当获善价。"彦成回，始至秦淮，会吴师妲，纳杉板为棺，以为材之尤异者，获钱数十万。

由此可知，在信州的油口场已形成了较大规模的木材交易市场，军

---

[1] 翦伯赞、郑天挺：《中国通史资料参考》，第四册，第19页。
[2] 皇甫湜：《皇甫持正文集》卷五。
[3] 符载：《钟陵夏中送裴判官归浙西序》，《全唐文》卷六九〇。

吏徐彦成就曾多次在信州油口场贩买木材运往秦淮等地大获其利。唐代江南西道的木材成为输出的重要大宗商品，除了当地盛产木材外，还得益于水路交通的便利。台湾学者黄玫茵认为，江西地区的木材以洪州豫章为主要集散地，自洪州出江西进入长江后，顺流东下达扬州，经运河转销北地，在当时全国林木业中居优越地位。[1]

唐五代时期，昌平镇（宋代改名景德镇）瓷器销往大江南北，同时还远销海外。运往海外的港口有广州、泉州和宁波，其航运路线是：沿昌江入鄱阳湖，再溯赣江而南至赣州；从赣州通过驿道可以到达广东的广州和福建的泉州；或是通过昌江到鄱阳湖，然后过鄱阳湖入长江，由长江到达海上。由于沿海各口岸的通达，可以通过这条航运线从海上到达泉州与广州，海上交通促进了昌平镇青白瓷的对外销售。

唐代江南西道的冶炼业开始发达。"饶州银矿最盛，每岁出银十万余两，收税山银七千两，占唐朝银税总数的一半。"[2] 章孝标《送张使君赴饶州》诗中写道："饶阳因富得州名，不独农桑别有营。日暖提筐依茗树，天阴把酒入银坑。"元和年间，在饶州城东关外建永平钱监，每年铸钱七千贯（1贯1000枚）。

在农业、手工业等迅速发展的基础上，唐至南唐时的商业不断发展。此时商品的种类增多，形成了不同的行业。江西作为南北交通及贸易的要区，商人往往兴贩至此，促进了商业的繁荣。"洞庭贾客吕乡筠，常以货殖贩江西杂货，逐什一之利。"[3]"汉清化师全付，昆山人，随父贾贩至豫章。"[4]"佣工冯竣，受雇于一道士，从扬州至浔阳，而雇船亦自扬州直驶南湖庐山下星子湾。"[5] 他们可能是一些小贩，获利微薄，而与大商贩不可同日而语。大历、贞元年间就有人违令造大船到江西进行商贸活动，他们所获利润非常丰厚："大历、贞元间，有俞大娘航船最大，居者养生、送死、嫁娶悉在其间，开巷为圃，操驾之工数百，南至江西，

---

[1] 黄玫茵：《唐代江西地区开发研究》，"国立台湾大学"出版委员会，1996年版，第128页。
[2]《江西省情汇要》，江西人民出版社1985年5月版，第67页。
[3]（宋）李昉等：《太平广记》卷二〇四《乐二·吕乡筠》，《文渊阁四库全书》本。
[4]（宋）范成大：《吴郡志》卷四二，《文渊阁四库全书》本。
[5]（宋）李昉等：《太平广记》卷二三。

北至淮南，岁一往来，其利甚博。"①受商业利益的驱动，西北的胡商也来江西经商贸易，《广异记》记载阆州樵客莫谣携象牙至洪州时，二胡商争购致讼一事。《太平广记》对胡商在洪州的活动也有记载。②

江西商人也往返于江西与外地。如《太平广记》就记载一位名为尼妙寂的浔阳女子嫁与同郡的商人任华，并且其"父升与华往复长沙、广陵间"③。在扬子江、钱塘江这两大贸易良港，也经常有江西商人驾驶大帆船，出没其中，辗转贸易，"扬子、钱塘二江者，则乘两潮发棹，舟船之盛，尽于江西，编蒲为帆，大者或数十幅"④，描绘了当时各地之间舟船水运的繁荣情形。

江西是著名的水乡，襟江带湖。当时有不少人以贩鱼至远处为业。"唐豫章民有熊慎者，其父以贩鱼为业，尝载鱼宿于江淮。"阎伯玙任袁州刺史时，数年之间，"渔商阗辏，州境大理"⑤。贩鱼至远地，说明航运的便利。渔商之多，也推动了地方的经济发展。

第二节　发达的江西造船业

唐代江南西道的洪州、饶州、江州均成为重要的造船基地。河川相汇，水域深广，加以江西盛产木材，宜于造船。江西水路与运河相连后，对造船业起到了促进作用。江西区域的造船业兴隆。江西出产大樟木，可用于造船："江东舟同船，多用樟木，县名豫章，因木得名。"⑥

隋朝时，由于朝廷致力于对江南的控制以及随后的辽东战事，南方民间造船业遭到严重掠夺，凡民间所造大船均被没收入官府。《隋书·高祖纪下》载，开皇十八年（598）春，隋文帝曾下诏曰："吴越之人，往承

---

① （唐）李肇：《唐国史补》卷下，《文渊阁四库全书》本。
② 《太平广记》卷三三七四《灵异·胡氏子》，《文渊阁四库全书》本。
③ 《太平广记》卷一二八《报应二十七·尼妙寂》，《文渊阁四库全书》本。
④ （唐）李肇：《唐国史补》卷下，《文渊阁四库全书》本。
⑤ 《唐语林》，上海古籍出版社1978年版，第35页。
⑥ 《本草纲目》卷三十四，引唐人陈藏器《本草拾遗》记。

敝俗，所在之处，私造大船，因相聚结，致有侵害。其江南诸州人间，有船长三丈以上，悉括入官。"隋代在赣江、彭蠡湖滨无官置造船场，说明此一时期这一带的造船业处于萧条状态。

唐初以来，"洪州船场，能造舟同船"，成为官府的造船基地。当时洪州已具有相当强的造船能力，一次便能铺开数百艘船只持续打造。能造海船、战船和双舫，能够制造当时世界上最先进的车轮舟。种类多，数量多，工艺精，船上雕饰有精美的纹彩。正如王勃在《滕王阁序》中所描绘的"青雀黄龙之舳"。贞观十八年（644）七月，唐太宗为征辽东，派将作大匠阎立德"诣洪、饶、江三州，造船四百艘，以载军粮"；二十一年八月，又"敕宋州刺史王波利等，发江南十二州工人造大船数百艘，欲以征高丽"；据胡三省注，十二州中即有江、洪二州。次年又"敕越州都督府及婺、洪等州造船及双舫千一百艘"[1]。贞观年间三次大规模的造船，都是为从海道进击高丽。

值得一提的是，当时洪州还制造出使用推进器的战船，成为最早使用机械力的雏形轮船。《旧唐书·李皋传》载：洪州观察使李皋为平息李希烈叛军的需要，总结当地造船经验，"尝运心巧思为战舰，挟两轮，蹈之，翔风破浪，疾若挂帆席，所造省易而久固"[2]。李皋研制的船是以轮的转动推水，代替摇桨，设计精巧，结构牢固、行驶迅疾，是靠人力驱动、简易机械装置的水上交通工具，是中国造船史乃至世界造船史上的创新技术。李皋（733—792），李唐宗室，嗣封曹王，历任衡州刺史、湖南观察使、江西道节度使等职，长期在江南一带任职。

江西还能制造载重量大的船只，段成式《酉阳杂俎》所称豫章船"载一千人"。李肇《唐国史补》记载说："舟船之盛，尽于江西。编蒲为帆，大者八十余幅。"[3] 杨吴、南唐时因战争之需，每造大舰。陆游《南唐书·后主纪》载，南唐镇南节度使朱令赟率战船数百艘与宋军作战，

---

[1] 分别见《资治通鉴》卷一九七"唐太宗贞观十八年"条、卷一九八"唐太宗贞观二十一年"条。
[2] 王钦若编：《册府元龟》卷九〇八，王应麟辑《玉海》卷一四七。
[3]《唐语林》，上海古籍出版社1978年版，第282页。

其"大舰容千人，朱令斌所乘舰尤大，拥甲士、建大将旗鼓"，其高"数十重"。这些战船均为江西本地制造。

第三节　从文人笔下看江西的重要港口、城镇

隋唐以后，江南西道在经济发展的同时，商业贸易日趋繁荣。由于商贸中物资集散的需要，促使鄱阳湖和赣江、抚河、信江、饶河、修河五大水系的沿岸出现了一批大小港埠，而其中一些地理位置较好、腹地经济发达、水运集中的地方，便逐渐发展为重要港口城镇。唐代江南西道较著名的港口城镇有洪州、江州、饶州、吉州、虔州、昌平镇（宋代改名景德镇）等处。在此略作介绍，并以诗文作印证。

洪州　治所在南昌县，由于其政治、军事地位的提高和经济、文化的发展，城区不断扩大，在唐垂拱初年（685）和贞元十四年（798年）都有扩建。唐元和间的洪州刺史韦丹是一个卓有政绩的地方长官，元和四年（809），他组织民力对南昌城池改筑整修，城池面积比汉时增加了一倍有余，方圆二十余里，城内人烟稠密，店肆鳞次栉比，亭台楼榭，桂殿兰宫，随处可见。南昌之所以成为重要的港口城市，还因为交通条件优越，处在赣江水运中枢的位置，南溯赣江，越大庾岭到达岭南广大地区，北经鄱阳湖出湖口，与长江沿岸各大城市相通。特别是在广州设置"市舶司"以后，南昌更成了广州至长安交通线上的中继港埠和连接广州、扬州、江陵的重要工商业城市，南来北往的商贾多经过这里。港口货物堆积如山，热闹非常。而且南昌拥有赣江、鄱阳湖平原广大经济腹地，至唐时更是"土沃人庶""国用所系"的富庶地区。港口靠泊条件优越，港区航道水深，成为古代中国南北货物中转、集散中心，对江西乃至全国经济的发展起了重要作用。

"初唐四杰"之一的王勃（648—676），字子安，祖籍太原祁县，移居绛州龙门（今山西河津）。自幼聪明过人，六岁善辞章，十四岁应举及第，授朝散郎，为沛王府修撰。二十四岁又任虢州（今河南灵宝县）

参军。上元二年（675）重阳，洪州都督阎伯屿在滕王阁大宴宾客，王勃前往交趾探望父亲过南昌，即席而作的《秋日登洪府滕王阁饯别序》，描写了南昌襟江带湖的地理特征："襟三江而带五湖，控蛮荆而引瓯越。""蛮荆"指的是荆楚，今湖北湖南一带，"瓯越"指的是今浙江福建一带。赣江诸水路在沟通南北、联络东西的重要性不言而喻。序中又写到赣江港口泊满了大船舶的情景："舸舰迷津，青雀黄龙之舳。"并令人想见船舰形制之精巧与雕饰色彩之华丽。

可以补充的是，唐末罗隐有《滕王阁》诗云：

水神有意怜才子，欻忽威灵助去程。一席清风雷电疾，满碑佳句雪冰清。焕然丽藻传千古，赫尔英名动两京。若匪幽冥风送客，至今佳景绝无声。

首联从王勃风送滕王阁故事生发感想，认为水神有意怜爱这位才子，以其威灵帮助王勃加快了赴滕王阁的行程。次联言清风鼓帆而进，就像雷电一般快捷，能够在顺风条件下，一夜行三百里水程，使王勃及时赶到滕王阁。末联呼应首联，假若冥冥之中无水神以风送客，也就无法写出文采斐然的《滕王阁序》，此地纵然有美景，也就不会有这么大的名声。明代冯梦龙话本小说《醒世恒言》卷四十中的《马当神风送滕王阁》，写中源水君化作一老者在彭泽马当等候王勃到来，助他一帆顺风，早达洪都。这一故事早在唐代末期罗隐的诗中就已有雏形，只是后来添加了一些文学情节而已。"时来风送滕王阁"，这一故事与诗句也反映了人们对顺风扬帆快速前进的企盼。明代唐寅也有诗云："千年想见王南海，曾借龙王一阵风。"（《自题落霞孤鹜图》）

王勃从北方到岭南交趾去省亲，看望父亲，经过南昌，这也说明鄱阳湖、赣江水道是沟通中国南北交通的要道。

开元年间时任洪州都督的张九龄诗云："邑人半舻舰，津树多枫橘"（《登豫章郡南楼》）；"万井缘津渚，千船咽渡头"（《候使石头驿楼》），即是市民多半乘船舰出行，渡口船舶拥挤的真实写照。同时代人、礼部郎中崔国辅有《题豫章馆》一诗中写到南昌的清丽景象："杨柳映春江，江南转佳丽。吴门绿波里,越国青山际。游宦常往来,津亭暂临憩。驿前苍石没,浦外湖沙细。向晚晏且久,孤舟悠然逝。"诗中也写到南昌有不少人来自苏州与绍兴,休憩于津亭。殷璠论其诗"婉娈清楚,深宜讽味,乐府短章,古人不及也"(《河岳英灵集》)。

中唐时,戴叔伦有《除夜宿石头驿》一诗,石头驿在南昌城西北,赣江北岸,即投书渚。驿站有旅馆:"旅馆谁相问,寒灯独相亲。一年将尽夜,万里未归人。"首联一问一答,一开一合。颔联思家而感怆,乃流水对。

戴叔伦,字幼公,润州人。曹王李皋任江西观察使时,叔伦入其幕府。李皋远出讨伐李希烈,留他领府事,试守抚州刺史。戴还有《曾游》诗云:"泊舟古城下,高阁快登眺。大江会彭蠡,群峰豁玄峤。清影涵空明,黛色凝远照。"泊船于南昌城下,但见城外山清水秀,赣江浩荡,汇入鄱阳湖。

还有不少诗也写到南昌泊船之盛。如晚唐韦庄诗:"南昌城郭枕江烟,章水悠悠浪拍天。芳草绿遮仙尉宅,落霞红衬贾人船"(《南昌晚眺》)。描绘了南昌城外江水悠悠商船来往的情景。

唐人诗中不乏描绘在南昌眺望泊船行舟的情景,如杜牧《怀钟陵旧游》诗云:"滕阁中春绮席开,柘枝蛮鼓殷晴雷。垂楼万幕青云合,破浪千帆阵马来。未掘双龙牛斗气,高悬一榻栋梁材。连巴控越知何事,珠翠沉檀处处催。"次联写楼间垂挂的无数层锦幕,犹如青云遮合。楼外江面上千帆破浪而来,有如战阵之马奔驰。比喻生动,亦可见当时水路运输的繁盛情景。尾联言此地之水运,远连巴蜀,控闽越。杜牧(803—852),字牧之,太和二年(828)进士,任监察御史,后为黄州、池州、湖州等州刺史,官中书舍人。诗风俊爽遒丽,与李商隐齐名,世称李杜,又称小杜。

作为水运码头,南浦驿历史悠久,也最为有名。陈弘绪《江城名迹录》中说:

> 在城西章江门,古曰昌门。汉建安中,孙策遣虞翻与华歆交语即此

处，所称石亭公馆是也。后改驿于广润门南浦亭。今为南浦驿。渡江即石镇铺，旧又有石头驿。韩退之《次石头驿寄江西王子丞》诗："凭高回马首，一望豫章城。人由恋德泣，马亦别群鸣。寒日夕始照，汀风远渐平。默然都不语，应识此时情。"退之诗朴率类如此，然其眷眷于吾土，直以并州为故乡，吾土宁能漠然于退之哉！①

江州 唐宋以后的江州治所在今九江城。地处赣北，长江中下游南岸，地理条件优越。沿长江上溯可至江夏（今武汉）、宜昌、重庆等港埠相通；沿长江东下可至安庆、芜湖、南京等大城市；南入鄱阳湖和赣江，可与浙江、福建、广东诸省交往。水陆交通畅达。江州港区自然条件良好，港区岸线长达二十余公里，水域宽阔，水势平稳且常年不冻。江州由于地形重要，交通便利，故在东汉以来逐渐发展为重要港埠。唐代发展迅速，是长江中下游商船停泊的重要港口与各类商人汇聚之地。大量商船纷纷来此从事贸易，这里"缗钱粟帛，动盈万数"，"四方士庶，旦夕环至，驾车乘舟，叠毂联樯"②。"舳舻争利涉，来往接风潮"；"舟子乘利涉，往来至浔阳"③。

唐代诗人王昌龄也曾到此，有诗云："漭漭江势阔，雨开浔阳秋。驿门是高岸，望尽黄芦洲。水与五溪合，心期万里游"（《九江口作》），即可略窥港口规模之一斑。李颀（690—751），东川（今四川三台）人。开元十三年（725）进士，曾官新乡尉。在《送从弟游江淮，兼谒鄱阳刘太守》诗中云："泊舟借问西林寺，晓听猿声在山翠。浔阳北望鸿雁回，湓水东流客心碎。"均可见江州港口过往舟船之频繁。

山水田园诗人孟浩然（689？—740），襄阳人。少年时隐鹿门山，后漫游东南。过江州有《晚泊浔阳望庐山》诗中云："泊舟浔阳郭，始见香炉峰。"大诗人李白，字太白，祖籍陇西人。二十五岁漫游吴越。天宝元年（742），经贺知章、吴筠推荐，诏供奉翰林。后离开长安，开始新

---

① （清）陈弘绪：《江城名迹记》卷二，江西人民出版社2015年版，第54页。
② 李昉、徐铉等编：《文苑英华》卷八〇三。
③ 《全唐诗》卷一五九，卷一六〇。

的漫游，曾有《下寻阳城泛彭蠡寄黄判官》诗云："浪动灌婴井，寻阳江上风。开帆入天镜，直向彭湖东。落景转疏雨，晴云散远空。"寻阳县即江州治所在地。灌婴井，汉高祖六年（前201），灌婴所筑。建安年间，孙权经此城，令工掘之，正得古井。井极深，大江中起风浪，井水也会浪动有声。"开帆入天镜"两句可见其航程是从浔阳出发，然后转向鄱阳湖。李白后隐居庐山叠风屏。天宝十五载（756）安史之乱，入永王李璘幕府，获罪被投入浔阳监狱，流放夜郎。中途遇赦，辗转于金陵、宣城等地，病死安徽当涂。

中唐大诗人韩愈在袁州刺史任满后曾来江州，有《溢浦港》一诗云："溢城去鄂渚，风便一日耳。不枉故人书，无因帆江水。"江州司马白居易有诗云："江回望见双华表，知是浔阳西郭门。犹去孤舟三四里，水烟沙雨欲黄昏。"（《望江州》）又有诗云："溢水从东来，一派入江流。可怜似萦带，中有随风舟。命酒一临泛，舍鞍扬棹讴。……系缆步平岸，回头望江州。城雉映水见，隐隐如蜃楼。"（《游溢水》）乘船回顾，江州城墙的壮观隐隐可见。由此可知港口在江州城之西，有可能在溢水入长江处。

白居易又有名作《琵琶行》序曰："元和十年，余左迁九江郡司马。明年秋，送客溢浦口，闻舟中夜弹琵琶者。……"其歌中云："浔阳江头夜送客，枫叶荻花秋瑟瑟。主人下马客在船，举酒欲饮无管弦。……商人重利轻别离，前月浮梁买茶去。去来江口守空船，绕船月明江水寒。"又说："住近溢江地低湿。"从此序与诗中均可见，江州溢浦口即是泊船港口。

长庆二年（822），江州刺史李渤对江州城区进行了整治，筑南湖堤（今九江市甘棠湖堤），当地人怀念李渤惠政于民，改名甘棠湖。舒州刺史李翱作有《江州南湖堤铭并序》，铭中说："九江暴涨，潜潮逆流。东南百民，城市所缘。水积既深，大波其辑。亦有舟航，覆溺之忧。担拥叠路，车轫其斡。童婴涕堕，老妇号愁。历古迨兹，孰为氓筹？浚之之来，养民如身。乃筑长堤，距江之濒。"因积水深而舟船有沉翻的危险，幸好李渤筹划并率民在江边筑此堤，既蓄泄水势，调节和控制水位，又保障了水运畅通。

还有一些诗写到在城中行船情景。白居易诗云："佛寺乘船入，人家枕水居。"(《百花亭》)南湖涨水时，又有诗云："岸没间阎少，滩平船舫多。"(《湖亭望水》)孙鲂诗云："辍棹南湖首重回，笑青吟翠向崔嵬"(《湖上望庐山》)；刘商诗云："船到南湖风浪静，可怜秋水照莲花。"(《送僧往湖南》)

饶州 治所在鄱阳县，位于鄱阳湖东岸，饶河下游，是江南西道东北部客货运输的中转港。由于它处于古闽越进入中原的襟喉地带，形势重要，故又是历来兵家必争之地。隋大业年间，鄱阳郡守梁文谦曾于郡治附近之永平门外至姚公渡一带培土为市，构筑江岸，以利商船靠泊。唐代由于商贸的发展，特别是昌平镇(宋代改名景德镇)瓷业的兴起，贸易往来日渐发达，人口增加，遂成为东部鄱阳湖滨的一大重要港口。饶州港区水域深阔，河宽二百余米，岸线长五千余米，且江河湖海可以直达，舟船辐辏，甚为繁荣。

李嘉祐，字从一，赵州(今河北赵县)人，天宝七载(748)进士，授秘书正字，坐事谪鄱阳县令。其时有《承恩量移宰江邑临鄱江怅然之作》诗曰：

四年谪宦滞江城，未厌门前鄱水清。谁言宰邑化黎庶，欲别云山如弟兄。双鸥为底无心狎，白发从他绕鬓生。惆怅闲眠临极浦，夕阳秋草不胜情。

被谪远放的人臣遇赦，酌量移近安置职位，称为量移。首句点出作者因为被贬滞留鄱阳四年，虽然诗人表面上说"未厌门前鄱水清"，但贬谪心情也不会因为清清鄱湖水而变好。末句言受不了此伤感之情。

白居易《将之饶州江浦夜泊》诗中云："明月满深浦，愁人卧孤舟。烦冤寝不得，夏夜长于秋。苦乏衣食资，远为江海游。光阴坐迟暮，乡国行阻修。身病向鄱阳，家贫寄徐州。前事与后事，岂堪心并忧。忧来起长望，但见江水流。云树霭苍苍，烟波澹悠悠。故园迷处所，一念堪白头。"诗人贬为江州司马时，与同事应约到饶州鄱江口上，宿于船上，想起含冤被贬，贫病交加，夜不能寐，长望江流，不胜慨然，作此诗以遣烦愁。

吉州 即今吉安。位于江西中部赣江与其支流禾水的汇合处，是赣江中游水陆交通及物资集散中心。自东晋咸康八年（342），庐陵郡守孔伦筑城之后，港埠渐渐繁荣，各地商贾和过往船舶常集于此。晚唐诗人许浑《舟行早发庐陵郡郭寄滕郎中》诗中有："楚客停桡太守知，露凝丹叶自秋悲""风卷曙云飘角远，雨昏寒浪挂帆迟。"描写了船出行的情景与眷恋此地的心情。南唐保大二年（944），在城南栅门外铸造一根高7尺、重1300斤的铁十字锚柱，商人们在此系船编筏、当地官府建有迎官亭以供官员上下客船。

虔州（南宋改名赣州） 地接闽粤，章贡交汇，南阻庾岭，为岭海之关键，江湖之要枢，自古为兵家必争之地。始建于东晋永和五年（349）的涌金门港，门临贡江，历来为商船停泊处。杨巨源《送杜郎中使君赴虔州》诗中云："地远仍连戍，城严本带军。傍江低槛月，当岭满窗云。境胜闾阎间，天清水陆分。"即写出此地之胜概。张籍《寄虔州韩使君》诗中云："月明渡口漳江静，云散城头赣石高。"

抚州 是江西东部的商业中心。唐人张保和在《抚州罗城记》中写道："临川古为奥壤，号曰名区。翳野农桑，俯津阛阓。北接江湖之脉，贾贷骈肩；南冲岭峤之支，豪华接袂。"可见，商人往来之频繁。但地势低洼，故经常发生水患，支流横溢。自唐高祖武德五年（622）周法猛修筑述陂。上元元年（760），抚州刺史筑有华陂，以遏河水入正道。大历三年（768），抚州刺史颜真卿继续督修，改名土塍陂。唐德宗贞元年间，抚州刺史戴叔伦对土塍陂又进行修筑，改名为冷泉陂。二十年后，冷泉陂被洪水冲毁。咸通九年（868），李渤来抚州任刺史，广募钱财，聚集民工，疏通河道900余丈，同时凿开冷泉陂故基，用石块筑坡125丈，并命名为千金陂，使河水又恢复故道，既满足了灌溉，又便于通航。清代康熙年间临川知县胡亦堂有《抚河水系诗》云：

汝水南来为盱江，由盱而东达文昌。盐岭峰前故缭绕，北合临江趋豫章。

昭武沃壤日灌注，连樯舳舻行旅至。农夫力作商贾藏，闾阎往往称繁庶。中唐春水泛桃花，正流忽湮涨泥沙。支流横溢二十里，地亡钜利人咨嗟。蒿目时艰良宰守，先后设陂挡决口。成毁无常继李公，陂筑千金名不朽。……

这首七言古风开头介绍抚河之上游为盱江，自东南来，流至文昌桥，至盐岭前汇入临水。描绘了抚河水运的盛况是："连樯舳舻行旅至。"扼要叙述了中唐以来治理抚河的历史。

河口镇 在铅山河与信江交汇处的冲积平原上，早在唐代便已形成物资集散地，河口镇是通往福建等地的商道。大历年间（766—779），卢纶有《河口逢江州朱道士因听琴》诗云："庐山道士夜携琴，映月相逢辨语音。引坐霜中弹一弄，满船商客有归心。"可见此地的商客之多，因琴声而纷纷引起归乡之情。

第四节　文人笔下的水道航行情景

唐代从长安到长江，再至岭南的要道为：湖口往来船只经过松门山，沿东水道（湖汉水）经都昌、鄱阳、余干、进贤入赣江到南昌港。刘长卿（约726—约786），宣城（今属安徽）人，唐玄宗天宝年间进士，肃宗至德年间任监察御史，因事得罪，贬为岭南的南巴尉。从长江进入鄱阳湖，途经鄱阳县、余干县等地，写有《初贬南巴至鄱阳题李嘉祐江亭》诗云："巴峤南行远，长江万里随。不才甘谪出，流水亦何之。地远明君弃，天高酷吏欺。"从诗中可以知其迁谪南下路线。看到李嘉祐所建江亭，二人同病相怜，感慨万分。前三句点出作者此行的目的，被贬谪的牢骚愁绪就如同流水般剪不断。此外，还有《余干旅舍》《负谪后登干越亭作》《余干夜宴奉饯前苏州韦使君新除婺州作》等诗作。

干越地处江州—大庾岭驿路、信州—袁州驿路和洪州—抚河驿路的交叉点上，鄱阳湖东航道旁。自余干西北之瑞洪镇，顺水而下四五里，便是赣江、抚河、信江的汇合之处。唐代人行走于以"干越"为中心的东西或南北驿路间，有的以日记体式的游记来记录行踪。宪宗元和三年（808），岭南节度使兼广州刺史杨于陵聘请李翱为观察判官，李翱于次年正月十八从洛阳出发，循洛水，入黄河，转汴京，沿江南大运河抵杭州；溯钱塘江至信州（今上饶信州区），乘船自信江而下，至余干县。再入担石湖（今南昌东面青岚湖）、转溯赣江至洪州南昌。再溯赣江至虔州（赣州），由章水至大庾，上大庾岭而达浈昌（今南雄），顺北江南下广州。在《来南录》中他记载了行走的水路情形：

……丙戌，去衢州。戊子，自常山上岭，至玉山。庚寅，至信州。甲午，望君阳山，怪峰直耸似华山。丙申，上干越亭。己亥，直渡担石湖。辛丑，至洪州。遇岭南使，游徐孺亭，看荷花。五月壬子，至吉州。壬戌，至虔州。乙丑，与韩泰安平渡江，游灵隐山居。辛未，上大庾岭。明日，至浈昌。……

从诗中可见江湖行船情景。张九龄《彭蠡湖上》一诗，写到行舟之难：

沿涉经大湖，湖流多行泆。凌晨趋北渚，逗浦已西日。
所适虽淹旷，中流且闲逸。瑰诡良复多，感见乃非一。……

作者顺流而下，经过浩瀚的鄱阳湖，其心情是舒适安闲的。行程交待清楚，所见瑰奇诡谲，感想自然甚多。诗风冲淡。又《自彭蠡湖初入江》诗云：

江岫殊空阔，云烟处处浮。上来群噪鸟，中去独行舟。
牢落谁相顾，逶迤日自愁。更将心问影，于役复何求。

抒发作者泛舟赣江上的孤独与寂寥，诗中运用了对比手法，愈发突出作者的孤单。"上来群噪鸟，中去独行舟"，鼓噪喧嚣的群鸟与独行江中的孤舟形成鲜明对比。而后的"牢落谁相顾，逶迤日自愁"与"更将心问影"，更是直接展示作者内心的孤苦之愁。

孟浩然有《彭蠡湖中望庐山》诗中云："太虚生月晕，舟子知天风。挂席候明发，渺漫平湖中。"赴淮海途中经长江顺便游览鄱阳湖时作。月亮旁边有月晕，说明将刮大风。这是舟子（驾船者）测气候的方法。故须扯上帆，等待风来扬帆而行。

李白《豫章行》一诗，缅想发生在庐山南的落星湾之水战，诗中云："楼船若鲸飞，波荡落星湾。"形容楼船之大，速度之快。又《入彭蠡经松门观石镜缅怀谢康乐题诗书游览之志》诗云：

> 谢公入彭蠡，因此游松门。余方窥石镜，兼得穷江源。
> 前赏迹可见，后来道空存。而欲继风雅，岂惟清心魂。
> 云海方助兴，波涛何足论。青嶂忆遥月，绿萝愁鸣猿。
> 水碧或可采，金膏秘莫言。余将振衣去，羽化出嚣烦。

谢康乐即东晋谢灵运，号康乐公。此诗写景与怀古兼而有之，意境悠远。船过松门，看到谢灵运攀寻过的石镜，颇有感触。其云"将欲继风雅，岂徒清心魂"，明言将继承谢灵运的风雅，悠然而起升仙之心。

又作有《浔阳送弟昌峒鄱阳司马作》诗云：

> 桑落洲渚连，沧江无云烟。寻阳非剡水，忽见子猷船。
> 飘然欲相近，来迟杳若仙。人乘海上月，帆落湖中天。
> 一睹无二诺，朝欢更胜昨。尔则吾惠连，吾非尔康乐。
> 朱绂白银章，上官佐鄱阳。松门拂中道，石镜回清光。
> 摇扇及干越，水亭风气凉。与尔期此亭，期在秋月满。
> 时过或未来，两乡心已断。吴山对楚岸，彭蠡当中洲。
> 相思定如此，有穷尽年愁。

桑落洲在安徽宿松县西南。昔江水泛涨，流一桑于此，因名。江水始自鄂陵，分派为九，于此合流，谓之九江口。此洲与江州浔阳县分中流为界。此诗想见夏天其弟经鄱阳湖前往鄱阳县任职的水路情景。系着朱绂，携白银印章，乘船泛行于湖中。途经松门，至傍晚到达余干。

闽人林滋，字后象，会昌三年（843）进士。官终金部郎中，有《蠡泽旅怀》诗云：

谁言行旅日，况复桃花时。水即沧溟远，星从天汉垂。
川光独鸟暮，林色落英迟。岂是王程急，偏多游子悲。

首联点明旅行时节。次联点明旅行方式与时间，"水即沧溟远"，表明作者走的是水路。"星从天汉垂"，则表明作者夜间出行。第三联描述行途景色，暗蕴作者心情。暮归之鸟与林中落英缤纷，烘托出作者的羁旅之愁。

唐彦谦，字茂业，号鹿门，并州（今太原市）人。咸通年间举进士十余年不第。乾符末年，携家避乱汉南。中和年间王重荣镇守河中，辟为从事，累表为节度副使，历任普州、绛州刺史。曾有《过湖口》诗云：

江湖分两路，此地是通津。云净山浮翠，风高浪泼银。
人行俱是客，舟住即为邻。俯仰烟波内，蜉蝣寄此身。

首联点明长江与鄱阳湖水道之不同，而湖口是重要分界处。次联描绘了江湖交汇、风高浪激的情景。第三联言人们匆忙往返，不过都是世间过客，泊舟住宿相逢，即为邻居。

陈陶（约812—约885），字嵩伯，岭南人，一作鄱阳人，一作剑浦人。少游学长安，后隐居洪州西山（今南昌梅岭），不知所终。工诗，有《鄱阳秋夕》诗云：

忆昔鄱阳旅游日，曾听南家争捣衣。
今夜重开旧砧杵，当时还见雁南飞。

描述的是作者第二次游鄱阳湖的情形。两次游览，都给作者留下了深刻的印象，因此全诗笼罩在浓浓的回忆与现实交错的情境中。首联回忆第一次游鄱阳湖，听到浣衣女的捣衣声。末句描绘第二次重游鄱阳湖时又闻捣衣的砧杵声，回忆当时大雁南飞的场景。

晚唐诗僧贯休（832—913 年），字隐德。俗姓姜，婺州兰溪县人。苦节峻行，精读《法华经》《起信论》，得其奥义。诗亦奇险。咸通初往洪州游学，漫游庐山、吴越等地。有《春过鄱阳湖》诗云：

百虑片帆下，风波极目看。吴山兼鸟没，楚色入衣寒。
过此愁人处，始知行路难。夕阳沙岛上，回首一长叹。

首联以"片帆"之小与"风波"之大对比，次联"吴山"与"楚色"相对，亦形容鄱阳湖之广大，在东吴西楚之间。正因鄱阳湖之阔与风波之大，行舟其间，困难重重，所以第三句明言"过此愁人处，始知行路难"，难免回首长叹。又《秋末入匡山船行》第一首诗云：

楚国茱萸月，吴吟梨栗船。远游无定所，高卧是何年。
浪卷纷纷叶，樯冲澹澹烟。去心还自喜，庐岳倚青天。

首联既言楚又言吴，依然强调鄱阳湖所处位置，与西楚东吴相接，也言湖之广阔。中二联通过浪卷叶、樯冲烟的细节描述，烘托了一位镇定自若、高卧舟中的诗人形象。正因有此悠然心境，才会躺在船上，细细品味庐山背靠青天的巍峨之态。次首云：

晚泊苍茫浦，风微浪亦粗。估喧如亥合，樯密似林枯。
地峻湖无□，潮寒蚌有珠。东西无定所，何用问前途。

首联言即使是微风也有巨浪，足见其地形之险峻。第二联言集市交易、人声嘈杂之处，泊船的桅杆密密麻麻地排在一起，有如枯林。第三句明言港口之险峻，最后有人生漂泊不定之感。

韦庄（836—910），字端己。京兆杜陵（今西安市）人。僖宗广明元年（880）应举长安，适值黄巢之乱，逃往洛阳。昭宗乾宁元年（894）进士，授校书郎。旋以左补阙宣谕两川，遂留蜀事王建，累官吏部尚书同平章事。有《泛鄱阳湖》诗云：

四顾无边鸟不飞，大波惊隔楚山微。纷纷雨外灵均过，瑟瑟云中帝子归。迸鲤似梭投远浪，小舟如叶傍斜晖。鸱夷去后何人到，爱者虽多见者稀。

首联极力描写鄱阳湖之广，湖水足以隔断楚山。第二联以工整的对仗，想象屈原经过大江、《九歌》之湘君、湘夫人在云中飘飞的场景。第三联描绘鄱阳湖中鲤鱼在浪中飞跃，一叶扁舟在夕阳余晖下前行的风光，又令作者联想越国名臣范蠡归隐后泛舟湖上的情景。

唐代赣江的水质清洁，张九龄诗可证："归去南江水，磷磷见底清。转逢空阔处，聊洗滞留情。"（《自豫章南还江上作》）南江应是指南昌以上的赣江中上游。

在赣江上游一段艰难水路，称赣石滩。孟浩然自虔州返回途中作《下赣石》诗云："赣石三百里，沿洄千嶂间，沸声常活活，洊势亦潺潺。跳沫鱼龙沸，垂藤猿狖攀。旁人苦奔峭，而我忘险艰。放溜情弥惬，登舻目自闲。瞑帆何处泊，遥指落星湾。"其航程里数与史载相近，行船之艰难可知。但诗人忘却了艰险，心情舒畅，并指望及时航行到鄱阳湖落星湾。从唐人耿湋《发南康夜泊灂石》诗中也可见行船之艰："倦客乘归舟，春溪杳将暮。群林结暝色，孤泊有佳趣……险石俯潭涡，跳湍碍沿溯。"谭用之也有诗云："白玉堆边蒋径横，空涵二十四滩声。"（《贻南康陈处士陶》）

船行从赣州章水前往大庾县，须乘浅底船。钱珝《江行无题》中云："身到章江日，应犹未得闲。一湾斜照水，三板顺风船。"因滩浅易搁浅。许浑有《南康阻浅》描绘这一情景："晴滩水落涨虚沙，滩去秦吴万里赊。马上折残江北柳，舟中开遍岭南花。"从中原至赣南行船之速，但在这里却遭遇了行船搁浅的困难。

从诗中还可推测当年船航运时的护送情景。张籍诗云:"去程江上多看堠,迎吏船中亦带刀"(《送弟濛赴饶州》)。江岸有记里数的土堆即堠,船行可计里程。在船上送迎官吏,还有人带刀护卫安全。

韦庄《建昌渡》诗云:

月照临官渡,乡情独浩然。鸟栖彭蠡树,月上建昌船。
市散渔翁醉,楼深贾客眠。隔江何处笛,吹断绿杨烟。

从此诗中可见,官渡在建昌(今永修)县城附近的修河,是由地方官府管理的。

第五节　省际水陆联运

隋唐时代,江南西道除由赣江、鄱阳湖直接与境内外广为联系外,还有连接邻道的交通线路,除赣皖线外,都是水陆相间以水为主的航道,沟通不同区域之间的贸易与文化交流。

赣浙线　由江西玉山至浙江常山一线。李翱于元和四年(809)一至五月间,自东都洛阳经扬州、杭州、洪州到广州时,即行走赣浙线,说明这条路线的重要性。赣浙线以江西信江和浙江钱塘江为主要水上通道,两江可行船里程达千余里,仅在分水岭处有八十余里的陆路,且较低平,在此线行船只需转一次陆路即可水运直达。此线是联接赣、闽、浙、粤省的重要水运通道。玉山和常山两地则为各路货物的重要转运处。玉山有"两江钥匙"之称,舟车辐辏,商旅不绝。刘长卿《余干夜宴奉饯前苏州韦使君新除婺州作》诗云:"复拜东阳郡,遥驰北阙心。行春五马急,向夜一猿深。山过康郎近,星看婺女临。幸容栖记分,犹恋旧棠阴。"他在余干县送别前任苏州刺史韦应物赴婺州任,前往旅程应是从信江溯水而上至玉山,然后前往婺州(今浙江金华)方向。

赣皖线 江西东北的昌江，发源于安徽祁门县柏溪附近，入江西浮梁县境，于鄱阳县的姚公渡注入饶河主流乐安河。昌江是连接江西和安徽的内河水道，全长253公里，在江西境通航里程达170公里。古代祁门所产茶叶、木材、瓷土和江西东北部的土特产品大多都沿昌江水路外运。昌平镇（浮梁景德镇）制瓷业之所以能够兴旺发达，就是由于有昌江这个良好的水运条件。赣、皖间的这条水运航道对于祁门、浮梁等地经济发展与贸易往来起到了重要作用。

赣闽线 有两路：一路自信江流域的铅山河口镇经分水关，陆行190里，出福建崇安，经建阳、建瓯与建溪相接；另一路由抚河流域的南城县，穿杉关至光泽县，到达邵武与富屯溪（闽江支流）相接。这条道路是一条重要的商路，不仅是赣、闽两地商货运输线，江苏、浙江、安徽、四川、湖南、湖北等地商贾亦多道出其间。

晚唐诗人韩偓曾从此航道入福建时有诗云："江中春雨波浪肥，石上野花枝叶瘦。枝低波高如有情，浪去枝留如力斗。绿刺红房颤裊时，吴娃越艳醺酣后。"（《三月二十七日自抚州往南城县，舟行见拂水蔷薇因有是作》）逆江而上，浪高于花枝，浪过而枝仍留。拂水之蔷薇，如吴娃越女之娇艳。凝神观照，写来生动活泼。后北宋南城人李觏感而赋诗云："韩偓当年赴七闽，舟行过此倍凝神。江连石上知谁处，绿颤红酣别是春。"（《韩偓集有自抚州往南城县，舟行见拂水蔷薇之诗，南城吾乡也，因题八句》）

赣湘线 江西西境和湖南东境之间，自袁水上游的萍乡芦溪经湘东入湖南醴陵县，沿渌水至株州入湘水，连通洞庭湖水系。

第六节　江西境内的多次水上战争

隋朝大业十二年（616）十月，鄱阳县人操师乞占据豫章，任命其党羽、鄱阳人林士弘为大将军，占领饶州鄱阳、余干等县，声震朝廷。称元兴王，年号始兴。次年隋朝廷派遣侍御史刘子翊将兵讨之，师乞中流箭死亡。林士弘统领其众，与刘子翊大战于鄱阳湖，子翊败死。林士弘声势大振，自称南越王。临川、庐陵、南康、宜春之豪杰杀死隋朝守官，归附林士弘，部队发展至十余万人。大业十三年（617）攻占豫章城，进占虔州（赣州）。国号楚，辖地北起九江，南达番禺（广州）。次年萧铣派兵来攻，林士弘兵退余干，在县城冕山筑城自保。唐武德五年（622）冬十月，与唐军战败，退保安城山洞，不久病故，部属离散。林士弘自起兵至战败，先后达十余年，其活动主要在江西沿江湖地域。

唐僖宗时，山东曹州黄巢与濮州王仙芝共举义旗，乾符五年（878）二月，其部将王重隐率农民军攻克饶州，诛杀刺史颜林，克洪州，战长沙，东攻两浙至福建。乾符六年（879）十一月，黄巢军在湖北荆门关遭伏击，溃散十七万余人。转道再度进入江西，先后攻占饶州、信州，十一月分兵攻陷余干县城。黄巢入江西时，屡次利用鄱阳湖和信江水道，并先后攻陷鄱阳湖、昌江及饶河附近的鄱阳、余干、乐平、浮梁等县。

乾宁元年（894），淮南节度使杨行密攻占饶州。天祐三年（906），江南西道观察使钟匡时攻取饶州。淮南节度使杨渥（杨行密之子）遣秦裴袭击钟匡时，擒其部将刘楚，饶州刺史唐宝以城复归杨渥。后梁开平三年（909），歙州刺史陶雅派其子敬昭及都指挥使徐章领兵袭击饶州、信州，饶州刺史唐宝弃城逃走。诗僧贯休有《鄱阳道中作》诗云：

鄱阳古岸边，无一树无蝉。路转他山大，砧驱乡思偏。
湖平帆尽落，天淡月初圆。何事尧云下，干戈满许田。

行于鄱阳古道，"无一树无蝉"，说明鄱阳湖岸边树木丛生、蝉声鼎沸。第三联描写了鄱阳湖帆船归港的情景，末联写到这里处处战火，令人伤感。

五代乱世，处处干戈不已。杨吴天祐六年（909），吴王杨隆演派遣军队与抚州刺史危全讽在南昌西南的锦江与赣江相汇处象牙潭进行一场大战。是年六月，危全讽自称镇南节度使，率领抚、信（上饶）、袁（宜春）、吉州四州的十万军队，进攻洪州（南昌市）。洪州守军仅千人，节度使刘威以疑兵滞敌，秘密派人至广陵（今扬州）求援；危全讽兵屯坚城，不再前进，请求楚王马殷出兵相助。马殷派指挥使苑玫会同袁州刺史彭彦章包围高安以增援，执掌杨吴大权的徐温任命周本为西南面行营招讨应援使，率兵七千救援高安。周本领兵急奔象牙潭，驻扎象牙潭，即锦江汇入赣江处。七月，危全讽在象牙潭临溪营建栅栏，连绵数十里。十七日，周本隔溪河列阵，先派老弱士兵挑战，以试探虚实；危全讽下令渡溪追赶，周本乘其半渡之际，发兵攻击，危全讽军大败而逃，自相践踏，众多士兵溺水而亡。周本乘胜攻取洪州、袁州、吉州、信州，高安楚军果然退走，尽复江西之地。此战，周本据地形用兵，施计诱歼，以7000兵破数万之众，可谓以少胜多之战。

南唐政权在五代中是偏安小朝廷，历时39年，实际上还可以包括杨吴政权的19年间，因为其时徐温执政而无能，大权已牢牢掌控在太师、即后来的南唐开国者李昪手中，故共有58年。这一时期国势虽然蹙促委顿，处于四境扰攘之时，尚能保一方安定，因而吸引了不少士人自北方或自闽粤等地投奔南唐政权，而且南唐在江西区域增设不少县与镇，也正需要一大批士人从政。庐山国学是南唐的一个教育中心，建于昇元四年（940），与当时金陵的国子监声名并驾，成为读书人潜心学习的净土，担荷了中国文化传承的重任。然而南唐境内虽无战事，但北方扰攘，太平难保。谭用之诗云："时人莫笑无经济，还待中原致太平。"（《贻南康陈处士陶》）

南唐保大年间（950年左右），湖口戍升为湖口县。《太平寰宇记》云："是南朝旧镇，上据石钟山，旁临大江。"分彭泽县之彭泽乡及五柳乡之半为其属地，县治郧阳镇。

中主李璟因攻伐福建大败，而北面扬州前线又大败于北周，于是割让淮南一带土地，金陵失去屏障。南唐交泰二年（959）七月，因畏惧后周对淮南的攻势，有臣子建议迁都："建康与敌境隔江而已，今吾徙都豫章，据上流而制根本，上策也。"中主准其议。十一月，诏以洪州为南都，建隆二年（961）春，徙都洪州（今南昌市），以子李煜留守金陵，自率六军百司溯江向南昌进发。《钓矶立谈》记载伶人李子明的诗云："龙舟悠漾锦帆风，雅称宸游望远空。偏恨皖公山色翠，影斜不入寿杯中。"

李璟自长江湖口进入鄱阳湖，游庐山开先寺、庐山国学（在白鹿洞）后至洪州。群臣以南昌地气潮湿而思归。李璟失望而郁闷，"退朝之暇，北望金陵，恒郁郁不乐"，遂复议东返，同年六月以疾卒于南昌。

宋朝开宝七年（974）九月，宋太祖赵匡胤命令曹彬率领十万大军围攻金陵。次年二月，南唐李后主遣使召神卫军都虞侯、洪州节度使朱令赟援救建康。朱令赟率军十五万屯驻浔阳湖口，与诸将商议说："倘前进而北师反据我后。上江阻隔，退乏粮道，将成为俘虏。"于是写信招南都留守刘克贞代守湖口。刘因病未动身。朱令赟以"长筏大舰率水陆诸军至虎蹲洲"（马令《南唐书》），与曹彬军相遇激战，令赟战死，余众皆溃。宋军在湖口打败了万余名南唐军队，获战船500余艘。十一月，李后主投降。

需要追溯的是，南唐当时的五百多艘船，其中有"长筏大舰"，说明在赣鄱流域具有相当强大的制造大兵船的能力。如在吉州有造船所，由龙泉县（今遂州）采斫枋木供应造船，在南唐时已派专官监督。同治版《龙泉县志》载："旧枋木场：《宋志》：'唐加李孟俊为采斫使，此盖斫伐枋木之所也'"[1]。南唐保大元年（943），在该地置龙泉场，以李孟俊为采斫使知场事，设专营采伐木材的枋木场，采制枋木，供朝廷造船之用。繁忙的木材采伐加工，带动了当地的木材生产。

---

[1] 同治版《龙泉县志》卷二"地理下·古迹"。

宋代

【第六章】

宋代江西区域分属江南西路与江西东路。天禧四年（1020）分江南路为东、西两路，江南西路领10州军，即洪州、虔州、吉州、袁州、抚州、筠州及临江军、建昌军、南安军、兴国军。其中兴国军辖永兴（今阳新）、大冶、通山三县，在今湖北省境内；江南东路领10州军，即江宁府、宣州、徽州、池州、太平州、江州、饶州、信州、南康军、广德军。其中江州、饶州、信州、南康军在后来的江西省区域。

北宋建都于汴京（开封），江南东西两路与中原的联系更为紧密，与政治、经济、文化中心汴京（今开封市）的距离较之唐代的长安拉近了很多。朝廷也势必要在经济、文化方面更倚重江南，联系的纽带主要就是水道。经过南唐时期安定和平环境的教养生息之后，江西又得益于宋开国以来"偃武修文"的国策，文化复兴，人才辈出，使得反映这一方风土的诗文也极为丰富多彩，其中不乏赣鄱水运文化的绚丽。外来文人到江西仕宦、游览或隐居，多是经由水道航行而至，他们也以如椽巨笔写出航行时的所见所感。

两宋之际，金兵南侵，幸赖中兴四大名将韩世忠、张浚、岳飞、刘光世浴血奋战，保住了半壁江山。宋朝廷驻跸在临安（杭州），岳飞一度镇守长江中下游南岸之要冲——江州。其时江南东路与江南西路处于偏安政权版图的中心地带。

第一节　江西区域的水路交通

宋代水路运输发达，河道交阔，水网密布，具有极其优越的条件，同时，水运成本低廉，因此水运成为江西商品的主要运输方式。江南西路的水运交通以鄱阳湖水系为主要架构，鄱阳湖是江西航运的总枢纽区，赣江贯通江西南北，成为江西的主要航道。

以赣江为中轴的抚河、信江、饶河、修水五大水系，呈放射状分布。位于赣江下游的洪州为江南西路的中心都会，"豫章为四通五达之冲"[1]，13州、军的人流、物流，汇聚于此。也从这里走出去，出湖入江，进入中原州县。

元丰二年（1079），曾巩知洪州时所作《洪州东门记》中云："南昌于《禹贡》为扬州之野，于地志为吴分。其部所领八州，其境属于荆闽南粤，方数千里；其田秔稌，其赋粟输于京师，为天下最。在江湖之间，东南一都会也。"[2] 王安石《送程公辟守洪州》诗中对南昌也有具体生动的描绘："拂天高阁朱鸟翔，西山蟠绕鳞鬣苍。下视城堑真金汤，雄楼杰屋郁相望。中户尚有千金藏，漂田种秔出穰穰。沉檀珠犀杂万商，大舟如山起牙樯，输泻交广流荆扬。"南昌城固若金汤，就连中户人家也都蓄有千金。田地种稻多丰产，万商在此交易沉香、檀木、珠玉、犀角等珍品，大船如山一般高大，扬起帆樯，运载货物往返于交趾、广州、荆州、扬州，此诗勾画出雄州雾列、商贸繁荣的气象。

洪州城西南有南浦驿，西北有石头驿。南宋时周必大在《西山录》中写道："十一月乙丑丙寅日，南抵豫章，泊南浦亭，在洪乔门。《职方乘》云：ّ'对岸即洪乔投书渚也'。"[3] 乐雷发《滕王阁下赋》诗中云："越舲蜀艇乱相偎，风饱千帆带雨开。"泊船在滕王阁下。首联写的是眼前所见渡口情景，只见滕王阁下章江边挤满了来自吴越与巴蜀等地的船只。风起来了，船只纷纷升帆出港，帆得大风而鼓涨饱满。当时滕王阁处于渡口附近，见证了航运的繁荣。

吉州位于赣江中游，"户口繁衍，土沃多稼"[4]，所管辖的庐陵、吉水、安福、太和、龙泉、永新、永丰、万安八县，生产粮食丰足。据宋

---

[1] 谢尧仁：《张于湖先生集序》，引自许怀林《江西史稿》，江西高校出版社1998年版，第328页。
[2] 曾巩：《洪州东门记》，见《元丰类稿》卷十九，《文渊阁四库全书》本。
[3] 胡迎建选注《江西古文精华丛书·游记卷》，江西人民出版社1996年版，第40页。
[4] 王象之：《舆地纪胜》卷二十。

代农学家曾安止《禾谱·序》记载：

> 江南俗厚，以农为生。吉居其右，尤殷且勤。漕台岁贡百万斛，调之吉者十常六七……春夏之间，淮甸荆湖，新陈不续，小民艰食，豪商巨贾，水浮陆驱，通此饶而阜彼乏者，不知其几千万亿计。朽腐之逯，实半天下。①

曾安止时代正是北宋社会经济发展全盛时期，吉州位于吉泰盆地，是江西粮食生产的主要区域，江西的漕粮从这里调出一半以上。春夏时，江淮与湖北一带，也常有商船到这里购粮以济其不足。南宋初，李正民《吴运使启》中说："江西诸郡，昔号富饶，庐陵小邦，犹称沃衍。一千里之壤地，粳稻连云；四十万之输将，舳舻蔽水。朝廷倚为根本。"②

抚州临抚水而设治，这里土壤肥沃，又有"陂池川泽之利"，"故水旱螟蛑之灾少，其民乐于耕桑以自足"③。这里也是江南西路有名的富州。王安石说得好："抚之为州，山耕而水莳，牧牛马，用虎豹，为地千里，而民之男女以万数者五六十，地大人众如此。"④

宋初，统治者吸取唐代藩镇强、中央弱而导致多年战乱的教训，除收兵权、削藩镇、集财权之外，还调整行政区划，将唐代"道"改为"路"，路的数量增多，辖区面积相对缩小，各地都增设了州、军、县。江西区域新增三个军。

北宋太平兴国三年（982），星子镇升为县，割柴桑旧地隶之。其后星子知县、孔子第四十四代孙孔宜奏请在星子设军，提出设军的理由是"星子当江湖之会，商贾所集"⑤。朝廷下诏在太平兴国七年（982）设南康军，下辖星子、都昌、建昌（今永修、安义）。都昌在鄱阳湖东岸，原属

---

① 曾安止：《禾谱序》，引自曹树基《禾谱校释》，《中国农史》1985年第3期。
② 李正民：《吴运使启》，载《大隐集》卷五，《文渊阁四库全书》本。
③ 王象之：《舆地纪胜》卷二十九。
④ 王安石：《抚州通判厅见山阁记》，《临川文集》卷八十三，文渊阁《四库全书》本。
⑤ （元）脱脱等：《宋史》卷四三一，列传第一九〇，《儒林一·孔宜》。

江州；建昌县原属洪州。三县正好在鄱阳湖北端的两岸，西北又有庐山为屏障，它的设立，提升了这里作为"南国咽喉，西江锁钥"①地理位置的重要性，有利于控制进出江西的船只，对于商贸流通尤其是漕运安全有着至关重要的作用。其命名来自太宗赵匡义所颁之言："南方之俗，其命在康哉。"

淳化元年（990）正月设置南安军，治大庾县（今大余），从虔州划出大庾、南康、上犹三县归属南安。三县位于赣江上游西支的章水沿线，军治所在地正是章水航道与大庾岭驿道交接处。其目的就是为了集中管控赣江与大庾岭水陆联运的交接地区。

淳化三年（993）在赣中设立临江军，治清江县（今樟树临江镇），辖清江、新淦（今新干）、新喻（今新余）三县。军治在袁河与赣江交汇处，是官民过往与物资运输的集散地。此地物产丰饶，货物运输繁忙，但当时赣江水道的漕运每因"沿江多贼"而备受困扰。有一次捕盗行动遭到反抗，百余名武装盗贼在这里竟与官军公然对阵。临江军建立后，便可以有效管制赣江航运，有利于赣西袁州（今宜春、万载等地）、筠州（今高安、宜丰等地）的征税粮赋的安全转运。

宋初接连建立的南康、南安、临江三军，各自辖区并不大，但所处地理位置非常重要，都是为了增强对赣江—鄱阳湖航道的控制，以保证南北交通大动脉的畅通。岭南贡赋改由赣江—鄱阳湖航运进京，还有福建的茶叶、租赋，也是经由这条航道上输送的，先经信江与抚河分别运达南昌，然后"自洪州渡江，由舒州而至"②开封的。

北宋时期的鄱阳湖，周围有湖口、都昌、鄱阳、余干、进贤、南昌、新建、建昌、德安、星子、德化（今九江柴桑区）十一县。湖体水域广阔，水流平缓，航行方便，湖区周围已有一批重要码头，如德化、湖口控扼江湖交汇之地；都昌、星子扼守湖体北部瓶颈要害；鄱阳湖汇入昌江，是景德镇瓷器、永平监钱币出境的关口；吴城是进出赣江的咽喉，也是修水的入湖港口。这些港口城镇，在航运商贸中发挥了至关重要的

---

① 同治版校点本《星子县志》卷一《疆域》，星子县政协文史委1989年校点印本，第22页。
② （清）徐松：《宋会要辑稿·食货》四十八之十三。

作用。

在江南东路的信江，发源于怀玉山南麓，水流向西，经过玉山、上饶、铅山、弋阳、贵溪、安仁（今余江）、余干、鄱阳等县，流域面积17600平方公里。信江自古以来是江西连接浙、闽两地的交通要道，"闽越"进入中原地区也以船行信江为便捷。铅山场浸铜生产所需生铁的运进，大量优质胆铜的运出，都要船装水运，由信江西流而下。建州北苑贡茶进京，每年照例由崇安（今武夷山市）越过分水关，下铅山河，先北航至河口（今铅山县治），转入信江，左折向西，全程顺水航行至鄱阳湖而去。

以信江和浙江钱塘江为主的水上通道，两江可行船里程达千余里，仅在分水岭处有80余里的陆路，且较低平，在此行船只需转一次陆路即可水运直达。当时江南东路的玉山县与两浙路的常山县是各路货物的重要转运处，玉山有"两江锁匙"之称，舟车辐辏，商旅不绝。

江南东路还有昌江，发源于安徽祁门，流经浮梁、鄱阳县注入饶河。昌江是连接江西与安徽的内河水道，流域较为富庶，祁门所产茶叶、木材和江西东北部的土特产都从昌江水路外运。景德镇瓷器能够行销全国，甚至远销海外，与昌江有着良好的运输条件密不可分。浮梁、婺源、蕲门（祁门）等地茶叶贸易为大宗，因邻近山区，溪涧运输不易，咸平三年（1000）七月二十一日，江南转运副使任中正言："准诏以饶州置场买纳浮梁、婺源、蕲门县茶，不便于民，令臣与三班借职胡澄审行计度。今亲到饶、歙二州茶仓询问逐处民俗，皆言溪滩险恶，艰阻尤甚，愿各复往日茶仓就便输纳。及据浮梁女民李思尧等众状，愿备材木起造仓敖。"[1]从这份奏状可见，在昌江上游若干支流溪滩水运的艰难。

江南西路的抚州、建昌军，辖下诸县的人流、物流，全都汇聚于抚河，顺流北下。抚河源出广昌县血木岭，流经南丰、南城、金溪、临川、进贤、南昌等县，然后分支流入赣江与鄱阳湖，流域面积17000平方公里。抚河承载沿流州县物资出境，也将经由江西入闽的客货运载过

---

[1]（清）徐松：《宋会要辑稿》，第一三六册，"食货"三十，中华书局1957年版，总第5319页。

去，如洪州南昌至杉关（今江西黎川与福建光泽交界处）驿路，大半是走抚河水路。离抚河航道稍远的县，如宜黄县的客货，可乘船沿宜黄河至临川县上顿渡，进入抚河航道，再航行至南昌，而后进入鄱阳湖，顺水北去，沿途经过的港口码头，一个比一个大。

连接江南东路与闽地西北的路线有两条：一条自信江流域的铅山河口镇经分水关，陆行190里，至福建崇安，经建阳、建瓯与建溪相接；另一条是由抚河流域的南城县至福建邵武与闽江支流富屯溪相接，这两条不仅是江南西路与闽地的商业通道，而且是连接江浙与湖广、四川的重要通道，铅山更有"八省通衢"之誉，此地商贾毕至，货物充盈，沿江码头密布，舟楫绕岸，蔚为壮观。

在江南西路的西北，以修河为主航道。修河发源湘、鄂、赣交界的幕阜山脉，河水西来，屈曲东流六百余里，出建昌（今永修）县城一百余里过吴城汇入鄱阳湖，流域面积14700平方公里，承载分宁（今修水）、武宁、德安、建昌等县客货运输。河湖交汇处的吴城码头，舟船蚁聚，客商云集，异常繁忙。

赣江是江西第一大河，由南向北奔流，经虔州、吉州，至洪州以后分支注入鄱阳湖，流域面积80948平方公里，相当于全江西总面积的一半。赣江上游的章水、贡水、桃江、上犹江诸水，在虔州（南宋初改名赣州）城北龟角尾下汇聚而为赣江。每逢东南西三面山区下雨，章、贡诸河水满，待众水流至虔州，赣江便有"清涨"奇观出现，顿时江水汹涌浩瀚，挤入三百里"赣石"，淹没险滩，航行转安。虔州、南安军辖下的百姓，去洪州，进汴京，比较便捷的途径，仍然是乘船航行。赣江出十八滩之后进入吉州万安，便在丘陵和吉泰盆地之中穿行，又有龙泉河、禾水等支流自西来汇。至临江军为下游航道，水深而船大，航道更趋繁忙。

赣江以西，有锦江、袁水两大支流。从北宋开始，袁水即是筠州、袁州所辖高安、上高、新昌（今宜丰）、宜春、分宜、萍乡、万载七县征赋粮食的输出要道。

南宋是一偏安政权，漕运航线有很大的变动。临安作为都城，与湖南、广西乃至四川州县的联系，很大一部分要依赖信江、袁水的航运。进一步提升了东西交通要冲的地位，形成以赣江为轴心、以信江和袁水为横干的大十字形水路网络，东南西三面连接福建、广东、湖南的山间隘道进一步修治畅通，分宁（今修水）、武宁是通往湖北的要冲，婺源、浮梁是通往安徽的要冲。东来的旅行线路是：衢州陆路至玉山，改乘船到信州（今上饶），西航至贵溪、安仁（今余江），由瑞洪入鄱阳湖，西南向航行至吴城，入赣江，溯行至南昌、丰城、清江，再折入袁水西去，经新喻、袁州（宜春）直到芦溪，才弃舟登岸，过萍乡县城西进湖南醴陵，沿渌水至株洲，入湘水，进而连通洞庭湖水系。来往都以水运为主，陆路处于辅助地位。随着桥梁数量增多，道路网络趋于完善，过往更加方便。交通工具以舟船为主，陆行则坐轿或骑马。宋代江南东路与江南西路与周边邻境水陆相间的交通线路还有不少，对于不同水系的商贸往来发挥了重要作用。①

第二节　大庾岭路、赣江、抚河的修治

入宋以后，由于西夏占据河西走廊，通往西亚的陆上交通受阻，对外贸易转到海上，联通中原与岭南的大庾岭路、赣江水运愈显重要。

大庾岭在大余县南10公里处，为赣粤分界岭。嘉祐八年（1063），时任江西提刑权知南安军的蔡挺与其兄、广东转运使蔡抗"相与协议，以砖铺其道"，并在大庾岭的隘口上修建关楼一座，"以分江广之界"。赣江上溯章江水道运输至大余县东山渡，船须泊岸，客货改走陆路越过大庾岭，至岭南浈水改水路。翻越大庾岭的驿道关隘处的关楼有石碑，上刻"梅关"二字，为大余县与广东南雄县交界处，可谓"一关隔断南北天"，前往岭南的官员多取此道。"广南金银、香药、犀象、百货，陆

---

① 参见许怀林著《江西通史·北宋卷》第五章第二节。

运至虔州而后水运"①。岭南的物产越岭可以陆运至赣州转水运，路途稍远；也可以在大余县转水运，更为便利。"请自广、韶江溯流至南雄；由大庾岭步运至南安军，凡三铺，铺给卒三十人；复由水路输送。"② 遥想当年，一批批舟艘蚁聚在南安军渡口，熙熙攘攘，好不热闹。大庾岭路的修治，使南北交通大为改观，它北接章水，下赣江，出长江；南接浈水，下北江，出珠江，把长江和珠江两大水系连接起来，成为宋代一条非常重要的客行与货运通道。

赣州以北至万安段的赣江，有赣石三百里险滩，春夏时雨水多，章水、贡水、桃江等水急涌而来，"十八滩皆平"，便于航船平稳驶过，但也有触礁翻船的危险。至秋冬时水浅滩现，行船不易，往往需要人工拉纤而行。为了安全，还得雇请万安县当地的篙师，他们更熟悉水路与礁石。仁宗时，就任虔州知州的赵抃自赣江上行，有《入赣江闻晓角有作》诗云：

江南历尽佳山水，独赣潺潺三百里。移舟夜泊惶恐滩，画角乌乌晓风起。栖鸥宿鹭四散飞，梦魂惊入渔樵耳。三通迤逦东方明，又是篙工造行矣。横波利石千万层，板绳缚累如山登。夷途终至险且升，自顾忠信平生凭。

拂晓鼓响三通，即开始启程。滩石如利刀层层，舟行时拉纤而前，纤夫以绳缚于身而用力蹬行，艰难状况描绘如现。赵抃乘坐的是官船，设备应是最好的，尚且如此。

正因如此，赵抃在任上，深感"君恩山重若为酬"，而"惶恐滩长从险绝"（《虔州即事》），乃不遗余力组织人力，继唐代路应之后又对赣江上游做了疏治，"凿惶恐滩以上十八滩，以杀水势"，进一步改善了赣江的通航条件。"赣川在昔名难治，钤阁于今幸少休"（《虔州即事》）。

赵抃号清献，衢州人，是个清廉爱民的好官。由于面颜黑，人称"铁面御史"，与当时的包拯齐名。与时任虔州通判的周敦颐为挚友，屡

---

① (元)脱脱等：《宋史》卷一七五，志第一二八，"食货上三·漕运"，中华书局1977年版，第4251页。
② (元)脱脱等：《宋史》卷二六三，《刘蒙正传》，中华书局1977年版，第9101页。

相唱和。《宋史》还记载了他在虔州任上的一项善举："岭外仕者死,多无以为归,抃造舟百艘,移告诸郡曰:'仕宦之家,有不能归者,皆于我乎出。'於是至者相继,悉授以舟,并给其道里费。"[1] 北宋被处分的官员有很多被流放或迁谪到岭南,这缘于太平兴国二年(977)宋太宗有旨:"自今当徙者皆配广南。"[2] 但有不少官吏死于岭南,因缺乏资财,家人无力将其棺运回故里。赵抃在虔州造了上百艘船,并告知各地州府,官宦人家如果回不了故乡,均由他出船只运送,并补贴交通费用。返归途中的困危者如此之多,说明正常往来的士大夫与商旅自然更多了。

与赣江几乎平行而北流的抚河,其干流河段由于河面宽阔,水浅沙多,时常壅塞,不利航行,入冬以后水位更低,只能通行竹筏,不适应水路交通发展的需要,元祐六年(1091),时任江南西路转运使张商英曾组织人力对抚河进行了治理,并"凿汝水(即今抚河上游盱江河段)以通运道"[3]。水流畅通,大大便于行船。

第三节 漕运与其他物产的水运

宋代,江南东西路的农业、手工业生产的昌盛,大庾岭路的开拓,鄱阳湖与五大水系航道的畅通,使得这一区域的商业贸易得到了进一步发展。赣江沿线商贸的繁荣,得益于水运的便捷。宋代的漕运较之唐代更为发达,"漕引江淮,利尽南海"。当时江西区域的水道成为南方的重要漕运路线,洪州、吉州与虔州成为重要的漕运港口城市。北宋朝廷在江南东西路征收的多种赋税、巨额漕粮、钱币等,以及从岭南运往京师去的香料、百货等物,都是通过赣鄱水道航运得以实现的。安排在这一区域的厢军,番号之中以"水军"为多。

自宋以来,将各州、军上交国家粮食按各路以大船舶运往京师汴京

---

[1] (元)脱脱等:《宋史》卷三一六,《赵抃传》,中华书局1977年版,第10322页。
[2] 《续资治通鉴长编》卷十八。
[3] 清光绪版《江西通志》卷六十三"水利"。

（即开封），称为漕运，朝廷设转运使管理漕运事务。唐宋以来，经济重心南移，富庶的江南成为封建政权田赋的主要来源，军队、京城士庶集居地，都要依赖漕粮的供给。正如北宋大臣张方平所说："今日之势，国依兵而立，兵以食为命，食以漕运为本。今仰食于官廪者，不惟三军，至于京城士庶以亿万计，大半待饱于军稍之余，故国家于漕事最急最重。"[1] 可见，漕运在君臣眼中，是最为紧迫、最为重要的立国之本。

其时江南西路转运使负责抚河、赣江以及支流袁水、锦水至鄱阳湖入长江等水路的漕运；江南东路转运使负责信江、昌河至鄱阳湖入长江以及南康军的漕运事务。江西各地每年向京城上交的粮食，被分装在漕船上，一队又一队，浩浩荡荡从水路驶往汴京。岭南的漕粮在越过大庾岭之后便要转运水道，从赣江、鄱阳湖进入长江航道，可以想见这条水道的繁忙。

每年江西区域交运的漕粮数约在一百六十万石。北宋天圣至绍圣年间，三司使沈括记录的江南漕米数量是："发运司岁供京师米以六百万石为额：淮南一百三十万石，江南东路九十九万一千一百，江南西路一百二十万八千九百石，荆湖南路六十五万石，荆湖北路三十五万石，两浙路一百五十万石。通余羡岁入六百二十万石。"[2] 江南东路所辖10州、军中，饶州、信州、江州、南康军是鄱阳湖周边盛产稻米的地方，上供漕粮约占全路的百分之四十，约合四十万石。江南西路漕粮约近121万石，与淮南路、两浙路均高居前列。

南宋偏安后，水运航线有所改变。江西的漕运出鄱阳湖进入长江，自镇江入大运河南段至临安（今杭州）。虽然从信江逆水东行，距离近一些，但要在玉山改从陆路，则非常艰难。吕祖谦曾为之作《石堤记》云："唯南康独处汇津，方天子驻跸吴会，贡赋之输、商贾之运、士大夫之行，鲜不道此，视澳（泊船处）为家。"[3] 说明漕运还是要经鄱阳湖进入

---

[1] 张方平:《论京师军储事》,《乐全集》卷二十三，文渊阁《四库全书》本，第17页。
[2] （宋）沈括:《梦溪笔谈》卷十二《官政二》，岳麓书社2002年版，第95页。
[3] （清）盛元纂，查勇云等点校：同治版《南康府志》"水利"，江西高校出版社2006年版，第107—108页。

长江。

南宋初，吴曾在《能改斋漫录》记载，唐代京城在长安，天宝年间运去250万石，大中年间1407886石，其时藩镇割据，故四方之米运不进长安。"惟本朝东南岁漕米六百石，以此知本朝取米于东南者为多。然以今日计去，诸路共计六百万石，而江西居三之一，则江西所出为尤多。"[1]江西每年要运送二百万石漕粮至京城，超过了唐代大中年间全国的漕粮数，可见征赋之重。

建炎二年（1128）五月二十三日，户部言："江南东路转运司言：本路纲运旧行直达日，每纲用剩下二分私物力胜装载粮斛，依雇客船例支钱，复行转般本路额斛，依专法只至淮南下卸。向缘靖康元年九月二十二日朝旨，不许装载二分私物，以此纲运缴计不行，押纲人皆不愿管押。今欲且令本路纲运依旧例用二分私物力胜揽载年额斛斗，依和雇客船例支给雇钱，更不揽搭客货。如押纲人辄更搭揽私货，即乞朝廷重立法禁。本部勘当，欲依本司所乞，非情愿投状承揽者，不许抑勒；如已揽载额斛力胜外，更载私物因致稽滞者，于本罪各加一等。"[2]朝廷采纳了这一建议。此建言主张严禁漕船搭载客货。当时漕粮运至淮南路下卸，建炎年间，京都在商丘南。

绍兴二十八年（1158）七月三日，代任江南西路计度转运副使李邦献言："奉旨，令臣与李若川将江西路绍兴二十一年至二十六年分已起未到米一百六万四千五百硕疾速催赶前来，并未起七十万五千二百余硕并纲装发，并限半年到行在等处。窃缘江西米运，其弊有五：一则押纲不得其人，二则官纲舟船灭裂，三则水脚縻费不足，四则不曾措置指运远迩，五则卸纲处乞取太重，斗面太高，不除掷飚折耗，所以失陷数多。欲望许召募土豪及子本客人装载，并与依旧例上更许搭带一分私载，于装发米处出给所附行货长引并批上行程赤历，沿路与免商税，即不得留滞纲运。"上述可见江西漕运所产生的一些弊端，如押纲者不可靠，漕船破损，支付的水路运输费不足，路途远近计算不准确，卸粮时收费太

---

[1] 欧阳小桃选注：《江西古文精华丛书·笔记卷》，江西人民出版社1998年版，第177页。
[2] （清）徐松：《宋会要辑稿》，第一四三册，《食货四三》，中华书局1957年版，总第5580页。

重，斗面堆得过高，均造成运输者损失太大。

户部处理意见是："一、乞召募土豪及子本客人装载。今欲许召募有家业及所押物数不曾充公人，亦不曾犯徒刑、非凶恶编管会赦原免之人，当职官审验诣实。其自备人船，每硕三十里支水脚钱三百文省，余计地里纽支。许将一分力券装载私物，与免收税，批上行程，沿路照验。……"[①] 为防投机取巧以及奸猾者，招募运载人选，务求当地豪强与守本分者，须不曾充公者，不曾犯过徒刑者，主管的官员要审查这些人。对于水脚钱计费也有较合理的规定，准许有一分力券搭载一点私物并免收说，其目的是让运载者稍有利可图。

绍兴三十年（1160）十一月三日，守侍御史汪澈奏言："江西岁以筠、袁二州民户苗米令赴临江军输纳，以江道浅狭而装纲非便，缘此官吏恣为侵渔，色目甚多，其数浩瀚。知军坐享公库之丰，而筠、袁之民嗟怨盈于道路。今欲乞令江西漕司与二州守臣相度，或只就本州受纳。若必欲寄敖，即令各州自差官吏专斗受纳，无使临江之人干预。"[②]

筠州与袁州的粮赋要运到临江军交纳，由于水道浅而狭，装运不便，而临江军官吏任意掠取的名目不少，临江知军不管事，只知坐享公库的丰厚，两州的民众极为怨恨。汪澈建议的方法是：由漕司与筠州、袁州知州商议好，就在本州所在地收纳粮食装运上船。如果寄放仓库，可由州官派人以专斗收纳入库，不要让临江军的吏员干预。由此也可见当时漕运的一些细节。

还有一些资料显示了一些运输的细节。乾道元年（1165）十月十三日，执政进呈江东常平司见在钱米数。宋孝宗说："可行下诸路，催促趁时收籴，仍不得骚扰，准备不测，差官前去点检。"孝宗又说："闻江西米价甚平。"洪适上奏说："官司所以不肯承当收籴者，只缘水脚甚有所费。"上曰："用军中车船如何？"洪适奏曰："恐亦可用，容更商议奏陈。"[③] 因为收籴不

---

① （清）徐松：《宋会要辑稿》，第一四三册，《食货四四》，中华书局1957年版，第5585页。
② （清）徐松：《宋会要辑稿》，第一五九册，《食货六八》，中华书局1957年版，第6258页。
③ （清）徐松：《宋会要辑稿》，第一四一册，《食货四〇》，中华书局1957年版，第5529—5667页。

易,水脚费又很高,皇上询问可否用军中的车船来承运。

乾道二年(1166)七月四日,户部言:"江西州郡每岁起发米纲应副江、池、建康、镇江府等处军储,以路远,多因管押使臣及兵梢沿路侵盗,往往少欠数多。又如上江滩碛,舟船阻滞。欲下江西转运司就隆兴府踏逐顺便高阜去处,改造转般都仓一所,官吏令运司就差上流诸州县合发米斛,自受纳之日,便差定本州使臣或见任寄居官计置舟船,每及三千硕或万硕为一纲,支给水脚縻费等钱,先次起发,不必拘定,仍据隆兴府转般仓至交纳处。合用水脚、縻费等钱数附纲起发,趁江水泛涨之时,径押赴转般仓交纳每年所科逐军米,各以三分为率,二分令都统司装载粮船,差拨官兵前去隆兴府摆泊伺候,认数交装,或就近便去处支拨起发。合用水脚、縻费等钱将随纲起到钱,依官纲以地里远近则例支破耗米,其管押官酬赏,亦与依见行条法推赏;余一分令转运司依旧用官纲装发,凡转般仓受纳下米斛才及一纲,专委漕司日下支给水脚、縻费等钱,出给纲解起发前来军前下卸。欲自今年秋成为始。"①

朝廷采纳了这条建议,这是由于江西州、军的漕粮要运至长江一线的池州、建康府、镇江府等处储存,因水路远,押运官吏还要侵吞,遇到滩浅碛多,舟船受阻。因此主张在南昌找一高地建仓库,收纳上流州县应交粮赋。甚至派船前往收纳,支付水运费用,这可以说是便民之举。从这些条陈与批复来看,当时漕运艰难,民众既要交纳沉重的粮赋,还要在运输上历尽千辛万苦,还有地方不法吏员的盘剥。

如遇灾荒,地方官员也派船只到外采购粮食以平粜。淳熙五年(1178)南康军大旱,知军朱熹动用库钱和救济钱收购外来米船粮食;或派公吏乘船去信州、隆兴(南昌)等地收购粮米4.2万石,并要求朝廷颁令,凡受旱州县不得遏粜。还鼓励通商,让外来米船直接卖米给居民。

食盐多产于沿海处,江西不出产。每年经由水运输入江南东西两路约四千万斤。起初江西为淮盐销售区,由于淮盐"卤湿杂恶",每斤价高而分量不足。岭南的广盐便宜,赣南一带百姓往往食用私商贩运的

---

① (清)徐松:《宋会要辑稿》,第143册,《食货》四四,中华书局1957年版,第5587页。

广盐。熙宁年间，官府将淮盐价降下来，"更择壮舟，团为十纲，以使臣部押。后蔡挺以赣江道险，议令盐船三岁一易，仍以盐纯杂增亏为纲官、舟人殿最，盐课遂敷"，盗贩岭南盐之风才停止了，后来仍定每年"运淮盐十二纲至虔州"。然毕竟虔州水运艰险而路途长，淮盐运输不够。至元丰年间，朝廷准许每年在虔州、南安军销售广盐一千万斤，而在洪、吉、筠、袁、抚、临江、建昌、兴国军仍销售淮盐。[①] 兴国军治所在永兴县（今湖北阳新），下辖永兴、通山、大冶三县。宋代属于江南西路。

元丰四年（1081），三司副使寒周辅言："虔州旧卖淮盐六百一十六万余斤，于洪、吉、筠、袁、抚、临江、兴国等州军缺卤出卖外，不害淮盐旧法，而可通广盐。"[②] 淮盐全由漕船载运到江西来，分销于各州县。如此避免了空载，是比较合理的。而由于赣南水运路途远，改销广东盐以后，减轻了运输费用，也减轻了赣江、鄱阳湖水运的压力。

另外，还有饶州永平监（在鄱阳县城东）等地所铸铜钱，北宋初为30万贯，元丰年间为61.5万贯。据《续资治通鉴长编》卷二四，永平监铸30万贯钱，耗材"铜八十五万斤，铅三十六万斤，锡十六万斤"，合计为137万斤，照此折算，铸61.5万贯，应需铜铅锡2807斤。永平监铸钱的主要原料供应地是信州铅山场。铅山场胆铜产量盛时岁额38万斤，"每二千斤为一纲，至信州油口镇用船装发，应付饶州永平监鼓铸"[③]。浸胆铜所需生铁，每二斤四两铁浸得铜一斤，38万斤胆铜共需85万余斤铁。大部分铁由抚州、弋阳等13州县运至永平监，还有的从福建、浙江、安徽、湖南的铁场运来。所以，赵蕃说："冶台岁运江淮湖广之铁，泛彭蠡，溯番水，道香溪而东。"[④] 永平监为之专备料船七纲，共280只。江州广宁监每年铸钱在26万贯左右，按永平监铸钱耗料量计算，应耗铜铅锡118万余斤。这些原料与产品的进出基本上由船运承

[①]（元）脱脱等：《宋史》卷182，第一三五，《食货下》四，中华书局1977年版，第4443页。
[②]（清）徐松：《宋会要辑稿》第一百三十三册，《食货》二四，中华书局1957年版，第5204页。
[③]《宋会要辑稿》《食货》三四之二五。
[④] 赵蕃：《截留纲运记》，载《章泉稿》卷五。香溪，是乐安河中间一河段的别名。

担。北宋时浦城人章谊，就曾任过巡查提点坑冶司和永平监一职。

　　景德镇、抚州等地的瓷器，也要经过信江、饶水、抚河进入鄱阳湖、长江，行销南北各地。宋初在广州设市舶司，后又在明州（宁波）、杭州置司，但海舶辐辏之处仍以广州为首。中国瓷器出口大多从广州搬上海舶。其时景德镇的青白瓷已有广泛的国内外市场，在南宋已有了欧洲市场，有的广东商人到景德镇贩载瓷器运到欧洲。[1] 南宋末，荷兰人来到泉州，在那里贩运景瓷至欧洲。

第四节　泊船港口、码头要津

　　江州港　宋代江州，在南唐末曾经过宋大将曹彬的屠城之后，又逐渐兴盛起来。由于地处长江要道，船舶停靠众多，也带来大量商机。李曾伯，河南沁阳人，南宋淳祐间，累官湖南安抚使。从他的《沁园春·甲辰饯尤木石赴九江帅》一词上阕可略知九江港之规模、商船之众多。"大江之西，康庐之阴，壮哉此州。有舳舻千里，旌旗百万，襟喉上国，屏翰中流。弹压鲸波，指麾虎渡，着此商川万斛舟。青毡旧，看崇诗说礼，缓带轻裘。"

　　秦观乘舟行至九江，有《蝶恋花·泊九江》词云：

　　舟泊浔阳城下住。杳霭昏鸦，点点云边树。九派江分从此去。烟波一望空无际。

　　今夜月明风细细，枫叶芦花，的是凄凉地。不必琵琶能触意。一樽自湿青衫泪。

　　此词明显记载暮晚时舟泊浔阳城下。"九派江分从此去。烟波一望空无际。"扣题目"九江"两字生发，既为阐发九江两字之义，亦写长江

---

[1] 冯和法：《中国陶瓷业之现状及其贸易状况》，转引自江西省轻工业厅陶瓷研究所编：《景德镇陶瓷史稿》，三联书店1959年版，第91页。

浩荡之景。

南康军紫阳堤 在南康军（治星子县）城前湖边。入宋以来，江西、岭南经济进一步发展，朝廷要确保鄱阳湖、赣江航道的安全、漕运的通畅。但浩瀚汪洋的鄱阳湖，一旦大风鼓荡，洪涛扑来，岸崩石落，往来船舶阻风不能前，需要停泊在港内，不受风浪的颠簸。"南康当扬澜、左蠡之冲，波浪之险尤甚"（田琯《紫阳堤记》）。元祐年间，南康知军吴审礼派人"构木为障"。崇宁年间，知军孙乔年改以石建堤，"堤长百五十丈，广三丈，内浚二澳，可容千艘"（田琯《紫阳堤记》）。此堤其实是人工修筑的港湾。古人游览庐山，大多也是经长江入鄱阳湖，至此泊船登岸，此堤保障之功实不可没。

南宋淳熙六年（1179），朱熹知南康军。见旧堤经百年来"风浪冲击，砌石损动，往往多被回运空纲，偷搬压船前去，以致寨内水汊沙土填塞"（朱熹《乞支钱米修筑石堤札子》），向朝廷申请修筑此堤，请下拨修堤工钱，并求告转运判官、提典刑狱，得钱二千贯、米千石。次年冬动工，委派星子知县王文林、南康军司户毛敏董其事，征三县民夫修筑，将旧堤增高三尺，又将闸内淤土运出，浚池引泉以备干旱。以工代赈，既可完成浩大而又艰巨的工程，又能使灾民就役得到粮钱，一举两得。拖着羸弱之躯的朱夫子，面临诸多棘手的政事，疲神苦虑，还常抽空到工地上慰问劳工，"劳苦勤恤者甚众"。"三邑之民欢趋之"，然自山上采制大石条运到湖滨，人工搬抬垒砌，工程量之大，不难想见。

此次扩建增高工程进行了四个月，用工17000多个。以20层石条叠砌而成，堤宽七、八米，长有1里半左右，向外微微凸出，略呈弧形，距湖岸50余丈。湖岸也由石条垒成，稍有倾斜坡度，便于下行。岸与堤之间有宽阔的石桥连接。东端有闸口，自北而来的船只从此处入泊港内；桥之西不远处的石堤也有入口，从南而来的船舶可自此入港避风。堤内面积为2800平方米。这是当时最早、最大的港口石堤，犹如长城抗御滚滚而来的洪涛，构成鄱阳湖的一道风景线。吕祖谦为之作《石堤记》，称赞此堤的坚固："贡赋之输，商贾之运，士大夫之行，鲜不道此，视澳（泊船处）为家。然得澳而入，则同舟之人举首相庆，可以枕柁而甘寝。是堤既成，隐然如乘长城，卧坚壁以拒章邯、佛貍之师。"[1]同时也指出，水运有三大部分，贡赋，主要是漕粮的运输，还有商船、客运。

后人为纪念朱熹的功绩，以其别号称紫阳堤，城门改称紫阳门。

南康军泊船港口的紫阳堤遗址

吴城镇 位于赣江和修水汇合入湖的必经之处，水路要冲，成为商贸往来的集镇。文天祥《题吴城山》诗："龙行人鬼外，神在地天间。彭蠡石砮出，洞庭商舶还。秋风黄鹄阔，春雨白鸥闲。云际青如粟，河流接海山。"可见南宋时这里有来自洞庭湖的商船。吴城在汉代属海昏县，宋太平兴国六年（981）置新建县时此地划入。据《新建县志·望湖亭记》载："稽此地因海昏仓廪之所也。"

在吴城港，如遇大风阻船，往往船家要在此等待好天气，以便一帆风顺地出湖入江。绍兴年间，张孝祥任官抚州，一次途经鄱阳湖时阻风吴城，感慨地吟出："我舡正尔不得去，局促沙岸如凫翁……"（《吴城阻风》）当浪涛汹涌之时，小的舟船是不敢出航的。

在吴城还有始建于晋代的望湖亭。每逢船阻风在此，客人就会来此观望湖水，期待风浪的减弱。这里也是过往文人登眺吟咏之地。

鄱阳港 向来是沟通赣东北昌河、饶河与鄱阳湖、长江，客货运输集散、中转的大港。宋代在鄱阳县城东关设永平监铸造铜钱，为全国四

---

[1] 盛元纂，查勇云等点校：同治版《南康府志·水利》，江西高校出版社2006年版，第107—108页。

监之一。铸钱与用于冶炼的燃料均出入于鄱阳港，漕粮中转集散更是鄱阳港口的吞吐大项。两宋时期，鄱阳港每年有漕船700艘左右出入。

第五节 水神崇拜

石固神 赣江上游由于滩浅石多，行船不便，甚至因缺水而无法通行，船主每向石固神祈求，渴望有清涨出现，即"无雨而涨"，以顺利通过赣石之险。古有石固王庙，石固神受到五代杨吴以来统治者的册封并授予匾额。南宋王象之说："赣石之险闻于天下，六月舟行，每病乏水，嘉济庙神能使水清长，谓无雨水增，清澈一色，土人名为清涨。昔太守之贤如周延隽、赵清献皆以六月解郡，水落不能行，乞灵于神坐间，水辄生数尺。绍圣间曾阜以六月罢守，祷神求助，越三日水暴涨，十八滩皆平，阜因纪其事揭壁间。"[1] 不仅直接言明石固神能够使水清涨，而且举了三件事例以增加可信度，其中曾阜还在石壁上将其祈祷神灵得到清涨的事情记载下来。明代宋濂在《赣州圣济庙灵迹碑》中记载："吴杨溥时，以神能御灾捍患，有合祭法，署为昭灵王。宋五封至崇惠显庆昭烈忠佑王，赐庙额曰'嘉济'。后又名嘉济庙，在虔州（赣州）城郊。宋嘉祐八年，赵忭报政而归，适遘焉，亟徼灵于庙，水清涨者八尺。"[2] 官员如赵清献（即赵忭）、曾阜等乘船遇水浅，也到庙里祈祷水涨，得以顺利通行。有的文人为石固神作有碑文。如宋代洪适《嘉济庙碑》、文天祥《赣州重修嘉济庙记》。

嘉济庙又名显庆庙。方勺《泊宅编》中云："赣石数百里之险，天下所共闻。若雨少溪浅，则舟舫皆舣以待，有留数月者。虔州水东有显庆庙甚灵，或至诚祷之，则一夕为涨水数尺，送舟出石。故无雨而涨，士人谓之清涨。前此，士大夫有祷辄应，刻石以识于庙庭者甚多。东坡北归，行次清都观，有'自笑劳生消底物，半篙清涨百滩空'之句。"从

---

[1] 王象之：《舆地纪胜》卷三三《赣州》，中华书局1992年版，第1432页。
[2] 宋濂：《宋濂全集》，人民文学出版社2014年版，第1060页。

"刻石以识于庙庭者甚多"句可见当时祈祷的人数众多。吴杰华对此颇有研究，他说：

> 古人对清涨的描述不少，如"所需一雨添清涨，送我归舟返故林"（赵蕃《晓登快阁》），"结客去登楼，谁系兰舟，半篙清涨雨初收"（尚希尹《浪淘沙》）等。而赣水清涨似乎更为特殊，属于"俗谓无雨而水自盈也"。在赣水缺水、赣石裸露的情况下，这种无雨之清涨对于赣水通行来说犹如雪中送炭。……石固神本是赣州地区的本土信仰，但在"赣水——大庾岭干道"繁荣的大格局下，石固神借助清涨这一自然因素与赣水通行这一契机，上升为全国性的神祇。[1]

龙王庙　鄱阳湖是江西航运的总枢纽，众水汇集，航道四通八达，水深面阔，而风大浪急，船帆穿行波涛之上，处于翻覆溺水危险之中。于是船主或祈求神灵保佑，或泊船于港口候风。在第二章中我们谈到了宫亭庙中的水神，这里再说说龙王庙。

沈括《梦溪笔谈·神异》记载，传说彭蠡湖（鄱阳湖）有神蛇称彭蠡小龙，船家以洁器荐之，则蛇伏舟中，船乘便风日行数百里而无波涛之恐。后有司以状奏报皇上，大中祥符六年（1013）诏封为"顺济王"，寓有乘风顺利平安之意，在此立庙，累加号"灵顺、昭应、安济"。龙王已成为经吴城出入鄱阳湖行船保护神之一。

北宋时，吴城已建有顺济龙王庙。往返停靠的船只众多，来此求神保佑，香火旺盛，供品丰足。有了龙王庙的管理权，也就有了财源。南昌的隆兴府衙门定出钱额，让人去承包经营。乾道六年（1170）五月初一，周必大来到吴城码头，拜谒顺济龙王庙，庙中的"祝史云：买扑三年为界，每年四百千，省纳隆兴公库"[2]。承包者所得收入，每年四百千交公库之外就是自己所得了。

赣江北支入鄱阳湖航道上的樵舍（新建县境内）也建有龙王庙。"龙

---

[1] 吴杰华：《唐开大庾岭路、赣水交通与石固神信仰》，《江西社会科学》2016年第6期。
[2] 周必大《奏事录》，《文忠集》卷一七〇。

王本庙在樵舍，乃洪州、南康军之间，规模不甚壮丽，而遗构最古。士大夫及商旅过者，无不杀牲以祭，大者羊豕，小者鸡鹅，殆无虚日。"①樵舍龙王庙是"本庙"，建造历史悠久，说明这里是南来北往的关津。樵舍今属新建县，现有铭文砖出土，其铭文与宋人的记述相互参证。砖铭为："宋洪州樵舍镇威济善利王庙砖。"龙王徽号曰"威济善利"，说明人们渴望龙王显威以镇江浪，保佑航行顺利。

在庐山之南，宫亭庙处，也是水神所在处，宋代流传下来的神奇故事不少。如宋荦《筠廊偶笔》中记载：

宋仁宗时，欧阳修刻泷冈阡表碑，雇舟载回，至鄱湖，泊庐山之下。是夜，一叟同五人至舟中，揖而言曰："闻公文章盖世，水府愿借一观，请碑入水。"遂不见。惟阴风怒号，淡月映空。修惊悼不已，坐以待旦。黎明，传谕泰和令黄庭坚为文檄海神，投湖中。忽空中语云："吾乃天丁也，押服骊龙往而送至永丰沙溪，敕赐文儒读书堂之南龙泉坑而交也。"文忠归家扫墓，但见坑中云雾蒙蔽，虹光烁空。往视，一大龟负碑而出，倏忽不见，惟碑上龙涎宛然在焉，乃起置于崇国公墓前。②

欧阳修雇船运泷冈阡表碑回故里，至宫亭庙前，竟被六位水府中的神人要求将碑沉入水中。受惊而无奈的欧阳修，只好请黄庭坚檄文告知海神，海神派来天丁，押服骊龙负载此碑至欧阳修故里龙泉坑。欧阳修到家扫墓，居然看见大神龟驮着碑从龙泉坑出来，上面还有龙涎。

绍圣三年（1096）八月，被削职南迁郴州的秦观，乘船经过庐山南面的宫亭庙下停泊。僧慧洪《冷斋夜话》中记载了他的神奇故事：

少游南迁时，舟宿宫亭庙下，见湖月光彩特异，因忆昔在西湖云老惜竹轩所见景色，与此不殊。其夜，梦美人自称维摩散花天女，以维摩

---

① （宋）方勺《泊宅编》卷中。
② （清）李成谋、丁义方撰，徐蕢磐、刘文政校注：《石钟山志》卷七《轶事》，江西人民出版社1996年版，第90页。

像求赞。少游爱其画,谓非吴道子不能作。天女戏赠诗曰:"不知水宿分风浦,何似秋眠惜竹轩。闻道文章妙天下,庐山相对可无言。"少游赞曰:"竺仪华梦,瘴面囚首。口虽不言,十分似九。应笑荫覆大千,作狮子吼;不如博取妙相,似陶家手。"既寤,尝自书之。其遗迹后落雷州天宁寺。①

宫亭庙在星子县城东北,鄱阳湖西岸。郦道元《水经注》载:"南岭即彭蠡泽西天子鄣也,峰磴险峻,人迹罕及……山下又有神庙,号曰宫亭庙,故彭湖亦有宫亭之称焉。山庙甚神,能分风、擘流、住舟,遣使行旅之人,过必敬祀而后得去。故曹毗咏云:'分风为贰,擘流为两。'"②"湖上有宫亭庙……宋景德中敕著祀典,世传其神为青洪君"(《桑纪》、《庐山小志》引《筇竹杖》)③。

秦观夜宿宫亭湖滨,月光与波光上下辉映。因而回忆起曾在杭州西湖惜竹轩所见景色,颇为相同。梦中巧遇美人,且是维摩散花天女手持维摩画像,此画像惟妙惟肖,故秦观以为除非是唐代吴道子所画,否则无此妙笔,故不敢贸然题诗。但天女故意以诗激之,戏赠诗曰:"不知水宿分风浦,何似(一作异)秋眠惜竹轩。闻道文章妙天下,庐山相对可无言。"前二句是说,秦观您不知这里的停宿处是分风浦,还以为是在西湖边的惜竹轩。秦观受此一激,于是题写了这段晦涩有如谜语般难猜的骈体文。

"竺仪"即天竺九仪的简语,据《大唐西域记》卷二所载,乃印度古代九种致敬礼法。即发言慰问、俯首示敬、举手高揖、合掌平拱、屈膝、长跪、手膝踞地、五轮俱屈、五体投地。看来秦观以此语向维摩天女致以敬意。华梦即华胥梦。"瘴面囚首",乃秦观自挈其迁谪落魄之状,头发蓬乱,形同囚犯。"口虽不言,十分似九。"乃言他对维摩天女虽未说什么,但已明白其十分其九之意。"应笑荫覆大千,作狮子吼。"此句是说,应笑看大千世界都在佛家遮盖下,为众生说法。"荫覆"见于《西

---

① 吴宗慈:《庐山志》内篇(山南类)目之三十,江西人民出版社1996年版,第637页。
② 郦道元:《水经注·庐江水》卷三十九,岳麓书社1995年版,第577页。
③ 吴宗慈:《庐山志》目之十七"山南第四路",江西人民出版社1996年版,第313页。

京杂记》卷三:"五柞宫有五柞树,皆连三抱,上枝荫覆数十亩。"佛语有"狮子吼",《如来狮子吼经》云:"佛陀说法如狮子王之咆吼,能听闻者,皆具有大善根功德。因佛陀说法能灭一切戏论,于一切外道邪见无所畏惧。"

又《录异传》记载:宋哲宗时,庐陵欧阳明跟从贾客取道往彭蠡湖,常以舟中的物品投掷湖中。后来忽然有一人来请他去一处,说:"是青洪君召唤他。"欧阳明甚为害怕。这位吏卒说:"没有什么害怕的,青洪君为君前后有礼仪所感动,所以要邀请君去。君不要要求什么物品,唯独要求取如愿而已。"这位吏卒引导欧阳明到了一宫府,见到了青洪君,只是求得如愿。吏卒对欧阳明说:"如愿是青洪君的婢女。"欧阳明携带如愿回家,数十年后发了大财。

第六节　江西造船业的大发展

宋代社会稳定,经济繁荣,物产丰富,各地之间的水运往来更加频繁,航道畅通,漕运量大,各路客商贸易繁忙,对舟船的需求迫切,造船业随之大发展。"江西上游,木工所萃,置立船场,其来久矣。"江西处于漕运枢纽位置,洪州(南昌)、江州(九江)、吉州(吉安)、虔州(赣州)等地,在当时都设有造船场。官府严格监制河道运输和造船场所,每个造船场派两名监官督查,分拨兵卒200人进行劳作。"立定格例,日成一舟,率以为常",船载重量一般为500料,最多不超过700料,一料相当于一石。

天禧末年(1021),江南及西北诸州共造2916艘,其中虔州605,吉州525,合计1130艘,占总数38.8%,居诸路第一位。其余分别由明、婺、温、台、楚、潭、鼎、嘉八州及凤翔府斜谷船场制造[①]。虔州水路可沟通闽、粤两省,吉州在赣江中游的枢纽地带,这两地的造船业规模都极其巨大,尤其是吉州,境内江河多,造船业的规模可追广州、泉州、明州(今

---

① (元)马端临:《文献通考》卷二五"国用考·漕运"。

宁波)、杭州等地。分派任务与需要运输的货物、造船能力成正比。

仁宗时期，"三司相度，省司勘会"的结论是："逐年般运斛斗、钱、帛、杂物，全藉虔、洪州打造舟船应付。"①这里说"全藉虔、洪州"，是概指江西各船场在内的。所制舟船主要是运粮船(漕船)，同时有平底船、暖船、小料船等船只。政和四年(1114)九月，因平底船缺少，朝廷下令"两浙路转运司各打造三百料三百只，江南东西、荆湖南北路转运司各打造五百料三百只"。②

南宋初年，南北对峙，战事紧张，需用舟船更加紧迫。建炎二年(1129)六月五日，发运副使吕源上奏称："近于江、湖四路沿流州县打造粮船一千只。"江南东路、江南西路、荆湖南路、荆湖北路的沿江河边共约20余州县，包括虔、吉、潭、衡四州船场在内，共需打造的船只，包括两年来拖欠的数额，合计2767只。

绍兴三年(1133)十二月二十七日，中书门下省言："江南西路安抚制置大使赵鼎奏：本路边临大江，控扼千里，打造战船二百支，般载钱粮船一百支，工费不下十余万贯。乞就吉州榷货务支降见钱一十万贯。"诏令吉州榷货务支降见钱二万贯，依数打造般载钱粮船，仍开具料例及合用的确钱数，申尚书省。其战船须送枢密院验收。③

绍兴三十年(1160)，几乎以"日成一舟"的速度造船。此年八月二日，有臣僚上奏言："窃惟漕运所用，莫急于舟，江东诸郡皆雇客船，江西则于洪、吉、赣三州官置造船场，每场差监官二员、工后兵卒二百人，立定格例，日成一舟，率以为常。运司募押纲使臣，悉由关节。访闻一纲例行赂七百缗始得之，皆胥吏辈为奸也。且以江东与江西事体相类，但江西运米稍多耳。江东每纲给水脚、縻费钱，付之押纲官，令自雇客舟及水手以往。客人爱护其舟，亟去亟还，不肯留滞；独江西拨船发卒，一切仰给于官，较之江东雇舟，大不相侔。乞委江西帅臣或提举

---

① (清)徐松：《宋会辑稿》"食货"五十之二。
② (清)徐松：《宋会要辑稿》"食货"五十之八。
③ (清)徐松：《宋会要辑稿》，第141册，"食货"四〇，中华书局1957年版，总第5518页。

常平司同吉、赣州守臣公共相度造舟与雇舟利害以闻，别赐裁酌。"①

绍兴中期以后，宋金对峙局面趋于稳定，朝廷规定赣州、吉州船场每年定额造各500艘。"吉州一岁运米三十七万余石，合用五百料船六百余艘"，吉州船场所造漕船应付吉州漕运不够用，只有征用民间所造船补充。乾道五年（1169）九月二十七日下令，从此年开始，吉、赣两船场每年各减免100艘，即造400艘。

江西造船业有先进的技术，造的船体高大，结构坚固合理，行船工具完善，装修华美。当时官营造船场的主要造纲船（漕船）、战船、马船（运兵船）等几大类。北宋时期以纲船为主，南宋时朝廷在临安，运河漕运额锐减，纲船产量有所下降，但因江防、海防任务突出，战船、马船的质量和产量都有所提高。淳熙六年（1179），马定远在江西指挥制造马船100艘。制造马船时，暗中装有女墙（即防御敌人进攻的矮墙）、轮桨，可以拆卸，平时作渡船使用，猝遇战事则可以改装为战船。由此可见宋代江西造船设计之灵巧、技术之先进。

再是制造官员用的客船，此类船虽不算大，但配置较好。还制造各种大型商船，当时江西的瓷器、茶叶也是商人们的重要货源，必须依靠载重量大的船舶来运载。张孝祥诗云："北来大舸气势雄，车帆打鼓声薜薜"（《吴城阻风》），大概就是这样的商船。并且在有的大商船与官船上，配置有鼓乐。

宋代船头小，尖底呈"V"字形，便于破浪前进；身扁宽，体高大，吃水深，受到横向狂风袭击仍很稳定；结构坚固，船体有密封隔舱，加强了安全性；底板和舷侧板分别采用两重或三重大板结构；船上多樯多帆，便于利用多面风；大船上均设有小船，遇紧急情况可用于救生、抢险；每只船上都有大小两个锚及探水设备。开始使用指南针进行导航，开辟了航海史的新时代，从而在一定程度上推动了航海事业的发展。

当时江西造船、修船已开始使用船坞，运用滑道下水的方法。

宋初李昉所撰《太平广记》载："豫章诸县，尽出良材。"在当时江南东路、江南西路都盛产木材，如"楠材，今江南等路造船场皆此木也，

---

① (清) 徐松：《宋会要辑稿》，第143册"食货"四四，中华书局1957年版，总第5586页。

缘木性坚善居水"[1]。

官营造船场的造船木料向附近出产木材的州县摊派份额。如吉州造船所需枋木主要来自袁州以及本州的永新、龙泉（今遂川）等地，由官方出本钱购买，商贾承揽贩运至吉州。因所需木料数量极大，大大促进了永新、龙泉等地的木料加工生产。造船由官府出本钱，商客承揽。但船场监临官往往克扣采买枋木的本钱，侵耗工料，使用低劣木材，制作不合规格的舟船。这些弊端越积越多，致使漕船质量低劣。天圣四年（1026）七月，江南西路转运司奏言："吉州永新、龙泉两县所买造船枋木，每贯五克下陌子钱六十五文，更依例克下头底钱四文，共除六十九文，是致商客亏本，少人兴贩。"[2] 按此可知当时购料价格与商人亏本的困难。

乾道元年（1165）八月二十五日，江南西路转运判官朱商卿、史正志奏报："赣、吉州船场每岁额管场船五百艘，近岁所造粮船殊极简蔑，皆造船官吏通为奸弊。"因转运司离船场远，难以检察，于是建议两船场监官各由二员减为一员，再是将赣州一所造船场迁往南昌，便于转运司的督查，造好后投入使用方便。"赣州造船多阻于滩碛，今乞移赣州一所就隆兴府制场打造，本司朝夕可以稽察"。[3] 这两条建议都得到批准。[4]

龙泉县森林资源丰富，在南唐开始采斫为造船之材。宋代"置县之后，采斫之名虽废，而贡枋木尚仍其旧，岁输本州造船，以税务监官领之。宋治平中，始令民纳钱于官，官自市木"[5]。伐木场升格为县，伐木输官仍是此县的重要贡赋。英宗治平年间，将输木改为纳钱，由官家购木材，更为便利。

---

[1] (宋) 寇宗奭:《本草衍义》卷十五。
[2] (清) 徐松:《宋会要辑稿》五十之二《食货》，中华书局1957年版。
[3] (清) 徐松:《宋会要辑稿》五〇《食货》，中华书局1957年版，第145册，总第5666、5667页。
[4] 以上参见许怀林著《江西通史·南宋卷》第6章。
[5] 同治版《龙泉县志》卷二"地理下·古迹"。

第七节　波及鄱阳湖、赣江的战事

北宋社会基本上是安定的。靖康之乱后，南宋偏安政权立足尚未稳之时，建炎三年（1129）秋，隆祐皇太后自建康（今南京）乘御舟上溯长江入鄱阳湖。至星子城南落星墩附近遇风暴，船大多倾覆，溺死宫女无数，惟太后舟船无虞。太后御舟至南昌，又逃往吉州。金兵自大冶县渡长江改陆路直趋南昌。权知州事李积中以城降。金兵又快追上。太后乘船离开吉州，至争米市。"金人遣兵追御舟，有见金人于市，乃解维（缆绳）夜行，质明，至太和县。"护送的兵马万人皆溃，"乘舆服御物皆弃之"。"内藏库南廊金帛，为盗所攘，计直数百万，宫人失一百六十人。"[①] 金人追至太和县，太后乃从万安舍舟船而走陆路至虔州（后改名赣州）避难。

自建炎元年（1127）始，宋将李成叛乱，占据庐山，星子城一带惨遭兵燹。绍兴元年（1131）正月，李成占据江淮一带，派手下悍将马进攻陷江州及湖口。江东安抚使吕颐浩遣部将解围失利，朝廷调王燮率万人策应，吕军大振，复进军左蠡。

李成闻马进战败，亲自率军来江州。马进在筠州。江淮招讨使张俊率军至洪州南昌，两军相持一个多月未动兵。马进以大书文牒派使者来索战。张俊仔细回答，示怯以骄敌军。又命令神武前军统制王燮在赣江中检阅水军。敌军势力正强盛之时，认为张俊怯战。张俊派去的侦察人员得知敌军稍为懈怠，于是商议派遣诸将分道击敌。中部统制官杨沂中说："兵分则力弱。"通泰镇抚使岳飞请作先锋。杨沂中由上流截拦生米渡，出敌不意，挫其锋，击破敌军，乘胜追赶。比敌军还要早一日到达筠州。马进领军在筠河（锦江）对岸布阵，先据要地。杨沂中报告张俊说："彼众我寡，应当以骑兵取胜。希望让我率一支骑军，公率步兵当其前。"张俊派杨沂中率数千骑兵，与神武后军统制陈思恭分为两道，同出山后，己率步军正面出击，敌军大败而逃。收复筠州、临江军。马进逃窜南康军，与统制官巨师古战，失利，再逃至江州，与李成相会，张

---

① （清）毕沅：《续资治通鉴》卷一百六《宋纪》，中华书局1957年版，第6册，第2804页。

俊整军追之，李成渡长江逃回蕲州。[1]

南宋德祐元年（1275）春正月，元军渡长江攻取江州，入鄱阳湖，攻破饶州，知州唐震殉难，通判万道同投降。危难之时，已致仕的原参知政事江万里"赴止水死，其左右与子镐相继投池中，积尸如山"[2]。未久，元军攻陷临江军，江南东西路危殆，赣州知州文天祥奉诏勤王。

宋亡后，江万里弟子刘辰翁潜行至星子县，渡鄱阳湖至饶州，将其骸骨运回都昌故里安葬。

第八节　文人笔下的行船情景

文人因鄱阳湖赣江水道之壮阔或艰险而激发诗兴，为诗增添色彩与情趣，从而为水运文化增添了无比奇瑰的亮色。

古代官员乘船出行是如何的情景呢？江西临川人王安石《送程公辟传守洪州》诗中有生动的描绘："画船插帜摇秋光，鸣铙传鼓水洋洋。豫章太守吴郡郎，行指斗牛先过乡。"官船上画有彩绘漆，插有旗帜，配置铙钹锣鼓，出行时旗帜飘舞，击打铙鼓以震鸣，大壮声威。前往洪州，要经过鄱阳湖、赣江。左蠡、扬澜一带水域极为险要："九江左投贡与章，扬澜吹漂浩无旁。老蛟戏水风助狂，盘涡忽坼千丈强。"风狂浪猛，恐怕是有老蛟龙在此戏水，漩涡崩裂，只怕程公也担心危险而悲慨泪沾衣裳。真不愧是雄才卓笔，又有诗写到鄱阳湖的汪洋浩瀚："茫茫彭蠡杳无地，白浪春风湿无际。东西捩舵万舟回，千岁老蛟时出戏。少年轻事镇南来，水怒如山帆正开。中流蜿蜒见脊尾，观者胆堕予方咍。"（《彭蠡湖》）水天茫茫无际，风翻白浪，万舟转舵，何其壮观，然见此龙脊尾之戏水，恐怕也吓破了胆。

鄱阳湖洪涛拍天，浩瀚壮阔。乘船其间，天光湖色，真乃赏心乐事。正如赵忭诗云："长波万顷阔，大舸一帆轻"（《彭蠡湖》），大船行进

---

[1] （清）毕沅：《续资治通鉴》卷一百六《宋纪一百六》，中华书局1957年版，第6册，第2881页。
[2] （清）毕沅：《续资治通鉴》卷一百六《宋纪一百六》，中华书局1957年版，第6册，第4943页。

过程中所见空阔而恢诡。一帆风顺，觉得异常轻快。章谊，字宜叟，建州浦城（今属福建）人，任巡查提点坑冶司和饶州永平监时，曾有《夜过鄱阳湖三首》云：

风驱残暑月侵衣，仙客乘槎八月归。万顷平湖波不动，夜深鸣橹渡如飞。

平湖闻说浪如山，今夜扁舟自在还。天象水光俱一色，此身安渡斗牛间。

鄱阳湖面三百里，草树云山望里无。月夜扁舟讶何许，一天星汉近相趋。

鄱阳湖行船遇大风浪则极为危险。曲江人余靖《彭蠡湖》诗中云："飓风生海隅，馀力千里嘘。万窍争怒号，惊涛得狂势。奔雷鸣大车，连彭声初厉。孤舟一叶轻，飘如斾在缀……直待浮云收，乾坤廓然霁。湖光万里平，波色连天翠。"风来声怒，惊涛因风而猛，舟如一斾飘荡空中，随时有倾覆之危。然一旦云散风息，转危为安，心灵也历经紧张、畏惧而归于平静。

风浪极大，往往需要停泊，等待风停浪小。南康军城前有港堤，是泊船之处。徐似道，浙江黄岩县人。嘉定二年（1209）任江西提刑。有《浪淘沙·夜泊庐山》："风紧浪淘生，蛟吼鼍鸣。家人睡着怕人惊。只有一翁扪虱坐，依约三更。雪又打残灯。欲暗还明。有谁知我此时情。独对梅花倾一盏，还又诗成。"正是船中深夜寂寞难以入眠的感受。

鄱阳湖东岸左蠡，西岸扬澜，收束成瓶颈状，古名罂子口。此地浪急风大，欧阳修诗云："是为扬澜左蠡兮，洪涛巨浪日夕相舂撞。"（《庐山高》）行舟至此，不仅艰于行进，且每有生命之虞。鄱阳人彭汝砺诗云："路入扬澜险，心魂独悯然。秋风浪飞屋，春雨水涨天。一叶渔翁艇，千钧客子船。相争蜗角利，平地看深渊。"（《过扬澜湖》）以水深有险而联想到人世社会为蜗角而争太不值得。李纲诗云："烟收云敛望不尽，眼界始知天宇宽。世传扬澜并左蠡，无风白浪如山起"（《彭蠡》）。无风也有三尺浪。

在鄱阳湖西南的吴城，是赣江与修水双汇入湖口。张孝祥，号于湖

居士,历阳乌江人。绍兴年间曾知抚州。过鄱阳湖时所作《吴城阻风》诗云:

吴城山头三日风,白浪如屋云埋空。北来大舸气势雄,车帆打鼓声萃萃。我船正尔不得去,侷促沙岸如凫翁。长年三老屡弹指,六月何曾北风起。由来官侬多龌龊,世不汝谐神亦耳。我愧此言呼使前,顺风逆风皆偶然。……

六月本应起南风,却起了大北风,一连刮了三天,白浪高过屋。张孝祥阻风于吴城,他所乘的船小如老鸭,局促于沙岸,但北来的大船却不惧高浪,打鼓行进,声音洪亮。

又有张元干,字仲宗,福建长乐人,向子諲之甥。曾为李纲行营属官,有《满江红·自豫章阻风吴城山作》一词曰:

春水迷天,桃花浪、几番风恶。云乍起、远山遮尽,晚风还作。绿卷芳洲生杜若。数帆带雨烟中落。傍向来、沙嘴共停桡,伤飘泊。

寒犹在,衾偏薄。肠欲断,愁难著。倚篷窗无寐,引杯孤酌。寒食清明都过却。最怜轻负年时约。想小楼、终日望归舟,人如削。

乘船自南昌出发,下赣江过鄱阳湖,遇晚风挟雨而来,数只船无奈而纷纷停泊于吴城。倚篷窗独酌,愁苦难言,此时想见家人思念而愈加消瘦。

乾道二年(1166)七月,陆游调任隆兴府通判,自长江入湖口,又至南康军(星子)停泊一晚。次日冒风行驶到了吴城,作有《夜闻松声有感》诗云:

清晨放船落星石,大风吹帆如箭激。回头已失庐山云,却上吴城观落日。夜深龙归擘祠门,入木数寸留爪痕。明朝就视心尚慄,腥风卷地雷霆奔。归船买酒持自慰,性命平生惊屡戏。固知神怒有定时,波纹蹙作鱼鳞细。如今衰病卧林坰,霜覆茅檐月满庭。松声惊破三更梦,犹作当时风浪听。

诗后自注云："余丙戌七月自京口移官豫章，冒风涛自星子解舟，不半日至吴城山小龙庙。"陆游在清晨从星子出发，正是夏日，南风大作，逆风难以前进，至吴城观落日，足见费了一天时间。在吴城过夜，到小镇上买酒以寻安慰。因大风易翻船，感叹"性命平生惊屡戏"，然神怒终有定时，终于风浪停息，"波纹蹙作鱼鳞细"。月夜听到松声，仿佛仍是风浪翻腾声，然心有余悸。

鄱阳湖南端有邬子寨，从此可乘船往信江或抚河。王象之《舆地纪胜》"隆兴府"载："彭蠡湖在进贤县（东北）一百二十里，接南康、饶州及本府三州之境，弥茫浩渺，与天无际"；又曰："邬子寨在进贤县东北一百二十里。徐俯（1074—1140）有《邬子值风雨》诗云：'重湖浪正起，支川舟不行。急雨夜卧听，颠风昼夜惊。'"均可说明邬子寨是宋代鄱阳湖南端的转运处，从此可入信江或抚河。与邬子寨隔余干水相望的瑞洪镇，是其时"闽越百货所经"的重要港口。

鄱江 福建崇安人刘子翚，有《同汪正夫、行夫望鄱江》诗云：

夜梦鄱江清，晓踏鄱阳县。云涛著眼新，还疑梦中见。
寒声彭蠡合，冻色庐峰现。时方冬气深，水缩川原变。
连沙突堆阜，派港分组练。萧萧蓬鬓风，瑟瑟葭丛霰。
奇观信幽绝，领略殊未遍。何当烟艇高，载我行镜面。
二难今胜流，爱客移清燕。饮酣生泰和，语妙融交战。
衰迟百不堪，一快天与便。回笻晚霁中，路压沧浪转。
波光似留人，随裾荡华绚。

在饶河口则庐山在望。冬天鄱阳湖水缩退，沙堆连绵，老港数支如组练。寒风吹拂，蒹葭瑟瑟颤抖。写景极为逼真。随行者汪正夫即汪若容（1107—1161），字正夫，安徽歙县人，尝知洪州。行夫即汪若思，字行夫，正夫弟。诗中二难美称汪氏兄弟，化自《世说新语·德行》陈寔评其二子语："元方难为兄，季方难为弟。"

赣江中游 朱熹曾有诗咏及。乾道三年（1167）十一月冬，隐居武夷山的大理学家朱熹携林择之往长沙访张栻。次年二月与林择之、范伯崇归闽。大约是因宜春一带的河水浅，陆路行至新渝（今新余）才改水路行袁江，转入赣江，赋《舟中晚赋》诗云：

> 长风一万里，披豁暮云空。极浦三年梦，扁舟两子同。
> 离离浮远树，杳杳没孤鸿。若问明朝事，西山晻霭中。

首联"长风"句何其快意，"披豁"即开豁，言风吹云开。"暮"点诗题"晚"字。颈联转写岸景，远树稀疏若浮，孤鸿杳杳，没于天际。

还有《舟中见新月、伯崇、择之二友皆已醉卧，以此戏之》一诗写赣江月夜行舟之景，也别具情韵：

> 舟中见新月，烟浪不胜寒。与问醉眠客，岂知行路难。
> 残阳犹水面，孤雁更云端。篷底今宵意，天边芳岁阑。

新月初露，风浪增寒。次联询问同行者，知否此行早晚兼程之难。傍晚，西下的残日犹在水面未落，天上的孤雁更盘旋在云端上。"新月""烟浪""残阳""孤雁"均凄迷意象，构成月夜行舟的寥落意境，情寓景中。洪力行说："此因岁聿云暮，忽见新月，益不胜客途之感也。五六景中有情，杜诗写初月之微曰：'河汉不改色。'此诗写新月之景，曰：'残阳犹水面。'总以不写写也。"[①]

朱熹行舟至丰城，还有两首七绝。其一《经赤冈回望远山》云：

> 晓起清江弄小舟，晚风吹过赤冈头。
> 远峰自作修眉敛，万里那知客子愁。

说明晚上泊舟，晓起即行，所乘船并不大。又《次林择之韵》云：

> 万里烟波一叶舟，三年已是两经游。

---

① 洪力行：《朱子可闻诗集》卷三。

>今朝又过丰城县，依旧长江直北流。

此长江指的是赣江，赣江正是向北而流。

赣江十八滩 无论是江西本土诗人还是外地诗人经过赣江中上游，赣江十八滩的艰险航道都会为或做官或游历或迁谪者留下难忘的印象。嘉祐四年（1059），欧阳修作有《盆池》诗云："西江之水何悠哉，经历濑石险且回。馀波拗怒犹涵澹，奔涛击浪常喧豗。"西江指代赣江，濑石即十八滩，大手笔纵其椽笔以状其险艰与波浪汹涌之势。

十八滩又名铜盘滩。南宋刘谦有《铜盘滩歌》云：

忆昔羿射九日落，其一下作铜盘滩。韬秘精灵五千载，安置扼险惊愚顽。蛟螭桀劣虎豹怒，锯齿锐爪飞巉岏。崩湍弩力激箭疾，有似一发彀黄间。铜盘滩，横今古，上滩百丈下滩橹。滩头年年多客船，来去摩挲自风雨。光怪炫耀相蔽遮，船头船尾石作花。须臾失势岂得料，一息九度还思家。铜盘滩，长怒号，群峰攒簇如牛毛。白日黯惨苍旻高，寒光迫眼森古刀。瞿塘滟滪回首劳，我为作歌风骚骚。

想象是后羿射九日，有一日散落下来的石头坠落在此，散为铜盘滩，扼守险关。其石或如蛟螭，或如虎豹，锯齿锐爪。激水如崩湍，船过如箭般飞速。诗人感叹滩头年年要经过很多客船，假如一旦失势遇难，丢失了生命，却是家人梦断时。

丰城人徐鹿卿，号泉谷，嘉定年间官吏部侍郎。他写的十八滩诗甚多，如《过赣滩：》"玉局诗中惶恐滩，闻之已为骨毛寒。那知武索并天柱，更向前头作怒澜。"认为武索滩较之惶恐滩怒澜更为凶险。又《七月二十一日重过赣滩四首》诗云：

矫矫雄张虎欲奔，低低蹲伏雁成群。丁宁莫碍行舟过，唤作长生万石君。

北来快顺一篙驶，南去间关百丈牵。世事从来且如许，下滩船看上滩船！

岭海脂膏自古传，至今来往共长川。川灵有眼还知道，几个归人月满船。

闻道春江潋滟时，滩平如掌棹如飞。何时满却葵邱戍，流水桃花送客归。

第一首写滩石或如奔虎，或如雁群，他要叮嘱虎与雁，不要阻碍了行船顺利通过。第二首写到下水时，一篙快驶而过险滩。上水时要让纤夫拖着百丈长的缆绳而上。第三首写到岭南物品运往中原，也得通过这里的艰险。第四首写到春天水涨滩平，则行船如飞。又有五古《赣滩》诗中云：

征人闹幢幢，鹢首浮翩翩。吾力所能任，登岸常相先。
虽然有触啮，自取非吾愆。清献昔疏剔，不露斧凿痕。
至今虎城下，滚滚流遗恩。坡仙逐海南，为世所弃捐。
风帆一叶身，诗句万口传。滩石本非险，人自以险看。
委蛇曲折间，道径自平平。子行但由中，坎窞居其边。
子舟要适平，轻重防其偏。乘流亦良便，避碍须达权。
五湖莹如镜，瞬息风涛掀。嬉笑或藏怒，至爱存答鞭。
滩石信非险，险处却万全。

经过十八滩的舟船络绎不绝，以致他常常让人家先行。诗中回忆虔州知州赵抃（即诗中的赵清献）对十八滩整治的贡献。虎城即虔州，虔即虎义。其时虔州已改名赣州。又称赞苏东坡流放过此写的诗是万人争传。他还写到他劝人行船，要注意轻重均平，不能偏重于一边。行进时注意避开障碍石。只要小心些，滩石也就并不危险。

大诗人王安石写过赣江上游的章贡二水："贡水日夜下，日与章水期。我行二水间，无日不尔思。"（《送虔州江阴二妹》）贡水期望与章水相汇，借此抒思念之情，巧于比譬。南宋严仁《诉衷情·章贡别怀》一词也是一片清苦伤愁之音："一声水调解兰舟，人间无此愁。无情江水东流去，与我泪争流。人已远，更回头，苦凝眸。断魂何处，梅花岸曲，小小红楼。"

大词人辛弃疾，于淳熙二年（1175）任江西提举时曾至赣州，登临郁孤台，眺望章贡合流，写了一首有名的《菩萨蛮·书江西造口壁》词云:"郁孤台下清江水,中间多少行人泪。西北望长安,可怜无数山。青山遮不住,毕竟东流去。江晚正愁余,山深鹧鸪",将一腔豪壮之情化为绕指柔,深挚的爱国之情婉转道出。写郁孤台之景,却书于六十里外的万安县造口壁,说明其由构思至推敲稳妥的行程。

南宋乐安人曾丰,曾任赣县丞,因而写了不少与赣江有关的诗。船行贡水有诗句云:"兀坐顺流中,吾归与便逢""橹作伤春响,山为媚客容"(《赣东江》)。摇橹响而伤春,山为取媚于客而妆容。巧于拟人法。傍晚时船自赣州出发,有诗云:"风伯始恶发,雷师随怒张。雨从来处黑,江到涨时黄。稳稳过皇恐,徐徐下豫章。不逢天借力,安敢夜乘航。"(《章贡解舟,雨作江涨》)将启程过惶恐滩、扬帆往南昌的情景写得异常逼真。大风起,雷公怒,雨来处墨黑一片,江水涨因挟泥沙而呈黄色。因有风力而能夜航。

他的友人赵蕃也有同样的雨中行程,有诗云:"江流何汤汤,万里势方注。僮奴劝乘舟,期至才旦暮。我闻是江石,屹立甚可怖。水干或能避,水涨多与忤。卒行偶相樱,取死将谁诉?况我坎坷人,快意天所怒。迟速均一归,可犯冯夷惧?吾宁事崎岖,依旧来时路。梅月况何常,无庸虑朝雨。"(《二十三日雨中发赣州》)赣江浩浩荡荡,然江中有大石,屹立可怖。水浅时能避开,水涨时易触礁。万一相撞,只有死路一条,所以迟迟出发。

桃江 源于全南县,在赣县附近流入贡水。新淦(今新干)人赵师侠《满江红·辛丑赴信丰,舟行赣石中》一词云:

烟浪连天,寒尚峭、空濛细雨。春去也、红销芳径,绿肥江树,山色云笼迷远近,滩声水满忘艰阻。挂片帆、掠岸晚风轻,停烟渚。

浮世事,皆如许。名利役,惊时序。叹清明寒食,小舟为旅。露宿风餐安所赋,石泉榴火知何处?动归心、犹赖翠烟中,无杜宇。

赵师侠时任信丰知县,他乘船自赣县境内的贡水转入桃江。小小的舟船航行在雨中春江上,露宿风餐,自叹为名利所役,出任卑职,油然而生归乡之思。

修江航道 在修江中上游，至秋冬时则石滩现，行船艰难。韩驹作有《武宁道中》诗云：

小滩嘈嘈大滩恶，朝行羊肠暮鹿角。尽日拖舟不得前，忽然笆断千寻落。上梁左侧石子多，两船与石鸣相摩。卧听溪师倚篙哭，将如四十二滩何。

在武宁溯水而上，水道细如羊肠。小滩水声嘈嘈，大滩则多恶石。溪师（篙工）以篙撑，以缆拖船，整天都前进不了多少，忽然拉纤的粗篾绳也被拉断了。船后退，两船挤于石间，船底与石相摩擦，溪师无奈而倚篙哭泣，前面还有四十二滩，又将如何走啊！韩驹字子苍，号牟阳，陵阳（今四川仁寿）人。少时以诗为苏辙所赏识。任秘书省正字，除秘书少监，迁中书舍人兼修国史。南宋初知江州，有可能是其溯修江时作。

有的景观因大文人的过往吟咏而成为文化符号，这是因为后世文人追慕前人而创作，形成名人之后络绎不绝的链接条。如赣江入湖之处的吴城望湖亭、泰和的快阁，先后因苏东坡、黄山谷过此赋诗而闻名，激发后人到此咏赞并反复提及苏黄二人。如明代邓雅诗云："不是坡仙有题咏，老夫无意上湖亭。"（《望湖亭》）；崔世召诗云："孤亭抗天际，昔贤聚墨妙"（《望湖亭远眺因过复愚上人静室不遇》）。清初大儒黄宗羲诗云："吴楚斜阳外，人民估客多。吾来凭槛处，昔日是东坡。"（《吴城山望湖亭》）既写出此地商贾之多，也写出他追踪缅怀苏轼之情。

苏轼（1039—1101），号东坡，眉山人。在密州时曾有题画之作，《李思训画长江绝岛图》诗中说："山苍苍，水茫茫，大孤小孤江中央。崖崩路绝猿鸟去，惟有乔木搀天长。客舟何处来，棹歌中流声抑扬。沙平风软望不到，孤山久与船低昂。峨峨两烟鬟，晓镜开新妆。舟中贾客莫漫狂，小姑前年嫁彭郎。"写坐船的感觉逼真。行船至中流，船夫唱着高低抑扬的棹歌，船随波浪而起伏。对着峨峨两姑，舟中贾客也别太高兴了，小姑已经嫁给彭郎了。此乃风趣之语。这里所写的航道应是江西与安徽之间的长江段，但诗人却把鄱阳湖中的大孤山说成是在长江中，文学的虚构处，原来是当真不得的。

苏轼多次贬谪岭南，都是经由鄱阳湖、赣江水道的，因而写了不少作品。绍圣元年（1094）八月，贬宁远军节度副使安置惠州时，乘船渡过鄱阳湖至吴城，因而有《望湖亭》诗云：

八月渡长湖，萧条万象疏。秋风片帆急，暮霭一山孤。
许国心犹在，康时术已虚。岷峨家万里，投老得归无？

鄱阳湖在他印象中，是一长湖形状。萧瑟的秋风中，一帆飞急，将到吴城山。岷峨指峨眉山，代指其故里。叹无术报国，其实是受党争之祸而报国无门。经过仕宦风波，老来愈加有归家之愿，不知何时得归？

过赣江十八滩时，有名诗《八月七日初入赣，过惶恐滩》中说："七千里外二毛人，十八滩头一叶身。山忆喜欢劳远梦，地名惶恐泣孤臣。长风送客添帆腹，积雨浮舟减石鳞。便合与官充水手，此生何止略知津。"自叹发已黑白相间，还要贬到几千里外，飘然如树叶之身，渡此艰难之境。风大则帆饱行速。水涨浮舟则石少露出水面。他又幽默一番，说他懂得不少航行知识，也可以充作水手。不过，后人指出，苏东坡又开了个玩笑，本来此前不称惶恐滩而是称黄公滩，他为了对仗，更因感受而改名惶恐滩，以致后来人们都称惶恐滩了。这个改名一是谐音，二是也恰如其境，过此有惶恐之感。

苏东坡在赣南也留下大量咏河流之作，如《虔州八境图》八首、《郁孤台》《九十九曲水》《戒珠寺》《南还》《舟次浮石》《木兰花令·宿造口闻夜雨》。

徽宗继位后，苏东坡获赦宥。建中靖国元年（1101）自儋耳北归至赣州北行时有记："与刘器之同发虔州，江水忽清涨丈余，赣石三百里无一见者。"[①] 晴天时江水涨，称为"清涨"，大水好行船。过赣石滩有幸遇上清涨一丈多，顺利通过。期间与友人书信屡言"度岭过赣""候水过

---

① 苏轼：《苏轼全集》，上海古籍出版社2000年版，第560页。

赣""已到赣上"。

途经庐陵作《江西一首》云:

江西山水真吾邦,白沙翠竹石底江。舟行十里磨九泷,篙声荦确相春撞。醉卧欲醒闻淙淙,真欲一口吸老庞。何人得隽窥鱼矼,举叉绝叫尺鲤双。

赣江清澈见底,船行时篙声撑底发出相碰撞的声音。又有淙淙水流声。渔民举叉便叉到一双大鲤鱼,江西山水之美与生态之优给他留下了美好的印象,以致高兴得将江西视为故乡。"一口吸老庞",用的是禅宗公案。《传灯录》:唐贞元初年(785),庞蕴居士参谒马祖云:"不与万法为侣者,是什么人?"祖云:"待汝一口吸尽西江水,即向汝道。"庞蕴当下领悟。诗风清新明快,不改幽默个性。

东坡经过吴城时,曾进顺济龙王庙拜谒,有人给他观看石制古箭镞即石砮,他写有《顺济庙新获石砮记》,其中说:"建中靖国元年(1101)四月甲午,轼自儋耳北归,舣舟吴城山顺济龙王祠下,既进谒而还,逍遥江上。"① 这也成为后世文人过此瞻拜之所并成为吟咏之不断的题材。王翰诗云:"高士置刍思孺子,华亭留句忆坡仙。当时石砮今何在,空向神祠一惘然。"(《登吴城山望湖亭》)崔世召诗云:"古砮纪神奇,江心眼光耀。大苏躅难追,北地誉岂钓。"(《望湖亭远眺因过复愚上人静室不遇》)后来吴城六坊中还有一处称"来苏坊"。

东坡弟苏辙(1039—1112),字子由,也是唐宋八大家之一。元丰三年(1080)七月初,因受其兄"谤讪朝政罪"牵连,被贬至筠州监酒税任,即负责监管筠州盐酒税务。元丰七年十一月离任改官真州,乘船经锦水至南昌,有《题滕王阁》诗中云:

客从筠江来,欹侧舟一叶。忽观章贡馀,混漭天水接。
霜风出洲渚,草木见毫末。气奔西山浮,声动古城堞。

---

① 转引自《千年吴城史话》,成都出版社2014年版,第128页。

> 楼观却相倚，山川互开阖。心惊鱼鸟会，目送凫雁灭。
> 遥观客帆久，更悟江流阔。……

经过一番颠簸进入赣江，顿感江面开阔。远处水天相接。云气奔涌，西山如浮。近见南昌楼屋密集，四围山川有开合之势。心惊鱼跃鸟翔，目送凫雁明灭。远望客船航久，更悟江流之壮阔。至南昌，游徐孺亭、滕王阁。然后乘船至都昌，遭遇大风雪，作《除夕泊彭蠡湖遇大风雪》诗云：

> 暮发鄡阳市，晓傍彭蠡口。微风吹人衣，雾绕庐山首。
> 舟人释篙笑，此是风伯候。杙舟未及深，飞沙忽狂走。
> 暗空转车毂，渌水起冈阜。众帆落高张，断缆已不救。
> 我舟旧如山，此日亦何有。老心畏波澜，归卧寒窗牖。
> 土囊一已发，万窍无不奏。初疑丘山裂，复恐蛟蜃斗。
> 鼓钟相轰歷，戈甲互磨叩。云霓黑旗展，林木万弩彀。
> 曳柴眩人心，振旅拥军后。或为羁雌吟，或作仓兕吼。
> 众音杂呼吸，异出殊圈臼。中宵变凝冽，飞霰集粉糅。
> 萧骚蓬响乾，晃荡窗光透。坚凝忽成积，澎湃殊未究。
> 纻缟铺前洲，琼瑰琢遥岫。山川莽同色，高下齐一覆。
> 渊深窜鱼鳖，野旷绝鸣雏。孤舟四邻断，馀食数升糗。
> 寒齑仅盈盎，腊肉不满豆。敝裘拥衾眠，微火拾薪构。
> 可怜道路穷，坐使妻子诟。幽奇虽云极，岑寂顿未觏。
> 一年行将除，兹岁真浪受。朝来阴云剥，林表红日漏。
> 风棱恬已收，江练平不绉。两桨舞夷犹，连峰吐奇秀。
> 同行贺安稳，所识问癯瘦。惊馀空自怜，梦觉定真否。
> 春阳著城邑，屋瓦冻初溜。艰难当有偿，烂熳醉醇酎。

傍晚从都昌县城出发，"鄡阳市"即都昌之古名。早晨到了湖口，稍作停留，庐山已被云雾环绕。起了微风，船刚刚启程，忽然狂风大作。很多船纷纷降帆，不少缆绳也断了。诗人乘的是如山般的大船，此时也觉得船很渺小。此诗对风浪描摹异常生动,博喻层出不穷。浪之汹涌澎湃,如山裂,如龙斗,声如钟鼓,激如戈甲,如黑旗翻舞,如万弩怒张,如羁雌挣扎,如苍兕怒吼。船既不能行,只有在此等候一天一夜。中夜飞降冰霰,寒冷异常,融入诗人的恐怖感受。以纻衣、缟带、美玉等许多比喻写大雪,铺叙出一片银色世界。旷野没有了鸟叫声,四邻断绝了来往。余粮无几,年关将尽,耽误行程,还怕妻子在家埋怨。幸好第二天日出风停,启程急行,同行互贺平安。雪中的困窘与雪后的欢快,对比鲜明。

黄庭坚(1045—1105),字鲁直,号山谷,洪州分宁(今修水县)人。治平四年(1067)进士,任叶县尉。熙宁五年(1072),升为北京国子监教授。元丰三年(1080),改知吉州太和(后改名泰和县)。秋,溯长江西上。泊舟湖口,有《宿旧彭泽怀陶令》诗。入鄱阳湖作《宫亭湖》,诗中云:"一风分送南北舟,斟酌鬼神宜有此。"传说宫亭湖有水神擘水分舟。宫亭湖是在庐山东,湖口县南至星子县城一带鄱阳湖水域。《水经注·庐江水》又云:"山庙甚神,能分风擘流。住舟遣使,行旅之人,过必敬祀而后得去。"[①]山谷诗好用典,于此即可见。 他在《题落星寺》诗中也写道:"岩岩匡俗先生庐,其下宫亭水所都。"慧远《庐山记》云:"其南岭临宫亭湖。"郦道元《水经注·庐江水》:"山下又有神庙,号曰宫亭庙,故彭湖亦有宫亭之称焉。"

在太和知县任上于暇时登快阁,观赣江有名作:"痴儿了却公家事,快阁东西倚晚晴。落木千山天远大,澄江一道月分明。朱弦已为佳人绝,青眼聊因美酒横。万里归船弄长笛,此心吾与白鸥盟。"(《登快阁》)赣江自十八滩流至太和县,水势平缓,故可见"澄江一道月分明"之景,泰和县,太和县后改名泰和县,县城后来取名澄江镇。

黄庭坚还曾游赣南登郁孤台有诗云:"二川来集南康郡,气味相似相和流。"(《发赣上寄余洪范》)将章江贡水之交汇比作气味相投,南康郡即当时的虔州,后改名赣州。《赣上食莲有感》《送何君庸上濑石》等

[①] 郦道元:《水经注》卷三九,岳麓书社1995年版,第577页。

诗，均与他曾在赣江上游航行有关。

杨万里（1127—1206），字廷秀，号诚斋，吉水县人。中兴四大诗人之一。绍兴二十四年（1154）进士，任赣州司户参军。乘船过十八滩，有《过皂口》诗云：

> 赣石三百里，春流十八滩。路从青壁绝，船到半江寒。
> 不是春光好，谁供客子看？犹须一尊醁，并遣百忧宽。

虽过险滩艰难，但神情愉快，因两岸春光好，又籍饮美酒以遣愁宽怀。

又《浮石清晓放船遇雨》诗云：

破船开船船正行，忽然头上片云生。秋江得雨茶鼎沸，怒点打篷荷叶鸣。远听滩喧心欲碎，近看浪战眼初明。夜来暗长前村水，绝喜舟人好语声。

拂晓时船启程，忽然云来雨急，远远听到滩声而心碎，近看船战浪而顺利，因秋雨涨水好行船。顺利过此地，听到舟师的说话声，也觉得是亲切而喜欢的。

吉水人杨万里仕宦在他乡，多次往返于鄱阳湖与赣江。曾因船阻风，停泊于湖心康郎山旁小洲，作《闷歌行》其一云：

> 问来邬子到南康，水路都来两日强。
> 屈指行程谁道远，如今不敢问都昌。

自进贤邬子寨至南康军，水程本来有两天足够了，而今连到都昌也不知道要行多久，而都昌县至星子尚有百里之遥。其二云：

> 船上犹余一日粮，湖心粮尽籴何乡？
> 仙家辟谷从谁学，明日无炊即秘方。

困守三夜，船上仅剩一天粮食，一旦食尽，在这里无处买米，只有学仙家辟谷之术，明日将饿食。

又《四月十三日度鄱阳湖，湖心一山曰康郎山，其状如蛭浮水上》诗云：

泊舟番君湖，风雨至夜半。求济敢自必，苟安固所愿。
孤愁知无益，暂忍复永叹。夜久忽自睡，倦极不知旦。
舟人呼我起，顺风不容缓。半篙已湖心，一叶恰镜面。
仰见云衣开，侧视帆腹满。天如瑠璃钟，下覆水晶碗。
波光金汁泻，日影银柱贯。康山杯中蛭，庐阜帆前幔。
豁然地无蒂，渺若海不岸。是身若虚空，御气游汗漫。
初忧触危涛，不意拾奇观。近岁六暄凉，此水三往返。
未涉每不宁，既济辄复玩。游倦当自归，非为猿鹤怨。

船泊于饶州附近鄱阳湖水域，拂晓时分，驾船者呼唤他起身，因要趁顺风而行。撑篙到湖心，帆腹涨满了风。天如琉璃钟般透亮，湖如硕大的水晶碗。波光如金汁所泻，日影如银柱布列。康山如杯中伏着蚂蟥。远处庐山如张开帐幔。身若浮在空中，乘风而游于汗漫。他曾担心乘船冒犯危涛，而今他竟然无意中拾取难得一见的奇观。

从《明发康郎山下亭午过湖入港小泊棠阴砦回望豫章西山慨然感兴》诗题也可略见航程：

前日至邬子，西山出湖湄。如见乡人面，一笑相娱嬉。
旅情得暂欣，乡愁动长思。今朝发康郎，一路能相随。
我船趋都昌，回首尚见之。偶尔转港汊，极目烟水迷。
不得一挥别，悔懊庸可追。……

前天在邬子寨出发，能望见南昌之西山，至康郎山停泊。此日出发，前往都昌过棠阴砦，回头犹见西山。转过前方港汊，烟水凄迷，再也无法向西山揖别了。

棠阴砦在都昌周溪南面鄱阳湖中，信江、抚河、饶河老河床在此汇集。前行不远处的湖中邻近周溪镇处又有四小岛，故又名四望山（今名泗山）。杨万里《宿四望山下望庐山》又写到泊船于四望山下，看到远处的庐山："落日泊四望，诸峰森在前。老夫急亲指，舟子答果然。平地起屏障，倚空开旗旃。……更待孤月出，开篷望晴峦。"月下开篷看，又是一道风景。第二日，作有《明发四望山过都昌县入彭蠡湖》云：

众船争取疾，直赴两山口。吾船独横趋，甘在众船后。
问来风不正，法当走山右。不辞用尽力，要与风相就。
忽然挂孤帆，吾船却先走。

写行船之乐趣，众船竞流，直过左蠡与扬澜山之口，即诗中所说"两山口"，古称之为罂子口。所乘船本在行列之末，却因西风鼓帆，不必奋力，却航行在众船之先，由此也可见船行之多。

将到南康军（治所在星子县城，今庐山市），再作《过鄱阳湖天晴风顺》诗，写出他的愉悦心境：

湖外庐山已见招，春风好送木兰桡。青天挟日波中浴，白昼繁星地上跳。
万顷琉璃吹一叶，半簪霜雪快今朝。庐陵归路从西去，却峭东帆趁落潮。

恰好天晴风顺。中两联写鄱阳湖，日在波中浴，星在湖上跳。一舟如叶，横渡于万顷琉璃之中。想象新奇，富有动感，颇见趣味。

杨万里返回故里，航行于鄱阳湖，作有《舟至湖心望豫章西山云起风雨骤至》诗，其中说："雪浪撞天吞几子，抛云将雨起西山。一声霹雳从空下，万丈金蛇掣斗间。舟子惊呼总无色，平生忠信且今番。"白浪撞天，忽然惊雷闪电，驾船者也惊呼起来，面无人色。诗人自信平生忠信无亏，必定无事。

又《初六日过鄱阳湖入相见湾》诗云：

阻风两日卸高桅，笑傲江妃纵酒杯。及至绝湖才一瞬，翻令病眼不双开。芦洲荻港何时了，南浦西山不肯来。相见湾中闷人死，一湾九步十萦回。

此诗疑作于冬季水退老港时。相见湾在鄱阳湖至南昌的途中，地点不详。阻风二天，帆桅也卸下来了，困守在芦荻洲港里，仍未见到南昌处的南浦与西山。后四句以"何时了""不肯来""闷死人"三种情绪的叠加，深切表达了诗人希望尽快回到故乡的急切心情。

又《已至湖尾望见西山》三首绝句云：

好风稳送五湖船，万顷银涛半霎间。已入江西犹未觉，忽然对面是西山。
芦荻中间一港深，菱蒿如柱不成篙。正愁半日无村落，远有人家在树林。
千里都无半点山，如何敢望有人烟。不教远处遮拦却，芦荻生来直到天。

这三首诗写的是乘船顺风从北而来，很快过湖进入赣江，渐见西山。西山在新建县西部。沿岸人家不多，水滨芦荻茂盛。

杨万里幽默风趣，诗风活泼，人称"诚斋体"。从这些诗中可见，他放手而写，体物细微，不避繁絮，犹如画家的层层皴染，力求写出大自然的趣味。

杨万里晚年隐居故里九年后，有大帅招他作幕僚，并允以高的待遇。他儿子也希望他去，但他写信拒绝了，此信能让我们窥见古人出行的一些准备工作：

即与汝母谋，只俟幼舆之官澧浦之后，戒行李，卜吉日，遣人前期白大帅假舟楫矣。既而取汝家书旋观之，则有不可者。汝书有"今日作县真不可为"之词，……今有人尝犯风涛而屡见险者，幸而舍舟登岸矣，入山而居、入林而安矣。一日偶游江皋河滨，复见有一叶之舟掀舞于冲风骇浪之中，有不掩目而走、悸心而归者乎？[1]

出行须准备好行李，还要占卜吉日，并要向大帅借舟船方能出行，但转念而又不乐去。看到儿子来信诉苦，当官催科不易，于是以舟行冒犯风涛之险比喻仕途，特别是看到一叶之舟往往在骇浪中掀舞，便无心出仕，不如闲居山林之乐。

范成大（1126—1194），字致能，号石湖居士，吴郡（今江苏吴县）人。有《石湖集》《吴船录》《揽辔录》《吴郡志》等。绍兴二十四年（1154）中进士后任徽州司户参军。曾自祁门乘船往浮梁，顺风而下。"沤漩嬉浮叶，炊烟倒入船。顺流风更顺，只道不双全"（《入浮梁界》）。帆船上做饭在船尾，风从船后来，炊烟由船尾吹入船舱，故言"倒入船"，观察真切。江浅而石滩多，故又有诗云："大滩石如林，小滩石如栱。微生抛掷过，两桨舂将割。一滩复一滩，食顷经七八。崎岖幸脱免，已足雕鬓发。"（《浮梁》）滩滩相接，石砾密布，船过颠簸危险，连船桨也被石刀割过一般。从诗中推测，当是秋冬时下水过昌江。

乾道八年（1172）腊月七日，范成大从家乡吴郡（苏州）出发，出知静江府（桂林）兼广西经略安抚使。至富阳而入富春江，兰溪至常山县，入信州（今上饶）。所著《骖鸾录》记载描述详尽而精彩：

十九日，宿信州玉山县玉山驿。二十日，宿沙溪。自入常山至此，所在多乔木茂林、清溪白沙，浙西之所乏也。二十一日至二十三日，皆泊信州。自此复登舟，二十四日，舟行，宿霍毛渡。二十五日，过弋阳县，宿渔浦。二十六日，过贵溪县，宿金沙渡。……二十七日，过饶州安仁县（今余江）。吏士自信州分路陆行者，适方渡水，取抚州路，会余于南昌之宿港。

二十八日，至余干县。前都司赵彦端德庄新居在县后山上，亦占胜。同过思贤寺、清音堂，下临琵琶洲，一水湾环循县郭。中一洲，前

---

[1] 杨万里：《与南昌长孺家书》，载刘良群选注《江西古文精华丛书·书信卷》，江西人民出版社2001年版，第159页。

尖长，后圆润，如琵琶，故以清音名此堂。从昔为胜处，晁无咎书其榜，前贤题诗满梁壁。琵琶洲一名鳖洲。野人相传："长沙当旱，占云：'余干新涨一洲，如鳖，远食兹土。'潭人信之至，遣人来凿洲，今有断缺处。"又云："岁涝，洲不没。大甚，仅浸琵琶之项，后人谓'浮洲'。"

范成大从浙江常山至信州是陆行，自信州乘舟于信江水道，经贵溪、余江而至余干。他对沿途的自然景观及人文景观皆作有详尽的描写。在余干与赵彦端诗酒相交、雅聚清音堂的场景，对于琵琶洲的自然环境及其人文传说，无不描述细腻，记叙生动，同时也兼顾有余干县名以及干越亭的考证记载。

自余干入湖，有《鄱阳湖》诗中云："凄悲鸿雁来，泱漭鱼龙蛰。雷霆一鼓罢，星斗万里湿。波翻渔火碎，月落村舂急。折苇已纷披，衰杨尚僵立。"冬日半夜启程出航，波浪翻腾，渔火闪现。描绘寒冬衰飒的鄱阳湖与岸边景致，炼字奇警。又《过鄱阳湖次游子明韵》

春工酿雪无端密，大块囊风不肯收。休问巉岩与欹侧，我今弟靡共波流。野鹰兀兀平沙上，折苇萧萧古渡头。满眼荒寒底处所？令人肠断五湖舟。

初春风大雪密，船在随波逐流。野鹰盘翔于沙滩上，枯折的芦苇散布古渡头，满眼荒寒。

船往南昌经过邬子口。行船除了有不测之风浪，还有拦路打劫的江湖之寇。他得知"邬子者鄱阳湖尾也，名为盗区，非便风张帆，及有船伴不可过"。清代人王谟对邬子有考证，但认为得名始于何时不详：

《通志》："南昌进贤县北百二十里有邬子驿。"按：范成大《骖鸾录》云："邬子者，鄱阳湖尾也。名为盗区，非便风张帆及有船伴，不可过。"周必大《吴郡诸山录》亦云："至邬子寨入湖，巨浸稽天。"危素有《邬子砦巡检方君去思碑》，亦盛言其险。此地在宋元始显，但其得名邬子，甚有似古封国，未知起于何时也。[1]

由邬子口至范家池，停泊过夜，"道中极荒寒，时有沙碛，芦苇弥望。或报盗舟不远，夜遣从卒燃船傍苇丛，作势以安众"。身为显宦的范成大，也只有虚张声势，安抚众人。

过赣江，作有《满江红·清风风帆甚快，作之，与客剧饮歌之》一词，描写了春日船行时的情景："千古东流，声卷地，云涛如屋。横浩渺、樯竿十丈，不胜帆腹。夜雨翻江春浦涨，船头鼓急风初熟。似当年、呼禹乱黄川，飞梭速。　击楫誓，空警俗。休拊髀，都生肉。任炎天冰海，一杯相属。荻笋菱芽新入馔，鹍弦凤吹能翻曲。笑人间，何处似尊前，添银烛。"赣江浪声卷地而来。十丈高的樯竿，仍不能胜饱帆之曳行，足见风力之大。夜雨翻江而水涨，船头击鼓声急，催得船似飞梭般速行。前往赴任，深感责任重大，举杯相勉，尽兴一欢，词也写得酣畅淋漓。此为官船，船大而设备甚佳。

周必大（1126-1204），字子充，庐陵（今吉安）人。官至左丞相，封益国公。乾道三年（1167）三月，自家中经江苏宜兴至浙江。经南昌，过吴城，入鄱阳湖。他笔下的水路是这样的："丁亥三月乙巳晴，北风微作，申时过隆兴府。丙午，晚泊吴城山下庙。登望湖亭，春水未生，涯渚历历。丁未，舟人赛庙毕，解去。自此入湖掠渚溪、神冈、左蠡庙，皆不泊。湖中多沙山，望之如云。庐阜青苍，真欲招隐耶。"向北顺着南风而行，速度颇快。经过小港口如渚溪、神冈、左蠡庙，都未入其中休息。在他游完庐山后，"晚泊女儿港，是日清明，以卮酒劳从者。己酉早，昏雾，辰后方解，而北风作。过大孤，泊黄泥袄。风不止，退泊樟汉港口。顷之风稍息，行数里，浪势未平，家人辈惊怖，复挂帆回樟汉。"[2] 遇北风大作，不能行，两次退回樟汉港。

周必大晚年曾获罪降任隆兴判官，乘船于赣江上游，有《赣江》一

---

[1]（清）王谟撰，习罡华点校：《江西考古录》，江西人民出版社2015年版，第30页。
[2] 周必大：《庐山录》，载胡迎建选注《江西古文精华丛书·游记卷》，江西人民出版社1996年版，第33—35页。

诗云："迹落蛮夷地，艰危分饱经。盘涡随棹舞，惊浪溅船零。石乱舟才过，峰回眼漫青。晚来荒浦宿，愁绪转冥冥。"行船中，但见漩涡随船棹而腾舞，惊浪触船而溅零星。乱石中，船艰难绕过，途转峰回，眼前一片青苍色。晚上舟宿在荒凉的津浦，愁绪只有自我排解。

抗元英雄文天祥，在南宋亡后，率义军在岭南抗元军，于转移中在五坡岭被捕，押送北上，这是一次悲壮之旅。翻越大庾岭后登船航行于章江，有诗云："短日行梅岭，天门郁嵯峨。江西万里船，归期无奈何。"（《至南安军》）过赣州时有诗云："腔峒地无轴，江山云雾昏。萍漂忍流涕，故里但空存。"（《过章贡》）过万安县而哀北上："青山曲折水天平，不是南征是北征。"（《万安县》）至泰和县而自叹为楚囚："汉节几回登快阁，楚囚今度过澄江""惟有乡人知我瘦，下帷绝粒坐篷窗"（《泰和》）。过苍然亭下忆旧："风打船头系夕阳，亭前老子旧胡床。"（《苍然亭》）六月一日在吉州出发，"水盛风驶"，思其故里："青原万丈光赫赫，大江东去日夜白。"（《发吉州》）至南昌的情景是："回风何处抟双雁，冻雨谁人驾独航。"（《滕王阁》）过吴城有《题吴城山》诗云：

龙行人鬼处，神在地天间。彭蠡石砮出，洞庭商舶还。
秋风黄鹄阔，春雨白鸥闲。云际青如粟，河流接海山。

吴城顺济庙中有苏东坡见过的石砮，见证彭蠡湖之历史。还有来自洞庭湖的商舶，见证当年的水运贸易。

过鄱阳湖，舟泊南康军紫阳堤，作《念奴娇·南康军和苏东坡酹江月》词："庐山依旧、凄凉处，无限江南风物。空翠晴岚浮汗漫，还障天东半壁。雁过孤峰，猿归老嶂，风急波翻雪。乾坤未歇，地灵尚有人杰。江堪嗟孤舟，河倾斗落，客梦催明发。南浦闲云连草树，回首旌旗明灭。三十年来，十年一过，空有星星发。夜深愁听，胡笳吹彻寒月。"心境悲凄，外化为风物的凄凉。注目庐山，还在屏障半壁江南，他坚信地灵必有人杰出现。此词可说是为宋朝廷退出历史舞台的最后一曲挽歌。全词激昂慷慨，歌泣无端，孤衷耿耿，百感茫茫。

又《湖口》一诗感慨万端："江湖一都会，宇宙几兴亡"；"南人撑快桨，北客坐危樯。"南人指是的船夫，北客也许就是押送他的士兵。从湖口进入长江，"江水交岷水，东流日夜长"。

至于江西的外江即长江段，也有词人乘船其间而高吟。朱敦儒，字希真，洛阳人。绍兴间任秘书省正字、擢兵部郎中，后迁两浙东路提点刑狱。乘船过小姑山、九江而作《水龙吟》：

放船千里凌波去，略为吴山留顾。云屯水府，涛随神女，九江东注。北客翩然，壮心偏感，年华将暮。念伊嵩旧隐，巢由故友，南柯梦、遽如许。　回首妖氛未扫，问人间、英雄何处。奇谋报国，可怜无用，尘昏白羽。铁锁横江，锦帆冲浪，孙郎良苦。但愁敲桂棹，悲吟梁父，泪流如雨。

神女即神话传说中的神女，曾与楚襄王会于阳台之上，朝云暮雨。此代指小孤山神女。词人自称"北客"，翩然过滔滔九江，壮心多郁慨，人生将老，怀念故国，在他的旧友隐居在伊阙、嵩山有高士隐居。为北方沉沦、唯存江南半壁而悲泣如雨，叹无能报国，盼英雄一扫妖氛。

从湖口县城西、鄱阳湖岸眺望湖中行船情景

元代

【第七章】

至元十二年（1275）十一月，元军攻下隆兴府。元世祖忽必烈实现大统一，中央只设中书省，在地方分设11个行中书省，简称行省或省，全权治理所辖地方。至元十四年（1277）设江西行省，行省治所初在南昌，后移赣州，局势稳定后又迁回南昌。行省组织与中书省一致，设平章事、参知政事等长官总揽全省军政财大权。行省之下为路，将宋代州军改名为路。元朝廷为了其政权的稳固，大都是任用蒙古人与色目人担任行省与路的正职官员。

行省又设肃政廉访。江西湖东道肃政廉访司领原宋代的江南西路辖区，还包括后来广东省大部。饶州路、信州路、铅山州隶属江浙等处行中书省。兴国军（治湖北阳新县）于至元三十年（1293）割隶湖广行省。

元代在路一级还设有廉访司，因有监察官吏之权称监司。如在南康路吴城开设监司机构，诗中可证。成廷珪，江苏扬州人，有《送庐山高斋赴南康监郡，时冰火之余，在吴城山开司》诗云："公昔骑麟下星渚，前身恐是匡庐君。孤城遗老穷无告，太守真符喜见分。彭蠡帆樯明夕照，吴城旌旆拂秋云。明年春殿论功赏，传奏先将姓字闻。"庐山高斋其人不详，赴任南康监司，设机构于吴城。其人曾在南康路星子县任过职，爱护穷苦百姓，诗人勉励他再建殊功，将来得到朝廷论功行赏。

在中国历史上，元代最早将大一统的国都建于接近蒙古的北方。元代疆域广阔，南北经贸、人员以及文化交流大大加强，活动范围也更广远。在江西有了行省的建置，江西水路航运在境内外的往来更为频繁。不过，元代统治的八十年间，始终伴随着民众的不满与反抗，在江西的南安、赣州、玉山、宁都均曾发生动乱。后期史治愈加腐败，元末红巾军大起事，进入江西境内后竟然势如破竹。其后，朱元璋、陈友谅两方水军大战鄱阳湖,为有史以来鄱阳湖水域的最大一次战争,影响深远。

第一节 江西行省下的水站设置

作为统治阶层的蒙古人、色目人,惯于用马,但在江南看到舟行与水路的重要性。江西的水路在沟通南北、联络东西方面历来具有重要地位,必须设置水站即水路驿站进行管理、负责传递。兹转载吴小红的研究成果如下:

元代江西境内建立了完善的驿站系统。《元史·兵志四》载江西行省管内有154处驿站,其中以马匹为主要交通工具的马站85处,有马2165匹,轿25乘;以船只为交通工具的水站69处,有船568只。因今天的江西省与元代的江西行省辖区不尽一致,此记载不足以反映当时江西地区的驿站状况。据《永乐大典》中残存的元代官修政书《经世大典》"站赤"诸条记载,至元三十一年(1294),今江西省境内共有112处驿站,其中马站66处,水站46处。没有南方多山地带常设的轿站和步站,这与鄱阳湖水系覆盖了江西绝大部分地区,沿着河流及河流两侧的低平地带便可通达省内各地有关。

一百多处驿站主要沿鄱阳湖和赣江、抚河、信江、锦江、渝水、章水、贡水等几大河流分布,形成了以行省治所南昌为中心、以章水—赣江—鄱阳湖为纽带、覆盖江西全境的驿站系统。这一系统不仅联通省内,而且通往四邻:北部经石门站可到江浙行省的池州路(治今安徽省池州市),西部经黄华站过老关可至湖广行省的天临路(治今湖南省长沙市),南部经横浦站过梅关町去广东道南雄路(治今广东省南雄市),东北经草萍站可往江浙行省的衢州路(治今浙江省衢州市),经车盘站过分水关可到福建地区的建宁路(治今福建省建瓯市),西南经蓝田站过杉关通往邵武路(治今福建省邵武市)。这一完善的驿站系统,将江西与元朝中央和全国各地紧密联系起来。

江西境内诸驿站中，最为繁忙的是章水—赣江—鄱阳湖沿线驿站。在这条驿路上，除正常的官员往来、贡赋转输外，还因联通广州外贸口岸，番货运输及相关人员往来亦络绎其间……章水—赣江—鄱阳湖沿线驿路既承担省内连通，又在省际交流中占据重要地位，贡水、锦江、渝水等沿线驿站更多地承担省内交流的任务，故元朝政府只在贡水沿线权设6处驿站，而锦江和渝水联系的广大赣西腹地只有13处驿站。[1]

从元初吉水人刘诜的诗中也许可窥见隆兴府治所南昌一带马站与水站的情景："戍兵昼守滕王阁，驿马秋嘶孺子亭。舸舰北连章水白，楼台西映蓼洲青。"（《登滕王阁》）滕王阁有兵卒在驻守，稍远处的孺子亭，有驿站的马在秋风中嘶鸣。港口水站泊船众多，排列到城北赣江上。虞集诗云："帆樯星斗通南极，车盖风云拥豫章"（《滕王阁》）。也写到滕王阁附近帆樯如林，城里车盖簇拥。明胡应麟《诗薮》评此联："句格庄严，词藻瑰丽，上接（唐）大历、元和之轨，下开（明）正德、嘉靖之途。"

第二节　漕运与商贸物品

元代江西行省的水运仍以漕粮运输为大宗。据《元史·食货》载："元代天下岁入一千二百一十一万石"，其中"江西一百一十五万八千石"。此江西包括湖北大冶、通山、阳新等县与广东大部分。即便如此，也可见江西在元代的粮食征收额亦相当多。起初，江西漕粮经长江入淮河，再经黄河逆水而行至中滦，陆运至淇门（今河南汲县境）入御河而达大都。航路迂回，运费巨大。后来元朝廷开辟了海漕航道路。江西除饶州等地外，其他路的上缴赋税漕粮需运至扬州路真州（今江苏仪征），转由海船经海道运至大都。至大四年（1311），元朝廷规定江西、江东、湖广的漕粮不再海运，改以嘉兴、松江的秋粮及江淮、江浙两财赋总管

---

[1] 吴小红著：《江西通史·元代卷》，江西人民出版社2008年版，第129页。

府的粮食充海运粮。但此后也有江西漕粮海运之举，如至元四年（1338）即曾拨江西粮食海运至大都，漕运粮食是江西民众的沉重负担。

元朝人饮茶更盛于前，大体上继承了宋代的榷茶制度，即官营管制。茶课主要来自江南，江西是一重要地域。大宗茶叶的征收与销售则与水运相关。至元十二年（1278），元军征战江西时，有人建议在归降的江州征收茶税，来年征得茶课中统钞一千二百余锭。次年十二月，元朝廷诏谕江南官吏军民，"其田租商税、茶盐酒醋、金银铁冶、竹货湖泊课程，从实办之"①，茶在江南各地与盐、酒等均成为征税对象。至元十七年（1280），江州设立榷茶都转运司。几年后移至龙兴，称"江西等处榷茶都转运司"，天历二年（1329）被撤销。元统元年（1333）十一月置湖广江西榷茶都转运司。至正十四年（1354），元末陷于大动荡，年底，茶运司被撤。

南昌是重要的茶、盐、酒销售之地。元代"儒林四杰"之一、婺州浦江人柳贯有诗描述："豫章城西江上舟，船翁夹柁起红楼。官盐法茗有饶乏，市利商功无算筹。"（《洪州歌》）从诗中可见，南昌城西的港口津渡，停泊不少大船舶，在船的尾部即安装船柁的上方有柁楼。盐船是属于官家的，盐船与茶船上的货物有时多，也有不足的时候。商人逐利而来，获得了巨额利润。柳贯在南昌饮了分宁县（修水）所产的双井茶、南城所产的麻姑酒，高兴地吟诗曰："旧闻双井团茶美，近爱麻姑乳酒香。不到洪都领佳绝，吟诗真负九回肠"（《洪州歌其十四》）。这也说明当年南城与分宁的地方特产大多能贩运到南昌来，产销两旺。

在元代北方各大名窑逐渐衰退的背景下，景德镇制瓷业有了长足进步，凸显了其在制瓷业中的地位。元军进入江南后不久，朝廷在至元十五年（1278）设立浮梁瓷局，"掌烧造磁器"②。浮梁瓷局隶属正三品的诸路金玉人匠总管府，是其辖下的唯一制瓷机构，说明了景德镇瓷器的精良。元代景德镇的瓷器市场较南宋有了进一步发展。当时景德镇瓷器制作技术已经达到了很高的水平，如瓷器原料由磁石改用高岭土，印

---

①《元史》卷九《世祖纪》六。
②《元史》卷八八《百官志》四。

花、画花、雕花等技术都已出现。瓷器制造业的发展直接促使景德镇瓷器贸易的繁荣，当时景德镇瓷器的国内市场较广阔，已行销至江、湖、川、广等地。笔者于2012年11月在扬州博物馆参观时就观赏到镇馆之宝，是一个特大的元代景德镇出产的青花瓷瓶。

至元三十一年（1294）开放对外贸易，马可·波罗说："元朝瓷器，运销到全世界。"浮梁景德镇、庐陵永和镇等地所出瓷器是江西输往海外的大宗商品。马来西亚、菲律宾、印尼、泰国、伊朗、土耳其、埃及、坦桑尼亚等国都出土有元代景德镇所产青花瓷、卵白釉瓷或釉里红瓷，说明元代江西外销瓷器的数量巨大，基本上是通过江西水路外运的。

在新渝（今新余市渝水区）附近的蒙山西麓，今上高县境内有银矿，自宋末至元代在此设机构开采并冶炼，规模不小。银产品应是从袁江或锦水船运到赣江、鄱阳湖，过长江，然后转运大都等地。

第三节　造船概况

元世祖忽必烈平定江南后，继续向海外扩张，多次发动海外战役，图谋征服日本、安南、占城、爪哇诸国，故对海船的需求量极大。江西行省境内，江长湖阔，四面多山，盛产优质木材，遂成为元代的造船基地之一。至元十六年（1279）二月，南宋灭亡不久，元朝廷就下令"以征日本，敕扬州、湖南、赣州、泉州四省造战船六百艘"[①]。次年七月，江西完成修造战舰的任务。元朝廷命令范文虎等攻打日本，至元十八年（1282）七月，飓风毁船，诸将弃船逃归，全军仅存十之一二。然贪婪而又专横的元朝廷又兴兵征服安南、占城（今越南）。至元十九年（1283），"敕平滦、高丽、新罗及扬州、隆兴、泉州共造大小船三千艘"[②]。至元二十一年（1284）二月，元军唆都部所率江南军在占城受挫。元帝命阿

[①]《元史》卷十《世祖纪》七。扬州、湖南、赣州、泉州四省分别指江浙、湖广、江西、福建四地。
[②]《元史》卷十二《世祖纪》九。

塔海发兵"助征占城，船不足，命江西省益之"①。这也可见江西是全国主要的造船基地之一。其时忽必烈发兵拟再远征日本，对海船的需求量仍然很大。其时江南各地因拘刷水手、兴造海船激起民众起事，此伏彼起。至元二十二年（1285）二月，元朝廷决定设立江西、江淮、湖广三处造船提举司，专事修造船只。其时元统治不稳，至五月，三处造船提举司撤销，以后再也未见在江南大规模征造海船。

地处内陆的江西比较适宜打造内河船只。至元年间，侍御史程钜夫向朝廷建议："今后凡是造海船，止于沿海州郡如建德、富阳等处打造，粮船、哨船止于江西、湖南、湖北等处打造。"② 这既是程钜夫有着因地制宜的权衡，也虑及乡邦的负担过于繁重。

其时江西行省为适应官员往来、漕粮运输和巡防镇遏之需，要制造相当多的哨船、粮船和普通运输船只。《经世大典》载元代江西行省有46处水站，额定站船389只，这些船只应是当地所产。此外，江西境内河泊津渡众多，用于民间商旅往来的船只也不少。

元末，湖北沔阳人陈友谅，起兵一方。至正十九年（1359）在江州（今九江）自立为汉王，不久，登基称帝，国号"汉"。陈友谅用兵以水战为主，制造的战舰规模很大。《明太祖实录》记录陈友谅举兵围攻洪都时，"乃作大舰来攻。舰高数丈，外饰以丹漆，上下三级，级置走马棚，下设板房为蔽。置橹数十其中，上下人语不相闻，橹箱皆裹以铁"。大战舰有数丈高，有三层，有一层为走马棚。作为动力的橹有数十支，若是一齐奋力摇动，行进速度相当快。为了橹位的固定与耐用，还制造了铁皮包裹的箱子。虽不能肯定此兵舰一定是在江西制造的，但据此也可知道当时兵舰的大致构造与规模。

---

① 《元史》卷十三《世祖纪》十。
② 程钜夫：《民间利病·江南和买物件及造作官船等事不问所出地面一切遍行处处扰害合令拣出产地面行下》，载《雪楼集》卷十。

第四节　水神崇拜

元代，赣江上游的石固神与清涨仍有相当关系。元朝陈高在《江东王庙碑记》中说："自赣抵万安，滩碛之险十有八，舟遇旱则胶。神每出水以济转输，及应行客之祷者，故名曰'清涨'云。"[1]可见，元朝时期在赣江运输线路上，赣石之险仍然给赣江通行造成困难，过往行船此时向石固神祈祷获得清涨或可通行。"元三易封为护国普仁崇惠灵应圣烈忠佑王，复更之以今额。其褒扬光著，可谓备矣。"[2]不过，元代的石固神还有镇压"叛乱"、佑护臣民的职能。由于大一统的疆域，此庙影响到北方："今南尽岭海，北达京师，莫不有庙食，而吴楚之间为尤盛。"[3]可见，石固神的影响范围在元朝已经极其广泛，南可至岭海，北可达京师北京。

石固神还成为道教尊崇的神灵，《无上黄箓大斋立成仪》有"护国嘉济江东崇惠忠佑之神"[4]，《道藏目录详注》有"护国嘉济江东王灵签"[5]，其中，"嘉济江东神"或"嘉济江东王"指的都是石固神。元朝刘岳申《龙泉江东庙记》、傅若金《江东神庙记》、陈高《江东王庙碑记》，均记载了此庙受祭祀的情景。

晏公庙　在元代，赣江、鄱阳湖一带出现晏公水神，此缘于临江镇人晏戍仔。"晏公名戍仔，亦临江府之清江镇人也。浓眉，虬髯，面如黑漆，生而疾恶太甚。元初以人才应选，入为文锦局堂长，因疾归，登舟遂奄然而逝。乡人先见其驺从归，一月讣至，开棺无所有，立庙祀之。"[6]乡里百姓有感于他生前庇佑一方的善行义举，为其塑像立庙，尊称"晏公"，每逢年节或生辰忌日都要前往祭祀，香火不断。祭祀晏公之举，在元代后期已传播到鄱阳湖周边地区，星子县城附近也有晏公庙。邓雅有《星子县阻风》诗云：

---

[1] 陈高：《不系舟渔集》卷十二，上海古籍出版社2005年版，第154页。
[2] 宋濂：《宋濂全集》，人民文学出版社2014年版，第1061页。
[3] 傅若金：《傅与砺文集》卷十三，书目文献出版社1999年版，第695页。
[4] 蒋叔舆：《无上黄箓大斋立成仪》卷五十三，明正统《道藏》本。
[5] 白云霁：《道藏目录详注》卷四，清文渊阁四库全书本。
[6] 周振鹤编校：《王士性地理书三种·广志绎》，上海古籍出版社1993年版，第345页。

冬十二月朝天关，我船正泊星子湾。祈灵已谒晏侯庙，举目更望匡庐山。风涛汹涌阻行色，岁事峥嵘悲旅颜。是身安得生羽翼，飞上九天浑未艰。

天关即奎星。《太公金匮》："冬月奎星为天关。"也指宫廷，说明作者将前往大都元朝廷。首联点出时间地点，接写阻风之悲。"祈灵已谒晏侯庙"，即说明星子县湖畔有晏侯庙，他到此拜谒以祈求晏侯的保佑。腹联言风涛之阻行，奔波之艰辛。末联直写其无奈而生幻想，用夸张之法，诗家不妨此狂想也。

在都昌左蠡，鄱阳湖东岸坡上，元代已建有龙王祠，以祈求行船安全。从元代胡行简《左蠡阻风》诗句"龙祠巍镇石崔嵬，水乐寻常似殷雷"看来，这个崔嵬石上的建筑也不小。今存方志多记其地有定江王庙、老爷庙，均明代以后事失载元代已有的龙王祠。

第五节　文人笔下的水运情景

元初，从玉山县人王奕的一次航程，可略窥当年的水运情景。王奕，字伯敬，自号玉斗山人，与谢枋得相善为诗友。谢枋得被元军押解北上至大都，绝食而死。王奕曾出怀玉山循其押送路线，水路北行，转至山东曲阜往拜孔庙，后曾补玉山教谕。从《贺新郎》词序中见他的水上旅程："仆过鲁，自葛水买舟，至维扬，又自扬州买舟，至孔林，登泰山，复还淮楚，往复六千里，共赋此词，括尽山川所历之妙，真所谓兹行冠平生者也。"在弋阳葛溪买舟，直接航行至扬州："有客过东鲁。自葛水、泛舟西下，帆开三楚。万里湖光磨水镜，际五老、落星烟渚。又飞过、二姑门户。"这是在全国归于统一之后的北游，点出经行处，也可见航行之快速。

周德清，江西高安人。工乐府，善音律，著有《中原音韵》。他以散曲《正宫 塞鸿秋·浔阳即景》描绘了九江一带的水运情景："长江万里白如练，淮山数点青如淀。江帆几片疾如箭，山泉千尺飞如电。晚云都变露，新月初学扇，塞鸿一字来如线。"又有《天净沙·舟阻女儿港》描述湖口西北的姑塘一带情景:"庐山面已难寻,孤山鞋不曾沉。掩面留鞋意深。不知因甚,女儿港到如今。"

方回,号虚谷,徽州歙县人。元兵南下时,他任严州知州,开城迎降。入元后任建德路总管。工诗,学陈师道、黄庭坚,自比陆游,有《过湖口渡》诗云:

峨峨临峭壁,渺渺指寒洲。船压万钧重,帆开一叶浮。
云沙连几郡,雪浪舞中流。目快心还恐,吾行曷少休。

湖口渡口峭壁高耸,水流湍急。停泊的帆船,承载万钧之重,一旦开航,则漂浮如一叶之轻。远处沙山绵延,中流白浪掀舞。惬目欢快,又暗生船行危险的恐惧。重轻的反差,乐与畏的情感矛盾,凸现水运的便利功能与潜藏的危险。

虞集,字伯生,号道园,又号邵庵,崇仁县人。历任翰林直学士兼国子祭酒、奎章阁侍读学士,谢病归,作有《舟宿湖口二首》诗,其一云:

汀沙如雪水无声,舟倚蒹葭雁不惊。霜气隔篷才数尺,斗杓插地已三更。
抛书枕畔怜儿子,看剑灯前慨友生。尚有乘桴无限意,催人摇橹转江城。

泊舟湖口的一个不眠之夜。深夜独醒,霜气沁人,四周景物清寂,思绪翩然,或思念儿子,或感慨友人,刻画逼真,感情深沉且不带哀音。

程钜夫,号雪楼,建昌(今永修县)人。随叔父飞卿入燕京,得世祖忽必烈重用,先后任翰林集贤直学士、闽海道肃政廉访使、翰林学士承旨。有《过湖口》诗云:

瞬息风帆湖口县,山川便自带乡情。孤峰苍翠婵娟老,二水青红蟠蜿明。
江自西来尤可爱,波随东下直能清。吴城见说明朝到,山下青青是祖茔。

孤峰指鄱阳湖中的大孤山,婵娟喻其秀姿。二水指长江与鄱阳湖。

一过湖口县，诗人到家越来越近。家乡山川湖泊、一草一木，在诗人眼里是那么熟悉而可爱。心情轻快，下笔清健，一句"山下青青是祖茔"，饱含无限深情，抵得上多少篇《思乡赋》。

在大孤山之西，有女儿浦。揭傒斯，字曼硕，富州（今丰城市）人。任翰林待制、侍讲学士，与虞集、杨载、范梈同为"元诗四大家"之一。有《女儿浦歌二首》其一云："女儿浦前湖水流，女儿浦前过湖舟。湖中日日多风浪，湖边人人还白头。"风浪多而行不便，故愁煞人也。此诗平易流畅，有民歌风味。虞集评他的诗如"三日新妇"，胡应麟解释为"鲜而丽"（《诗薮》）。《四库提要》评价说："清丽婉转，别饶风韵。"观此信然。

姚燧，号牧庵，洛阳人。年少时曾读书于庐山太平宫。至元七年（1270）至京师，始为秦王府文学，后任江东廉访使。有《过大孤山》诗中云："左山如腾龙，右山如伏狨。约束彭蠡湖，秋夏傍泛溦。我行正穷腊，豪浪殊未歇。危樯蒲帆舞，日出风力赡。"鄱阳湖口附近左右有山相对，东面山势如龙腾，西面如长嘴猎狗，地形奇险。时至冬季腊月，雨多湖涨，风浪翻涌，帆船奋进。又有《至元辛卯再过吴城王祠，师云谷示东坡所藏石砮，留诗赠之》一诗也写到风浪之大，令舟行小心躲避："白浪如银山，行舟避腾蹙。"

大德九年（1305），姚燧任江西行省参知政事，居龙兴（今南昌）。移疾北归，至吴城山，见栖息于帆樯上的乌鸦有感而作《樯乌》诗云：

吴城山头尾毕通，飞来行舟樯上呼。舟中主人适中欲，委肉投饭供朝晡。云是巡湖王使者，从卜祸福知前途。家人化之亦信向，恐我偶忘或误讴。绝嫌鱼网戒张设，间弹必毁仍藏弧。因思神林乌亦黠，怙势不必专城狐。

尾毕即尾宿与毕宿。尾宿为东方青龙七宿之一，毕宿在西方颢天。此言吴城在两星野之间。晡即申时，下午三至五时。船主以肉饭供养乌鸦，并解释说，有一巡湖的武官认为向乌鸦卜问可预知前路之祸福。乌鸦本是逐食而来，人们却相信它可以占卜祸福，预知前途，故千万不可伤害它。

何中，字太虚，乐安县人。至大元年（1308）携所著书到大都，公卿合力推荐，诏命未下，因天骤冷不辞而南归。至大四年（1311）在鄱阳湖旅途中，适逢除夕之夜，作有《鄱阳湖中除夕》诗云：

> 除夕生能几，谁无骨肉亲。望乡偏恨路，在远并遗身。
> 湖雪残波岸，船灯独夜人。淹旬须一刻，珍重故园春。

鄱阳湖中度过的这个除夕之夜，让漂泊在外的诗人备觉孤独难忘。前四句思家心切，转恨路途遥远，五六两句写景真切。末又转为议论。全诗情意深永，平易自然。

古代行船常会遇到阻风，江河中的大浪或不至于影响行船，可是鄱阳湖就不同了，湖面宽阔，狂风大浪掀腾，非得泊船避风，风小方能启行。

黎廷瑞，鄱阳县人。南宋末授迪功郎，肇庆府司法参军，未上任。宋亡，幽居山中十年。至元二十三年（1286）摄饶州教事，共有五年，退隐后不出。有《夜泊彭蠡风大作》云：

> 卸帆月欲堕，泊岸风转急。惊砂传铁箭，飞霰散琼粒。
> 重湖太古水，帝遣龙下吸。潜鳞失故穴，苍黄望舟入。
> 宁知正坐窘，衾裯尽沾湿。慌慌中夜起，莽莽百忧集。
> 披衣视云汉，惨淡天一笠。颇疑庐阜倒，三叹救何及。
> 平明笑拥篷，五老犹壁立。

开篇八句着力描写湖上大风，"惊砂"句言砂吹起如铁箭射来。"飞霰"句言霰如琼粒飞来。飞霰又称雪籽头，由白色不透明雪冰粒子组成的固态降水。"重湖"句言湖之深，似是上帝派龙下来吸纳。"潜鳞"句言鱼受惊而失去故穴所居。当时衣服被褥都湿透，半夜起来，窘迫地坐着。天地一片惨淡，内心百忧丛集。风浪肆虐，真怀疑庐山是不是都要被掀翻了，万一庐山真倒了，那可如何救得及呢！好不容易盼来黎明，倚篷远眺，看到五老峰依旧泰然耸立，不由得微笑了。诗人心头持续整夜的惊慌焦虑情绪，终于转为平和怡然之境。

金溪县人吴会，号书山。至正三年（1343）举乡荐第一，有《狗头山阻风》诗云："霜降欲霜北风还，系船三日狗头山。不是空教波浪恶，匡君留我看庐山。"山在鄱阳湖汊的墨汊湖旁。因水色靓深似墨，故称墨汊湖。阻风不能行，反而庆幸留下来观赏庐山之美。

新喻（今新余）人胡行简，字居敬。历翰林修撰，迁江西廉访司经历。元末动乱，辞官还家，也有《左蠡阻风》诗云：

龙祠巍镇石崔嵬，水乐寻常似殷雷。风势欲吹沙砾净，涛声似挟海潮来。江从彭泽孤山合，境界匡庐左蠡开。直欲扬帆归故里，题诗先到豫章台。

左蠡在鄱阳湖之左，鄱阳湖古称彭蠡，故名左蠡。首联写岸边巍峨之祠与大浪拍岸之声。颔联写风沙之大，涛声之狂。颈联拓开，写到长江在小孤山处合流，境界在庐山、鄱阳湖之间展开，空间异常之辽阔。尾联悬想即将到故里，将过南昌题诗。

吴师道，婺州兰溪（今属浙江）人，历任宁国路录事，建德县尹。召为国子助教，升博士。以奉议大夫、礼部郎中致仕，有《吴山阻风》云：

吴城堤下放船初，津吏催程畏简书。
却谢北风多雅意，留人两日看匡庐。

渡口小吏催促行程，担心误了书简公牍。诗人却感谢北风殷勤留客，让人多赏看两天庐山美景。一"却"字逆势逗起，采用对比手法写出豁达乐观心态。

王旭，东平（今属山东）人。至元二十七年（1290）在砀山县学主持讲席。后来足迹遍及南北。曾游隆兴（南昌）返故里，过赣江泊船于吴城，有《大江东去·离豫章舟泊吴城山下作》词云：

南游三载，只江山、不负中原诗客。万里行装无别物，满意风云泉石。牛斗星边，灵槎缥缈，鬓影银河湿。哀歌谁和，剑光摇动空碧。

回首帝子长洲，洪崖仙去，风雨鱼龙泣。海外三山何处是，黄鹤归飞无力。天下佳人，袖中瑶草，日暮空相忆。乾坤遗恨，月明吹人长笛。

江山不负其诗才，行装无杂物，却盛满了咏写山水诗的奚囊。"灵槎"即天河的船筏。下片"帝子长洲"，出自王勃《滕王阁序》："临帝子之长洲。"洪崖在南昌西山，回忆南昌风物印象。写其情怀酣畅淋漓，联想奇诡。

再从诗文中看赣江水道的情景。揭傒斯五十三岁时归家守丧二年，曾乘船去吉安，作有《陟亭记》，开头云：

泰定四年（1327）夏六月，余自清江镇买舟溯流而上。未至庐陵二十里，有巨石如夏屋，嵌立江右。渔舟贾舶，胶葛由其下。前扼二洲，人烟鸡犬，出没诞漫。又拿舟前行数百步，有小溪出谷中，仰见层峦耸拥，云木森悦，遂舍舟循溪而入。

清江镇即是今樟树市治所在，袁水自此汇入赣江。"买舟"实乃租船。离吉安二十里，即见渔舟与商船密集。再前行一程，需要人力用绳牵引船而前，可见水流之急。

著名词人萨都剌，字天锡，号直斋。其先世为西域人，出生于雁门（今山西代县），累迁江南行台侍御史。大概其时乘船经赣江水道至南安，然后越大庾岭至岭南，有《章贡道中》诗中云："多情明月落船旁，万里孤城望帝乡。"此因行舟远而思仙乡。

大庾县有横浦，集贤殿大学士许有壬从岭南归来，自此登船回乡，赋《横浦登舟》诗，中云："南征殊不恶，乐事总相关。马上相思句，舟中卧看山。"舟行看山，怡然而乐。

第六节　元末鄱阳湖水域的战事

元代末期，政治腐败无能，军队无战斗力，各方面窳败之象显露。

至正十二年（1352）十二月，江西行省平章桑嘉依赴任，诏守江州。其时江州、南康路已被徐寿辉攻占。桑嘉依募兵三千人出战，生擒周驴，夺得战船六百艘，克复江州，进驻湖口。命王惟恭驻扎小孤山，固守石钟山，扼江西要冲。在山勒碑纪功。援军未至，苏罗拜乘大舰来攻，桑嘉依督军力战，全军覆没。被俘后，绝食七日而逝。

至正二十年（1360）五月，陈友谅在江州（今九江）称帝，国号"汉"。率水师沿长江而下，进攻应天府。朱元璋部将康茂才诈降，将陈军引入卢龙山埋伏圈，歼其水师万余人，战船百余艘，乘胜追击，克江州、南康路、蕲州、黄州等地。陈友谅败奔武昌。至正二十二年（1362）正月，朱元璋至龙兴，改龙兴路为洪都府。以邓愈为江西行省参知政事，叶琛任知府，胡廷瑞、祝宗等降将仍袭旧职。已降附朱元璋的江西各地守将陆续聚集洪都，有建昌王溥、饶州吴宏、袁州欧普祥之子欧文广等。陈友谅驻吉安守军孙本立等潜至洪都请降。诈降后出逃至新淦的邓克明则在前往洪都探风时被擒。三月，平章祝宗、枢密院同佥康泰复叛，攻陷洪都，邓愈仓卒出走，叶琛死之。四月，徐达复取洪都。朱元璋派亲侄朱文正以大都督府左都督之职节制中外军事，往镇洪都。八月，陈友谅部熊天瑞攻取吉安，孙本立败走，陈友谅遣饶鼎臣守吉安。十二月，朱文正遣将击走饶鼎臣，复取吉安。至此，陈友谅在江西的势力仅限于赣南一隅，朱元璋的疆土则连江东、浙东、皖南、江西中部和北部而成一片。

至正二十三年（1364）二月，朱元璋亲自出兵救援被困安丰的小明王，陈友谅决定乘虚再取江西。他的骁将张定边击走于光等，重据饶州。三月，陈友谅率六十万大军、数百艘战船，倾国而来，大举围攻洪都（今南昌）。此后的85天中，大都督府左都督朱文正率军进行了艰苦卓绝的洪州保卫战。《明太祖实录》对此有详细描绘：

陈友谅复大举兵围洪都。初，友谅忿其疆场日蹙，乃作大舰来攻。舰高数丈，外饰以丹漆，上下三级，级置走马棚，下设板房为蔽，置橹数十其中，上下人语不相闻，橹箱皆裹以铁。自为必胜之计，载其家属百官，空国而来。洪都城始瞰大江，友谅前攻城，以大舰乘水涨附城而登陆，故为所破。上既定洪都，命移城去江三十步，至是友谅巨舰至，不复得近，乃以兵围城，其气甚盛。都督朱文正与诸将谋分城拒守：参政邓愈守抚州门，元帅赵德胜等守官步、土步、桥步三门，指挥薛显等守章江、新城二门，元帅牛海龙等守琉璃、淡台二门，文正居中，节制诸军，自将精锐二千，往来应援以御之……丙寅，陈友谅兵攻洪都之抚州门，其兵各戴竹盾如箕状，以御矢石，极力来攻，城坏三十余丈。邓愈以火铳击退其兵，随竖木栅，敌争栅，都督朱文正督诸将死战，且战且筑，通夕城完。于是总管李继光、元帅牛海龙、赵国旺、许珪、朱潜、万户程国胜等皆战死，后俱配享洪都功臣庙……

六月……辛亥，陈友谅围洪都久不克，增修工具攻水关，欲破栅以入门都督朱文正使壮士以长槊从栅内刺之，敌夺槊更进。文正乃命煅铁戟铁钩穿栅更刺，敌复来夺，手皆灼烂，不得进。友谅尽攻击之术，而城中备御随方应之。友谅计穷，又以兵攻宫步、士步二门。元帅赵德胜力御之，暮坐官步门楼指挥士卒，中流矢死……壬戌…洪都被围既久，内外阻绝，音问不通，文正乃遣千户张子明告急于建康。[①]

陈友谅以大舰船运兵，趁水涨围攻洪都城，攻守之战异常激烈，难分胜负之际时，还于五月遣偏师蒋必胜、饶鼎臣复陷吉安、临江，二人又率部沿赣江而下，参与洪都围城。朱元璋接张子明急报，秋七月，率二十余万兵马长驱至小孤山；友谅守将傅友德、丁普郎迎降，师次湖口。徐达、常遇春自庐州来会师。以一军屯泾江口，一军屯南湖嘴，切断陈军退路；又从信州（今上饶信州区）调兵守武阳渡（今南昌县武阳镇），防备陈部逃脱。朱元璋于七月率徐达、常遇春等领水师救援洪都。陈友谅闻讯，即撤洪都之围，东出鄱阳湖迎战。两军在鄱阳湖南面的康

---

① 《明太祖实录》卷十二"癸卯"夏四月壬戌至"六月壬戌"，第151—156页。

郎山附近相遇。陈友谅部六十万人，朱元璋部二十万人，共八十万水师在鄱阳湖上展开了中国军事史上规模空前的水军大会战。陈军兵众船高，连续三天得胜，然大杀俘虏，丧失军心。朱元璋几度濒危，休整队伍，访察民情，优待俘虏，大得人心。人少而士气高昂；陈友谅部舰大却笨重不灵，朱元璋部船小而灵动自如；陈友谅暴躁多疑，部众失于团结，朱元璋谨慎虚心，上下同仇敌忾；陈友谅部久战乏粮而无继，朱元璋部补给充裕而不绝。朱元璋采纳部将郭兴建议，趁傍晚东北风起，命七条小船装满火药，冲进陈军，"烟焰涨天，湖水尽赤"，十数里湖面的战船焚毁殆尽。这一场火攻，陈友谅就损失六万多人。经过一段时间的相持后，陈友谅率残军向北面撤退，朱元璋军抢先至罂子口，守左蠡。"横截湖面"，陈军据渚矶。相持三日，陈友谅率军突围，部将张定边挟陈友谅退保鞋山。朱军扼守南湖嘴，麾军追击，以火船、火筏猛冲其舰。八月，陈友谅突围出湖口，至泾江口，朱军的伏兵出击，乱箭射中其眼睛贯穿头颅而死。张定边等乘夜载其尸及其子陈理逃回武昌。在天时地利人和的情况下，朱元璋指挥了中国军事史上一次以少胜多的典型战役，奠定了大明王朝的基业。

鄱阳湖战后，陈汉政权元气大伤。至正二十四年（1364）二月，朱元璋率水陆大军溯江而上，亲征武昌，陈理出降，陈汉政权灭亡。

因这场大规模的水战，鄱阳湖周边增添了不少纪念地。朱元璋登基后，颁旨在康郎山建忠臣祠，俗称康郎庙、忠臣庙，纪念韩晟、丁普郎等36位死难将士[①]。依其生前相貌塑造，每年祭祀，并敕封祠前槐树、柳树为将军，以奖励两树挡箭之功。

若依翰林学士知制诰陶安的《康郎山应制》诗，似乎朱元璋登基后为建忠臣庙还曾到了康郎山："闾阖鸣韶发羽旄，群峰青迓郁金袍。臣民喜睹天颜近，车驾遥临地位高。警跸飞廉经梵刹，行厨光禄进仙桃。真龙到处多奇胜，风卷云松沸海涛。"

历来诗人过此，每多忆念。如李梦阳诗云："血染犹丹草，骨沉空白

[①] 详见《明史》卷一三三，《赵德胜传》。

芜。汀洲夜寂寂，霜月鬼呜呜。杀气鼋鼍徙，腥风岛屿孤。康山巍庙在，忠武激顽夫。"(《康郎山》)境界沉雄，意在以忠武激励天下顽夫，诗中寓有深意。陈谟诗云："渔子身如叶，将军命赌侯。报功存庙食，白骨谩成丘。"(《腊月三日次康山庙阻风》)以渔夫在空阔湖面上的微薄，与可以立功封侯作对比；又以众多普通士兵的死亡与获享"庙食"的36位烈士对比，感慨深沉。铅山人费元禄诗云："忆昔平陈幸此湖，旌旗百万御舳舻。射蛟江中江水赤，至今天地留雄图"(《赭亭山绝顶望彭蠡》)；"经过玉舰平陈地，慷慨黄袍殉主忠。泽国波涛馀血恨，汉家天地见图雄"(《过彭蠡湖》)，郁郁多慨。

长洲(今属苏州)人尤侗将此战激烈场景描绘最为生动。诗中云："武昌城头陈涉呼，汉兵百万口吞吴。王师夜出大小孤，江豚风急杀气粗。艨艟火攻血模糊，真人手挽金仆姑。一矢贯睛殒头颅，康郎转战开鸿图。至今壁垒摇菰蒲，夜雨鬼哭青磷芜。当此交锋何危乎！呜呼韩晟烈丈夫。纪信诳楚今已无。"陈涉即秦末农民起义首领陈胜，字涉，借指陈友谅。王师指朱元璋部队。

又清代陶澄有诗云："旌旗迷过眼，矢石警潜鳞。借箸应无匹，焚舟若有神。贴危社稷重，仗节死生均。日月躔双璧，羌戎奠九垠。"想象当年战争激烈场面，高度概括而具体生动，字字锤炼有力。杨垢诗中云："驱逐民有主，割据尔何人。百战艰穷寇，诸公解致身。"(《康郎山怀古》)嘲陈友谅不应割据，赞诸公明白应奋勇献身。又邑人章士馨诗云："蠡湖波撼吐还吞，当日曾闻碧血浑。晓角悲鸣山月里，灵旗暮卷阵云昏。躯投鲸浪原臣分，死赐龙袍亦殊恩。郁郁金陵王气迥，九原应得逐忠魂。"慷慨多气，君臣之义，言之恳切。

新建县人曹茂先看法又不同，他的《鄱阳怀古》诗云：

有元失鹿正扬尘，一战功成壁垒新。明室自缘多义士，陈王未必少忠臣。百年重赋伤残政，三分蠲租待圣人。郁郁康山荒庙祀，何曾带砺到千春。

他认为陈友谅部下未必无忠臣，朱元璋大明王朝采取重赋征民，后果是城乡残破，忠臣庙并未能带砺江山以永固千秋也，亦议论深刻。

明代

【第八章】

明初沿用元代行中书省制度。洪武九年（1376），改行中书省为承宣布政使司，掌民政、财赋，设提刑按察司掌刑狱监察、都指挥使掌军政。布政使司、按察使司、都指挥使司合称"三司"，分列并立，共同管理全省府县。将元代"路"改称"府"，江西13府即元代13路，下有77县1州。辖区北起九江，南达安远；东自玉山，西至永宁（后为宁冈县）。正德七年（1512），析余干东境及鄱阳县东南、乐平、贵溪部分新置万年县，正德十三年（1518）析建昌置安义县。以加强控制。

洪武二十九年（1396），全国共设按察分司41道，江西设有3道，即岭北道、两江道、湖东道。布政司之下设"道"，以便增强对府县地方及卫所军队的监控力度。"道"是省的派出机关，由布政司统辖的称分守道，按察司统辖的称分巡道，军队系统的称兵备道。

都指挥使司执掌军政，统辖全省的卫所，卫所设置与政区、与漕运均有密切联系。十百户所组成一千户所，五千户所组成一卫。江西都指挥使司辖五卫九所。五卫是南昌左卫、南昌前卫、袁州卫、赣州卫、吉安卫。正德十六年（1521）南昌左、前两卫合并为南昌卫；吉安卫在此前已下降为千户所。鉴于"九江据省上流，牵制沿江州郡且与南康密迩，巨湖吞浸，实保境要害重关"的特殊位势，朝廷在九江设立直隶九江卫，作为当时全国政治中心南京的重要藩辅之一，和江西都指挥使司同属于前军都督府。设南赣巡抚一员，巡抚南赣汀韶等处地方、提督军务。巡抚辖区以赣南为主，兼及福建、广东、湖广三省交界府县。平宸濠之乱时王阳明即任此职。在行政区划的基础上，民政、财政、刑狱、军事相结合，形成完密的统治网络。

明初建都在南京（应天府）。江西的水运航行出鄱阳湖经长江至南京，非常便利。但不久明永乐帝朱棣迁都于北京，使江西至京城的水运线大为拉远。

明初江西的社会发展，经历了一度平缓低回之后，走向繁荣。明代形成的景德镇、吴城、河口、樟树四大名镇，与其地所处的水运便利条件息息相关。遍布全省乡村的墟市也日渐增加，构成流畅而发达的商业贸易网络，而使之在大范围中流动，离不开水运航行。明代的漕运由朝廷直接掌控，所以水道的修治与畅通至关重要。

第一节　航运水道

明代水运除了征粮漕运外，还有大宗物质依赖水运，如从现存南京古城墙砖上的印文看，不少来自江西吉州、宜春府、南昌府等地，这些城墙砖都是在明初借着发达的水运得以输送至南京城的。再是行旅，诸如科举应试的士子、仕宦官员之来往，也主要是依靠水运。

繁荣的集镇当中，诸如赣南的唐江镇、临江府的樟树镇、南康府的吴城镇、九江府的姑塘镇等，不少都位于赣江—鄱阳湖这一交通要道上，无论在贸易数还是集镇的经济发展程度上，又盛于前代。据《江西省交通志》记载：

> 赣江、鄱阳湖和信江干流航道货流有两类：一类为中原、东南和岭南诸郡利用赣江、信江两条通道的过境物资运输。明朝人李鼎所著的《李长卿集》卷十九曾经描述当时的赣江货运盛况："燕、赵、秦、晋、齐、梁、江、淮之货日夜商贩而南，蛮海、闽广、豫章、楚、瓯越、新安之货日夜商贩而北。"其主要流通货种因时代而异。由于各河航道水深不同，过境物资大多在南昌、赣州、吴城、樟树、鄱阳、河口、玉山等港口中转换船或驳运；另一类为省内各产区之间的交流物资和漕粮集并。以赣江为主轴的干流航区货流密度最大，既有省内各地交流物资，更大量的是为出省物资集并。泊港船舶常以百艘计，洪州、江州两港的

泊港船舶则常以千艘计。①

传统的商路以赣江—鄱阳湖为主径，以信江、饶河、修河、抚河四大水系组成的一个叶络状水运网络而构成。省与省之间的商贸亦十分频繁，以下略述四条水运商道。

广东—大庾岭—赣州—樟树—吴城—汉口：这条商路是国内长距离贸易的黄金商道，大庾岭经宋元以来多次维修和扩建，坡缓道宽，"坦坦而方五轨，阗阗而走四通"，"商贩如云，货物如雨"。南安府大庾县是赣江上游的码头："洋货骈辏，四方贸迁，络绎不绝，南安府当江广要冲，遂成一大都会。"赣州、樟树、吴城三地构成江西货流的主要出入口和集散中心。吴城镇是赣江入鄱阳湖的咽喉，赣江流域各种农副产品还有由大庾岭商路输入的货物北出长江，转销鄂、皖、豫诸省，也要经过吴城而转口换大船出江。

在这条航道外运的主要有粮食、瓷器、茶、夏布、纸、麻、木材等物产；运入的主要货物是粤盐、糖、棉纱、海产品等。如景德镇外销的瓷器，溯赣江而上，改陆路越梅岭，再走水路运往广州。"商多粤人，贩去与西人互市"②，从一个侧面反映此商路之盛。

杭州—富春江—衢江—常山码头—玉山码头—河口镇—信江—鄱江—鄱阳湖—吴城：江浙一带的生丝棉产品均由此路线进入江西，或于江西内地行销，或溯赣江而上，越大庾岭而往广州出口。运往浙中的物产有瓷器、夏布、烟丝、烟叶、茶叶等；运入的货物主要有食盐、丝绸、棉纺织品及日用品。

徽州—浮梁—昌江—鄱阳—鄱江—鄱阳湖—吴城：祁门等地的茶、纸、竹木、漆，景德镇瓷器、茶叶等货物以此路运出。方志记载：徽州"农者十三……即丰年谷不能三之一。大抵东人负祁水入鄱，民以茗、漆、纸、木行江西，仰其米自给"③。饶州鄱阳县是这条路线的重要集散

---

① 江西省交通史志编审委员会编：《江西省交通志》，人民交通出版社1993年版，第339页。
② 兰浦：《景德镇陶录》卷二十六。
③ 《祁门县志》卷五《民俗》。

地、转运地。昌江行驶的多是吃水浅的船只，在这里需要将货物搬运至大船，反之亦然，客运也是如此，需要换船航行。

吴城—赣江—樟树—袁江—萍乡—醴陵—株洲—湘江，是湘赣贸易的主要通道，从这条商路运出的物产主要有煤炭、宣表纸、夏布、土瓷、苎麻、牛皮；运入的主要有米谷、黄豆、药材、糖、绸缎、土布，以及销往万载的石硝、硫磺。

由南昌北可走赣江南支入鄱阳湖然后转往抚河或信江，赵家围、康郎山、瑞洪是三个极为重要的转运点。明代王慎中留有《晚行赵家围》诗。文嘉《鄱阳湖》诗云："彭蠡茫茫欲渡愁，赵家围畔系孤舟。"地理学家、吉水人罗洪先在《夏游龙虎山记》中记载嘉靖二十七年（1548）八月初六日的行踪极为详细："初六日，午过赵家围，登舟尾望彭蠡，宿瑞虹。初七日午至龙窟龙溪易舟，漏下十刻，泊余干上三十里。"

明代徽商黄汴编纂的《天下水陆路程》，是根据各种程图和路引汇编而成的明代国内交通指南。详细记载北京与南京十三布政司水陆路程、各地道路的起讫分合和水陆驿站名称，它如食宿条件、物产行情、社会治安、行会特点、船轿价格等，也间有所记。古代程图和路引是士商行旅的必备之物，此书一再重印，广为流传。我国旧史志往往忽视记载交通路线，《明史·地理志》按体例不载水马驿站，《明会典》只载驿名而不载驿路，其他地志和专书记载驿站和交通路线也不及这类程图和路引详细。由于文献史料价值很高，近年来这类程图和路引已引起中外学者的重视和研究。兹略外省而详江西，略陆路而详水路，括号加注，驿站地名皆是明代称谓，里程均按市里，按语与括注均为本书著者所加。

卷一之二 所载北京至江西、广东二省驿站，从京城出顺成门，过卢沟河，经河北、山东、江苏、安徽、湖北，渡长江，进入江西境内，有如下驿站：

九江府德化县（今九江市浔阳区）浔阳驿，百二十里，德安。百二十里，建昌县（今永修县）。九十里，石头口（即石头渚，在南昌章江门外，赣江西岸）。渡章江，广十里，至江西布政司南昌府。

南昌县，新建县南浦驿(在今南昌市西南)，水七十里，市汊驿(锦江在此汇赣江，今南昌岗上镇)。一百里，剑江驿(今丰城北)，丰城县。七十里，樟树镇，聚南北药。三十里，临江府清江县。潇滩驿(今樟树市西南临江镇)，八十里，金川驿(今新干西北界埠)，庐陵县，螺川驿(今吉安市城内)。百二十里，淘金驿(今泰和东北大鹏墟)。百六十里，浩溪驿(今泰和县西南苏溪)，并泰和县，百二十里，五云驿(今万安县城内)。八十里，皂口驿(今十八滩整治，皂口淹没)，并万安县。百里，攸镇驿，属府(指赣州府，在今赣县)。百二十里，赣州府赣县水西驿(在今赣州市西隅)。八十里，九牛驿(今南康县东北潭口)。八十里，南野驿，并属南康县。百二十里，至小溪驿，属大余县。百二十里，南安府大余县横浦驿。过大庾岭，即梅岭……

由镇江、浙江、徽州、饶州至江西，详卷七之十七。江西至广东，自南安府横浦驿起至横石矶驿止，水马并应。湖口县至广东城滩洪缓急，详卷七之十。

卷七之二 南京至江西、广东二省水路：

自南京下关龙江驿出发，溯长江西上，经江宁、当涂、芜湖、繁昌、铜陵、贵池、怀宁、望江等县至江西境内的彭泽县龙城驿，仍然走长江航道至湖口彭蠡驿，然后进入鄱阳湖。

彭泽县龙城驿，百二十里，湖口县彭蠡驿。百二十里，南康府星子县匡庐驿。百二十里，吴城驿。百二十里，樵舍驿，并属新建县(宋代吴城属南康军，明代改属新建县)。六十里，至江西布政司南昌府南昌县新建县南浦驿。

按：如果继续南进，其水路与卷一之二相同。

卷七之四 江西省城至广信府，过玉山至浙江水路：

南昌府，六十里，赵家围。六十里，瑞虹(今余干县瑞洪镇)。六十里，龙窟。八十里，安仁县(今余江县)。百里，贵溪县。八十里，弋阳县。八十里，铅山县河口。八十里，广信府。百里，玉山县。陆路……江西至玉山，水缓，夜有小贼，可防。无风浪之险，滩多水少，船不宜重。

按：这是从南昌北的赣江南支，过赵家围进入鄱阳湖，然后自瑞洪溯信江而至广信府玉山县的水路。自玉山县进入浙江水路，中有一段陆路。信江水流缓而滩石多，故船行载重量应轻一些为是。

卷七之八 湖口县由袁州府至衡州府水路：

湖口县，大孤山，女儿港，共六十里。青山(湖汊名，五老峰南，明代置有巡检司)，庐山，共六十里。南康府，至文公白鹿书院，四十里。南十里，左蠡(都昌老爷庙处)。六十里，渚矶，星子扬澜山南，有小港。六十里，吴城。六十里，昌邑(今新建县昌邑镇)。六十里，凤凰洲(南昌城北，赣江北岸)。十里，江西城。三十里，高家渡。三十里，市汊(锦水在此汇入赣江，今南昌市岗上镇)。五十里，曲江。十里，丰城县。三十里，熊家港。三十里，樟树(今樟树市)。三十里，临江府(今樟树市临江镇)。三十里，滩头。三十里，黄土。三十里，罗家坊(今新余市境内)。三十里，中郭市。三十里，新渝县(今新余市)。十里，杨村。六十里，版壁铺。十里，水口。十里，绣塘。十里，钟山洪。十里，分宜县。十里，金堂铺。十里，昌山铺。昌田洞深十里，秉烛可游。十里，滨江，石乳洞深五里，亦可游。十里，深新铺。十里，杨冈。十里，石牌。十里，桑岩。十里，黄石。十里，下浦。十五里，袁州府(即今宜春市袁州区)。十里，十地江。十里，五江口。十里，岩凤下。十里，沙泉。十里，西村。十里，张家坊。五里，杨村湾。十里，仙峰。二十五里，芦溪(今芦溪县)。陆路五十里，萍乡县(今萍乡市城)。上小船，二十里，湘东。八十里，醴陵县。(湖南省水陆路略)

按：此水路从鄱阳湖经赣江至南昌，从赣江至樟树转袁水西行至芦溪，改陆路至萍乡县，再乘小船顺萍水而下，往湖南。

卷七之十　自湖口县经江西省城至广东水路：

自湖口县入鄱阳湖，女儿港，大孤山，共六十里。青山，神灵洲（应是星子城北的神灵浦），共六十里。南康府（治星子县），十里，瓜蠡（瓜为左字之误）。五十里，渚矶。六十里，吴城。六十里，昌邑。六十里，凤凰滩。十里，江西城。南昌府南浦驿，生米观，河泊所，共六十里。市汊，龙凤沙洲，大江口，小江口，曲港，共七十里。丰城县剑江驿，黄土脑，老虎口，杨子洲，樟树镇，药材聚此，共九十里。临江府，萧滩驿，永泰，大杨洲，河埠，共八十里。新淦县金川驿，八十里。峡江县，玉峡驿，八十里。白沙，三姑滩，吉水县，大洋头，罗紫山，文天祥墓，共八十里。吉安府螺川驿，安福河口，张家渡，共百二十里。淘金驿，鲜茶江口，泰和县。将军庙，牛江口，东口洲，共一百六十里。浩溪驿，龙丘，柏树街，君滩，龙泉江口，万安县，共百二十里。五云驿，上十八滩，惶恐滩，大险。标神阁，棉绳滩，大溜滩，小溜滩，共八十里。皂口驿，匡风滩，五座滩，黄金洲，凉滩，凉口，铜盆锡洲，共一百里。攸镇驿，石人坝，天子地，九脚滩，大鸟洲，小鸟洲，天挂滩，鳖滩，白涧滩，储潭庙，水东岸，赣州府虔镇都御史驻扎，共一百二十里。水西驿，高楼黄金巡司，共九十里。九牛驿，八十里。南康县，南野驿，百二十里。小溪驿，新开河滩，鸡足一连二滩，共百二十里。南安府大余县横浦驿，过大庾岭即梅岭，唐开元中辟而广之，有祠。六十里，中站，即红梅关……

按：此段水路实际上分别与卷七之二、卷一之二所载相同，唯沿途所经地名包括滩名更为详细，可以参看互证，如安福河口，即为泸水入吉水处。此段文字还载有行船之要：

湖口县不可艭（音 zōng 船触沙搁浅）船，怕西北风。南康官造一塘，专于泊舟（此指南康府前紫阳堤内）。庐山在目，彭蠡狂风，必不可过。自湖口至于康郎山，盗贼不时而有，江中强盗得财便休，惟此湖贼儿贪无厌，杀人常事。北入吴城，南入赵家围，风、盗渐可省。下漳江（同章江，即赣江南昌段），大风宜慎。瑞河口、象牙潭、老虎口贼出早晚。樟树换三板船，上去无虑，船户安分，食用洁净。万安南十八滩，上无害而下难。赣州之上，近有瘴气，出门宜迟，舟中无害。梅岭路隘，驴马遗溺甚臭，宜醉饱而去。

按："北入吴城，南入赵家围。"指的是赣江北支至吴城，入赣江可往南昌，入修江可至建昌县（永修）、宁州（修水县）。走东南至赵家围，则可入抚河或饶河，或北上鄱阳湖。瑞河口在信江一支入鄱阳湖之瑞洪镇；老虎口、象牙潭在高安来之锦水入赣江口处。

此段文字还载有行船的注意事项，如行至湖口县，要当心船触沙滩搁浅，还要当心西北风，东北因有石钟山挡风，不必多虑。南康府前的紫阳堤港可泊众多船。鄱阳湖如有狂风，不可开船。自湖口至于康郎山，要当心盗贼的出现。长江中出没的强盗得财便罢手，而此湖中的强盗贪得无厌，杀人是常事。过了吴城或赵家围，大风与强盗渐渐减少。但进入赣江，大风宜谨慎。瑞河口、象牙潭、老虎口一带水路，盗贼往往在早晚出现。至樟树镇，应换吃水浅的小船只，即三板船。溯江而上不须担心，驾船者安分，食用洁净。万安县南的十八滩，上水无危害而下水艰难。赣州以上近有雾瘴气，出行应迟一些，待瘴气渐散则船行无危害。

卷七之十四　湖口县至广信府玉山县水路：

本县（指湖口县），六十里，青山。六十里，南康府。西去江西，大鸡山，小鸡山，蜈蚣山，共百二十里。都昌县，赤石塘，共六十里。饶河口，东去饶州。猪婆山，四山塘，南山旦，康郎山，忠臣庙，巡湖守备一员。东至袁岸口三十里，东南至瑞虹八十里，东至饶河口五十里，西至团鱼洲二十里，北至都昌县六十里。山在湖中，前后多盗，谨慎。梅旗山，共八十里。瑞虹，西去抚州，富家格，新宁口，苦竹，渔家埠，霸口，三十六湾，乌江口，共九十里。龙窟，故村，八字脑，大九渡，大树埠，留步滩，黄金埠，六汊港，梅港，浮石，炭埠，共八十里。安仁县(今余江县)，石港，界牌，打石潭，东溪，鹰潭，石鼓，冷水滩，金沙埠，九鸟滩，后河，共一百里。贵溪县，留口，大港，下村滩，上河潭，梅坑潭，桃花滩，舒家港，小箬埠，横港滩，共八十里。弋阳县，晚港口，连珠滩，潭石滩，西潼，簺石潭，舍家陡，烟望，马蹄湾，松树滩，青山头，吓岩寺，景佳。踏脚石，柴家埠，大小心滩，共八十里。铅山河口，南去福建，东八十里，广信府。百里，玉山县。

自瑞虹至玉山，水缓、滩少、山秀，日无风、盗之患。夜泊须要船伴，船户良善。贵溪县一百里至上清宫，即龙虎山真人居处。本山一百里到金溪县，又一百二十里至建昌府。

按：这一段记载是从鄱阳湖口转信江至广信府，然后通往浙江的水路。在饶河口可转运至景德镇，在康郎山置有巡湖守备道，既可守护忠臣庙，又可维护水上枢纽之治安。康郎山在湖中，前后往往有盗贼出没，应谨慎。前行至瑞洪，可东溯信江至广信府。也可南下至抚河，也可从龙虎山前往金溪县，至治所在南城的建昌府。

卷七之十六　南昌至万载县水路：

南昌府，三十里，高家渡。四十里，市汊。七十里，松湖。六十里，瑞州府。七十里，石头街。五里，河口，水去花桥。二十里，界埠。二十里，上高县。二十里，凌江口，西去万载县。北三十里，新昌县。四十里，藤桥。五里，天保凌江口。西四十里，芦家埠。三十里，镇渡。四十里，万载县。七十里，株树潭。

按：这是从南昌溯赣江至市汊(在南昌县岗上镇)转锦水而往万载县的水路。沿途经过瑞州治所高安县，上高县。在凌江口，往西则去万载，循耶溪则北往新昌(今宜丰县)。

卷七之十七 由南昌东北经景德镇至安徽祁门县再至浙江水路:

南昌府,三十里,黄家渡。四十里,赵家围。七十里,团鱼洲。冬有店舍,可泊船。二十里,康郎山湖面。五十里,袁岸。三十里,饶州湾。二十里,磨刀石。二十里,程家渡。十里,顾园渡。三十里,大阳埠。十里,狮子山。十里,鞍山。十里,宗潭。二十里,石牌滩。二十里,官庄。十里,景德镇,出磁器。三十里,浮梁县。三十里,石鼓岭。三十里,小儿滩。二十里,池滩。十里,小北港。二十里,潭下。(中略安徽、浙江水路)

江西至饶州,湖中贼出不时,荒年尤多。饶州至祁门,自景德镇之上,是处可宿,无风、盗之忧……自饶州至于浙江,客不置薪,船户自给。潮候详本卷之三十七。

按:这是一条自南昌经赣江之南支,由赵家围附近进入鄱阳湖,经过康郎山至饶州湾,即饶河口处。溯江而上,过景德镇、浮梁县,为昌江中游。再上游,滩多水小。这条水路大抵是安全的,无大风浪与盗贼之忧。

卷七之十八 祁门县至湖口县水路:

祁门县,一百十里,倒湖。一百三十里,浮梁县。三十里,景德镇。八十里,狮子山。九十里,饶州府。十里,竹鸡林。二十里,八字脑。十里,洪家阁。二十里,团砖。二十里,棠阴巡司。十里,打石湾。十里,周溪。五里,钓台。十五里,柴棚。十里,饶河口。六十里,都昌县。一百二十里,南康府。六十里,青山,湖口县。

饶州至江西(省城南昌),水少,亦由饶河口五十里至康郎山而去。大水由竹鸡林、蛇尾、袁岸而出,湖中风、盗宜防。饶州牙行用筐子船出湖接客,好恶难分,切不可上。

按:自安徽祁门县顺流而下的昌河,至饶州府鄱阳县,入鄱阳湖。

航行至棠阴岛，岛上设有巡检司。至周溪，在都昌县辖境。钓台即陶侃故迹的钓石矶。饶河口为饶河至此的老港航道。过都昌、星子附近水域，至湖口而入长江。

卷七之二十一　吉安府至茶陵州水路：

本府，神冈山（在吉安城南），吉塘桥，高沙，三江口，北去安福。三江渡，石头山，三排，永阳市，兰村，狼湖，水白，止阳渡，刘江，敖城，枕头山，周垣，平上，马吉，桥面上，方邬，容江，仰山，永新县。杨务，草市，黄杨树下，李田，南城，后田，路江。（略永新县至湖南省境内陆路）自吉安府至路江，每处十里。

按：自吉安府南至三江口，北去安福则为泸水，然隔武功山往湖南不便。三江渡至石头山（今名石山），循禾水，经永阳镇、敖城而至永新县。再往龙田至路江，进入湖南茶陵县境内。

卷七之三十三　自湖口县水路入鄱阳湖转至各处：

南至虹瑞府（按，应为瑞洪，其地无府治），三百七十里。

本县，六十里，青山。六十里，南康府。一百二十里，都昌县。六十里，饶河口。八十里，瑞虹（今为洪）。

东南至饶州府，三百七十里。

都昌县，六十里，饶河口。十里，柴棚。四十里，棠阴。一十里，团砖。三十里，八字脑。二十里，竹鸡林。十里，饶州府。

西南至江西城（指省城南昌）三百七十里。

本县，六十里，青山。六十里，南康府。十里，左蠡。五十里，渚矶。六十里，吴城。六十里，昌邑。六十里，凤凰滩。十里，江西城。

西至九江府。六十里，北渡大江。广二十里，至太阳庙。又六十里，至黄梅县。

按：此乃由湖口至九江的长江航道。转向北岸走陆路，在湖北省境内。

卷七之三十四 湖口县水路至杉关,再改陆路越关出江西省至福建延平府光泽县:

本县,百二十里,南康府。百二十里,都昌县。六十里,饶河口。五十里,康郎山。六十里,八字脑。三十里,柘林。四十里,谢家埠。六十里,清远驿。六十里,抚州府。六十里,石门驿。六十里,建昌府(治南城县)。陆路,六十里,硝石。六十里,五福。三十里,杉关。三十里,纸马街。六十里,光泽县。(福建省路程略)

按:此由鄱阳湖水路至进贤谢家埠,循抚河至建昌府之南城,改行陆路至新城(今名黎川县),越杉关至武夷山南的福建光泽县。

卷七之三十九 赣州府至福建汀、潮(潮州应属广东)二府水路与陆路:

赣州府,水六十里,岑口岗。六十里,雩都县(今于都)。百二十里,会昌县。八十里,瑞金县。十里,担小船。四十里,古城。(往福建省陆路略)

按:此从赣州之贡江上游,经过雩都县、会昌县进入瑞金之绵水,再乘小船进入福建之汀州。

卷八之二十二 江西城(南昌)至宁州,出江西省至湖南平江县水路与陆路。

南昌府,水六十里,樵舍。六十里,老鹳嘴。六十里,建昌县(今永修)。六十里,白茶(今名白槎)。六十里,三洪滩。六十里,武宁县。六十里,里溪。六十里,彭沽。四十里,至宁州(今修水县)。水路并七十里,马坳。(往湖南省境陆路略)

按:此从南昌走赣江北支,经过樵舍,过吴城,转西向进入修江水路。至永修白槎镇，上溯至修水县。现因建柘林水库（今又名庐山西海），修江中游原驿站故道尽被淹没。

还有刊于明天启六年（1626）的《天下路程图引》，内题西陵怛漪子识，现藏上海图书馆，亦属稀有本。全书汇集明代水陆路引一百条，以记载水陆路线的站名、里距为主，兼及各地食宿、物产、气候、风景、古迹等内容。与黄汴《天下水陆路程》不同的是，此书所载文化信息量略为丰富一些，还辑录了许多用地名编成的诗歌，如《京都九门诗》《水程捷要歌》《吉安九县诗》等，有利于引起读者的兴趣，并便于熟记地名。可见，作者对水路的观察细致与留心。《天下路程图引》与《天下水陆路程》辑录的路程水驿站能够相互补充，相互验证。录入江西部分如下：

卷一之三　徽州府由景德镇至湖北武当山路：

祁门，搭船下水，十里，昌下。十里，后潭。十里，至塔坊。二十里，坪里。二十里，版石。二十里，白桃。二十里，倒湖。二十里，滩下。二十里，站北港。十里，池滩。二十里，小儿滩。二十里，至石鼓岭。三十里，浮梁县。二十里，景德镇。十里，官庄。二十里，至石牌滩。二十里，宗潭。二十里，鞍山。十里，狮子山。十里，大阳埠。十里，鸳鸯岭。二十里，顾圆渡。十里，程家渡。二十里，蚊虫湾。二十里，磨头石。二十里，饶州府芝山驿。

如往江西省城，三十里，至袁岸。二十里，蛇尾。三十里，康郎山。二十里，团鱼州（应为"洲"字）。四十里，揽河口。二十里，白涉港。三十里，赵家围。四十里，黄家渡。三十里，江西省城。

十里，至竹鸡林。二十里，八字脑。十里，至洪家阅。十里，团砣。二十里，棠阴巡司。十里，打石湾。十里，周溪。五里，至钓台。十五里，柴棚巡司。二十里，饶河口。六十里，都昌县。六十里，南康府匡庐驿。六十里，青山。六十里，湖口县彭蠡驿。六十里，九江府浔阳驿。八十里，龙坪巡司。三十里，至武家穴……（略湖北境）

按：这是从安徽祁门县经昌河、饶河进入鄱阳湖的水路。往南至南昌城，往北过鄱阳湖入长江，上行过武昌至武当山。

卷一之八 自徽州府经过浙江常山县至福建建宁府的路程：

徽州府，上水，(安徽、浙江省境水路略)常山县。四十里，至草萍驿，今革。四十里，至玉山县。五十里，至沙溪铺。五十里，至广信府(今上饶信州区)。五十里，至旁罗头。三十里，至铅山河口。三十里，至铅山县。(往福建省陆路略)

按：从徽州之歙县南下新安江，至浙江常山县，陆路行至玉山，然后乘船进入信江沙溪，再至河口镇，转东南行至铅山县城附近，改行陆路，越武夷山进入福建建宁府。

卷一之三十一 自南京至铅山河口镇，再至福建省：

上新河……(安徽省境水路略)四十里，花筵港。六十里，彭泽县。六十里，湖口县。二十里，大姑山。宁王咏鞋山诗曰："闻说鞋山似俨然，果然胜迹不虚传。风急踢开湖口浪，月明踏破水中天。但容过客回头望，不许凡夫把脚穿。应是大姑懒收拾，留镇鄱湖万万年。"四十里，至青山。六十里，南康府。六十里，都昌县。六十里，至康郎山，有忠臣庙。六十里，至瑞洪。

(有水路)西往抚州。(从信江)十里，富家格。十里，驼背张。十里，苦竹。十里，渔家埠。十里，坝口。二十里，龙窟。十里，大九渡。十里，大树埠。十里，霞山，苍港。十里，黄金埠。十里，至梅港。十里，浮石。十里，安仁县(今余江)。十里，石港。十里，界牌。十里，东溪。十里，鹰潭。十里，石鼓。十里，金沙埠。十里，九鸟滩。十里，贵溪县。十里，留口。十里，大港。十里，下村滩。十里，上河潭。十里，大岩下河潭。十里，桃花滩。十里，舒家港。十里，小箸埠。十里，横港滩。十里，弋阳县。十里，连珠滩。十里，西潼。十里，烟望。十里，松树滩。十里，吁岩寺，贺阁老坟葬此，大心滩。二十里，铅山河口。东八十里，至广信府。南饭罗墩，前金，白沙，安舟渡，周村，共三十里，至铅山县。有五宝山观音阁。(往福建水陆路略)

按：此水路与前书卷一之二的鄱阳湖水路大致相同，地名稍异，如"瑞虹"作"瑞洪"。南行入抚河水道往抚州，自瑞洪上行信江，至河口镇。在那里东行至广信府，南行至铅山县永平镇，改陆路通往福建。

卷一之三十六 从芜湖至江西樟树镇，再至广东省路程：

芜湖县，一百八十里，至大通。一百八十里，至安庆府。二百二十里，至湖口县，鞋山在鄱阳湖心。九十里，至南康府。七十里，吴城。一百七十里，至江西省城。六十里，市汊。八十里，丰城县。五十里，樟树镇。以上驿路，俱详卷之四十一。十五里，至临江河口。十五里，潇滩驿。十五里，永泰。十里，大杨洲（今称大洋州，在新淦县），小神福。十五里，石口。十里，河埠。二十五里，新淦县金川驿。十里，至长牌。十五里，童江湾。十五里，至富口。五里，玄坛观。十五里，三曲滩，有吉水县白沙驿。三十里，大洲头。十里，罗紫山，有忠臣庙，文天祥墓在此。十里，吉安府。三十里，安福河口。至永河埠头，至张家渡，文天祥故里，花石潭，至淘金驿，一站。鲜茶江口，至泰和县，至将军庙，好泊，牛江口，有小人，束口洲周公潭，浩溪驿，一站。滩头巡司，龙丘，柏树街，君滩，龙泉江口。西去七十里，至龙泉县（今遂川）。出袁姜，万安县，五云驿，有福，福一站。惶恐滩，险。文天祥《至惶恐滩》诗："辛苦遭逢起一经，干戈落落四周星，山河破碎水漂絮，身世浮沉浪打萍，惶恐滩头说惶恐，零丁洋里叹零丁，人生自古谁无死，留取丹心照汗青，"标神阁，棉绳滩，大溜滩，小溜滩，皂口驿，在万安县，一站。匡风滩，五座滩，黄金洲，凉滩，凉口，铜盘锡洲，攸镇驿，一站。石人坝，天子地，九脚滩，大鸟洲，天挂滩，神福，鳌滩，白涧滩，储潭庙，神福，水东岸，赣州府，赣县，水西驿，一站。有东西二关，西关往南安府，广东大路；东往信丰、龙南二县，共一百二十里。至高楼，出青靛，黄金巡司，九牛驿，共八十里。南康县南野驿，共八十里。至小溪驿，共一百二十里。 峡口，新开河滩，鸡足一连三滩，南安府大余县横浦驿，共一百二十里。起旱，过梅岭。（往广东省境水陆路略）

客货装至樟树镇，再换三板船，上去无虞；万安县南十八滩，上水无虞，下滩小心。浈江多滩无石，上难而下易。赣州以上，多有山风瘴气，陆路出门宜迟，水路舟中无害。

按：赣江中游逆水而上，至樟树镇，无论是客船还是货船，都需要改乘吃水浅的小一些的船只。

卷一之四十一 从樟树镇经过袁州至湖南衡山县路程：

樟树镇，十五里，临江河口。十五里，萧滩。二十里，滩头。二十里，黄土。二十里，罗家坊。二十里，中郭市。三十里，新渝县。十里，杨村。六十里，版壁铺。十里，水口。十里，至绣塘。十里，钟山洪。十里，分宜县。十里，金堂铺。十里，至昌山铺。有昌田洞，洞深十里，秉烛可游。滨江有石乳洞，深五里，亦可游玩。十里，深新铺。十里，杨冈。十里，石牌。十里，桑岩。十里，黄石。十里，至下浦。十二里，袁州府。十里，十地江。十里，五江口。十里，岩凤下。十里，沙泉。十里，西村。十里，张家坊。五里，杨村湾。十里，仙峰。二十五里，芦溪。陆路五十里，萍乡县。（往湖南省陆路略）

按：在樟树镇由赣江转入大支流袁水，西行至萍乡，改陆路进入湖南省。水路已见于前书，唯地名稍异。

卷一之四十二 从湖口县经过涂家埠至宁州路水路：

湖口县，九十里，南康府。七十里，吴城，西南去江西省城等处。六十里，至涂家埠对河，淳湖后港，建昌县（今永修）。十五里，屈家湾，涂徽，白插（音误，名白槎）。五里，长乐平，马子滩。五里，陶芜。五里，三凤滩。五里，龙虎三湾。十里，箬溪头。十里，康滩。十里，金口，潭头埠。五里，泥泞铺。十里，凤口。五里，武宁县。二十里，吴滩，姚湾。三十里，钝埠。二十里，仙人潭。五里，临江滩。五里，里溪。二十里，清江。二十里，柏树湾。五里，石溪，对河梁口。三十里，彭古。五里，抱子（今名抱子岩）。十五里，宁州（清朝改义宁州，民国初改修水县）迎恩门，三里犀角津，买卖炭船皆泊于此。

按：从湖口过鄱阳湖至吴城，向南行至南昌，西行修江，可上至修水县城。

卷一之四十三 从湖口经过谢家埠至福建延平府路程：

湖口县，六十里，青山。六十里，南康府。二十里，至左蠡，西往南昌、吉安等处。二十里，渚矶。二十里，都昌县。六十里，饶河口。五十里，至康郎山。五十里，八字脑。三十里，柘林。四十里，谢家埠（在今南昌县）。六十里，清远驿（今临川县东北）。六十里，抚州府。六十里，石门驿（今金溪县西南）。六十里，至建昌府（治今南城县）。（往福建省水陆路略）

按：此由湖口南行过鄱阳湖东航道由柘林进入抚河道，经谢家埠至抚州，然后上溯盱江至南城县，由此可由陆路入福建。

卷一之五十二 自仪真（今江苏仪征市）长江段进入鄱阳湖，至南昌，再往吉安府水路：

仪真县（江苏、安徽省水陆略），八十里，雷港驿。八十里，彭泽县龙城驿。八十里，湖口县彭蠡驿。十里，至文昌洪。二十里，鞋山。五里，女儿港。五里，大孤塘。十里，长岭。十里，至青山头。二十里，谢司港。五里，神灵湖。五里，南康府匡庐驿（在星子县城南）。二十里，至左蠡。东往饶州、抚州、福建等。

西十里，莺子口（当为罂子口，即左蠡与扬澜之间）。十里，渚矶。三十里，至吴城驿，右往宁州。六十里，昌邑。三十里，牛栏三望。三十里，樵舍驿。二十里，八字脑。二十里，石头口。十里，江西省（省城，即南昌）南浦驿。二十里，生米观，即高家渡河泊所。二十里，象牙潭。十里，市汊驿，左往瑞州（治高安县，有锦江）。二十里，张吴渡。三十里，大江口，慎小人。十里，至小江口，慎小人。十五里，曲港。十里，丰城县剑江驿(在城北)。十五里，黄土脑。十五里，杨子洲。十里，老虎口。十里，樟树镇，药材俱分于此，有神福。十五里，临江河口。十五里，潇滩驿。十五里，永泰。十里，出粮石，大杨州，小神福。十五里，至石口。十里，河埠。二十五里，新淦县金川驿。十里，至长牌。十里，童江湾。十里，富口。五里，玄坛观。十五里，三曲滩，有吉水县白沙驿。三十里，大洲头。十里，罗紫山，有忠臣庙，文天祥墓在此。十里，吉安府庐陵县螺川驿。

按：此由江苏逆水行船于长江，进入鄱阳湖。至罂子口(左蠡，今都昌老爷庙处一带水域)，由东航道可往饶州鄱阳县，南行至抚州。由西航道行至吴城，西行往修水县。南行入赣江至南昌，沿赣江行至吉安。

第二节　江西的漕运与粮食贸易

明代漕运制度达到鼎盛时期。漕运总督全称"总督漕运兼巡抚淮、扬、庐、凤四府（淮安府、扬州府、庐州府、凤阳府）并徐、和、滁三州"（徐州、和州、滁州），驻淮安府。漕政是漕运总督的主要职责，漕督负责选择运输的官兵、修造漕船、安排漕粮的收缴、起运，到漕船北上抵达通州，并随时向皇帝奏报水运过程中遇到的重大事项。除了统辖驻所一带的漕运外，还在每省设督粮道。粮道以下有监兑粮官，由同知、通判兼任其职，江西也不例外。

明初，漕运的组织和漕船的建造均由纳粮户自办。宣德六年（1431）实行兑运后，为军民分办。成化七年（1471）改为官办。卫、所中的运丁改名"运军"。当时规定江西卫、所的每艘漕船规定配备运军11名。

还有漕船免税贩运"土宜"的成规和加载带运漕米的"洒带"补贴。漕运经费的节余部分、"土宜"收入、"洒带"补贴，成为运丁获利的重要来源。

明初，徐达北征时，朱元璋即"命浙江、江西及苏州等九府，运粮三百万石于汴京"①，供应北伐大军。汴京即今开封。永乐十九年（1421），明成祖朱棣改都北京，江西漕粮改由民运至淮安仓交卸。漕粮数除折征银两部分外，需约六十万石。

成化八年（1472）以后，漕粮由卫、所官军运送。卫、所始改为漕运组织，承办漕运事务。在重要的城镇设守备以节制本区各卫所，管理营务，职掌漕运粮饷。如同治版《南康府志》引旧志："南康营，明嘉靖十八年，因南康滨湖，设立守备一员，以便防御。四十一年，改于康郎山。"②初在南康府星子县，后改在余干康郎山，均水运要冲，这是为保障地方安全而设的军事力量，防范劫匪，保卫行船的安全，也是其职责所在。所以，通常设于地势险要之处、水道要津。如《庐山志》中记载南湖嘴时说："制御水盗，地甚重要。"③

成化七年（1471）推行长运法后，江西漕粮在各交兑地点由卫所运军运送到通州交卸。省内漕粮集并先由民运至受兑县指定港口储仓候兑，最后集中于南昌港储仓装船。成化八年（1472）额定，江西漕粮（包括正兑米、改兑米、副米）年约七十七万石，仅次于江苏、浙江，位居第三。据嘉靖版《江西通志》卷二十四载，全省合计漕船866只，运米四十万石。④

漕船经过鄱阳湖，进入长江下游，必须特别坚固。漕船三年小修，六年大修，十年更造。每船装米正耗合计四百七十二石。后来漕船减少，一船有装载七八百石。

此外，还有大量粮食运销周边邻近闽、粤、皖、苏、浙等地区。明中叶以后，江浙粮食种植面积减少，从事粮食生产的农业人口缩减，导致粮食总产量大为减少，加以市镇数量的增加、规模的扩大，非农业劳

---

① （清）张廷玉等纂：《明史》卷七十九《食货三·漕运》。
② 盛元纂，查勇云等点校：同治版《南康府志》卷十一《武备》，江西高校出版社2006年版，第209页。
③ 吴宗慈撰，胡迎建校注：《庐山志·山北第三路》，江西人民出版社1996年版，第163页。
④ 许怀林：《江西史稿》，江西高校出版社1998年版，第509页。

动人口增多，又加大了当地的粮食消费量，以前的余粮输出区开始变为粮食输入区。江西、湖广等地的粮食开始销往江浙。晚明人黄希宪在其《抚吴檄略》卷一中说："吴所产之米原不足供本地之用，若江、广（指江西、湖广）之米不特浙属藉以济运，即苏属亦望为续命之膏。"① 江西的米船相继行销江浙城乡，"商人载米而来者，舳舻相衔也"②。有些与江西接邻的地区，如浙江西部常山毗邻江西广信府玉山县等地，若无广信府诸县大米接济，浙西一带，"则终岁饥馑者十家而七矣"。如果湖广、江西也遭到灾荒，则南京的粮价就会猛涨。明代中后期的顾起元曾记载："金陵百年来谷价虽翔贵，至二两或一两五六钱，然不逾数时，米价辄渐平……而湖广、江西亦荒，米客不时至，则谷价骤涌，而人情嗷嗷矣。"③ 由此可见，如果湖广和江西地区遭灾，无米运销南京，则南京米价大涨。

安徽皖南山区，山多田少，土地贫瘠，粮食不足，明代以来是缺粮区，主要依靠江西产的粮食以船运供给，"徽（州）池（州）之间，人多田少，大半取于江西、湖广之稻以足食者也，商贾从数千里转输"④。徽州的粮商往往云集江西，通过水运，将稻米贩往徽州后转售坐贾；有的牙商坐镇江西，设立米号，收购粮食。这种状况一直延续至清代，康熙《徽州府志》记："赵士吉曰：郡处万山，百货皆仰外……一日饶河闭籴，则徽民仰屋；越舟不至，六邑无衣。"当地人汪伟在奏疏中也写道，徽州介万山之中，粮食仰赖饶州鄱阳、浮梁，"一日米船不至，民有饥色，三日不至有饿莩，五日不至有昼夺"。

与漕运数量相匹敌的商货运输，航程长，运量大，航线多。从南昌、九江、鄱阳、吉安、赣州、樟树、河口、吴城和景德镇等港口起运的出江物资，明代更趋繁盛。货物去向以长江下游各港居多，长江以上武汉港，赣货在明中叶以后运至那里的也相当多，茶叶的外运亦属大

---

① （明）黄希宪：《抚吴檄略》卷一，（日）《内阁文库藏明代稀书》。
② （清）顾炎武：《天下郡国利病书》卷一二〇《江南》。
③ （明）顾起元：《客座赘语》卷二《议籴》，中华书局，1987年版点校本，第56页。
④ （明）吴应箕：《楼山堂集》卷十二《江南平物价议》，中华书局1985年版，第139、140页。

宗。鼎盛时外运茶叶数量年达30余万担，外销茶大部分由饶河、赣江集运九江外运。

明万历十九年（1591），景德镇瓷器由昌江下运九江的外运量达二十三万余件。此外，江西夏布、土棉布、糖类、花炮、鱼类、冶铜、铜品外运数量也很大。从淮、浙、粤三地运入江西的食盐数量仅次于粮食出口数，明代年运量约九千一百万斤，这些大多依靠水运才能进行。

第三节　江西的造船业

江西是漕粮的主要供应地之一，明代南昌、江州、饶州的漕船和民用内河航运船的制造业兴旺。永乐年间多次下令造航海用船，江西是制造地之一，生产用于海运的大型船舶。永乐三年（1405），"命浙江、江西、湖广改造海运船十有二艘"[1]；六年，"命江西、湖广及直隶苏松府造海运船五十八艘"[2]；七年，"命江西、湖广、浙江及苏州等府卫造船三十五艘"[3]；十年再造一百三十艘；十一年，"命江西、湖广、浙江及镇江等府改造海风船六十一艘"[4]。据嘉靖《江西通志》载，当时江西合计有漕船866只。漕船三年小修，六年大修，十年一换。成化年间，由军事卫所承办漕粮运输以后，有专门建造的漕船。漕船大小初无定制，每船载重量在五百石左右。

漕粮巨额的数量以及沿途的险滩与激流，要求江西的漕船既要容量大，又要坚固耐用。宋应星的《天工开物》将苏、湖漕船与湖广、江西的进行比较后，认为湖广、江西的漕船必须坚固才能胜任运送漕粮的任务，"苏、湖六郡运米，其船多过石瓮桥下，且无江汉之险，故柁与篷尺寸全杀。若湖广、江西省舟，则过湖冲江，无端风浪，故锚、缆、篷、

---

[1]《明太宗实录》卷三十九，"永乐三年十一月丁酉"条。
[2]《明太宗实录》卷八十五，"永乐六年十一月庚戌"条。
[3]《明太宗实录》卷九十七，"永乐七年十月壬戌"条。
[4]《明太宗实录》卷一四三，"永乐十一年九月辛丑"条。

栀，必极尽制度而后无患"[1]。这是因为长江中下游的船只，要通往更为复杂的航道。

还有兵船，天启元年（1621），福建巡抚遣同知关某在饶州督造战舰。崇祯十六年（1643）水师副将、闽人郑鸿逵率兵造战船于饶州，历时一年才完成。

从苏葵的《左蠡阻风作讼风伯》诗中可见：大船称为"艨冲"，小船称为"舴艋"。从《天下水陆路程》一书中可知，在江西一些较浅的河道，行驶有三板船，载人用的筐子船。

第四节　水路设施的修造与疏浚

在鄱阳湖航道行船，风浪大，有翻船的危险。有时遭遇阻风，无法前行。建造港口以停泊，避风、休憩。为了商旅的安全与贸易的开展，地方官府非常重视此事。景泰五年（1454），南康知府陈敏政再修紫阳堤。竣工后，作有《紫阳堤记》以记其事，记中云：

> 彭蠡湖汇江西十三郡六十余县之水，由湖口以出于江。每春夏雨集，峡水甚长，江流湍急，而湖水势缓，为江流所遏，弗得出，则水益涨而益阔，弥漫数百里，长洲巨滩皆没，不得踪迹，与洞庭、震泽俱为天下之巨浸焉。凡舟楫之经于是者，幸天晴风便，波浪不兴，则扬帆径度，亦易易耳。不幸半济之顷，风雨骤作，巨浪如山，前奔后拥，潜蛟怒鲸从而出没以作其势，舟行稍失便利，辄荡覆破碎。虽有仁人义士望而怜之，莫克救援也。南康当扬澜、左蠡之冲，波浪之险尤甚，故凡舟之至是者，必择深湾曲港泊之，以俟风平浪静然后行。其近地可以泊舟者，上三十里曰濂溪，下五里曰神林浦，客舟往往聚焉。惟郡旁皆高崖峻岸，洪涛巨浪，日夕冲撞其间，非特往来者无所于休，而居民之舫，驿递之舟，亦无所于藏。由是商旅不停，贸易靡获，而居民益贫。惟所

---

[1]（明）宋应星：《天工开物》，卷九《舟车》。

谓西湾者，水涨可容数百舟，而其湾浅狭，内无委曲之港，外无捍浪之堤，南风卷浪，往往毁民垣壁。①

此文描绘了巨浪中行船的艰危，并论述了有港湾停泊船只的重要性。如果无法停船，在这里就无法进行贸易，货物不能流通，这里的居民将会更加贫困。

虽然在宋元祐间，南康军城前已建造了石堤，淳熙年间，南康知军朱熹又大举重修，但年久失修。正统元年（1436），南康知府翟溥福增筑石堤，在任六年，被誉为此邦第一贤守。景泰五年（1454）夏，陈敏政倡议并动员手下僚吏、当地富绅巨商"或助之谷，或济之财"，"乃悉取旧石之倾圮者而重甃之，炼石为灰，煮糯为粥，两石之罅，以粥和灰而胶之，俾坚若一，且浚澳之壅，益堤之高。计用谷七百石、银二千两有奇。经始于乙亥之十月，毕工于丙子之九月。长广如旧，加高三尺。远而望之，宛若一城，屹立于巨湖之滨，以扼洪涛而障巨浪。居舟行楫，咸得其所，而忘风涛之险"。

万历十九年（1591），南康知府田琯于城南紫阳堤东增筑石堤一百余丈，人称田公堤，后来统称为紫阳堤。万历四十五年（1617），知府袁懋贞在堤与岸之间建紫阳桥，岸上不远即紫阳门。

在南康府管制的鄱阳湖北部航道，都昌县西北鄱阳湖水域称为土目湖。湖旁有马鞍山，山南前有土目矶、鹞子石，水涨石礁淹没，舟船如果碰触到了，立即破碎。传说有妖隐匿石中，兴风作浪，掀翻船只。崇祯十六年（1643），南康司理廖文英建铁柱于土目矶。余忠宸《铁柱记》中说："岁癸未，廖公治康之四年……一旦巡柔郡国，过鹞石，作而叹曰：'茫茫万千，眇兹一拳，固敢咽舳舻，吞人货，冯水国而雄夜郎乎？且夫除害兴利，苟利社稷，专之可也。'"②说明他看到了礁矶对往来通航的危害性。廖文英，连州人，是一个敢作为的地方官员，他首倡捐货数

---

① 盛元纂，查勇云等点校：同治版《南康府志》卷二《建置》，江西高校出版社2006年版，第108页。
② 吴宗慈：《庐山志》纲之六《艺文》《历代文存》，江西人民出版社1996年版，第78页。

百两。秋日动工，半年完成。先在南昌铸锻铁柱，运至土目矶，立于鹞子石上，用铁架四维以镇之。铁柱"高二寻，大围四尺""公斋宿如初礼，驱车土目，再檄神而树焉"。当时还传说，礁石过于坚固，无法凿洞固定铁架，杀白狗压此方能成功。后来湖中有物如牛，离开此地远去。"至期凿石，不能入，磔白犬压之，石乃穿。铁柱立数日，土民忽见湖间涌出物如牛状，乘巨浪往东湖，相传以为蛟精去云。"①

有了铁柱立于此，即可指示来往船只，小心触礁，往来舟船称便。这是载之于方志中的江西内河最早设置的航标。

万历五年（1577），川人古之贤来任抚州知府，力排众议，不畏风险，大规模重建抚河东岸的千金陂。从浙江聘请陈琛等五名技工指导修筑，委派同知闵达和徐楠负责管理。在千金陂旧基上用泥土筑起一道高大厚实的堤坝，与唐代遗留下来的堤堰相连接，一并修复加固，铸铁犀牛以镇蛟龙。抚河水全都回归正道，绕城郭而流，构成郡城风水坚固的形势。明代人章光岳在《复修千金陂记》中说："余尝闻父老言曰：金堤未堰之先，郡城萧条仅同一村聚，人文落落如晨星，城之内外，列弟子员者仅五六人，市肆几可罗雀……殊不似大邦气象。迨堰城而后人文鹊起，科甲蝉联，鸣珂纡金者肩摩踵接，博士弟子且数百计，声名文物，丰隆都雅，百倍爨时。"

当时居家于城外水患区的大戏剧家汤显祖，兴奋而作《行千金堤怀蜀人古太守》诗云："曾用三犀压水精，蜀人文雅世清平。年来太守风流尽，分付渔歌与棹声。"赞美了古之贤在抚州任知府期间修筑千金陂，并在堤上铸铁犀牛镇压水精，为抚州百姓造福的德政善举。

汤显祖还作有《金堤赋》，共330多句，近2000字。概述堤的坚固与豪壮的气势，追述修堤历史、地理环境以及功能，然后记叙建堤过程并赞颂其功绩，最后补叙铸铁犀于堤上是为镇压水精保平安。全赋洋洋洒洒，一气呵成，洋溢着作者的爱乡爱民之情怀。其中曰：

惟金堤之势象兮，何龙龙之丰沛。回渊璇之大旷兮，慨云敦而山

---

① （清）吴炜：《庐山续志》，转引吴宗慈《庐山志》纲之二《山川胜迹·山南第四路》，江西人民出版社1996年版，第314页。

逝。风犹摇而墨津兮，夜闻訇其砲累。潇苏胥其澶没兮，似沈秋之寂历。击洪頵而降潦兮，久驰精其有怵。兽萧条而噪暮兮，涛浤虚而若失。兴唐途而再谛兮，窃独寒其荡稷。响穷山之奋瀑兮，殷渌雷之切迭。諕中城以朝彻兮，瀚空注隆而疏越。容搜骚而淫落兮，令人深感而不寐。岂圜兴以条惑兮，石涵牙而踵跖。下层积以互柱兮，上舒斜而齿陛……

作者采用楚辞句式，以丰富的辞藻刻画天地万物的奇伟、壮阔的崇高美的优势，运用铺陈、排比、比喻、夸张，再现千金堤的大场面、大境界。把意与境、情与景、动与静、远与近、古与今等方面有机组合起来，将神话、传说、典故穿插其间，让人看到千金堤的雄伟壮观。

清康熙初年，临川知县胡亦堂有《抚河水系诗》记载明代这一段治水史云："岁人复患溃激冲，明古郡伯运神工。度形取石高低布，铁犀一铸惊蛟龙。从此洪波循故道，安澜不惊民永保。河东耕播歌康衢，桑麻蓊郁禾不槁。""明古郡伯"，指的即是明代抚州知府古之贤。由于围堤筑坝，从此洪水循故道流泄，安澜不惊，既形成了灌溉渠道，又便于通航。汤显祖有诗云："泛羽流波芳树新，船中稳坐唱歌人。可怜三月桃花水，不似千金堤上春"（《上巳渡安仁水有忆两都》），以为余江之风光，不如故里临川的抚河千金堤之春光。

随着鄱阳湖流域经济贸易的繁荣、新的州县增置，陆路与水路也得到治理。

据清同治版《大庾县志》记载，成化十五年（1479）、天启四年（1624）曾对大庾岭路进行过程度不同的维修和整治。这些修治工程使得山路与赣江水路联系更加紧密，从而出现了"燕、赵、秦、晋、齐、梁、江淮之货，日夜商贩而南；蛮海、闽广、豫章、楚、瓯、新安之货，日夜商贩而北"[1]的繁荣景象。

---

[1]（清）李鼎：《李长卿集》卷十九。

第五节 四大名镇与水运

明代在鄱阳湖—赣江—章江水道旁形成了吴城、樟树、赣州、大庾四大商业市镇，在信江—鄱阳湖水岸形成了铅山、玉山两大商业市镇。昌江畔的景德镇继续以瓷业发展促其繁荣。樟树镇以经营药材为主，河口镇以纸张、茶叶而兴起，处江湖之会的吴城镇以货物集散为主，成为远近闻名的大集镇，这都与水运的便利有着密切的联系。

景德镇 明洪武年间，有御器厂一所，辖窑23座，至宣德年间有58座。民窑数量更大，隆庆、万历年间达900座。明代景德镇已经成为全国的瓷业中心，景德镇生产瓷器不仅数量巨大，质量精美，而且品种众多，销路极广。《天工开物·陶埏》载，明时"合并数郡，不敌江西饶郡产"，"中华裔驰名猎取者，皆饶郡浮梁景德镇之产也"[1]。"饶为巨郡，郡辖七邑，而浮梁处万山之中，提封百里详，人物醇厚，礼教聿兴。景德一镇则又县南大都会也，业陶者在焉，贸陶者在焉，海内受陶之用，殖陶之利，舟车云集，商贾鹜聚，五方杂处，百货俱陈，熙熙乎称盛观矣。"[2] 瓷器销往海内外主要靠的是水运。王士性说："遍国中以至海外夷方，凡舟车所到，无非饶器也。"[3] 指出舟车运输的不少是饶州景德镇瓷器，销售范围极为广阔，"自燕云而北，南交趾，东际海，西被蜀，无所不至，皆取于景德镇"[4]。考古结果也表明，明代景德镇瓷器除了销往江西各地外，远到河北，南到两广，东到山东、江苏，西到陕西。景德镇瓷器或是被明朝廷赠送国外，或是被各"入贡"使者大量买去，或随同郑和下西洋的船队带往南洋各地，或被商贾贩运出海，甚至有欧洲商人前来定制。官方贸易频繁，民间贸易活跃。成化十四年（1478），浮梁县商人方敏"凑银六百两，买得青白花白碗、碟、盆、盏等项瓷器，共

---

[1]（明）宋应星：《天工开物》卷七《陶埏》。
[2]《明英宗实录》卷一六一"正统十二年十二月甲戌"条。
[3]（明）王士性：《广志绎》卷四"江南诸省"。
[4] 明嘉靖版《江西省大志》卷七"陶书"。

二千八百个",船运至广东海外,卖给"番船"。①

樟树镇 地处赣江中游,居吉安、南昌之中,东连抚州、建昌,西通瑞州、临江、袁州,所谓"烟火万家,江广百货往采,天下雄镇",尤以经营中药材为由已久。宋室南渡后,北方的医学和药材炮制技术流入樟树镇,南宋宝祐六年(1258)建药师院,之后这里常举行药市。发展至明代,川广药商"百里环至,肩摩于途",当时药商云集,车水马龙,成为药材集散的转运码头。樟树药商多深入产地贩运药材,并在湖南、湖北、四川、广东、广西、贵州、云南、山西、陕西、河北处设行开店,坐地经营,为增强行业的竞争能力,通过师徒、姻亲和邻里同乡的关系,相互支援,提携照顾,从而形成"路道药帮"。中药材来源于全国各地的植物、动物和矿物,若使其达到完备,就必须采取交流与调剂等手段。外地药商也纷纷携带当地的药材,到樟树镇交流,此即谚语所谓"药不到樟树不齐,药不过樟树不灵"。川广药商"百里环至、摩肩于途"。明中期,药师院改为药师寺,立"药墟"石碑。每年九月樟树药市更加繁盛。本地生产的枳壳、枳实、陈皮、黄栀子等药材行销省内外。

药业的兴盛与水运的便利,促使樟树镇经济快速发展。洪武年间,明朝廷在樟树设巡检司,置税课局征收商税;宣德四年(1429),樟树镇被列为全国三十三个税收大市镇之一。成化年间,赣江改道,樟树镇成为袁水与赣江的交汇处,樟树镇商业更趋发达。正德年间,樟树镇成为全国三十三个重要税课城镇之一。弘治年间,樟树镇商民势力壮大,几次出现了因反对地方藩王增税起而罢市事件。后来,宁王朱宸濠叛乱,商贾纷纷避乱至樟树,加快了樟树镇的发展步伐,逐渐成为赣江流域最重要的商货流通中心。

汇集于樟树的商货交易除药材外,还有木材、布匹、日用器具等。当地文人熊化在《樟树镇记》中记载:"镇于邑治股肱也,以奉腹则噤喉也。地当水陆要冲。舟车所过抵,货贿灌输,通八省之利。……列肆多食货,若杉树药材、被服械器。诸为闽用者,肩摩于途;皂矾、赤朱、

---

① (明)戴金编:《皇明条法事类纂》上册卷二十《接买番货》,据东京大学附属图书馆藏钞本影印,古典研究会,1966年版。

綦巾大布，走东南诸郡。"[1] 王士性游历所见："樟树镇在丰城、清江之间，烟火数万家，江广百货往来，与南北药材所聚，是称雄镇。"[2] 崇祯间的《清江县志》追忆万历间盛况："樟滨故商贾凑沓之地也"，"帆樯枦比皆药物。"因药市和航运贸易的兴旺，官府在樟树镇所征的税银激增，由明初每年的170两，增至万历年间的1720两。

河口镇 隶属广信府铅山县，古称沙湾市。明代以前，信江和铅山河合流处在汭口，明初，两水交汇处改道至此地，遂称河口，逐渐成为以转运贸易为主的商业城镇。信江至河口以下水面增宽，可航行较大型的木帆船，因而往来者在此须换乘大一些的船只，顺信江而下达于鄱阳湖，经鄱阳湖进入长江；或由鄱阳湖南端溯赣江而上，越大庾岭往岭南；亦可转抚河而上。由河口沿信江溯流而上，至玉山转陆路80里达浙江常山，则可进入钱塘江水系，这条水道连接赣浙闽粤数省。

万历年间河口镇已是商贾辐辏，百货汇集，便利的水运、本地物产以及货物的集散，使得河口镇规模快速发展。嘉靖、万历时期，已是"技艺杂沓，盖期舟车四出，货镪所兴，铅山之重镇"。由于商业的繁盛，原驻铅山县西部湖坊集镇的巡检司也移驻于此。万历间费元禄有言："河口，余家始迁居时仅二三家，今阅世七十余年，而百而千，当成邑成都矣。"[3] 河口镇居住的人口中，"主户十之二，客户十之七"，[4] 可见，外来人口已经成为该镇的主要居住者，使得河口成为以商人为主体的典型商业市镇。

河口镇水路运输发达，"商贾云屯雨集，五方杂处"。据明万历《铅书·食货》载：在河口聚散货物者有福建的铁、生布、笋、白砂糖、荔枝、龙眼；广东的锡、红铜、漆器；浙江的湖丝、绫绸、西塘布、大梭布；湖广的罗田布、沙湖鱼、孝感布；江西的菜油、干鱼、生布、麻布、

---

[1] (明)熊化：《樟树镇志》，见清江县志编纂委员会编：《清江县志》，上海古籍出版社1989年版，第546页。
[2] (明)王士性：《广志绎》卷四《江南诸省》。
[3] (明)费元禄：《晁采馆清课》卷上，见许涤新、吴承明主编：《中国资本主义发展史》第一卷《资本主义萌芽》，人民出版社2003年版，第85页。
[4] (明)万历版《铅书》卷二，万历刊本胶卷。

棉纱、布、丝、绵绸，还有当地的造纸，皆商船往来货物之重者。河口人还因势利导，引进两江之水，在镇内开凿一条长达3.5公里的"人工运河"，河道两岸用长方形石料垒砌，每隔一段河岸，砌有临水石阶，以方便货船停靠或商旅上下。临河街道大小店铺紧密相连。据明嘉靖《铅山县志》载："商贾往来不绝，货聚八闽川广，语杂两浙淮扬。"在河口营销的这些商品大多来自闽粤、江浙、湖广，也有一部分采自安徽、河南、山东等省，由浙江过屏风关入赣，在玉山县入信江转大庾岭商道，河口遂成为其必经之地。铅山商贩贸易之盛，可以想见。

明代纸张产地主要集中在信江沿岸的铅山、上饶、玉山一带，纸张的外运多经河口镇转驳，陆运江、浙等省。铅山本地丰富的物产，尤其是纸张、茶叶的大量生产及转运外销也使河口市场有了雄厚的经济基础。距河口镇七八十里的石塘镇，以出产纸张为名，所产纸张均运往河口外销。万历二十八年（1600），该地"纸张槽户不下二十余槽，各槽帮工不下一二千人"。县内各地所产纸张，或经陆路用人工肩挑背驮，或经铅山河、杨村河、陈坊河假船运至河口集散。玉山、广丰、上饶县所产纸张也由水路运至河口重新包装外销，福建光泽、崇安等县产的纸张先运陈坊、湖坊、石塘、紫溪集中，再运河口。明嘉靖前后，福建连史纸的生产技术传入铅山，铅山各地也开始生产连史纸，大多运至河口转运外销。[1]后来在此设立广信府造纸局。

河口镇还是大宗茶叶贸易的场所。宣德、正德间，铅山有小种河红、玉绿、特贡、贡毫、贡玉、花香、香馨行销市场。至万历间，"河红"名声远播，外地商人纷纷前来河口、石塘、陈坊等地订购。县内所产茶叶往往先经陆路或水陆运至河口，加工包装后再装船外运。福建崇安、光泽等县的外销茶叶，也是先运往河口，加工后再外运。[2]

吴城镇 在南昌府新建县境内，距省城南昌180里，地处鄱阳湖西岸。扼守江西水路咽喉，是吞吐商货的枢纽。明清以来流传谚语云："装不尽的吴城、卸不完的汉口。"赣江北支自南昌西南经由这里入鄱阳湖，

---

[1] 铅山县志编纂委员编：《铅山县志》，南海出版公司1990年版，第278页。
[2] 铅山县志编纂委员编：《铅山县志》，南海出版公司1990年版，第278页。

赣江流域各种农副产品及由大庾岭商路输入的洋广杂货，都要在吴城转口换大船出长江，[①]转销鄂、皖、豫诸省。吴城又称"两水夹流"之地，修水由西至此，汇合赣江而入鄱阳湖。修河水浅滩多，吴城以上只能通小船，凡由修河运至吴城的商货，或由吴城内运往修河中上游的货物，须在吴城换载大船。修河一直是赣西、赣西北山区农副产品和手工制品输出的重要水道。[②]

唐宋时期，吴城镇虽有商人驻足，但直至明代初期，仍然"居民鲜少"，"蜿蜒三里许，前河后街，店屋百十数"。由于经济与商贸的发展、人口的繁衍，明中叶以后，吴城镇逐渐成为江西四大商镇之一。从明弘治朝开始，官府还在吴城设置兑粮水次，专仓屯运宁州、武宁、奉新、靖安四县的漕粮，加强了吴城与这些地区的经济联系，又出于稽私和治安的需要，还在吴城设置了巡检司和驿站。正德年间，宁王朱宸濠起兵路过吴城，造成较大破坏。万历年间，邹元标曾过吴城，当地父老中，"有庞眉、熟掌故者"告诉他说："正德间宸濠构兵，市镇摧残，赖新建（王守仁封为新建伯）力起而清之，然当时烈焰蔽空，血腥江渚，湖水几赤矣。肃皇中兴，底定垂四十年。庚辛季侗、瑶称兵，与县官角，祸及一藩臣，洋洋饱所欲而去。市民多亡匿，此湖几为盗薮。天挺我皇，仁孝夙成，庶几复见宏嘉之盛。"正德年间至邹元标来时相隔百年，几经兴衰，"长江依然贾舶官舰络绎不绝，孰非人为之哉！余宿沙濑，闻榜人歌五方之音不同，要以熙皞恬愉，仰赖圣化者则一"[③]。这里依然贸易活跃，船舶络绎不绝，且在此作业者的方言口音来自四面八方，说明这里的商贸逐渐兴盛，水运发达。

明代中后期，由于货物进出量大，吴城成为赣江流域、修水流域货运进口的总码头港口，至万历年间，这里"不下五七百烟……依然贾舶官舰，络绎不绝"；"四方商旅所辏集，往来舟楫所停泊……舳舻十里，

[①] 沈兴敬主编：《江西内河航运史》，人民交通出版社1991年版，第96页。
[②] 梁洪生：《吴城商镇及其早期商会》，载《中国经济史研究》1995年第1期。
[③] （明）邹元标：《望湖亭记》，转引《千年吴城史话》，成都出版社2014年版，第129页。

烟火万家"[1]。吴城码头集散的货物，以茶叶、木材、食盐、纸张、苎麻为大宗，民间流传："茶商、木客、盐贩子、纸栈、麻庄堆如山。"[2] 因此，吴城镇是一个依赖水运而兴起的商业市镇。

明代江西是木材出口的大省。木材商人多以吴城为集散地，赣江、修水、抚河等流域的木材扎成小排，顺江而下，汇集吴城，然后在此重新扎为大排，出湖口，入长江，运销至苏州、扬州、南京等地。江西的不少山区种植杉木、竹林，是山民谋生的重要方式之一。杉木广泛用于建筑、桥梁、船舶、家具、器具等方面，长江中下游流域需要量极大。

第六节　钞关与其他小市镇的兴起

为保证稳定的商税收入，扩充财源，明朝廷在江西南北两端水路要冲设置钞关，赣北有九江关，赣南有赣州关。两大钞关的设立，既是商贸繁荣的反映，也说明其地过往船只的众多。明代江西商人活跃在大江南北，远达云南贵州，号称江右帮，与晋商、徽商鼎足而三。

九江钞关　九江是鄱阳湖赣江水系与长江交汇点，地理位置重要。明代九江城规模扩大，嘉靖时九江府城共有十八坊，在沿江一带形成一大片港口商业区。龙开河即湓水，在九江府城西注入长江，河面宽阔，嘉靖间在入江的湓浦港两岸修建石砌码头，"长六十余丈，宽二丈，上砌二平台，随舟往来抵泊"，是九江最重要的港口码头。[3]

因九江地理位置之特殊，商贸之繁荣，过往船舶之众多，朝廷在宣德四年（1429）在城西门外设九江钞关，向往来长江与由长江转入鄱阳湖的船只征关税。"量舟大小修广而差其额，谓之船料，不税其货。"[4] 根据船长宽丈尺的不同收取税费，一般不计较所载何物。这或者说明收取的其实是交通费。因为以纸币交税，故名钞关。九江钞关成为全国八

---

[1]（清）梁份:《怀葛堂集》卷四。
[2] 许怀林:《江西史稿》，江西高校出版社1993年版，第549页。
[3] 孙述诚主编:《九江港史》，人民交通出版社1991年版，第54、55页。
[4]（清）张廷玉等:《明史》卷八十一，《食货五·商税》。

大钞关中唯一设在长江上的钞关。税额起初每年15000两，以后逐渐增加。至万历年间其税额为25000两，占全国八大钞关税收总额的7.3%；天启时为57500两，占总额的12.0%。[①] 明代中后期，九江钞关成为"四方商贾骈集其地"，经由九江关流通的商品以粮食、竹木、食盐、茶叶等项为大宗。九江成为全国四大米市之一，粮食为此地过往的最大宗商品，从湖广、四川输往江浙的米谷船只均需经由九江，江西本省米谷也多由此输往长江下游的江浙各地，"江广为产米之区，江浙等省采买补仓，江西之九江关乃必由之路"。

云、贵、川、湘所产木材顺长江而下至九江，赣南、赣中山区的竹木由赣江经鄱阳湖、长江转销江南及华北。档案记载称，九江关税"惟木税最大，船税较轻"，"木由川楚及本省之吉、赣等府，商人扎排贩赴下江发卖"[②]，说明木材货易额极大。食盐也是九江关税收之大宗。由九江过境的食盐主要是销往湖广两省的淮盐，船载淮盐溯长江而上，经九江而至武昌，然后分销湖广各府。茶叶多来自福建武夷山区和本省浮梁、修水等地，也是经由九江关的重要商品之一。此外，江浙绸缎布匹上溯长江中上游地区，广东物产由大庾岭商道入鄱阳湖然后进长江航道，江西的瓷器、纸张、夏布、药材输往长江上游，均需经由九江转运。

嘉靖四十二年（1563），在湖口县新置钞关，地点在上石钟山麓。此地岸石巉岩，江湖相汇，湍回浪急。未设关厂时舟樯经过湖口，不必停泊。设关以来，过往船只必须找到港湾停泊。下水时，正当回流之横冲，难以近岸；上水时，逆溜头之激射，难以进港。江底无泥，铁锚难施，一旦风浪骤发，跳踯待毙，由此激起商民怨声载道。每有官员上奏，建议裁撤此厂，以救民命。时任按察使的张启元有《湖口山水奇险请罢新厂疏》云：

　　臣以为湖口之厂，所逐者锱铢之末，而本实先拔矣；是其利国家也

[①] 许檀：《明清时期运河的商品流通》表1，载《历史档案》1992年第1期。
[②] 参见许檀：《清代前期的九江关及其商品流通》，载《历史档案》1999年第1期。

恒少，为害之大，岂可胜言哉！九江之厂，所以讥商贾也，而榷征随之。嘉靖四十二年（1563），又添设一厂于湖口。所收料银，附九江并解。当时建议者，不过网罗商旅，讥察江河而已。讵知其为南土之陷阱，大江之炮烙，一至于此也！臣备员南路，遇东南来者，莫不蹙额曰："昔年盗在江中，今日盗在湖口，江中之盗劫财，湖口之盗劫命，始作俑者，恨不得啖而食之。"其初也，逐利于家僮，而今乃流毒于生灵，而莫可挽也。……此厂一设，徒快意于湖口之市井，而落胆于江汉之往来。实媒利于委官之私橐，而嫁言于内帑之密网也。查每船梁头一尺，料一钱，明耗三，暗耗二，单头三十人，银匠二十人，大半豪家者揽之，单头保者三钱，再上下者认保一钱，银匠倾销秤兑五分。且昔之纳料论季，今之纳料论遭；昔之纳料论载，今之纳料论船，小而脚船，亦所不饶。停泊稍迟，即以越关抵罪。上而入临、吉者，既税于九江，又以小票重需于湖口；下而入汉、黄者，既榷于湖口，仍查印票不脱于九江，名为两关一料，实为两关两料，未尝立关御暴也。而且重关为暴，非惟尽民之利也，抑且戕民之命，何其忍耳……

皇上发政施仁之始，正宜敬法祖宗，留神民命，罢去此厂，以祛贪奸之弊，以收爱子之心，则大江有利涉之庆，而九重周水陆之隐矣。臣所谓重末轻本、以小利贻大害者此也。倘议者以"船之由九江即有输料，其往来庆、池等处而不由者，讵肯纵之脱然？并寓讥考，以防奸细，亦有不容撤者。"臣窃以为过矣！南康巡捕之官，可以盘诘庆、池之往来者，可脱然于四十二年之前，而不可脱然于四十二年之后乎？且由九江而湖、襄者，道路远而生息繁，不由九江而下庆、池者，道路近而生息寡，九江之厂，非漫无见而致遗算于湖口也。

万一不允撤厂之请，请易建厂之地，可乎？由湖口而上，有地曰大孤塘，南北土岸，水势纡缓，可免冲激之厄，且无撞磕之危，人烟辏集，薪米裕饶。立关于此，庶几利于宿泊，脱于沉溺耳。①

---

① （清）李成谋、丁义方撰，徐奠磐、刘文政校注：《石钟山志》卷十一《艺文·历朝文征》，江西人民出版社1996年版，第187页。

其奏议在乞求皇上开明，罢湖口新厂以救民命，认为湖口新厂为了逐利而拔去根本。本来以为所收料银，附在九江一道解送朝廷，哪知成为南方之陷阱，大江之炮烙。自立厂之日以迄于今，不知几千人死葬鱼腹中。却让在此官员得以饱其私囊。而借口宫内收税之严密，且按船只大小收税，小至脚船，亦所不饶。而在九江交税，至此又得交税。重关为暴，不但不能尽民之利，而且戕民之命。万一不能答应撤厂，无奈只有请求将新厂迁至大孤塘（姑塘）以泊船。

湖口港湾

又有崇仁人吴道南，万历间曾官尚书、东阁大学士，上《湖口石险浪恶请罢税疏》云：

奏为目击风浪之惨，耳闻号泣之声，谨剖忠直陈，恳乞皇上大赐省览，径罢湖口商税事……湖口县前，东西两山突出，石皆嶙峋险怪，仅馀一口，不过数十丈。且庐山绵亘数百里，障于西北；长江滔滔，又复自北而冲，平时舟过于此，舟人动色相戒，非柴米甚缺，不敢少泊。自设税以来，舟过其处，凡报税交税，辄经数日。虽傍湖开一小渠，而数日间又皆塞满，况冬间所开之渠亦尽涸也。舟之后来无可泊处，只得下锚于江中。庐山夜夜西风，一遇大发，拔锚断索，数舟相磕，顷刻败坏。一舟之中，所载不下百余人，其强健者，犹得负木板抵岸，然亦在和暖时尔。至隆冬盛寒，即有负亦僵死矣；不幸而沉，则舟透江底，是以一舟为百余人棺也。臣扼腕伤心久矣，几欲言而未敢遽陈，则以地方之官、科道之臣，屡屡言之，以俟独断于皇上，故自有撤回税使之圣旨。

臣心私叹，以为今而后皆皇上之再造时，虽归并有司，犹恐泊舟如故。臣冒死沥疏，乞皇上豁此数万金，以为蹈不测者延旦夕之命。①

此疏将泊船在此的危险境况写得更为具体细致，只是盼望免除税额，但专横的皇帝置若罔闻，照收不误。

万历二十六年（1598），九江民冯万善先以领解麂皮胖袄入京。耗费用完，无计可施，与其党朱国泰、熊文耀、杨华春引诱宦官，以矿税之利进"湖关图"。此年九月初，万历皇帝派御马监李道到了湖口，督理湖口、蕲黄、安庆一带水道，强迫船靠岸，就近观察船上货物底细，勒索商贩。有一船南逃，巡察者追赶不上，便请南康府增派差役追赶，守门隶役不为通报知府。又请星子县署派人，也未答应。宦官诬奏，皇上下旨逮捕南康知府吴宝秀、星子知县吴一元，连带门隶、巡司全部押解入京狱中。当日，吴宝秀夫人以绳自尽。

时在庐山归宗寺住持的紫柏大师闻讯说："老憨不归，则我出世一大负；矿税不止，则我救世一大负；《传灯》未续，则我慧命一大负。"赴京而营救吴宝秀，谤言四起，忌者乘机诬陷他滥用公帑，又是匿名"妖书"的造作人，紫柏遂蒙冤被捕下狱死。

万历四十三年（1615），湖口关榷税宦官李道除在新厂收取税款外，还自置随从百余人，勒索过往船只。守备道舒其志署九江时，制造了数只飞艇，从鄱阳湖西渡过湖口，密令内应堆聚芦苇，点燃炬火，喊声山震，从烈焰中缚获其为首者，用快艇送往九江狱中治罪，其余爪牙奔跳水中。李道得知后，俯首乞留命。舒其志说："你如果住在这里，不免于治罪。你只有连夜打点行装逃离这里。"李道果然逃走，于是以刑法处置余党，人人称快。此年湖口关也被撤回九江关。②

赣关 明初泰和人刘崧《赠别钟举善游赣遂之汀州》诗中云："万山

---

① （清）李成谋、丁义方撰，徐奠磐、刘文政校注：《石钟山志》卷十一《艺文·历朝文征》，江西人民出版社1996年版，第187页。
② （清）李成谋、丁义方撰，徐奠磐、刘文政校注《石钟山志》卷七"轶事"，江西人民出版社1996年版，第92页。

如浪压城郭，郁孤正瞰江流东。南峰盘盘石争长，东江入闽西入广。盐花雪白荔子丹，天上船来海风响。"真切地描绘了赣州城郭与四围山水的形势、船舶运送粤盐与荔枝等广东货物输入赣南的情景。涌金门至建春门内外沿江一带是赣州商业最繁荣的地区，瓷器街、米市街、棉布街等都集中于此，商贾辐辏，船舶往来，"从朝至暮，攘攘熙熙"。[1]至明中期，赣州府已有192个圩市，呈现其经济活力旺盛的势头。

起初在弘治年间，在大庾岭赣粤分界处的梅岭驿道折梅亭设置赣关。正德六年(1511)在赣州涌金门外的龟角尾，即章贡二水合流之处设立抽分厂。正德十二年（15170），为避免广货自南雄入关两次征税之嫌，将折梅亭税关移至龟角尾，"革去折梅亭之抽分，而总税于龟角尾"，如此"既有分巡道之监临，又有巡抚之统驭，访察数多，奸弊自少"，"非但有资军饷"，也避开了对广货两次征税之嫌，"抑且便利客商"，且控制了章、贡二江南北过往的商货。由赣关输往岭南的商品以茶叶、生丝为大宗，由广东输往江西的商货主要有广东所产的蔗糖、果品等货物。《广东新语》载："顺德多龙眼，南海、东莞多荔枝""每岁估人鬻者……载以栲箱，束以黄白藤，与诸瑰货向台关（即大庾岭）而北，腊岭而西北者，舟船弗绝也。"又，"广州望县，人多务贾与时逐，以香、糖、果箱、铁器、藤、蜡、番椒、苏木、蒲葵诸货，北走豫章、吴浙，西北走长沙、汉口"[2]。明代赣州除了漕船外还有不少粮船顺流而下，将粮食运往省城南昌以及江浙，《赣州府志》载，赣州"颇饶稻谷，自豫章、吴会咸取给焉，两关转毂之舟日络绎不绝，即俭岁亦橹声相闻"[3]。此外，赣南地区所产烟草、纸张、漆、葛布、苎布等经由赣关输出，其水运之繁忙可以想见。

除了明代江西四大名镇及两大钞关之外，还有不少散布于江西各处的小镇、集市，它们围绕着大市镇，联系广大农村，转输农副产品，犹如密布的毛细血管，促进了市镇经济与农村经济的繁荣。

---

[1] (清)乾隆版《赣州府志》卷一六《濂溪书院赋》。
[2] (清)屈大均：《广东新语》卷一四《食语》。
[3] 明天启版《赣州府志》卷三《圭》。

位于赣江章水上游的大庾县，是大庾岭陆路进入江西境内转水运的第一站，北下之货由赣州溯章水至此，陆路运过大庾岭；岭南的南上之货过大庾岭至县城，入章水可顺赣江而至长江。明代中叶的大庾县城颇为繁荣，商贾聚于城外之水南，"市廛倍密，商贾辐辏"。

赣东北玉山县，在信江上游冰溪河畔。地处浙赣两省分界的怀玉山脉，是信江水系与钱塘江水系的分水岭。玉山县城冰溪镇自古以来处于赣、皖、浙、闽四省交通道口。从浙江常山至江西玉山县有80里陆路，然后进入信江水路，故玉山向有"连闽粤，控吴楚""两江锁钥""豫章第一门户"之称。[①]

赣西南的清江县在赣江与袁水交汇处，"扼岭襟潭，披袁控瑞"。境内有两大市镇，一为药都樟树镇，见前所述；一为临江府治及清江县治临江镇。因地理和政治地位重要，临江自古即为江西西南部商贸要冲，自唐初建镇后，舟车辐辏，市镇繁荣。明代因商贸发达，于宣德四年（1429）与樟树镇同被列为全国三十三个税课重镇之一，贸易以棉布、柑橘、木材、茶叶、药材、食盐为大宗，袁水赣江，商船络绎。

第七节 水神崇拜

古代鄱阳湖、赣江水上作业的人群主要是客船与货船上的舵师、篙工、纤夫、漕运官兵、木排工、往来官吏、商贾等。他们信奉的神灵多为水神、湖神，均属水神信仰。黄淳耀《过彭蠡湖七首》其六即描绘祭祀水神情景："楚俗尊祈赛，龙神气色殊。分风勤客子，割肉醉师巫。筊吹殷胶轕，云车飒有无。康山遗庙在，血食想雄夫。"祈赛即谢神佑助的祭典。舵师为求顺风，割肉以献巫师。末联念及康郎山忠臣庙受祭的三十六位将士。还有《天下水陆路程》中提及的"神福"，亦祭祀水神庙之所在。

即便文人也同样信奉水神，不过，有时开点儿玩笑，如唐桂芳有诗云："江神不借秋风便，要赋庐山一段奇。"（《鄱阳湖阻风》）因为阻风不

[①] 玉山县志编纂委员会编：《玉山县志》，江西人民出版社1985年版，第43页。

能行，却说是江里的水神不肯借秋风行便，只有滞留于此，趁机要写一写庐山的奇伟。

下面再谈不同的水神。

龙王庙 龙是司水的神。为了消灾弥患，各地百姓纷纷出钱修建龙王庙，希望得到水神的关照，过往船只也往往祈求龙王的保佑。邹元标《望湖亭记》中说："溯南昌二百里为吴城镇，镇有高阜踞江而抱，诸屿上有庙祀龙王。"[1] 此处龙王庙也就是苏东坡《顺济庙石砮记》中所记载的顺济庙。

都昌左蠡，鄱阳湖东岸，元代在此建有龙王祠，以祈求行船安全。湖口附近也有龙王庙。明初刘炳曾写过《过南湖嘴》一诗云：

　　城头开船北风起，帆轻直过南湖嘴。
　　上水欢呼下水嗟，龙王庙前准烧纸。
　　小妇攀罾杨柳矶，淮盐换得鳜鱼肥。
　　沽来新酒不成醉，卧听邻船歌竹枝。

此诗描写了诗人乘船至龙王庙前烧纸以祈祷的情景。他的小妾在杨柳矶攀罾网捞获了小鱼，他又用淮盐换得肥美的鳜鱼，美食佐酒。刘炳，字彦炳，以字行，洪武初年明太祖留参赞帷幄，授中书典签。

定江王老爷庙 在都昌县左蠡，今多宝乡龙头山首，此地原有龙王庙。相传元末朱元璋与陈友谅大战鄱阳湖时，朱元璋坐船被风浪折断帆，舵被暗礁撞断，陷入重围。有一大鼋（俗称脚鱼）化身老者衔住朱元璋坐船柁，脱离险境。朱元璋答谢老者救命之时，老人踪迹皆无，只见"鼋"字，遂认老人为"鼋"神所变。朱元璋登基后，为谢鼋的救命之恩，在此敕建定江王庙，别称元将军庙，俗称老爷庙。《都昌县志》载："在治西北六十里左蠡山东巅。明初助战鄱阳湖，太祖封为将军，有御制诗存庙中。"[2] 朱元璋诗云："只船枝橹渡山僧，教化波涛乐此生。且向静中闲日月，道高俯伏鬼神惊。"于是"题诗于（庙）壁，将军受命则益

---

[1] 转引《千年吴城史话》，成都出版社2014年版，第129页。
[2] 清同治版《都昌县志》卷之二《坛庙》，都昌县志编纂委员会1985年点校刊本，第102页。

效灵，波无叵测，至今灵应屡著"。鼍将军简称为元将军。

老爷庙雕梁画栋，气势雄伟，凡来往船只经过，都要燃放鞭炮，焚香虔诚拜祭。在沿湖其他地方也有类似庙宇，或称"老王爷庙"，所供奉的神均为定江王、元将军，后来老爷庙元将军也成为整个鄱阳湖面的保护神。

曹学佺，字能始，侯官（今属福建）人。万历间进士，官至四川按察使。有诗句写到瞻拜神庙中的朱元璋塑像："留题日月瞻明主，导引须臾失老翁。"（《寄题左蠡神庙》）神庙即定江王庙。

石固庙 在赣州，石固庙因在赣江东，故又称江东庙，成为明代一处游览胜地，文人士大夫为之赋诗甚多。明朝朱善《同赣州广文王子所游江东庙》诗云："庙居形势地，历代著勋劳。匦贮南唐砚，衣存大宋袍。庭椿经岁久，岭树拂云高。此日同登览，儒先饮俊髦。"黎贞《赣州访江东庙》诗云："紫翠重重一径开，虎头城外访天台。五仙排闼呈休征，怕有仙人骑鹤来"；"路入仙源万绿堆，重重楼阁倚山开。神仙与我如相约，报道仙槎八月回。"

萧公庙 在新干县大洋洲乡。民间传说萧公专司保护船舶行驶安全，无论渔民、船工或排工，由赣江放流鄱阳湖至此，往往要登岸入庙祈祷，有求必应。明朝廷封萧公为"水府灵通广济显应英佑侯"。据同治《新淦县志》载："萧伯轩，晚有神识，殁为水府之神。子祥叔，复生而神异，往往能拥护舟楫于江湖风浪之间。其次子天任，亦生而灵异，人所叩无不前知，所谓英佑侯者。"《清江县志》载："萧公，旧时樟树镇镇商和临清木排帮，非常敬奉英佑侯萧天任，为之立庙，香火不断。"又曰："萧公，明永乐年间，新淦三湖人。"[①]

关于萧公其人，据记载，他生性刚直，白面，庞眉美髯。明代兵部尚书、泰和县人郭子章所辑录的《大洋洲萧侯庙志》载有《新干萧侯庙碑记》一文最为详细：

---

① 清同治版《清江县志》，上海古籍出版社1989年版。

临江新淦大洋洲萧氏，其先世居开封。宋绍定中，有曰允康，官至金紫光禄大夫、开府仪同三司。子兰芳，登咸淳进士，为吉州刺史，卒于官。子伯轩，遂择新淦山水之胜，而家于大洋洲，不事家人生业，惟以济人泽物为务。晚有神识，事皆前知。其殁，竟为水府之神，立庙于家。元至大间，封五湖显应真人。子祥叔，复生而神异，往往能拥护舟楫于江湖风浪之间，至正五年，封永灵神化普济显德舍人。我朝太祖高皇帝，平定天下，营建京都，尝遣官以牲醴谕祭。其次子天任，亦生有灵异，人有所叩，无不前知。永乐乙酉冬，忽绝粒端坐越旬，令庙祝杨文，取一白石啖之，即坐而瞑目。后乡人商游者，往往于川、蜀、江淮间见之，凡水旱疾疫，有求皆应。今江湖行舟者，莫不仰戴之，即所谓英佑侯是也。[1]

由此可知，萧公一门两代三人均为水神。萧伯轩、萧祥叔、萧天任，萧氏一门三人获朝廷封赐，变迁为民间水神神灵。萧伯轩为水府之神，元至大间封为五湖显应真人；萧祥叔封为永灵神化普济显德舍人；萧天任封为英佑侯。萧氏父子同为赣江、鄱阳湖水府神祇，甚至漕运军粮的水军在江湖行船中，也要虔诚供奉萧公，求其庇护。

晏公庙　在元代一章，我们介绍了临江镇、星子滨湖处已有晏公庙。明永乐年间，晏公被朝廷诏封为"显应平浪侯"。《清江县志》载："晏公庙，在清江镇濒江，明洪武间建。郡人聂铉记《一统志》云：'晏公，名戌仔，本镇人，元初为文锦局堂长，因病归，登舟尸解，人以为神，立庙祀之，有灵江湖间；永乐中，封平浪侯，今俗讹为晏公庙。'"[2] 显灵即是能保佑船行的平安。又据《三教源流搜神大全》记载，晏公"有灵显于江河湖海，凡遇风波汹涌，商贾叩头所见，水途安妥，舟航稳载，绳缆坚牢，风恬浪静，所谋顺遂也"。每当风浪大作，波涛汹涌，船民纷纷叩头焚香祈祷，求晏公保佑。这是更为具体化的描述。晏公演变为民间水府之神，是本土化的神灵。

---

[1] 明天启二年刻本《大洋洲萧侯庙志》卷四。
[2] 清乾隆四十一年版《清江县志》。

对于晏公的民间水神身份，还有一说，赵世瑜认为："宋元时代产生的、属于江西地方性水神的萧公和晏公，因为被朱元璋视为在关键性的鄱阳湖主战中保佑了他的胜利，分别被封为水府侯和平浪侯，成为几乎遍布全国的大神。"由于朝廷推崇，自明中期始，在各阶层的塑造下，晏公与萧公一道成为江西最为著名的两位水神，并逐渐走向江西以外的地方。①

明代晏公庙分布更广，明人王士性游江西时说："江湖社伯到处有祀萧公、晏公者，其神皆生于江右"②。如在南昌县就有三处。《南昌县志》载："晏公庙神，名戌仔，临江樟树镇人，能治水，湖居及舟人皆祀之。一在二都朱姑桥北，一在十八都，一在十九都老樟树下，都御史新建胡家玉书额，一在四十一都武溪市。"③

在鄱阳县城西柳林津处的管驿前村，有始建于明代洪武年间的晏公庙。康熙版《鄱阳县志》载："晏公庙在城西柳林津，祀元文锦局堂长晏戌仔，洪武间建，官民舟楫出泊必祷。"规模甚大。据程宇昌《鄱阳湖渔民水神信仰与晏公庙探析》一文说：

庙里供奉的神灵分别有晏公、定江王、萧公、金龙四大王、杨泗将军等，这五位神灵均属水神，一庙内供奉五位水神神像，几乎将鄱阳湖乃至江西民间水神悉纳其中，这在地方神灵体系中是为罕见。管驿前村晏公庙，历史悠久，多次重建。④

始建于明末的吴城镇西聂公庙，供奉三尊聂公神，居中聂三，左为聂四，右为聂九，皆称"惠烈侯王"。聂公祭祀起源于赣江中游排业最盛的樟树镇，后由"临清帮"的排工带来吴城，因此，聂公庙的各项活动与排工密不可分。旧时吴城扎排工多居住在聂公庙边的两个以棚屋为

---

① 赵世瑜：《狂欢与日常——明清以来的庙会与民间社会》，三联书店2002年版。
② 周振鹤编校：《王士性地理书三种·广志绎》，上海古籍出版社1993年版，第345页。
③ 民国二十四年版《南昌县志》。
④ 程宇昌：《鄱阳湖渔民水神信仰与晏公庙探析》，载《江西社会科学》2016年第10期。

主的村子里，其中一个叫"缆厂"，就因为有专沤浸竹子的大窖，以制成韧性极好的扎排缆绳而得名。每逢农历三月十五，吴城的善男信女为聂三菩萨做生日，庙内爆竹声声，硝烟弥漫，送来长明灯油和供品。当农历四月二十六日聂公菩萨出游时，街道两边更是跪满了男女老少，顶礼膜拜、叩头谢恩。

张公庙 唐代安史之乱时，安庆绪部将尹子奇率军十三万南侵江淮，主将张巡与许远等数千人，在内无粮草、外无援兵的情况下死守睢阳，终因粮草耗尽、士卒死伤殆尽而被俘遇害。在历代王朝的推崇下，各地先后出现了祭祀张巡的庙宇，称呼张王庙居多，还有称为令公庙、张睢阳庙、张中丞庙等。后世对张巡的崇拜从最初的英勇之将逐渐演变为保佑水运安全的水神。"江西居民庙祀最盛"。如南昌、南城、铅山、鄱阳、星子、湖口屏峰等地均建有张公庙。

传说朱元璋在鄱阳湖大战陈友谅前夕，与刘伯温同登吴城张王庙旁的望湖亭，面对令公庙口占一首，求借"阴兵三十万"助战。次日，果真有无数旗鼓在空中时隐时现，似助声威，由此一举击败陈友谅。朱元璋当年在鄱阳湖大战时写下《谒张睢阳庙》："神威赫赫震千峰，我亦英雄未见功。愿借阴兵三千万，来朝助我一番风。"神灵塑像气势赫赫。这也说明当时鄱阳湖一带即有纪念张睢阳的庙宇。洪武初年，睢阳庙曾敕封为"忠烈灵庙"以致"神灵阐应"。

大姑庙 又名龙女祠，在大孤山，山又名大姑山，在彭泽县有小姑山。人们将大姑、小姑奉为水神。将大姑、小姑与水神相联系起来的民间传说，最早可以追溯到东晋。干宝《搜神记》曾记载说：有一个商人经过鄱阳湖的"孤石庙"，遇到两个女子。女子请商人代买一些衣物。商人买好衣物放进箱子，还把自己买的一把裁纸刀也放进了箱子。返程之时，商人将箱子放在孤石庙里，上香后便离开了，却忘了裁纸刀。船行至长江里，一鲤鱼跳进船里。剖开鲤鱼，裁纸刀竟在鲤鱼肚子里。到了唐代，随着鄱阳湖渔业和商贸水运业的繁盛，人们对大姑、小姑更加信仰。唐五代孙光宪所著笔记小说集《北梦琐言》就记载说："西江中有两山孤拔，号大者为大孤，小者为小孤。……后人语讹，作姑姊之'姑'，创祠山上，塑像艳丽。而风涛甚恶，行旅惮之。每岁本府命从事躬祭。"可见大孤、小孤两山附近江面，风大浪急，乘舟经过的旅客都提心吊胆。为了祈求行船平安，当地官府已建造祠庙，将两位水神列为祭祀的神女像。宋朝以之为淫祠而改立山神像。"但依常式，去妇人位，立山神庙貌。"[1] 大约到元明以后改塑女神像，有天后宫、梳妆台、宝塔等古建筑。每年农历三月二十三日，民间流传是大姑娘娘生日，也是湖口鞋山庙会朝拜之日，香客自四面八方乘船涌至此，盛况空前。

过往或泊船山下的行旅官员、文人也写到此庙。杨基，长洲（今苏州）人，明洪武年间任山西巡抚使。泊船山下，作有《念奴娇·夜泊大姑庙下，风雨无眠，赋以感怀》一词，上阕云："一天风雨，奈无情误我，匆匆行色。龙女祠前三日住，可是东君留客。梦里家山，灯前儿女，几处烟波隔。数茎愁鬓，看来今又添白。"

吴绮，江都人，顺治间拔贡，官湖州知府。有《巫山一段云·大孤山》词云："万顷明波碧，千寻夕照红。灵旗隐约在云中。凌波翠一弓。

莫把彭郎倚，谁将宓女通。大乔何事不从容。容易嫁江东。"以洛神宓妃、东吴大乔比拟大姑庙中的龙女神。

第八节　水上治安与战事

明初设置巡检司制度。朱元璋敕谕天下："朕设巡检于关津，扼要道，察奸伪，期在士民乐业，商旅无艰。"其用意在盘查过往行船，打击走私，维护一方安定，保障正常商旅往来，与卫所制度相照应，但动乱之事屡有发生。

明武宗荒淫无度、不理朝政，其时各地的动乱不已。在江西的水上战事有如下几例：

正德六年（1511）五月，河南农民起事者乘舟船到了湖北，然后过

---

[1] 陈致雍：《正大姑小姑山神像》，载吴宗慈《庐山志》纲之六"艺文"，江西人民出版社1996年版，第33页。

长江，侵掠星子，都指挥赵钺在左蠡击败了这支队伍。

正德十四年（1519）六月，明王朝宗室宁王朱宸濠因武宗收其侍卫而不满，在南昌谋反，以李士实、刘养正为谋士，命闵念四、吴十三等为先锋，渡鄱阳湖先攻打南康府，知府陈霖弃城而逃往都昌。叛军进攻九江，知府汪颖望风逃遁。闵念四等占领南康、九江，驻军湖口十余日，等候朱宸濠大军到来。朱宸濠迟未动身，军心稍有松懈。七月初，朱宸濠留拱条、万锐等守南昌，亲率六万人，号称十万，以刘吉为监军，王纶为参赞指挥，葛江为都督，共一百四十余队分五哨过鄱阳湖。过鞋山时，朱宸濠得意地赋诗，显露其狼子野心，诗中曰："风紧踢开湖口浪，月明踏破水中天。"至湖口，派陈贤掳夺船九百余只，舳舻蔽江而下。进逼安庆，企图夺取南京。

南赣巡抚、佥都御史王守仁闻变，与吉安知府伍文定倡议，传令各府调集兵力，指挥各府县之兵八万余众，至樟树集结誓兵，然后出发，攻下南昌。遣抚州知府陈槐、饶州知府林城取九江，命建昌知府曾屿、广信知府周朝佐取南康。南昌被克，朱宸濠失去了后方老巢，只好怒率大军渡鄱阳湖而来挽救。七月二十五日，两军在鄱阳湖相遇决战。王守仁军士惧而后撤，王守仁下令斩先撤者，将士无不奋勇向前。朱宸濠败退樵舍，以剩下船只连接为方阵，犒赏将士，决一死战。"联舟为方阵，尽出金宝犒士。"王派伍文定在新建县樵舍黄家渡一带与朱激战。伍文定命令邢珣从左边进攻，徐连、戴德孺从右边进攻，余恩等分兵四处埋伏，官兵以"小舟载薪，乘风纵火，焚其副舟"。朱宸濠坐船起火搁浅，易舟而逃被擒。炮火击沉朱宸濠家眷副舟，妃嫔均投江自尽。伍文定领兵合围，朱宸濠世子、郡王、仪宾和丞相、元帅等在樵舍被俘，落水者三万余人。王守仁攻下吴城，曾玙、陈槐克复九江府、南康府。王守仁将俘虏押往南都（今南京），派人向武宗告捷，待受朝命。朱宸濠之乱，历时43天终被平定。

朱宸濠有妃娄素珍，一再泣谏劝阻其夫不可谋反，未听。朱宸濠败亡后，她投江自殉。有绝笔诗云："画虎屠龙叹旧图，血书才了凤睛枯。迄今十丈鄱湖水，流尽当年泪点无。"

正德十五年（1520）正月三十日，王守仁过庐山南麓开先寺，于读书台下石壁镌刻纪功碑。题写了一篇记载他平叛立功的碑文：

正德己卯六月乙亥，宁藩宸濠以南昌叛，称兵向阙。破南康、九江，攻安庆，远近震动。七月辛亥，臣守仁以列郡之兵复南昌，宸濠还救，大战鄱阳湖。丁巳宸濠擒，余党悉定。当是时，天子闻变赫怒，亲统六师临讨，遂俘宸濠以归。於赫皇威，神武不杀。如霆之震，靡击而折。神器有归，孰敢窥窃。天鉴于宸濠，式昭皇灵，嘉靖我邦国。正德庚辰正月晦，提督军务都御史王守仁书，从征官属列于左方。

此文记述了题记从时间、地点、征讨经过，胜利告捷，以及对皇上的颂扬，简明扼要。平定宁王之乱，应该说是为明王朝立下了大功，但他为避功高震主的猜忌，将大功记于天子之征讨。

新建人曹茂先写有《鄱阳怀古》诗云：

过信文成交盖场，指麾东下旧巢荒。帝星不动空弹指，贤妇无言柱断肠。骄气世曾悲项羽，灵符天竟属萧王。当年战血应流尽，风日阴阴沙草黄。

宁王朱宸濠过于相信王阳明只是一位倾盖相交、诗酒风流的文臣，竟指挥军队东下夺取南京，不顾后方老巢，导致失败。他骄气逼人，有类项羽，终至败亡，而王守仁毕竟是萧何一流人物。

经此乱之后，为加强治安，正德十五年（1520）冬十月，以建德、万安等县分隶饶、九、赣三兵备（南康府所属星子、都昌俱隶饶州兵备，建昌隶九江兵备），设巡湖都指挥于都昌。

即便如此，还是有不测事件发生。嘉靖三年（1524），星子典史陈嘉年率24人追捕抢掠商船的强盗，在鄱阳湖全部淹死。嘉靖四十年（1561），张连、袁三等贼寇掠夺临江府等处，调南康等处兵往征。逾年，贼复自闽入江西，过鄱阳湖径趋南康府，操舟不顾而下。南康兵追至黄婆矶，纵火焚其战舰，斩首数十级，诸酋长俱焚死。

嘉靖四十一年（1562），建南湖守备公署，南湖水师进驻湖口。据《石钟山志》载：

> 南湖水师营，初驻南湖嘴。明嘉靖四十一年（1562），移驻湖口，隶九江兵备道。所辖地方上自蕲、黄、南康，下至安庆等处。崇祯间，郡城设游击，南湖营亦听节制。末年，寇盗充斥，以湖口当江湖冲，增副总兵驻城中，营屯城外，又立八里江营为犄角。[1]

第九节 文人笔下的赣鄱水运情景

按由南而北的顺序，不妨在这一节看看明代文人是如何描写赣江诸水与鄱阳湖的水运情景。

在章江上游的大庾县城附近二里的水口山，石壁嵯峨，下有石滩，时常由纤夫曳舟、伛偻曳踵而行。邑人、进士刘节至此有诗云："丹山仙水一仙舟，锦缆牙樯载月游。"（《赤壁仙舟》）汤显祖乘船至大庾县有诗云："岭色随行棹，江光满客衣。"（《秋发庾岭》）

安南（今越南）使臣也曾走陆路越大庾岭至南安府大庾县，改登船航行于章江。过南康县时有《南埜驿》诗云：

> 鼓报黄昏客泊船，咿咿轧轧橹声连。一双凫鸟沧浪外，几个人家杨柳边。红日落残钩挂月，白云卷尽镜磨天。安南万里朝天客，暂假邮亭一夕眠。

在南康县城江边水马驿站泊船过夜，傍晚耳边常传来船橹的咿咿轧轧声，可见，此地船只也不少。

后来，清代陈奕禧步其韵作诗，前四句曰："洄碛薄濑小红船，树色山容远近连。芹藻宫前帆席低，芙蓉江上驿楼边"（《次南埜驿用安南使

---

[1] 李成谋、丁义方撰，徐莫磬、刘文政校注：《石钟山志》卷一《形势》附《兵制》，江西人民出版社1996年版，第15页。

臣旧韵》），描绘小红船在弯曲河流中行进的情景宛然如现，大概官船即是红漆船。

若是春天雨季江水涨起来了，则行船便利，乘船无危。王思诗云："春雨欲平岸，滩滩无急流。传闻常畏险，坐看欲消忧。岂意驱驰地，仍为汗漫游。郁孤台突起，疑是望乡楼。"(《上滩》)刘翔诗云："积雨江天暑气收，金鱼忽睹跃江洲。文明象启翻层浪，夷险机忘漾巨流。"(《丙辰年五月见巨鱼》)此年据《南康县志》载："雨霁，有巨鱼，长数丈。"当时鱼之长大与生态之优是分不开的。

赣州北面是章贡二水交汇处，官船多往返于此。周是修有《送人之章贡》云："章江几千里，泻出碧云间。之子扁舟去，何时故国还。"书画家祝允明有《赣州》诗云："萧瑟滩声怒复幽，四程犹未是炎州。行人不解居人语，章水相逢贡水流。"钟瑾《入赣舟宿》诗中云："天入澄江月满沙，风樯如马浪如花。"风大浪高，船行快速。又有《下寒滩》诗中云："水自东来似奔马，石从中起突如山。盘涡定是蛟龙窟，隘路真成虎豹关。"可见水流之急、滩石之险。

官员所乘的官船似乎体面一些。正德间李梦阳《端午赣州晚发》诗中云："戏倦龙舟返，吾驱彩鹢行。晚天开古驿，转眼过孤城。"其时李梦阳任江西提学副使，所乘必为官船。"彩鹢"，鹢，一种水鸟，古代在船头上画鹢，着以彩色，因亦借指船，是讲究装饰、比较贵重的船。蔡羽诗中写到官船："太守除书下凤楼，官船六月到江头。"(《送孙赣州》)

自赣州而下，经过赣江十八滩，行船最为艰难，且有翻船之危险。"其地怪石崚嶒，喧流㵒湃，有十八滩，古称险厄败舟。"[1]永乐年间编《永乐大典》的吉水人解缙有《十八滩》诗云："白浪滩滩跳雪珠，青山片片翠萦迂。杜鹃啼得花如血，正是行人在半途。"写景鲜明，白浪、青山、红杜鹃陆续跃入眼帘。又《过十八滩》诗云：

舟人驾红船，取给在官吏。姓名隶入官，驱遣随所至。驾者如传

---

[1] 周振鹤编校：《王士性地理书三种·广志绎》，上海古籍出版社1993年版，第343页。

舍，后先互更替。其船始完固，后乃成败坏。我来坐船中，十日不一视。赋性实疏懒，兼畏求琐细。昨行十八滩，风顺颇得利。遭逢下滩手，险恶能却避。蛟龙露牙角，鱼鳖恣澎湃。捩舵任四飞，扬帆但一气。大哉河神功！旌旐降虹蜺。神灵飒英爽，人力岂颠踬。讵期入内河，船破难得济。樯竿见摧折，纤棹行不继。循船迄道尾，坼裂寻丈计。意惟钉与灰，或可聊救弊。船亦无所蓄，竹木且不备。虽然塞棉絮，终久同弃置。船上行波涛，凫鸥共游戏。夜来看船底，星月光纚纚。平生寡惊怖，至此防失坠！呼童探船水，夜起凡百次。何时始弃船，登陆投店肆。土壁布几席，书帙陈次第。美酒沽玉壶，入夜谋一醉。灯花报欢喜，安稳床上睡。

"红船"即救生船，一般较为牢固，行驶快捷。由官府提供费用，归当地官吏管理。驾船者隶属官府，由官府调遣，各在一段，并实行轮班制。解缙乘坐红船，避开险恶，侥幸通过了滩险浪高的十八滩，但进入内河后，帆樯摧折，船桨柔弱无力。因船旧行驶久，也开始破损，有一条从船头至船尾的裂缝长一丈多长，很不安全。他盼望有钉与油灰补船，可是船上没有这些材料，就连竹木也未有。往裂缝中塞棉絮，过不多久就漏水，无济于事。夜晚行船，呼唤小童子从船舱中舀水上百次。直至泊船上岸，在店中饮酒安睡，一颗悬挂的心才放下来。可知明代官府置红船以救生，但制度不得力，船只长期得不到维修。此诗将船行之难、惴惴不安之心态，描绘得惟妙惟肖。

意大利传教士利玛窦也受到过十八滩翻船事件的影响。据毛静《利玛窦的故事》一文中说："1595年（万历二十三年）4月18日，利玛窦随同佘侍郎的队伍，从韶州出发，翻越大庾岭，前往中国北方。……他的雇主佘侍郎进入江西地界，则显得春风得意。佘立在江西有做过按察使的经历，现在又有着侍郎的尊贵身份，因此，他们一行刚翻过大庾岭进入江西，就得到了南赣巡抚的热情迎接，巡抚和其他官员率领三千名士兵在赣州的码头迎候他们，使佘立感到莫大的荣耀。……让人没有想到的是，两天之后，佘侍郎一行却发生了十八滩的不幸事故。佘立损失了两船财物，它们是准备到北京打点关系的礼品，这使佘侍郎感到沮丧，而利玛窦失去了一直陪伴他的同伴巴兰德。"[1]

在赣江中游的吉安一带，大才子解缙还有《九县诗》曰：

万安滩上水如梭，南有龙泉北泰和。地脉远通安福界，源流直接永新河。永宁地僻行人少，吉水山高进士多。惟有永丰人狡猾，庐陵平地起风波。

此诗将吉安府九县全点到了。万安县赣江十八滩，水流如梭奔之湍急。万安县之南有龙泉县（今名遂川），北有泰和县。安福县泸水、永新县禾水在卢家洲相汇，下流至吉安县神岗山下汇入赣江。永宁县（即后来之宁冈县）乃析永新所建，其地僻行人少。吉水向以进士多闻名。此诗还认为永丰人性情狡猾。庐陵即后来的吉安县，其地有禾水、泸水汇入，虽地势平坦，亦水流急涌。

万安县十八滩处故址

崇祯年间，王夫之到江西，所作《江行代记》诗小序记其行程在赣江中游所见："余历冬春，自袁入章江，至南昌而返，改由吉涉云阳下洣水归，其间江水清浅，重山叠嶂，沙汀危石，断处即为州县。"诗云："临江朱橘满汀洲，长写葱茏两岸秋。为客具知根叶主，此乡殊有稻粱

---

[1] 载《江西文史》2016年第1期（总第十二辑），第94页。

谋。随舟委曲连千树，负郭团圞抱一州。莫赠莫厘山下客，吴姬眉黛不堪愁。"江岸临江府一带橘树郁郁葱葱，随岸边弯曲洲汊连成一片。

再看看吉安段至南昌的赣江中游情景。万历间安福人刘铎，往京城任官途中，过丰城有诗云："龙门渡口风飕飕，巨浪飚空发棹迟。却怪鱼跳能化鸟，更疑剑吼欲求谁。"（《泊丰城》）船遇狂风而无奈停泊，因丰城有雷焕发现龙泉剑的故事，故产生了大风引起剑吼的联想。

在赣江南支入湖处附近有邬子寨（原属进贤，现属南昌）、邬子驿。明洪武初置有邬子巡检司，在邬子港边，今南昌塘口村附近。龚敩《八月十六夜泊邬子寨示祝权》诗云：

邬子岩前江雾开，瑞洪河口北风回。南山一点青螺小，鄱水千群白雁来。明月尚圆天气好，良宵虚度客心哀。故园松桂无人管，只恐秋霜两鬓催。

邬子岩对面，即是信江进入鄱阳湖处的瑞洪，南山疑指南矶山。

抚河下游，在南昌县武阳镇与武阳水汇合。再北行十五里有谢家埠，是因商贸与水运而兴的集镇。高棅《舟发谢家埠江行有作》诗云：

孤舟豫章水，五宿谢家埠。不见谢家人，扬舲向西去。
中流夹双橹，随波疾如骛。沿回沙岸转，历览风景暮。
渔傍乱斜阳，人家带孤屿。登舻望青天，茫茫但烟树。
秣陵指云端，矫首频北顾。明发鄱湖西，南风上天路。

高棅，字彦恢，号漫士，福建长乐人，永乐年间自布衣征为翰林待诏。他从家乡进入赣东南，乘船到了抚河下游，在南昌附近谢家埠住宿。然后启程前往南京，末句"上天路"即此意。双橹划行，随波上下而迅疾如骛。"沿回"句写曲曲折折的江岸，"历览"句写船上观赏不断变化的风光，终至暮色茫茫。最后四句，以"渔傍"两句写近处，"登舻"两句写望远所见。秣陵即南京之别称。

又崔世召诗云："虚看双斗阑干夜，难叩孤篷只尺天。拍岸涛声应共怒，隔窗人语似相怜"(《宿谢埠舟中》)。见抚河波涛之汹涌。

南昌是江西的会城、省城，政治、经济、商贸、文化的重镇，也是水运之中心。我们从梁寅《金缕曲·泊南浦》词的上阕即可以略窥元末战争结束后江西终于走向了安定的景象："南浦归帆暮，喜重看、螺江烟柳，鹤汀云树。画栋珠帘歌舞地，风景已非前度。只浩荡、波涛如故。相望飞扬鹏翅展，羡雄城、防卫多貔虎。又喜免、乱离苦。"从词中的"螺江"来看，作者是从吉安方向乘船而来，停泊在南昌城南浦，已是日暮时分。仰见滕王阁，转而眺望南昌沿江一带，烟柳云树葱蔚。喜故地重游，山河重光。空中鹏翅飞展，城池驻守明军勇武之师，标明这里已在明朝政权牢牢掌控之中，故作者又加一重喜悦，从此免受离乱之苦。

梁寅，号石门，新喻（今新余）人。元末隐居石门山。洪武二年（1369）参与撰修《礼乐书》。书修成，以老病辞归。洪武三年（1370）受聘为江西首次乡试的考试官，后又任命他做官，推辞不就。

明末，姜曰广有诗云："幔卷山云回复道，帆穿树影下前洲。水犀秋练千屯壮，泽雁春归万井稠"(《长安闻滕阁新成喜赋》)，是对南昌城西港口一带气象的描绘。水犀军，披水犀甲的水军，后多借指水上劲旅。

从南昌城西的赣江北支至吴城之航道，经过樵舍、昌邑、黄家渡等地。江阴人李应昇，天启二年（1622）除南康府推官，曾自南昌过此段航程，有《五月渡章江乘风下彭蠡》："芥子书生胆，冲涛五月寒。龙吟如有诉，风力若为官。帆半飞于马，湖长净可餐。快哉惊定后，不信涉波难。"言书生胆小，居然能破浪猛进，顺利过此并乘风畅驶于鄱阳湖。中间两联描写风助帆快，以湖水明净加以烘托，情调轻松。

福建人曹学佺曾乘船在南昌北面的赣江上，被风阻不利。诗中云："随分渔樵住水乡，出门犹自共烟光。江干不少维扬棹，只逐秋风到豫章。"(《昌邑阻风寄豫章知己》) 在江上有不少来自扬州远方的船只。

再看鄱阳湖船行的情景，文人从来都是尽情抒写而不吝笔墨的。

南昌人万时华笔下的吴城气象是："澄湖不可望，望断楚烟迷。水国鱼龙没，晴天鹳鹤栖。吴城依戍冷，匡岳照舡低。此地今何有，千帆乱绿西。"(《吴城二首》)眺望鄱阳湖，异常凄迷。颔联见其湖中栖鸟之悠然，是秋冬水退时景象。末言千帆过此，见吴城镇之繁华。

奉新人余纫兰写到他曾泊船于吴城北面三十里远的小港渚矶，次日清晨开帆疾驶："岚阴山气满平芜，涨发帆开江色殊。一夜云雷翻鹿洞，片时风雨过鄱湖。"(《渚矶早发》)岸边晨雾迷濛，远近水涨波平。

船至都昌左蠡，余纫兰有诗云："兼天浪触老龙狂，舸艇排环俨战场。隔岸诸峰藏竹影，连山一道过都昌。"(《左蠡阻风登山眺望》)写狂风激浪中行船至都昌左蠡山情景。首联严阵以待，形势紧张。颔联见连山竹影，很快可以停泊，紧张心态得以释放。

广东顺德人苏葵，字伯诚，出任江西提学佥事时有《彭蠡阻风观舟行有感》诗，中云：

蜚廉作威江叫号，鱼龙喷薄银山高。画桡铁索住江浒，日暮舟入愁未牢。江中一叶者谁子，自是性命轻如毛。张帆拍掌疾驰逐，汩没势利忙贪饕。解牛可悟养生诀，视此不省非英豪。茫茫宦海几舟楫，往往平地翻波涛。

蜚廉即风神。作者在阻风后见仍有在水中行舟者，由此引出养生之道的思考。那些为势利所汩没、因贪饕逐利而忙碌的利禄之徒，乘船正如在风浪中追逐并挣扎着。

苏葵还有《左蠡阻风作讼风伯》诗中云：

莫春三月天晴明，湖波镜静涵天光。轻风徐来水拖縠，舟舠南北如腾骧。移时巽二作威福，推撼地轴摇乾纲。玄冥驱胁使倾注，河伯鼓舞令颠狂。洪涛百尺势翻覆，叫号怒激声悲凉。鲸鲵入夜纵啮吻，罔象白日呈妖祥。艨冲阻绝不敢渡，岂有舴艋能轻飏。扬澜左蠡称古险，况复值此冲飚强。停桡继日掩窗卧，进退上下俱傍徨。……

天晴波静，本是南北往来的舟船飞驰的好时机，可是遇到大风而危险。"巽二"即古时传说中的风神名。《易·说卦》有"巽为木，为风"

之说。狂风作威作福，仿佛将地轴也推动了，天也摇动了。这么大的风力，艨冲大船都不敢渡，何况乘坐的是舴艋小船。更何况处于被称为险要之处的扬澜、左蠡水域。只有停靠在左蠡，任凭鲸鲵、水怪的逞凶。

桐城人方文，他的《左蠡行》诗中写到驾船者因赶行程而遭遇大风浪之阻：

小艇迎风发星渚，才到扬澜日过午。榜人贪涉不肯停，黄昏欲抵都昌浦。
俄顷狂飚向西来，水声腾沸山崩摧。况兼雷雨助其势，同舟面色如死灰。
急曳半帆回左蠡，暝黑仍驰二十里。依稀见岸不得近，沙浅曾无盈尺水。
终宵漂泊芦苇边，风波震荡谁敢眠。世间平地皆好住，何事江湖年复年。

从星子县城乘小船出发，到扬澜居然行走了半天，足见逆风而行的速度极慢。驾船的榜人却还要争取在黄昏前赶到都昌县。可怕的是，遭遇到突然而来的狂风雷雨，浪腾水沸，如山之崩，乘船者惊恐得面如死灰。降帆返回到左蠡老爷庙处停泊，但沙滩浅，近不了岸，只好整夜停泊在芦苇丛中，又不敢睡觉。叹息陆地好住，为何一年又一年在外漂泊呢？

邓雅，字伯言，号玉笥，新淦（今新干县）人。以能诗知名于乡里。洪武十五年（1382）以府县举荐入南京，以年老有病恳辞还乡。《过彭蠡湖》诗云：

天风送我扬州还，挂席长歌彭蠡间。鲸鱼飞出白浪起，恍惚摇动匡庐山。
匡庐九叠云霄上，平湖直与争雄壮。夜月龙吟百丈渊，秋风雁落黄芦港。
天开地辟元气通，万顷镜面涵冲融。东船西舫棹歌发，北客南人萍水逢。
参差万个湖边柳，中有人家卖鱼酒。舟子乘风不肯留，船头兀坐空回首。
船头回首心怆然，人生几得泛湖船。却思大禹勤疏凿，功业留传亿万年。

自扬州乘船归来，却说是天风相送，写得大风有情有意。途中长歌酣畅，必心中愉悦。鲸鱼飞跃，白浪摇山，真得跳荡腾掷之妙。突添庐山之峻伟，有此平湖与之相竞雄奇之概。经过黄芦港，即黄茅港，在湖口县北看到：夜月龙吟，秋风雁落，帆船棹歌、南北客人萍水相逢，柳树下卖鱼沽酒，可是诗人所坐船舵手不肯停留，无法流连，回顾怆然。末思大禹疏浚之功，遂有此湖万象之态。

描写鄱阳湖行船情景的妙句如：嘉定人黄淳耀诗云："山远皆疑梦，天多不觉行。高帆吹岳影，骤鼓发江声。"高帆乃为大船，击鼓而行，颇有声势。又："慢水双摇橹，横风两使帆。缓行凫得侣，疾走马辞衔。"(《过彭蠡湖七首》) 慢水无风而行，则摇橹以加速。若有横风，可操纵舵的角度而利用风行。船行之慢，如凫结伴而行，船之快行，则如急奔之马，写快行与慢行情景逼真如现。崔世召诗云："颠风闷橹下鄱湖，战浪翻空胆渐粗。云里参差攒五老，帆头大小拜双姑。"(《过鄱阳湖》) 写风浪中行船费力之情景，炼字炼句生新。又竟陵人谭元春有诗云："舟人坐待风消长，半世虚夸橹桨勤。"(《入彭蠡》) 船行有风来则行速加快，船夫不必自夸划桨本领。

描写鄱阳湖壮阔之景的诗如，南城人袁懋谦《渡彭蠡》诗云：

鄱湖八丈锁蛟宫，向夕飘飞广漠风。云里匡庐看出没，天边日月挂西东。三江水涨银河接，万里潮回铁瓮通。此地一经龙战后，千年人识帝图雄。

此诗前六句用粗犷的笔触描写鄱阳湖的辽阔与雄浑，尾联写朱、陈鄱湖交战的历史。自然与人文、当今的观照与历史的回顾交织在一起。后者渲染了前者的雄浑，互为映发，浑然一体，给人以壮美的愉悦。

嘉靖年间任江西提学副使的苏祐有《渡鄱阳湖二首》云：

南纪缘江介，重湖蕴地灵。十洲连贝阙，万宝秘金庭。
天势围同碧，云容漾转青。辛勤怀四载，飘泊寄孤舲。

气薄衡庐润，波含翼轸摇。三江同贡赋，九派异风潮。
似接秦皇岛，应通汉武桥。石华如可拾，乘月坐吹箫。

前一首诗写他因湖面的浩渺无边而有"地灵"之感，湖中有贝阙金庭，天上有碧汉云容，落到"飘泊寄孤舲"之意。后一首夸张写湖气滋润衡、庐两山，波浪摇撼翼、轸两星辰。由波、潮而引发遐想，似去了秦始皇求仙的秦皇岛，似通往汉武帝的泉桥。空间阔大，时间悠久，最后联想到萧史吹箫仙去，读之令人飘飘然。

嘉靖初年为礼部主客司郎中的陈九川有《彭蠡偶兴》云：

四月下彭蠡，南风吹我衣。天兼新涨动，云拥乱帆飞。
白鹿悬书屋，沧浪洗钓矶。凭虚兴不极，双鸟下斜晖。

天与涨湖一齐摇动，云拥着帆一同飞奔。全无孤寂落寞的情调，只有轻松浪漫的兴致。又《彭湖秋泛》云：

九月湖烟净，空明四望开。百川随地尽，万嶂际天回。
黛影匡庐落，云帆江汉来。孤槎渺何适，傍斗葺书台。

水退而湖净，但见云帆远自江汉而来，只有自己乘坐的孤舟，不知航行到何处，仿佛将依倚牛斗星。笔触豪壮，挟以气势。

又有应梟诗云："跋浪移舟偃，蒸霞落日扶"；"来吞赣江水，浮动豫章天。直欲乘槎去，相将鼓枻还"。(《鄱阳湖》)。对仗锤炼功深，故能流贯如水，是高手本领。又绍兴人陶奭龄诗云："洲渚势回萦，波涛气未平。寻常经月滞，咫尺片帆轻。碛雁分沙泊，江豚拜浪行。"(《张帆过彭蠡湖》)首联"气未平"三字甚妙，暗示了作者即将登岸却因湖上波涛汹涌而仍心有余悸。颔联承之，将此意缴尽，又写到岸边碛沙歇息的雁，跃出波浪拜头的江豚。极为形象。这些五律，莫不写景奇诡，想象奇特，造语凝炼。江山为助笔力雄，若未亲临其境，是断然写不出来的。

七律如铅山人费元禄有《过彭蠡湖》诗云：

荒度谁怜四载功，襄陵疏凿九河通。豫章巨浸涵空白，咸谷阳池浴日红。气候多从昏晓变，苍茫总与海天同。江豚鬐鼓高深浪，贾客帆分上下风。

从神禹治水形成彭蠡湖写起，描写大湖壮观气象、北通西接的地理形势，亦写到江豚鬐鼓浪而前，商船乘南北风鼓帆而行的情景。

湖南华容人周廷用，正德六年（1511）进士。曾任江西按察使，有《度鄱湖》诗云：

放船远度鄱湖阴，鄱水悠悠波浪吟。鱼龙偃卧风雨暗，鸥鹭翻飞蒲稗深。舟师把舵巧犹捷，客子推篷愁莫禁。明发扬帆出溢浦，赤壁黄鹤迟登临。

悠悠鄱阳湖水，波浪如吟。鱼龙偃卧，鸥鹭翻飞。舟师灵活地把舵而前，他推篷望去而愁难禁。

妙句如，丰城人袁懋谦诗中云："鄱阳百丈锁鲛宫，向夕帆飞广莫风。云里匡庐看出没，天边日月挂西东"（《鄱阳湖》），将多个局部细节组装起来构成一幅统一的印象画面，并借以表现壮伟的力量。万时华《南康夜泊》也写得好："匡庐峰下月，何意入船窗。水气星兼动，山形夜自降。帆樯归暮鹊，灯火吠村厖。坐久侵凉露，天河半在江。"描绘傍晚时，帆船纷纷泊于南康府城前的紫阳堤内的情景。

湖口形势如何？宁波人应臬《泊湖口》诗云："彭蠡流偏驶，浔阳势欲吞。九峰争向背，一水辨清浑。估客蒲帆下，江村荻雾屯。上方僧磬发，岸火已黄昏。""估客"句见商船之匆忙。汤宾尹诗云："两孤当腋出，九派入胸平。舟楫纷无数，风波慎尔行。"（《湖口》）将鄱阳湖比作人体，大小孤山如在胸腋下，出奇而别有意趣。颈联见湖口一带船行之多。正如袁懋谦诗云："其奈风涛客思孤。千樯万樯江岸集。"（《阻风湖口遣兴》）

宁王朱权（1378—1448），明太祖朱元璋第十七子。洪武二十四年（1393）封为宁王，就藩于大宁（今内蒙古赤峰市宁城县）。后来，朱权四兄燕王朱棣夺了建文帝皇位，将朱权改封于南昌。朱权乘船自长江进入鄱阳湖，过南康路（治星子），至吴城。他在《太和正音谱》中记载了一个随行的王府歌者蒋康之于半夜中唱歌的情景：

> 癸未春渡南康，夜泊彭蠡之南。其夜将半，江风吞波，山月衔岫，四无人语，水声淙淙。康之扣舷而歌"江水澄澄江月明"之词，湖上之民莫不拥衾而听。推窗出户，见听者杂合于岸。少焉，满江如有长叹之声。①

这是怎样的一种欢乐和谐的场面。"湖上之民"即船户，"拥衾而听。推窗出户"，"听者杂合于岸"，可见歌声之动听，让满江船上的人群叹赏不已。

最后看看江西之外江即长江航道的水运情景。翰林编修、河南禹州人王翰有诗云："坚壁雄千雉，危樯舣万艘。"（《过九江府》）九江府城墙之雄峻，船帆之众多，诗中可证。

又吴国伦曾写到九江一带："吴楚一江共，波涛九派分"（《九江》）；又"一苇下江州，山川总旧游。好乘今夜月，重上海天楼"；"古龙开一水，新市集千家。岸柳如云密，清凉系客槎"；"江平九水合，上下风帆骋。浪里看芙蓉，却是庐山影。"（《旅泊浔阳杂诗五首》）既描绘九江府城一带的绮丽风光，也写到行船起伏的观赏幻觉。再写到自长江进入鄱阳湖的壮阔景观："晨帆发马当，景昃停湖汇。北渚摇清阴，南湾走苍霭。回眺极芊绵，群山争琐碎。苍然云雾中，拔起匡岳大。"（《经彭蠡湖口望庐山》）早晨从彭泽县马当山出发，午后不久就到了湖口。快到落星湾，即诗中的"南湾"，即可见庐山主峰的雄姿。吴国伦，兴国州（今阳新县）人。因触忤严嵩，贬为江西按察司知事，后调南康推官。诗风俊逸，与李攀龙、王世贞等并称"后七子"。

新喻人梁寅，明初应召至南京，归来有《菩萨蛮·湖口》词云："海门西上帆如电，神灵借与天风便。容易见庐山。云中双鹤还。　风匀波不怒，水碧涵山翠。沽酒酹神君，醉吟湖上春。"海门即海门关，小

---

① 朱权：《知音善歌者三十六人》，《太和正音谱笺评》，中华书局2011年版卷上。

孤山的别称。宋谢枋得《小孤山》诗云："人言此是海门关，海水无涯骇众观。"此言在长江段行驶，顺大风则舟迅如电，至湖口已风静波平。

鄱阳湖大姑山一带水域

清代

【第九章】

清顺治元年置江西巡抚一人，驻南昌，辖11府。置南赣巡抚，辖南安府、赣州府。康熙三年（1664）省去南赣巡抚。江西巡抚之下，设布政使、按察使、学政各一人。

江西省下的府级行政区，乾隆以前和明代相同，乾隆十九年（1754）升宁都县为省直辖州。省与府之间设"道"，划为南瑞、湖西、湖东、九江、岭北五道。

清军平定江西后，社会开始恢复秩序，经济回暖，漕运迅速调整并运转。顺治后期至康乾盛世，江西经济发展。其茶叶之丰、"米谷之饶，瓷器夏布之工，则又天下著名者也"[1]。因贸易兴盛，易代之际萧条冷落的水运也逐渐发展起来。至道光时期，漕运改行海运航道，岭南漕粮不必再走江西的大庾岭、赣江、鄱阳湖水运。江西交通线在全国南北通道功能开始削减。咸丰十一年（1861）第二次鸦片战争失败，九江被列为对外通商口岸。列强入侵，冲击了传统的自然经济。之后受清军与太平军在江西战争的影响，传统工商业受洋货冲击、厘税重压和水运通衢地位丧失的影响，瓷器、茶叶、夏布、纸张等优势产品销量大减，水运锐减。因此，港口集镇如大庾、临江镇、吴城、渚溪港、姑塘镇日渐衰落。

近代以来，从全国交通来看，京汉、粤汉铁路的修通，南北运道改走两湖、河南，使得江西作为南北水运通道的功能更为弱化。与此同时，轮船业兴起，开始航行于长江至鄱阳湖水域一带的水运干线，赣南由此成为僻远不甚便利之地。

---

[1] 刘锦藻撰：《清朝续文献通考》，卷三一四《舆地十》，商务印书馆1936年版。

第一节　军政、漕政、漕运

全省驻军防务，在明朝卫所制基础上有新的变革。据《嘉庆重修一统志》载，统辖全省防务的有统标，长官为参将，下辖左右二营。另有九江镇总兵官，驻九江府，辖前、后二营；南赣镇总兵官，驻赣州府，辖中、左、后三营。九江、南赣二镇，均听巡抚节制。

九江镇下辖三个水师营，即鄱阳湖水师营都司（驻余干县康郎山）、南湖水师营都司（驻湖口）、九江水师营守备。鄱阳湖水师营兼由饶州营参将管辖。南赣镇管辖袁州协及宁都等14营。

据《石钟山志》载：南湖水师屯驻在湖口县，负责九江以下，小孤山之上一带长江、姑塘关至大孤山、屏峰一带防卫："东北江水相会，由九江下至于小孤，皆南湖营所属，洲渚渔户，民人聚落，劫舫停泊，分防置守之处，尤为邃密。自九江姑塘关而下，若大孤山汛、曾江汛、老洲头汛、何家套汛、金刚料汛、陈军套汛、魏家洑汛、毛湖洲汛、沙湾汛，此九汛皆驻南岸。其北岸则屏风山汛、皂湖口汛、文昌袱汛、柘矶汛、郭家口汛、黄茅潭汛、时家渡汛、尖山段汛、漏灌口汛、小孤洑汛、烽火矶汛、马当汛，此十二汛，遂直接安庆水师营。江湖备御，棋布星罗，延踵相望。"（《南湖水师营汛塘说》）[①]并载有兵制情况如下：

国朝顺治二年（1645）五月，英王委弁驻守岁馀，置都司，隶九江镇。十六年（1659）海寇犯江南，逼近彭泽，知县乔钵议增兵加衔，巡抚张朝璘疏奏，于康熙元年（1662）设游击，增水军为南湖水师营，兵额明四百八十四名。顺治间，九江设总镇，撤卫卒，隶焉，设兵二百八十名，另募充之。康熙元年，增水兵五百四十六名，共八百二十六名，战守各半。二十一年，裁战兵三百九十三名，守兵一百三十三名，存兵四百名，战三守七。三十四年，又裁战兵十三名，实在战兵一百七名，守兵二百八十名，共三百八十七名。乾隆四十八年

[①]（清）李成谋、丁义方撰，徐莫磐、刘文政校注：《石钟山志》卷一"形势"，江西人民出版社1996年版，第8页。

(1783)，将各官养廉名粮三十四名补复实兵，删除公费守粮十一名，实额设官兵三百八十员名。嘉庆二十年(1815)，裁减养廉名粮三十四名，实额存官兵百四十六员名。内都司一员，驻防南湖营；千总一员，驻防大孤山汛；左哨把总一员，驻防彭泽；右哨把总一员，驻防湖口；城守千总一员，驻防八里江汛；左哨把总一员，驻防小孤洑汛；右哨把总一员，驻防萧家岭汛；外委一员，存城步战兵七十八名，守兵二百六十名。同治七年(1868)，曾文正公国藩、彭宫保玉麟奏准设立长江水师湖口镇，撤旧南湖营，仅留城守把总一员，协防外委一员，战守兵四十名，分凰山岭、流芳市、西洋桥、流溅桥、曹均桥五汛，隶九江，水师营改为城守营守备管辖。[1]

以上对兵员配置有详细记载。又连载南湖水师的兵船情况如下：

顺治初，设虎船三十只。康熙元年(1662)，增沙船三十只。六年，改沙船二十只为虎船。十三年，奏调出征，废沙船二只，虎船二十七只。二十二年，额存沙船八只，虎船二十三只，其各水汛哨船共十七只，例系汛地所属，各县承造动公岁修。后裁沙船八只，额存虎船二十三只，增四水汛哨船共二十一只，今水营裁改陆营，船废。

至太平天国灭亡后，有鉴于治乱教训又改设长江水师湖口镇：

同治七年(1868)，奏设总兵，建署湖口县城内龚开岭左地，近上石钟山。镇辖五营，分驻吴城、饶州、华阳、安庆等处。总兵座船三号，副参游座船二号，各营哨都司、守备、千把总、外委，各给座船一号，总兵给座船外，给督阵舢板二号，每船额设守备哨官一员，兵二十名，内柁工兵一名，头工兵一名，炮手兵二名，桨手兵十六名。又稿书二名，书识六名，添设衙署亲兵十二名。标下副将战船四十三号，参将战船三十三号，游击战船二十三号，各用稿书二名，书识四名。除长龙、

---

[1] (清)李成谋、丁义方撰，徐奠磐、刘文政校注：《石钟山志》卷一"形势"，江西人民出版社1996年版，第15—16页。

督阵、舢板不添飞划外，每舢板一只，添设飞划一只，亦各添衙署亲兵十二名。凡专立之营，皆以都司二员，管驾长龙为领哨，用稿书一名，书识二名，其各散哨员弁，均受约束。左领哨专管本营钱粮，右领哨专管本营船炮军装，及一切差遣巡查诸务。其舢板之以守备充哨官者，为副领哨，每守备率船十号，用书识二名。领哨除长龙战船一号有兵另给无兵之舢板船一号，惟中营游击续添战船六号，合前共战船二十九号。衙署设今县署左侧，在上下两钟山之间。所辖四哨，除前哨汛地全属德化县外，左右哨、都司、长龙船及无兵舢板，均驻泊湖口县城河后，哨守备驻泊湖口县龙潭。其所辖各汛，凡属湖口境内者列左：

洋港汛，左哨四队把总驻；上石钟山汛，左哨五队外委驻；

大王庙汛，右哨一队千总驻；马家湾汛，右哨四队把总驻；

下石钟山汛，右哨五队外委驻；梅家洲汛，右哨七队外委驻；

柘矶汛，后哨二队把总驻；八里江汛，后哨三队把总驻。

龙潭汛，后哨五队外委驻。①

南康府星子县渚溪汛、洋澜汛、谢师汛，设青山巡检司；都昌县棠阴、黄金嘴、猪婆山、左蠡四汛。县丞驻张家岭，巡检司驻周溪。

同治年间又调整部署。据《南康府志》载：

国朝（清朝）设置南康府城内（旧志）。南康营驻防南康府，原额经制官二员，马步战守兵丁二百二十名。除康熙二年奉裁外，见设守备一员，把总一员，马战兵二十二名，步战兵二十七名，守兵一百五十四名。各官自备征马六匹，兵战马二十四匹。（省志）

雍正十年，改设都司一员，把总一员，外委把总一员。额兵除嘉庆二十年、道光十二年两次奉裁外，现存额兵一百八十六名。官马四匹，兵战马十四匹。内分防都昌县外委把总一员，兵三十名。额支饷干银三千一百三十四两零，按季赴司请领粮米六百七十六石八斗零，由星、

---

① （清）李成谋、丁义方撰，徐莫磬、刘文政校注：《石钟山志》卷一"形势"，江西人民出版社1996年版，第17页。

都二县按月支给。(续纂)

建昌汛，额设把总、外委各一员(九江前管辖)，额兵七十名，内战兵六名，守兵六十四名。

安义汛，额设把总一员(九江前管辖)，额兵四十名，内战兵二名，守兵二十八名。官马二匹。

星子县塘汛五：谢师汛(县北五里)、长岭汛(县北十五里)、青山汛(县北三十里)、扬澜汛(县南十五里)、渚溪汛(县南三十里)。

都昌县塘汛七：柴棚汛、黄金嘴汛、大矶山汛、土目汛、左蠡汛、猪婆山汛、古玲嘴汛。(以上十二汛由南康营把总拨兵防守)

蔡家岭汛(由都昌汛外委拨兵防守)

建昌县塘汛四：丰安塘、山口塘、山下渡塘、驿南塘。(以上四塘由额兵内各拨五名防守)

安义汛专防县汛。

同治八年(1869)，新设长江水师。南康府属星子、都昌二县滨湖地方共分十汛。内守备一员、千总八员、把总五员，外委七员，归饶州、吴城二营参将分辖。自千总以下各带驳船一号，均以坐船为衙署。其营制、粮饷、汛地、责任，详见兵部侍郎彭会同江督先后奏定章程，兹不赘述。

同治八年，星子设谢师、长岭、青山、扬澜、渚溪汛；都昌设周溪、县城、黄金咀、朱袍山、左蠡、土目六汛。[①]

以上频繁地调整部署，表明清政权对江西治安、交通管控严密，重心在鄱阳湖区域。

康有为说："漕运之制，为中国大政。"[②] 吴琦认为："漕运是统治者平衡、稳定社会的重要手段。尤其是封建社会后期，统治者熟练而频繁地利用漕运进行社会制衡与调控，消弭诸如重赋、灾祸以及物价波动等造

[①] 盛元纂修，查勇云点校：清同治版《南康府志》卷十一"武备"，江西高校出版社2016年版，第208—209页。
[②] 康有为：《康有为政论集》，中华书局1981年版，第354页。

成的社会不安定因素。"[1]的确，漕运对于平抑物价、稳定社会秩序、赈济灾荒、巩固政权、商业经济、农业发展等都起着重要作用。

清代"漕政仍明制，用屯丁长运"[2]，漕运任务继续由卫所运军承担，直至清末漕运终结，每年利用大运河从湖南、江西、湖北、安徽、浙江、江苏、河南、山东等八省运输漕粮400万石至通州、京师，以满足京城中的八旗驻军、官俸和宫廷的需求。清代江西有漕粮的县49个，占当时全省80州县（厅）的61.25%，其他县均为折色（即改征银两）。

清承明制，设置漕运机构和军丁系统，有漕运总督、河道总督、仓场总督、仓场侍郎、各省粮道、各省监兑、押运等官以及运粮的卫所军。漕运总督设于淮安，总理全国漕务，亦称总漕，但其职责与明代有所不同，逐渐由综合性向专业性的官员转变，职能主要是漕政和军事。康熙二十一年（1682），规定漕督须亲自护送漕粮。此外，漕督还有改进漕运、整顿漕弊、管理漕吏等职责。

江西设督粮道一人，三个分巡道：瑞南临道，辖瑞州、南昌、临江三府，由盐法道兼，驻萍乡；抚建广饶九南道，辖抚州、建昌、广信、饶州、九江、南康六府，兼关务、水利、窑务，驻九江；吉南赣宁道，辖吉安、南安、赣州、宁都四府州，兼关务、水利、驿传、驻赣州。会同各府州县佥选运弁、修造漕船、开征漕粮、稽查交兑、催趱漕欠，并押运漕粮至通州或淮安盘验，负责全省漕运事宜。

漕粮从征收到运抵京师，实行"以卫领军，以屯养军，以军挽运"，即由卫所军丁承担挽运任务，以漕船为运载工具，通过运河实施"南粮北调"。漕粮转运由各地运粮卫所承担，卫所官员属于武职，也隶属各省，卫所以下设漕帮。

江西的漕运，设有监兑官三名，以通判兼其职。南昌府、吉安府、临江府各设通判一名。监兑官在交兑漕粮时，必须坐守水次监兑漕粮，并随同督粮道解押漕粮到淮安候验。江西在各支流航区的漕粮集并点共有107个左右。

---

[1] 吴琦：《漕运与社会制衡》，载《华东师范大学学报》1999年第1期。
[2] 赵尔巽撰：《清史稿·漕运》卷一二二，中华书局1977年版，第3565页。

还有漕运武装、全省有守备二员，守御千总八员，领运千总16员，分别驻扎南昌、袁州、赣州、九江、吉安、抚州、广信、饶州、安福、铅山、永建等处，均由漕运总督统辖。

清承明制，漕运的基层组织是运粮卫、所。卫、所本为军事组织。江西有南昌、九江、赣州、袁州四卫，有吉安、安福、永新、广信、抚州、建昌、铅山、饶州八所。乾隆三十年（1765），永新、建昌两所合并为永建所。卫所、漕帮，承担修造漕船及运输漕粮的任务。漕船以帮计。卫、所以下设帮，江西共有13帮，每帮配备漕船。乾隆二十四年（1759），有南昌卫前帮，漕船56艘；南昌卫后帮，漕船54艘；袁州卫帮，漕船43艘；赣州卫帮，漕船66艘；吉安所帮，漕船57艘；安福所帮，漕船39艘；永建所帮，漕船52艘；抚州所帮，漕船33艘；广信所帮，漕船46艘；铅山所帮，漕船50艘；饶州所帮，漕船47艘；九江卫前帮，漕船45艘；九江卫后帮，漕船56艘。漕船交由运丁管理驾驶。

清初，江西共有漕船1003艘，运军1.1万余人。由于维持漕运的屯田收入不敷开支，运军每船减为10人。康熙时，官署规定每船配正丁一名，副丁一名，雇用民间舵工、水手八名，运丁成为基层负责征租办运的漕船经营管理者。漕船正、副运丁的佥选方法，各府县不尽相同，大致有三类。一为每年佥选；二为每只漕船由数姓共同建造，"世代承佥"；三为按运军宗族姓氏轮流承佥，大姓宗族则按房轮佥。实行包费制。每年每船的漕运经费均由运丁包领包用，盈亏自负。但自办漕运，日久弊生，机构臃肿，蠹官浮收中饱，巧取豪夺。致使运丁沿途实际开支大增。江西漕运路远、时长、费用多，"每年军船不能到坝拨运，浮费较他省尤为甚"，致使江西运丁"富者转贫，贫者更贫"，由于谋生无计，"运丁避佥运如避虎"[1]。乾隆间，陈文瑞有诗写到有人逃避漕丁的苦差事："资才稍足避佥丁，总为河淮不惯经。辛苦十年叨庇赖，督漕使者坐粮厅。"（《西江竹枝词》之七十八）这一男子被指令征他作漕丁，他想凭借积聚的财产逃避远至江淮服徭役的苦差事，可是督漕的官员坐在粮

---

[1] 任承载《恤军救民疏》。

厅上讯问他，是不肯放过他的。

每年全省各地的漕粮都在南昌完成集并任务，漕粮起运之前，列队布阵，吹号鸣锣，盛况空前。清雍正时任江西督粮道道台的高锐，记载了当时南昌港出运漕粮的盛况："每当起运之时，通省漕船七百余艘，后至于章门（今南昌城西码头），征书告集，刻日起行，笳吹既发，钲号无停，棹夫奏功，帆力齐举，联樯接舻。按部列次，以整以暇，晨夕应时。盖自章门以入于湖。由湖口出大江，顺流东下，以达于淮，逶迤二千余里。"①

漕船由南昌港启锚后，经赣江入鄱阳湖，转道长江下游，又经淮扬运河，越黄河，入临清运河，转北运河、白河而抵通州，沿途经过安庆、扬州、淮安、临清、天津等港口，全程两千二百多公里。每年春节前装船出发，次年农历六月初一抵通州，10日回空。农历十一月以前返抵南昌，又开始准备第二年的漕运。

不过，也有少量漕粮运至京口（今江苏镇江）时，截留以资军需之用。康熙年间，南康知府伦品卓在《截留漕粮请令部解官起运详文》一文中说："窃照江右漕粮除交兑军船北运抵通外，例有截留京口之米以资军需。每年仰候宪拨，照数运解。"南康府的漕粮需要由北运至省城交兑，然后又要由南向北运，多一次折腾："每年征收完日，即催船分载运送省城，不惟逆水行舟耽延时日月，且小河冬涸，江湖风浪，非两三月之久不能运完，及至水次上仓，又有七上八下之费，上仓之后始得拨兑北行。"②因此，他要求将南康的漕粮截留在京口以充军需。从这一份详文中还可以得知："南康正副漕粮不过三万。"

漕船返回，搭运商货，也促进了南北物资的流通。嘉庆间安徽泾县人翟金生曾小住南昌，有诗记述："粮艘六百运漕忙，春去冬来不改常。一自回空鳞次集，各行买卖陡高昂。"（《豫章景物竹枝词》）写到其时江西漕船有600艘，频繁航行在江湖上，漕丁大半年回不了家。一旦漕船

---

① 清光绪七年版《江西通志》卷一《训典略》。
② 盛元纂，查勇云点校：清同治版《南康府志》卷二十一"艺文二"，江西高校出版社2016年版，第477页。

回来，如鱼鳞般挤满了港口，商货涌进，使南昌的贸易陡然"热闹"起来了。

乾隆间，陈文瑞有诗写到粮船运载的多少，虽不精确，却也形象可信："四二粮艘万米笭，安丁名目索金多。"(《丰城竹枝词》之五)42艘船承载1万只米笭，平均每艘船承载238只米笭，漕丁据此索取费用。

在时间上，漕运从有漕省份至京、通各仓，须长运即一次抵达："凡各省征收之限，皆以十月。兑运之限，皆以十月。南粮有过淮之限，则江北十二月。江南以正月，浙江、湖北以二月，江西、湖南以三月初。后定过湖之船展限十日，过淮毕，则总漕以其数上闻。东粮不过淮，则有开行之限。河南以正月，山东以二月。有到通之限，东粮三月朔，江北四月朔，江南五月朔，浙江、江广六月朔。有回空之限，通州限十日"[①]。漕运的各个环节都有严格的时间限定。

雍正元年（1723）六月，副都御使李绂和吏部侍郎傅绅奉旨赴山东催漕，九月又奉旨截留湖南等九帮之尾帮漕粮，囤贮天津。李绂催漕时所上奏札有助于了解清代漕运制度。作为江西人，他深悉湖南、江西两省漕运期限中的弊病："若江西、湖广，并有长江之险，湖南与江西并有彭蠡、洞庭，大湖阻隔，地遥舟重，大抵通常在深秋。以远地重船，溯枯竭之流三百余里，动需逾月，回空冻阻，势所必然。"[②]为此，建议仿照唐朝刘晏之法，自天津至通州一带改为递运，将湖南、江西等处漕米暂贮天津南、北二仓，等到第二年交由泓剥船军押运至京城、通州各仓，由此不至于让湖南、江西等漕船迟至次年返回，造成新米的押运不畅。

清代中后期，漕政遭到严重破坏，漕官冗杂，贪污敲诈；官商勾结，中饱私囊；运河堵塞，运道不畅。道光朝后期，两广漕粮日渐以海运为主。赣江—鄱阳湖水道的运输也大为减少。

[①] 王庆云：《纪漕运官司期限》，《石渠馀纪》卷四，载《近代中国史料丛刊》，文海出版社，第331页。

[②] 李绂：《请截漕递运札子》，《穆堂初稿》卷四十，《续修四库全书》，上海古籍出版社2002年版，第34页。

早在乾隆年间，王芑孙因漕督事少，建议裁撤漕督。嘉、道时期，裁撤漕督的呼声更引起时人的关注。江西上高人李祖陶即认为："漕运、仓场两督与坐粮厅官，皆可罢。"漕运制度难以为继，但因涉及面广，并未能着手裁撤漕督。光绪年间，康有为提出"尽裁漕官"。光绪二十八年（1902），漕督陈夔龙迫于舆论，竟自请裁撤。光绪三十年（1904）十二月二十二日，清廷发布上谕："顺治年间改设漕运总督，原兼管巡抚事，现在河运全停，着即改为江淮巡抚"，漕运总督职位被裁撤。

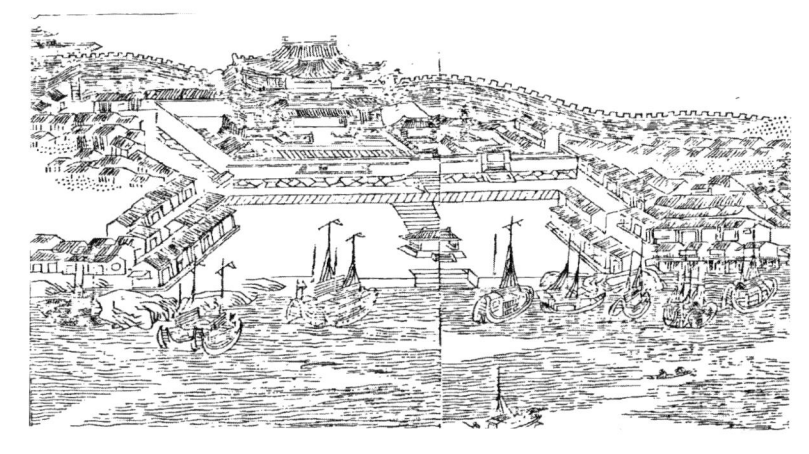

滕王阁

清初江西有漕船1003艘，以后由于"并造""裁减""贫疲""逃亡"等原因，漕船数量大减。雍正四年（1726）仅708艘。乾隆二十四年（1759）再奉旨裁减漕船70艘；实有638艘。咸丰九年（1859）仅存167艘。漕运总督袁甲三奏准将停歇军船拆板变卖，漕船从此消失。

第二节　客货水运

据统计，从顺治十年（1653）到咸丰元年（1851），江西全省人口增加了12.6倍，由194万余增至2451万余。

清前期，随着人口的增加，南昌城市的经济也日渐繁盛。无论是手工业和商业，还是港口运输都呈现一派上升的势头。南昌城是全省土产、百货的集散和转运中心市场，形成了几大块贸易区。濒临章江的广润门和惠民门，是土产和百货屯集、批发、转运之地，所谓"百货转运经省城者，皆于此屯发"。故而这一带常常是港口商船栉比，岸上车水马龙，人们摩肩接踵，贸易十分繁盛。城内的大商号多集中在蓼洲街、直冲巷、河街一带。

清前期的南昌城，也是江西全省粮食运销的集散中心。除漕粮之外，江西省内大量的生猪、木材以及其他农副产品，也通过南昌港口运销上海、杭州、广州、汉口、南京等地；外来的纱布、食盐与各类杂货，亦经南昌转运到全省各地。不过，此时江西贸易的繁荣，主要得益于过境贸易。而贸易的南北两点又为吴城和赣州所占据，樟树则居于两点之中，因此，直至咸丰十一年（1861）九江开埠之前，南昌在全省市场体系的地位，并未与其为行政中心相对称，其对江西广大城乡经济的辐射力尚未充分展现出来。九江开埠之后，南昌城除了行政地位不变外，还成为江西区域市场的中心和中西各种事物汇聚的焦点，并在多种因素作用下，开始了向近代城市转型。

民间粮食贸易运输也不少。清前期江西每年运销江、浙的大米二百余万石，远远超过了当时的额定漕粮。除大部分经鄱阳湖至九江转运各埠外，还东北出浮梁而达皖南，东出玉山而运往浙、闽，南出大庾而入广东。如在乾隆三年（1738）八月至次年四月，过关粮船达53032艘，载粮约达一百二十万担。陈支平通过对江西各地粮食的运销分析，得出的数据为："清代江西省向江浙闽粤运销的粮食总量每年大致在一千万石左右……清代江西省外销的商品粮食已占全省粮食总产量的百分之十。"[①]

清代仍实行官盐制度，禁止私贩销盐。江西的食盐基本上是赣北、赣西用淮盐；赣南用粤盐，赣东用浙盐，均依赖于水运。由淮、浙、粤等三地入赣的食盐疏运线亦遍及支流各港口。淮盐运输船自长江入湖口而达省城南昌，再经南昌转运至赣中、赣西一带；浙盐由浙江常山陆运至玉山，经水运至赣东北各县；粤盐由大庾岭入赣江而运销赣南各地。官府在水道要津设盐卡榷税。故陈文瑞有诗云："浙淮东粤远盐赍，设卡

---

① 陈支平：《清代江西的粮食运销》，载《江西社会科学》1983年第3期。

分疆划界齐。"(《西江竹枝词》之五十六)

同治年间,景瓷集运九江的数量一般在万担上下,多时达6.6万担,上行汉口、长沙,下行南京、上海。纸张的外运量,清末年约16万担。同治二年(1863),经九江港出口的茶叶有19万担,占全国茶叶出口量的十分之一多。同治十三年(1874)经九江运往南昌、河口、万载的棉布为14.99万匹,至光绪二十九年(1903)进口量已达264.8万匹。光绪元年(1875)从九江进口的煤油为7180加仑。

婺源在古代属于徽州,但辖境"大部分突入江西境内,为浮梁、乐平、德兴三县所环抱",婺源的水流主要流向江西。婺源商贸来往以水运为主,陆路为辅。江湾水出婺源县西南流经德兴汇入洎水,至乐平称为乐安江,汇于饶河。婺源的东北,唯有从江湾至安徽歙县的篁墩这条陆路,与屯溪水连通。不少盐商私贩浙江盐经江西信州德兴县进入婺源。雍正年间,江西按察使凌燽在《香屯戴村地方设立浮桥委拨员弁弹压堵私议详》公文中说:

> 会看得德兴县香屯地方切近婺源,为浙私出入之总汇,河道宽阔,水势湍急,枭徒顺流冲越,小民贪贱食私,积弊相沿,已非一日。虽经议设巡商,然寥寥丁役阻遏要冲,缓之则有勾私贿纵之弊,急之则有抗官滋事之虞,究属有名无实。应于香屯地方设立浮桥,以资堵御,但建设伊始,启闭盘查,未有定制兵役,仍易滋奸枭徒,不无觊法。离县既远,知县势难兼顾。①

再查乐平县之戴村亦为私贩聚集之地,今香屯虽设浮桥,然滩陡水急,难免透漏。县属香屯地方,与江南徽州府婺源之小港接界,小港本系荒僻边都,而奸商群聚,广开浙盐官店四十余铺,以致乐邑戴村、洛口等处愚民图贱越贩,冲入香屯。②

---

① 凌燽:《香屯戴村地方设立浮桥委拨员弁弹压堵私议详》,《西江视臬纪事》卷二,《续修四库全书》上海古籍出版社2002年版。
② 凌燽:《棚民编保及禁辑私盐议详》,《西江视臬纪事》卷二,《续修四库全书》,上海古籍出版社2002年版。

盐商私贩浙盐走的是水路，在德兴县西北的香屯（至今犹名香屯镇）与乐平县之戴村有盐铺四十多家。邻县婺源人因图便宜，强行过来购盐。贩盐者不是从东北走陆路进入婺源，说明大宗货物循水路运价更便宜，或许还有其他不少货物也是走这一条水路的。

早期婺源商人将本地的杉木通过乐安河运往江西饶州换购稻米。明代中期以后，婺源各姓氏的祠堂兴建成风，商宅官宅及民间亭阁楼桥等公共设施的建设也空前兴盛，开始到外地如吴城等处采购木材运回婺源，往往经鄱阳湖入饶河，再转循乐安河至婺水。

清代直至民国，婺源大鄣山等地的茶已成为一品牌。如游山村有众多茶商"奔走于江右德安、浮梁间""往来溢、沪""屯、饶之地"，"营业绿茶，常往来于彭、湖、沪海间，跋涉之劳，风涛之险，已饱尝矣"。茶商往返，大多是从婺源经乐安江前往鄱阳湖、长江。

第三节　江西四大名镇与其他港口

明清以来形成的江西四大名镇景德镇、樟树镇、吴城镇、河口镇，在明清易代之际遭受战乱而衰败。康熙年间以后，"商贾争趋"。商贸日渐昌盛，带动了水路运输的繁盛。兴国人胡发琅在《信游胜记》中说：

> 江西大市集四：景德镇、樟树、河口、吴城。景德以陶，《豫章书·陶政篇》是也；河口以茶，皆土产；樟树以药；吴城无专物，则贩通往来而已。贩通有盛衰，土产宜无兴废，乃军兴以来，章水道梗，崇安茶遂径出南海，而河口萧条，惟信郡所产仍聚此。沧桑变幻，其可以意计度乎？[①]

文中扼要叙述了四大商镇兴盛的原因，即昌江流域的景德镇因陶瓷

---

① （清）胡发琅：《信游胜记》，《肃藻遗书》卷三，清光绪十三年刻本。

而兴,信江流域的河口镇以茶与当地物产而兴。樟树镇因药材而兴。吴城镇主要因商贸货物中转而兴。太平天国战争以后,赣江水运不畅,福建武夷山茶运输途径改从海运,河口镇日趋萧条,靠的多是信州本地物产的流通。这也反过来说明,古代闽北茶产主要是越过武夷山运至河口镇而转运各地。

景德镇因陶瓷之盛:"人文物产甲于他邑,且土宜于陶,陶之利用走天下,商贸远来,舟车云集。"[1] 如此繁荣的景象,与景德镇陶瓷业的发展以及瓷器贸易的丰厚利润尤有关。萍乡人吴式璋《景德镇》诗云:

巨镇雄赀聚,江流集远艘。六街双屦塞,一国万人陶。
彩色花瓷幻,洪炉火气高。浮梁茶已卖,贾客偏称豪。

巨镇有雄厚的资本,昌江聚集了远方的船舶,不仅有瓷器的出产,还有名贵的浮梁茶叶。客商致富,不免财大气粗了。

茶商船只经过景德镇时,须在设卡处按规定缴税,否则罚款很重。张宿煌有诗云:"一线昌江控要津,西洋通贩近年频。东来贾客轻瞒卡,昨罚毛茶五百银。"(《景德镇竹枝词》)

瓷都的繁荣离不开昌江这条航道的,这是景德镇的生命线:"景德镇处昌江中游,上溯至祁门二百七十华里,下流至鄱阳一百八十华里。在镇附近有昌江支流三:东河,南河,西河。东河发源于浮梁东乡之东源山,全长一百二十华里。春夏可行木船,秋冬可通木筏。东河经瑶里、界首、鹅湖、王港、高岭等瓷器原料、燃料产地,由浮梁旧城注入昌江;南河发源于婺源西南山中,全长九十华里,常年可通木船、木筏,经浮梁南乡之程村东流,湘湖、湖田为瓷器原料、燃料产地。由景德镇市南郊之南山下流入昌江;西河发源于安徽至德县,全长约一百华里,经浮梁北乡之礼门、港口、大洲、三龙等瓷器原、燃料产地,由景德镇中渡口流入昌江。"[2]

---

[1] 康熙版《浮梁县志》卷首"黄家遴序"。
[2] 江西省轻工业厅陶瓷研究所编:《景德镇陶瓷史稿》,三联书店1959年版,第29页。

康熙五十一年（1712），一位法国传教士曾到景德镇游历，在给奥日神父的一封长信中提到昌江有许多良港，有许多小船停泊其中："有两条河从靠近镇边的山岳里留下来，并且汇合在一起。一条较小（当指南河），而另一条则较大（当指昌江），宽阔的水面形成了一里多长的良港。江水流速大大减缓，有时可以看到，在宽阔的水面上，并列着二三排首尾相接的小船……每日都有无数的小船停泊……"[1]

还有一些诗可以印证景德镇、浮梁一带的商货昌盛与附近水路之繁忙。郑凤仪《浮梁竹枝词》云："千里清溪五里滩，竹篙剪水上滩难。人声急共篙声急，闲坐滩头把钓竿"；"碓厂和云舂绿里，贾船带雨泊乌篷。夜阑惊起还乡梦，窑火通明两岸明。"舟船因江浅要撑篙而行。人声篙声之急，说明舟船之多。贾船即商船，乌篷船，说明船小。候货久而夜半思乡。彻夜窑火通明，说明瓷业生产的昌盛。

郑廷桂《陶阳竹枝词》也写到景德镇江岸一带水运的情景：

> 坯房挑得白釉去，匣厂装将黄土来。
> 上下纷争中渡口，柴船才拢槎船开。

诗后自注云："中渡过河西多有坯房匣厂，又为柴槎码头，争渡者日夜不息。"运烧窑柴的船只与运陶泥的船只交替在渡口上下货。又曰：

> 天宝桥边水碓舂，麻村老土胜提红。
> 安仁船载余干不，同府同帮货不同。

自注云："提红，不名。麻村在邑东，产老土，向胜提红。今多用余干提红，每以安仁小船载来货卖。"提红是一种瓷器釉的原料名，"不"字在瓷行业中是作为釉石的专用名词。当时余干县也产此原料，以船运过来。又曰：

---

[1] 见殷弘绪致奥日神父信，转引周銮书《景德镇史话》，上海人民出版社1989年版，第3页。

> 鹅颈滩头水一湾，驳船禾杆积如山。
>
> 瓷器茭成船载去，愿郎迟去莫迟还。

　　自注云："客商贩瓷，细者装桶，粗者茭草，故船载车去，藉以免破损。"

　　清代的昌江已成滩河，礁石多，有翻船的危险。瓷器须先用小帆船从景德镇运至饶州驳上大船，然后入湖出江。秋冬水枯时还要过龙口滩再驳。清代余干、余江、星子的制瓷原料相继开采，瓷土运输从昌江上游延伸到昌江下游，远至渡越鄱阳湖至西岸之星子。

　　景瓷运销海内外，查慎行的《昌江杂咏》云："九域瓷商上镇来，牙行花色照单开。要知至宝通洋外，国使安南答贡回。"国内九州的瓷商带着他们的订单，纷纷来到景德镇采购。作为高档礼品，还销往海外。如乾隆三十九年（1774）英国商船9艘装载景德镇瓷器4465担（每担60公斤），自广州返欧洲。

　　邵伯棠《到镇日》诗中云："轻舟转过万层山，山过层层镇口间。弄有百千街自古，渡称十八水何弯。"景德镇城中多河水，街多里弄，于此可证。

　　千百年来，昌江默默地支撑着景德镇陶瓷业的发展。

　　樟树镇　明末清初，樟树的药材贸易一度消退。至清康乾时期，樟树镇再度步入繁盛发展阶段，"商民乐业，货物充盈"，"山水环绕，舟车辐辏，为川广南北药物所总汇，与吴城、景德称江西三大镇"，"虽通都大邑，无以复过"。清末商部大员傅春官曾追述该镇的商业盛况说：

（江西）市镇除景德镇外，以临江府之樟树镇、南昌府之吴城镇为最盛。樟树居吉安、南昌之中，东连抚州、建昌，西通瑞州、临江、袁州，……货之由广东来江者，至樟树而会集，由吴城而出口；货之由湘、鄂、皖、吴入江者，至吴城而戺存，至樟树而分销四省。四省通衢，两埠为之枢纽。迨道光二十五年五口通商洋货输入，彼时江轮未兴，江西之贩买洋货者固仰给广东；若河南、襄阳、湖北汉口、荆州，凡江汉之需用洋货海味者，均无不仰给广东，其输出输入之道，多取径江西。故内销之货以樟树为中心点，外销之货以吴城为极点。……樟树、吴城帆樯蔽江，人货辐辏，几于日夜不绝。故咸丰以前江西商务可谓极盛时代。惟彼时省会，转视两埠弗若焉。①

由此可见，樟树镇是以药业为基础，以水陆交通为依托，因转运贸易而兴盛一时的商贸市镇，其规模和繁荣程度超过临江府治所在的临江镇。乾隆三十年（1765），江西巡抚明德上疏，说临江府所属樟树镇，为江、浙、楚、粤水陆冲途，商民云集，巡检事务繁忙，为减轻其负担，请移临江府通判驻扎樟树镇，添建衙署，换给关防。樟树镇行政等级的提高，得益于其规制的不断扩大与经济的日益繁荣。康熙间，翰林院检讨潘耒有《樟树镇》诗云：

水市章江岸，由来药物赊。珍丛来百粤，异产集三巴。
鲍靓应频过，韩康或此家。何须乞句漏，即此问丹砂。

可以看出，清代樟树镇不少药材来自两广与四川，药师频至，无药不有，而这一贸易盛况与赣江水运是密不可分的。

樟树码头出现终年千帆林立、茶楼酒馆坐无虚席之景象，许多外地的药业商人时常在镇上逗留三五月。临江镇秀才裴柳书在《吴平风俗歌》中，更通俗直白地描述了这一情景：

远别家山千万里，为觅蝇头作行贾。豫粤滇黔蜀鄂湘，不畏山川迢递阻。
江湖连筏犯惊涛，药材捆载放征艘。爹娘妻子走相探，屈指归期想劳劳。
十年赢得腰缠满，乡关何处音书缓。天伦乐事叙偏难，骨肉离情浑不管。

来自河南、广东、贵州、四川、湖北、湖南各地的药商，将药材成捆扎堆放在大船上，甘冒风涛之险，历经十年就可赚得腰缠万金。无怪

---

① （清）傅春官纂：《江西商务说略》，《江西官报》，光绪丙午二十七期。

乎乾隆年间樟树有外地药商五十多家，本地人开药行店铺一百五十多家，从业人员三千余人。当时还有民谣云：

荷湖开排出大江，袁临吉赣水荡荡。樟树镇上光景好，南北川广药材行。药材行有卅六只，另外三家卖硫黄。排哥离开药码头，带去药材阵阵香。

河口镇 明末清初的社会动乱，使河口镇的商业一度趋于衰落，但康乾间随着社会稳定和经济的复苏，河口镇重又展现出一派繁荣景象："货聚八闽川广，语杂两浙淮扬，舟楫夜泊，绕岸尽是灯辉，爨烟晨炊遍布，疑同雾布，斯镇胜事，实铅巨观。"① 乾隆年间，铅山人蒋士铨有诗云："舟车驰百货，茶楮走群商。"（《河口》）此为河口水运贸易繁盛景象的写照。

嘉庆、道光两朝，河口镇商贸更趋兴盛，外地商人纷纷在镇上商业街建立起会馆。据傅春官的调查说：

其货自四方来者，东南福建则延平之铁，大田之生布，崇安之闽笋，福州之黑白砂糖，建宁之扇，漳海之荔枝、龙眼；海外之胡椒、苏木；广东之锡、之红铜、之漆器、之铜器。西北则广信之菜油，浙江之湖丝、绫䌷，鄱阳之干鱼、纸钱灰，湖广之罗田布、沙湖鱼，嘉兴西塘布，苏州青、松江青、南京青、瓜州青、芜湖青、连青、红绿布，松江大梭布、小中梭布；湖广孝感布，临江布，福青生布，安海生布，吉阳布，粗麻布，书坊生布，安海生布，大刷竟，小刷竟，葛布；金溪生布，棉纱，净花，籽花，棉带，褐子花，布被面，黄丝，丝线，纱罗，各色丝布，杭绢，绵绸，彭刘缎，衢福绢。此皆商船往来货物之重者。②

在河口镇转运的各种商品中，纸张、茶叶占有大量份额，这也使河口成为专业的茶叶和纸张生产贸易中心。广信府是本地重要的茶叶产地

---

① （清）乾隆八年版《铅山县志》卷一《地舆志》。
② （明）万历四十六年版《铅书》卷一《食货书之聚货》。

之一，以"河红玉绿"著称，上饶、玉山、广丰、铅山所产茶叶大多集中于河口镇，还有武夷山和安徽茶叶亦大都如此，先运抵河口镇，然后顺信江而下，经瑞洪再运往吴城镇分销。或由信江折入赣江南支，经南昌，再往赣江上游，过大庾岭至广州，出口海外。这条商路约需50~60天，主要依凭江西发达的水道。嘉庆二十二年（1817），清廷禁止茶叶海运，外销茶叶一律从内陆转至广州，河口镇作为外销茶叶中转站的地位更为重要。此后由于上海辟为通商口岸，河口镇的茶叶运销终点发生转移。集中在河口镇的茶叶溯流而上，东至玉山，再抵常山，然后沿钱塘江直下杭州，经运河输往上海。另外，武夷山红茶运至上海的路线也以河口镇为中转点，至玉山，水路全程180里，需时4天；玉山至常山改陆路，至常山改水路至杭州，再至上海，水路全程500里。便利的交通运输，使河口茶市盛极一时，茶庄遍布，每年经由广州、上海等通商口岸输出的茶叶达10万箱以上。①

广信府是江西著名的纸张产地之一，特别是铅山的纸，从业者众，价格高。都要经由河口镇转水运外销到各地。正如陈文瑞诗云："嫩竹分梢沤满槽，连宵烂煮捣成膏。掀帘片片云蓝薄，卖向通都纸价高。"（《西江竹枝词》之八十）

吴城镇 是本省内外商货流通的重要港口，江西各种商品经由吴城、湖口出入江西境内外。外省由长江入鄱阳湖至吴城，由吴城可至南昌、樟树。武宁、修水的茶叶，多经吴城茶行加工销往全国；景德镇瓷器由昌江、饶河入鄱阳湖，或北往湖口入长江。或至吴城中转，入赣江上溯，越大庾岭，经广州出口海外。这里是"九垄十八巷，六坊八码头"，店铺、作坊、行房鳞次栉比，"茶商木客盐贩子，纸栈麻庄堆如山"，仅省内外客商所兴建的会馆就多达48座，而大码头有8座，每天停泊大小船只近千艘，货物如山，帆樯如林，可谓"舳舻十里，烟火万家"。从一些诗文中也可略窥吴城镇水运、商贸的情景。"吴城楚尾也，而吴头枕此。两水夹流，一山峙立，乃西山逦迤北脉之归宿处也。固洪

---

① （清）同治十二年版《广信府志》卷一"物产"。

都之锁钥，而江右之巨镇。""出入鄱阳湖者，酎赛鳞集，商贾辐辏"，各种商铺馆店增多，出现"市廛紫叠，几无隙地"的现象。①

光绪二十六年（1900），陈三立过鄱阳湖，有《泊吴城》诗中云："灯火喧渔港，沧桑换独醒。犹怀中兴略，听角望湖亭。"月夜泊舟，渔港繁华情景似亦隐隐可见。陈三立还有《吴城二绝》，第一首云：

湖尽帆樯已作堆，照波新燕去还回。
踏歌声里东风暖，柳色都扶百尺台。

起句极言湖之尽头，帆船之多。"踏歌声里"犹见其地歌舞之盛。次首云：

头纲为办开茶市，腹地犹能放米船。
我有成亏在胸臆，欲移牛背看山川。

"头纲"指惊蛰前或清明前制成的首批贡茶，泛指优质春茶。春日各路茶商纷纷在吴城镇开办店肆而成市场。"放米船"即采购粮食的商船，畅行到江西腹地。此诗恰是吴城镇为茶叶、大米集散地的写照。

江西人还将山地种植的杉、竹、茶子通过赣江水运至各地贸易以赢利。如在靖安县"隙地种竹，竹巨而茂，其巨者剖之可为篾，歙人贸以通舟楫所不及，其次者以为篷"②。赣州杉木生产尤其发达，"赣产杉木，故木材最多，江省各郡多取于此"，"赣多以杉木、苗竹为业"③。兴国县"山阜向植杉木，安徽客贩多采焉，木去地存，闽粤流民侨居，赁土遍种茶子……吴中尤争购焉"④。杜一鸿《龙泉竹枝词》："秀洲洲前多老树，北乡寨上好杉山。绞排出水下流云，买得京滩细崽还。"反映的是遂川

---

① （清）叶一栋：《重修望湖亭记》，见《千年吴城史话》，成都出版社2014年版，第136页。
② （清）陈梦雷：《古今图书集成》卷八五三"职方典·南昌府郡"。
③ （清）同治版《赣南府志》卷二十一"物产"。
④ （清）乾隆版《兴国县志》卷一十二"物产·志地·六乡图"。

县人将山上出产的杉木绞扎为排而运往江中的情景。正如陈三立《快阁铭》中所说：

  余闻诸父老，当乾、嘉盛时，南赣、闽、粤阻奥之区，物力饶衍，货产充溢，富商巨贾，辗转运贩，竹木名材，牵连断续，蔽江映日，悉由赣水，遮县城，下豫章，折彭蠡，以达于九江。①

  满江都是船只的牵连络绎，将竹木名材搬上船，从赣南经泰和县城附近，然后运至九江，可见水上运输之盛况。每年经吴城改扎大木排出鄱阳湖而达南京、常州等地的木材，约为1150万码两，折合1600万立方米左右。

  但竹木的过度砍伐，与开山造田一道作用于江河，造成赣江水运不畅。最明显的例子如，赣江绕过南昌城之后分为四支，即西支、北支、中支、南支，至清朝中期后，除西支尚无大碍外，北支、中支、南支水道都渐渐水浅而航运困难。雍正、乾隆间华亭人黄之隽《向过鄱阳湖尾皆巨浸今由瑞洪出湖狭岸可步赵家汇，已涸，迂道柳林》诗中云："路知新水陆，湖验小沧桑。"赵家汇应是赵家围，在今南昌市昌东镇赵围村，赣江南支从此东行不远即汇入鄱阳湖。西距瑞洪二十余里。自赵家围入湖本是常道，至清代中期，赵家围渐浅水涸，故绕道柳林。

  与此同时，在北方大运河的淮河至黄河段因黄河泛滥改道而淤塞，南北水道被拦腰截断。

  清雍正年间以后，岭南漕运不再走赣江—鄱阳湖水道，而转以海上运输为主。还有不少客旅、货物也走海运之途。福建武夷山一带的茶不再越武夷山至河口镇转运，而是通过海运北上销往各地。曾使江西受益无穷的鄱阳湖—赣江—大庾岭商道逐渐衰落。广东的客旅也常走海路。可从同治间文星瑞（文廷式之父）的诗中得到印证："薄宦驰驱日，中原战斗年。循途阻闽粤，赴阙望幽燕。径涉重洋险，聊乘异国船。相

---

① 陈三立：《快阁铭》，《散原精舍诗文集》卷二《文集》，上海古籍出版社2003年版，第770页。

形殊鹢首，制器妙螺旋。板裹铜皮固，樯围铁索坚。万钧轻捆载，廿幅数帆悬。晷影量奚似，更程纪或然。但凭针一线，遥指路三千。人自殊方至，言凭译者传。"(《初乘番舶入都》)他自广州往北京，所乘的是洋人的海轮，船舶坚固，有机械动力，有二十幅帆，行速可想而知，还有指南针等航行设施。

五口通商之后，更使得鄱阳湖—赣江的航运锐减。陈三立《快阁铭》云："自与岛夷通商，有司榷厘税益急，岭以外行贾绝迹，率附轮舶取海道，转输江汉间。"① 岭南之行商不再走此水道，而是附于轮船大舶走海道，转运于南北。在吴城，"商业十减八九"，萧条冷落。光绪二十九年(1903)，陈三立在《吴城作》诗的后四句云："一隅都市沿衰耗，百战戈船送老成。曾写望湖亭上语，只今哀雁暮纵横。"一隅都市句谓繁盛数百年的商品集散地吴城镇而渐趋"衰耗"。又写有"鸦啼残市寂，鱼跃万山流"(《三月廿七日别南昌晚泊吴城望湖亭下》)诗句。"残市寂"，亦言吴城萧飒破落气象也。

清光绪三十二年(1906)，胡雪抱往省城乘船过此，有《吴城旅舍同仲兄苏存宿舟中之句》诗云：

入洛年华序阁心，揭来津渡与枯吟。水喧客枕淫淫梦，风渡汀沙飒飒音。驿路别开珍异徙，湖楼犹昔管弦沉。百年纸醉金迷地，听厌渔郎说古今。

水喧客枕，风卷汀沙。有感于铁路之通，而赣省水运无复旧日之昌盛。吴城向为繁华之地，而今渐趋萧条冷落，徒供渔郎闲话。此类鄱阳湖诗可以证史，有史料价值。

由于水运的衰落，九江城东南的姑塘镇、星子县北的青山港、湖口屏峰港、星子县南的渚溪港，信江入鄱阳湖口处的瑞洪镇，都日渐冷落萧条了。欧阳述《珠溪舟夜》诗云：

水村霜冷柳藏乌，萧瑟秋声起岸蒲。

---

① 陈三立:《快阁铭》,《散原精舍诗文集》卷二《文集》,上海古籍出版社2003年版,第770页。

彻夜湖心光不定，不知是月是明珠。

珠溪即渚溪，此诗正是萧飒气象的折射。

第四节　九江、湖口、姑塘钞关

清代，广饶南九道（即广信府、饶州府、南康府、九江府）之治所亦驻在九江。这不仅使九江地方行政中心的地位更加巩固，而且也使九江行政中心的调控功能几乎扩展到了整个赣北地区。九江也是军事中心。它扼长江中下游交接之处，控赣江、鄱阳湖水系入长江之交汇处。

清代，九江城内的龙开河，北通长江。嘉庆时期，地方官府对龙开河码头进行了加固修整，进一步方便了来往的商旅，也为九江府城经济的发展奠定了坚实的基础。濂溪港在城南十五里，与龙开河相通，亦是帆船停靠的一个重要停泊点；小江港一名官牌夹，位于九江府城西五里许，有河汇于长江，水涨龙坑、赤湖等处，舟楫上下，皆泊于此。

九江港口码头

五口通商后，九江开埠，成为江西第一处向西方列强开放的通商口岸，有了租界、洋行，西方文化开始缓慢侵入城市生活，并通过九江传至江西内地。九江城不仅成为江西的贸易中心，同时也是以上海、汉口为中心的长江流域市场网络组合的中介口岸。水运不断兴盛,"四方商舟骈集其地","每日客舰络绎不绝。"

早在顺治年间,在九江置关税厂以榷税。关税厂又称钞关。清初徐世溥的《楚谣》一诗与序,写到九江钞关收税的情景。序曰:"浔阳至驿左为钞关,榷使临江丈船,士人楚行者,类以小舟载衣至龙开河易舟乃行,不然则榷使概以为商矣。"诗云:"不是商船莫上关,新河写换客如山。武昌只索钱三贯,双桨单装任往还。"又注云:"一舟只载一人,不附他客谓之单装,新河即龙开河也。"九江钞关在城西驿站附近。每当商船过此,关卡的吏员便要丈量船的长度,据此确定榷税多少。自武昌下来的客人,往往乘小船至龙开河口改乘大船。若是不带行李者乘小船者,只要交三贯钱即可过关。

九江姑塘镇港湾,帆樯如林

由于距湖口不便,康熙二十一年(1682),九江关税厂移驻湖口县城澄清门。其时休宁人王晋徵《湖口石钟山》一诗写到其形势:"伊昔荒城郭,船稀惧风雨。榷关始自今,贾舶密如堵。"从诗中可见,在湖口港津渡处的榷税造成了众多船舶的拥堵。

康熙间任兵部督辅右理事官、内阁学士的胡会恩,有《湖口行》写到此关榷税情景:

青青石钟山,凛凛湖口关。浔阳汇彭蠡,九派奔潺湲。

东南估客渡江津，湖口新关愁杀人。乌篷艇子大于叶，朝去昏还两算缗。江边怪石如万戟，冲涛触船船寸坼。谁能冒险瞬息停，一任当关恣抑勒。正税还兼杂税供，杂税何曾入大农。一自新关移使者，棹歌声断月明中。

湖口关地势险要，商船必经此地，见此新关而发愁。乌篷艇子即榷税者所乘快舟。"两算缗"即为两串算缗钱，言税吏精于算计。更发愁的是，因船多停泊而挤在一起，风大浪高，也够危险了，还要任随守关的门吏恣意索取，除了正税还有苛捐杂税，但这些杂税并未进入国库。自从设了新关，船上再也无人唱歌了，诗人分明是为商民打抱不平而致讽。

康熙间官至吏部侍郎的汤右曾，也有诗对新关盘剥商民的不满："衔舻如山万商集，使者缨旌骑吹入。行人扰扰竞锥刀，落日悠悠下城邑。"（《放舟至下钟山》）头尾相衔的舳舻如山一般，集中一起在等候。榷税者威风凛凛，为小利而威逼商船。

陈文瑞有诗描写了其时关卒巡查的情景："软波硬浪两弯环，晨夕巡查扼此关。坐守验舡风又急，滞人行迹怅鞋山。"（《西江竹枝词》之四十七）这有可能写的是湖口鞋山一带的巡查船，风大浪高，被检查者不免有焦虑的心情。

湖口港湾，因船舶日益增多而停泊困难。白潢，字近微，清汉军镶黄旗人。康熙五十六年（1717）任江西巡抚。赴任前，康熙帝当面嘱咐他说："江西湖口关，泊船甚险，汝须留意。"白潢到任后，两次率属吏到湖口考察地形后认为，湖口关"虹桥一港，逼近石钟山，夏秋水涨，也只能容小船一二百只，远不能满足商船停靠之需"；"湖口关右一里许，山势开阔，内有一武曲港可容船千余艘，唯夏秋有水，冬春则涸，须大加疏浚，方能四季容舟"。由此筹划建武曲港的地址、规模和工程费用，具折上奏，并附湖口县地形图，不久就得到户部的批准。康熙五十七年十月动工，次年三月告竣，历时5个月，耗银2.6万两。从此湖口关址移到武曲港，船舶验关，随到随验，不至于停留，客艘商船欢声载道，这是白潢为江西水运交通做的一件大好事。同时人李绂有一首七古《七夕湖口泊舟》即写到武曲港：

端阳酹酒辞文昌，七夕鸣榔过武曲。牛女星回河汉横，灯火千红波万绿。鹈鴂先鸣草不芳，远辞亲舍空还乡。石折千回江势转，何如游子九回肠。

夜晚港口灯光之繁，可见泊船之多。

雍正元年（1723），为解决出入鄱阳湖商船偷漏税问题，清廷遂在姑塘设立九江关大姑塘分关。由"江西巡抚委官二：一驻九江，一驻大姑塘"。

姑塘在鄱阳湖西北、距湖口四十里，也是一处天然良港。姑山形似芭蕉叶，南北走向的山峦长约五里。下有女儿港，临鄱阳湖，与大孤山相对，一港委曲，可泊舟楫，陆通府城。水深适宜，水面宽阔，"水涨可容舟百余"；"水势迂缓，可免（商船）冲激之危"，"利于（商船）宿泊，脱于沉溺"。顺治间江皋诗云："女儿港口帆初落，撑过矶头好放歌。"（《江州竹枝词》之四）乾隆间潘锦江诗云："停船多傍女儿港，掉过鞋山烟月明"（《湖口竹枝词》之一），均写到港中泊船之安。蒋士铨诗云："女儿港上女儿家，蟹舍鱼罾对浣纱。白石清溪看不厌，满湖风色冻渔叉。"（《大姑塘二首》其一）写其风景之美。魏源诗云："别有天地非人间，大湖山内小湖山。女儿港畔连湖泊，何异桃源销夏湾。"自注云："（女儿港）俗名大姑塘，乃泊舟之所，与太湖西山销夏湾相似。"魏元旷《登姑塘山》一诗则写到这里的地理形势："左顾大孤山，右顾五老峰。秋色满衣襟，浩叹凌苍穹。鄱湖十万顷，弥弥随江东。"

姑塘海关

设分关于此，可以"扼控鄱湖"。姑塘与湖口"据江湖之口，为喉咙之地"，"为商舟所必经"。鸦片战争后，九江辟为通商口岸，此地成为海关，一度成为闹市。蔡孔炘《鄱湖竹枝词》云："扬帆直指落星湾，白浪无风也似山。向晚舟人齐笑语，而今始泊九江关。"此关即九江海关姑塘分关。陈三立《孤塘夜泊和酬公湛见赠》一诗写到姑塘海关："白发扁舟一相忆，关津卧听鼓填填。"又《姑塘雨夜》诗云：

灯火浮湖屿，风波接市廛。愁兼一夜雨，梦落九江船。
鼓角闲津吏，歌吟答水仙。欲呼寒月上，石影压孤眠。

市廛即言湖滨姑塘镇上的店铺街。腹联上句"鼓角闲津吏"，写鼓角悠缓之声、关津吏卒闲散之态。

第五节　江西的造船业

木料造船工艺相当复杂，唐宋时期只有零星的记述，不可详考。但近代的造船工艺有资料可查：工序多，工艺难度大。从备料到断料、配料、破板、分板、拼板、投船、打麻油船等有十多道工序，均为手工操作。大船要选大木料，用铁钉串连为船身，缝隙处要用石灰、麻丝、桐油绞绊均匀，然后用平凿与锤敲打进去。最后还要反复打磨光滑，涂上多层桐油。然后安装舱口、篷盖、帆樯。据《江西省交通志》所载：

木帆船由木质船体、风帆两部分组成。在漫长的岁月中，江西的木帆船依船舶受载货物品种，行使河流的宽窄、深浅、滩险以及洪汛和风力等自然变化，形成适应于不同河流特性的各种船型，形状各殊，名目不一，载重不同，速率亦异。其中数量较多的有巴斗子、三刁、罗滩子、鸦尾子、矮头子、桐壳子、饶划子、倒划子、平头子、标滩子、土狗子、吊头子、沙排子、网排子、莱根子等。

清顺治八年（1651）开始建造的新漕船，载量平均达到730—830石。康熙二十一年（1682），清政府鉴于各省漕船大小不一，规定"各省遵照新式长七丈一尺一律成造"。到二十六年（1687），又规定"以新式船小，载重量加宽大"。雍正二年（1724）"题准江西、湖广漕船以十丈为率，短不得过九丈，其宽、深酌量合式，其余各省仍照式成造"，允许江西、湖广两省的漕船载量可以超过浙江等省。

经过形制技术改良后的清代漕船，"体骨吃水一尺八九寸，帆篷铺仓绳缆家伙压水二寸，装米百石压水一寸五分，江西共米一千二百四十余石，共压水一尺八寸零，连船身以及篷缆家伙铺仓水基总得吃水三尺八九寸或四尺者"。船的载重量从明代的400—500石增加到1200—1300石。清初江西有漕船1003艘，以后由于"并造""裁减""贫疲""逃亡"等原因，漕船数量大减。雍正四年（1726）仅708艘。乾隆二十四年（1759）又一次奉旨裁减漕船70艘，实有638艘。咸丰九年（1859）仅存167艘。漕运总督袁甲三奏准将停歇军船拆板变卖，漕船从此消失。

抚船，常用于运盐，故又有盐船之谓。产于抚河流域，属深水船型，数量较多，为江西主要船型之一。头尾扁平，船腹宽深，舱深榜厚，构造坚固，有艄楼，3桅，竹叶篷。形状酷似汉末吴国在南昌谷鹿洲建造的"舠艞船"。行驶于赣江、长江的大型抚船载重可达数百吨，行驶于内河支流的小型抚船载重十余吨。

抚船

鸦艄子，产于鄱阳县，是航行于长江、赣江和鄱阳湖的深水船型，分"飘艄"和"封艄"两种。船体丰满厚实，前低后高，双桅，搪浪板略宽，船尾下部形似鸭臀。船身自重系数大，板材厚，能承受外部特强碰撞，稳性和浮力均强，逆风可斜向前行，适于拖带，最大载重可达80吨。

平板船，头宽尾短，船身长大，两边船舷案1.5尺，吃水深，载重90吨者有桅杆两根立于一舱前梁；载重100吨者有桅杆3根，其中2根于一舱前梁，1根于尾部前梁，竹叶为篷，常航行于赣江、长江与抚河等较大河流。

土狗子，产于南昌、新建两县，深水船型，常航行于赣江中下游和滨湖水域，主要用于短途粮运。船型头平尾翘，船身较长，吃水较浅，稳性较好，操驾灵便。载重3吨者1桅，载重30吨者3桅，竹叶篷，备手橹一对于前舱两侧，无风可摇橹前行。

标滩子，航行于赣江上游的主要浅水船型之一。身长底平，上装矮，舱口浅，川口高，吃水浅，松木底板，不易碰穿，船首略翘，便于过滩。外洋桥型设桅2根于前后舱，有艄楼，载重30至50吨，多在禾水河及赣江航行。内洋桥型满载后外舷甲板没于水中，此为江西浅水船型的主要特征。

踩梗子，船身呈条型，长宽比例为1比9，是江西内河船身最长的一种船型。头尾宽平，川口高，内平板。重载行船平板浸在水中，底平舱浅，载量大，吃水浅，阻力小。桦子板两边有脚手架，便于撑篙行船，是撑篙引船航速最快的船型。

桐壳子，产于丰城，江西优良船种之一，形似古代海船，结构坚实，舱深底平，水密性能好，船首平而尾略翘，双桅或3桅，吃水深，航行稳，可落舱受载，有披水板，航行迅速，可走八面风，逆风亦可扬帆借风斜行。大型桐壳子船载重在50吨以上，有的可载100吨，属深水船型，可长途航行于赣江、鄱阳湖和长江。

横板子，信江、饶河船型之一，船首以横木板制成，阻力较大，速度较慢，身长、底尖、吃水深，全船8舱，前4舱不盖篷，后4舱盖篷，最大载重30—40吨，主要航行于鄱阳湖区以及信江、乐安河、昌江下游。

饶划子，鄱阳镇主要船种，首尾较平，有木窗可开合，载重20吨左右，常航行于南昌、九江以及汉口、上海航线。

倒划子，乐安河主要船种，以船艄靠岸而得名。船头至桅杆舱盖篷，长9—13米，宽2—2.3米，吃水0.4米，8个舱，载重8—14吨，顺风扬帆，逆风拉纤。

罗滩子，首尾尖翘，船身狭长，高舱板，杂木底，竹叶篷。船型有深水、浅水两种：浅水型，行驶于昌江、饶河、信江，单桅，载重10—20吨。深水型，行驶于赣江中、下游和鄱阳湖、长江，双桅，载重最大可达80吨，阻力小，操驾灵便。

尖头子，适航袁水、锦江的浅水船型，首尾高翘度超出一般船型，有利于通过袁水、锦江两河滩险，稳性好，吃水浅，载重15—25吨。

西港子，适航昌江支流西河，货舱浅，吃水浅，在水探0.1—0.2米时亦可航行。船首呈三角形，搪浪板宽，靠撑篙行船，便于过滩，是山区支流中行驶的典型浅水船型，载重1—5吨。

木帆船的风帆大小和主桅长短根据船身长宽和船底形状而定，以三级风力扯满确保稳性为度，三级以上风力则需降低风帆高度。古代风帆多以蒲织成，近代以后多以龙头细布12—26幅制成。平均横向间矩50厘米系风篷竹一根，与桅杆相连，上关高，下关矮，呈关刀型，上关栓有网脚绳，小脚6—10根为一束，以滚动葫芦传动，集中到后艄2—3根纲绳挂大脚，由舵工操作篷向。大船主桅有5—6丈高，需10余人合力竖起。[1]

从上文中可见，船的种类繁多，根据用途与吃水深浅而设计的式样与规模大不相同。

从诗中也可见对一些船类的描写，如官吏往来乘坐的有三板船，行

---

[1] 江西省交通史志编审委员会编：《江西省交通志》，人民交通出版社1993年版，第327—328页。

驶于赣江上游。此船制式唐代即有，钱珝诗中云："三板顺风船"（《江行无题》）。又见之于宋荦《下滩》诗云："摇摇三板船，远下疾如箭。"这种船速度较快，船头船尾高，船尾有舵楼。清代沈复在《浮生六记》卷四《浪游记快》写道："至滕王阁……即于阁下换高尾昂首船，名'三板子'，由赣关至南安登陆。"

又有轻便的舠子船。如陆奎勋《舠子词》中云："舠子轻儇箭撇波，玉溪百里片帆过。浊醪已醉三蕉叶，月底新翻《懊恼歌》。"船夫驾着刀形小船，轻捷灵便。舠船在湖中行驶，犹如射箭般飞快，信江上游玉溪百里水程，转瞬即过。

自南昌至宜春的袁水，航运的客运小船，形状似杨树叶，故名杨叶。陈三立《送别王湘绮丈还里》诗句"致爽楼头望杨叶"，自注云："局楼初成，公题曰致爽。杨叶，乃宜春小船名也。"湖南名士王湘绮时在南昌经训书院任教，为楼题匾额"致爽"两字，在此楼可望杨叶小船载着王湘绮向宜春方向回归故里。

还有一种鸦尾船，船身小，形似乌鸦尾，行速快，掉转方便，泊船稳。陈文瑞诗云："才击谯楼警夜梆，预期侵早达章江。莫嫌鸦尾船身小，却便风来稳系桩。"（《丰城竹枝词》之五）在丰城，船在三更谯楼击鼓响时出发，早晨便到了南昌城。又有熊荣诗云："秋江漠漠暮烟寒，鸦尾船儿万斛宽。半逻抛依只管去，片帆飞出凤凰滩。"（《南州竹枝词》）

此外，在小河支流，还有流传久远、分布广泛、作短途水运工具的竹筏。在竹之两端凿孔，以木棍横串结扎成排，筏首上翘，艄宽底平。

光绪八年（1882），商绅罗兴昌在南昌创办了罗兴昌机器厂，是江西第一家使用机器修造船舶的企业。光绪二十八年（1902），航商郁承唐在九江龙开河开办德兴造船厂，因其机器设备较先进，技术力量较强，修理业务十分兴旺。光绪三十二年（1906），清政府颁行"凡制造轮船厂与外洋新式轮船相敌者，……奖给一等商勋……赏加二品顶戴"的奖励办法。此年，江西有肇兴机器厂、公立工艺厂、见义机器厂相继开业。

光绪三十三年（1907），临川县人胡受正曾自制机器，以民船改造成浅水无火轮船，机器虽笨重，较之民船尚称灵便。

第六节 水运航行安全的设置

鄱阳湖直到赣江上游，由于水源丰富，即便天旱时，江湖中流亦在深道，但运粮漕船仍不免因航道不明而搁浅。乾隆年间，江西督粮道署下令在鄱阳湖区行驶漕船的河槽两旁设置标明水深的柳木标志，随洪水与枯水位变化而移动使用。仓场侍郎苏凌阿等奏准，在赣江十八滩以下航道插柳木以标记航道水线深浅，漕船按标记航道行驶。在支流航道，也开始有了航标。如贡水上流的雩水，十里一大滩，中有礁石，当地人起初以木标航，多被水漂走，知县卢振先换以铁柱。一般在礁石险滩处的航标多用铁柱，在沙泥浅滩处需要经常移动的则使用木标。

石钟山崖壁置铁链与泅筒。湖口上钟山，峰壁险峭，挺峙鄱湖之滨；下钟山峦障层叠，当长江之水，屹然束之。两山怪石峻峭，"巉矶啮溜，湍怒有声"。船行过此，即便无风也无不小心戒备。光绪三年（1877）春，有轮船过下钟山，触撞而损裂，岩咀石崩。水师千总刘佐尧倡议捐资，仿照康熙间江西巡守道卢崇兴在此置锒铛之法，"用铁练数十丈，傍岩绾于石窟，明设泅筒，客舟过山遇风，可凭挽拽济险"[1]。这也是一种保护船只的安全措施，而且康熙年间置锒铛，已有先例。

鄱阳湖湖面辽阔，波浪接天，往来行船，稍有不慎，或遭大风，即有沉没之危。康熙初年，南康和府廖文英下令渚溪、青山等处巡检司修造救生船，设赏资。

康熙二十二年（1683），南康府官员捐助置田679亩，有额征租谷792石，以作救生船开支。后因佃户无力交清租金，遂将租额每担折银6钱，共征银470余两，按完纳丁漕外，其余拨充修造救生船及舵工、水手工资。

临川人李纮在雍正年间所作《彭蠡次荆公韵》诗中也写到救生船："彭湖秋涨浮天地，浊浪阴风黑无际。长身几叶救生船，驾浪排风漫游戏。山中之人胡为来？荒洲系缆不敢开。青洪君帆今安在？篷窗默坐

---

[1] （清）李成谋、丁义方撰，徐奠磐、刘文政校注：《石钟山志》卷八"杂识"，江西人民出版社1996年版，第99页。

旁观哈。人生险巇惟行路，行者自行住者住。入海风波应更骇，会须买棹还山去。"在浊浪翻滚之时，可看到几只长长的救生船，在风浪中驾驶，逍遥自在，并不当回事。可见，救生船的制作应是长而窄，不求载重量而求速度快，往往物色技术高超的驾船者。

雍正年间，从江西按察使凌铸呈报上司的一份公文《请严夹桨船乘危抢夺议详细》来看，江湖有当地人趁劫财者，须严加管束，其中提到救生船：

> 窃照沿江一带之南昌、南康、饶州、九江四府所属，向设有救生船只，凡商船往来，陡遇风迅，乘时拯救，原以便行商而重人命，为法至善。今本署司访闻大姑塘沿江一带，每逢偎风时作，商船危迫，救生船只飞棹抢救时，辄有一种夹桨小船，平日以摆渡营生，遇有客船遭风，即群棹前往，名为赴援，其实利在客货，竟有将商人行旅货物恣行攫擒，飘然散去，而救生船只遂亦乘机搬匿，专以取材，而置人命于不问。迨经商人禀报地方官查究时，夹桨船只早已星飞远散，无可查拿，救生船只即有搬取客货者，亦概诿之。夹角桨船户无可致诘，种种不法，贻害商民，最为切弊。本署司伏查救生船复原有编列字号，各该地方俱有户名册籍可稽，惟夹桨船只，既未编列字号，又无册籍可稽，所以一遇风波，辄即乘机抢掠，肆无所忌。查夹桨小船屯集处所，原有一定口岸，应请饬行四府沿河各属，凡有救生船处所，将所有夹桨船若干只，船户何人，查明姓名、年貌、籍贯、住址，造具册籍。即将口岸名色编为字号，于船旁大书船户姓名、第几号字样，粉地黑字，用油刷盖，俾一望可知，易于根究。如无字号船只，不许下水。其船只多者，仍於中酌立户长，责其稽查。有新船初到口岸者，一体报明编立，并请饬各该府县印官轮流委员不时沿江巡查。倘遇遭风，客船即着夹桨船，协同救生船一体竭力救援，按照救全人货多寡，分别奖赏。巡查之具，亦照例记切。……本署司为河道商旅起见，是否可行，相应具文，详请宪台俯赐鉴核批示，以便转饬遵行。

从此文中可见，南昌、南康、饶州、九江府均置有救生船。由于大姑塘一带商船遇大风翻覆之际，便有夹桨小船趁机抢劫。凌铸建议采取的措施是将夹桨小船全部编号，在船身上做好标记，协助救生船作业。否则不准下水。救人生命挽救货物，均予以不同奖赏。同时，他还有《请添修德化等五邑救生船议》，要求沿湖诸县增添救生船：

查九江、南康所属一带江湖，最称驶险。客民遇舶，风信不常，骇浪惊涛，覆溺时有，则救生船一项，最为切要，必宜璧完而多备，庶风利溥而功周。查现在德化县之岳师门及九关、大姑塘，各设有救生船一只；彭泽县之马当湖、小姑洑，各设有救生船一只；湖口县之屏峰矶、文昌湫，各设有救生船一只；黄茅潭、香炉墩，共设救生船一只；星子县之渚溪汛、洋澜汛、小石嘴、廖花池、谢师汛、火焰山以长岭、青山等处，共设救生船八只；都昌之左蠡，故有救生船一只，通计十七只。但从前置造工料甚微，而板薄钉稀，实不足以当冲风破浪之用。况江矶险溜多，鄱湖水面辽阔危险之处，在在皆有。额设船只更属不敷，似宜急筹添设，以济民生。应请遴委府佐二员分往二府，于江湖一带，新勘确查，分别何处最防，何处次险，何处稍平，何处应添，何处应改，何处应修，并酌定船只工料，务从坚固。俾之足资利涉而护风涛，妥确详定，酌动公项，以时修举，则江湖永奠，而宪泽深溥，直与章江蠡水同其浩荡矣。

此文统计了湖口、都昌、星子救生船的数目，对各处的情况掌握全面。凌铸建议派员到各地调查，并确定添置打造救生船的工料费用，强调造船必须达到坚固耐用的效果。

嘉庆二十一年（1816），南康知府狄尚絅与都昌知县邵自本详请上司拨款，兴造救生船21只，往来巡查南康府一带鄱阳湖水面，随时救护。

道光二十五年（1845），南康知府邓建猷、都昌署知县程元瑞禀请布政使加造总巡大红船两只，召募良工。数年之后，湖上少有覆溺之患。咸丰三年（1853），毁于兵乱。同治五年（1866），南康署知府黄庭金禀请上司，再造救生大红船六只，分泊湖岸救护行舟。水手工资费用均由南康府详请藩库，造册报销，这也就是说，这笔费用是由布政司支付的。

光绪二十四年（1898），都昌乡绅高应瑞、国学生陈显玉、地仙朱云午、督学雷见吾发起募捐活动，在左蠡（老爷庙）创立救生同仁堂局，以多宝乡人郭益美为总理，陈庭柱为监造，特制红船（救生船）一艘，用于湖面救生拯溺。南康知府朱锦体从建昌吴城厘局月拨津贴钱十千文支持同仁堂。朱云午还到景德镇发起募捐活动，又督造红船一艘。

尽管有救生船之救溺，还是免不了沉船之祸。比如李有棻，号芍垣，萍乡人。初为江宁护理总督，后被罢官闲居在家。江西铁道公司成立时，被推举为总理。光绪三十二年（1906）夏，他与家人乘船往九江视察南浔铁路工程，船行至宫亭湖域火焰山附近，被另一船撞沉而全家溺亡。陈三立过鄱阳湖，当看到李有棻沉船处，痛定思痛，感怆万分。其《晨起望循江诸山，旋抵九江易舟渡湖泊姑塘》诗中云："就跳犯湖舟，摇兀玄雾里。五峰吐石气，鸥情澹千里。余怀哽旧历，沉累恍移指。蛟鱼或骑出，冷向涛澜语。"自注云："谓故友李芍垣、夏舒堪溺没处。"

第七节 水路的疏治

据清同治《大庾县志》记载，清初曾对大庾岭路进行过程度不同的维修和整治。这些修复工作使岭南通往江西的水陆道与赣江水路联系更加紧密。

兴国人胡发琅在他的游记中说："信江多碎石，下篙有声，洲渚亦然。岸窄滩高，湍急不容沙宿，惟碎石不易去也。偶有沙者，必宽广平缓，或坐曲之对岸，於此知堤岸用碎石坦坡之益，而束水攻沙之用，不独治河然也。"[①]他留心到利用碎石铺坡，则河岸不易崩。

清代地方官员也重视对山区小河流进行疏治，主要有如下几例：

（一）桃江是赣江上游的重要支流，行于群山之中，礁滩众多，其中

[①]（清）胡发琅：《信游胜记》，《肃藻遗书》卷三，清光绪十三年刻本。

尤以信丰县境的乌漾滩最为险峻，两岸高山壁岩，枯水时"止容一舟上下"，交通十分不便。道光七年（1827），信丰知县组织民众进行疏凿。"乌漾滩石势险恶，中流仅容一舟，触石辄坏。友沂集役疏凿，旁浚小河一，曰凤巢湾，以济行舟，往来者称便"①。

（二）宁冈河疏浚工程。宁冈河（今称月江）在赣西南宁冈县（今宁冈区），为禾水的支流。宁冈河小木船只可以从永新县境航行至宁冈县北部的回碧亭。康熙三十三年（1694），疏凿整治永新县双江口至宁冈县回碧亭河段的水路，后又由永宁县（即今宁冈）"知县沈绳武劝捐，辟修至砻市（今宁冈县治龙市镇）"，延长通航里程12公里。②

（三）瀼溪河在赣北瑞昌县境内，是沟通瑞昌至江州的重要水路交通线。明万历年间，曾误将原围绕县城边的河道堵塞，另辟新河道，结果"地改其行，民失其利"。至清顺治年间，瑞昌知县江皋捐款修筑江堤，又重浚旧河，"环城周匝，清流映带，帆樯云集，扁舟到门，居民赖之"③。

（四）宜黄县的黄水，发源于距离县城160里，宁都、广昌交界处的黄山。沿河两岸居民为利用水力，堰水作坝，逐段安装水碓，以致下游河水涌堵，上游河床抬升。每当汛期，山洪暴发，堤岸就被冲塌。光绪元年（1875），欧阳昱邀集乡绅商议，订出毁水碓、疏河道、给津贴的具体方案。劝募筹集银两，为装有水碓的人家发津贴，然后遍拆沿岸水碓，并大力疏通黄水河道。经数年治理，使黄水从上游80里之东陂顺流而下，船筏可畅通无阻。水道既通，恢复了航运。欧阳昱，宜黄人。朝考以州判叙用，未就职，后历任江西务实学堂经学教习、江西高等学堂经史教习。

清晚期，为开辟鄱阳湖轮船运输，还动用机械对鄱阳湖航道进行了疏浚。光绪二十九年（1903），陈三立《舟去王家渡十里许风厉仍泊书以寄兴》诗记载了此事的片言麟爪："起念帆樯制，尺寸遭天缚。今代汽

---

① 清光绪版《江西通志》卷十。
② 清同治版《永宁县志》卷五。
③ （清）江皋：《重浚瀼溪河记》。

船兴，讶亦格沙砾。往岁设机具，下上营疏凿。茫昧爽成功，划隔百重幠。"他认为，帆船受到自然条件的限制，而今轮船兴起，但又易因沙砾滩搁浅，故运用机械对航道进行分段疏浚。

第八节　船工与排工号子

水运与船工、排工的劳作密不可分。船工在舵师的指挥下，撑篙、摇橹，在通过浅滩或急流时，往往到岸边沿曳缆绳而行，异常艰辛。排工在木材集散地将小排扎为大木排。两类作业者均是为了协调作业，振奋精神，随着节拍而齐声呼喊，达到动作的有条有理、互相配合、整齐有序，而歌者借此而愉悦，以减少劳作的辛苦感受。"劳者歌其事"，江西水运所到之处，各地都有船工号子与排工号子。清代以前情况不可考，此节所记均清代至民国时的情景。兹整理多种资料，缩写如下：

船工号子　船工或在撑篙时，或在扯篷时，或在推船时歌唱号子，以便协调动作。如万安船工号子《起锚》表现船工同心协力起锚的情景。有时船工在号子中抒发渴望爱情的情绪，如永丰船工号子《撑篙》："（我都）合起篙子来撑（呵呃），不着力就撑不动（啊嗬呃嗨）！我一篙一篙就往前行（呐呃嗨）！（哦哦哦呃），找个同年妹子（啊嗬呃）多年相伴（哟哦嗬），找个同年妹子（呀嗬呃）都要同起篙来撑（哆呃嗨嗨）。"

有的船工号子抒发的是船工盼望到吉安府去看世界的情绪。如永丰船工号子《推船》，领："（哦）宝舟就不要挨（呀），"众："嗬嗨！"领："（哦）去去吉安府（就）看世界（呀），"众："（呃嗨）！"

有的船工号子表现船工的艰辛、航道的险恶。《修河滩歌》歌咏的是船工过修河三十多个滩的情形，展示这三十多个滩的不同地貌。其中云："磨滩小水平平过，磙滩独石用心拦。"磙滩有独石，船工如果疏忽，轻则船坏，重则船毁人伤。船工为避免损伤，提醒自己用心拦住船。"牛肚堰里防备浅，汤家埠下把船弯。远远望见鸡公嘴，湖滩好比过刀山。"滩高水浅，行船有搁浅的危险，但比这更危险的是过湖滩。

船工号子演唱形式多样。大余《拉短纤》、崇义《货排上滩》、赣州《拉纤》、赣县《撑船》是较自由的个人独唱。万安县的《起锚》《背船》是一人领唱众人和唱。万安的《扯篷》之二是甲乙两人对唱。船工号子演唱形式因船工劳动的具体情形而定的，不同河段船工不同，作业号子的节奏又有不同。

排工号子 扎制较大规模的竹排、木排，有多种工序。扎排号子表现了多种工序的劳动情景，宣泄了排工进行各种扎排工序劳动的情绪。扎底排是扎大型竹木排的第一道工序，即先扎好一个作为大型排的底座。吴城扎好的排有多层。排工在扎底排时歌唱扎排号子，反映了排工扎底排时辛劳有序的情形。

捞木是第二道工序，由两个或两个以上的人用铙钩把飘浮水面的木材钩拖上排。领唱者领唱号子时，排工钩住木头；众人和唱号子时，排工们把木头拖上排。号子表现出排工协调动作，把木头捞上排的情景，同时展示出排工捞木头时出大力、协调一致的情绪。

倒梁是第三道工序，用几根横梁把竹排或木排扎牢以免散落。排工们互相传递缆绳，作业时有传缆号子，表现了排工传缆时有条有理、互相配合的情绪。

还有绞车工序，排工们把竹木排扎好后装上绞车，绞动缆绳，拖动竹木排离开扎排处。在赣江上，逆水行排时或遇到浅水处，把缆绳固定在抛锚的船上，用绞车绞动缆绳，收缩缆绳，从而拉动竹木排前行。排工在绞车时歌唱的号子称为绞车号子。如赣州有绞车号子，还有撬排号子、过滩号子等。

排工号子的演唱形式大多是一领唱众和声，如赣州排工号子有《捞木》《倒面梁》《打点开档》《调排》，南昌有《捞木》《倒梁》《串锚》《推车子》。其中，运排号子有的是独唱，如新建县排工号子《撑排》、信丰排工号子《放排》《背排》。在吴城，排工们捞木头、倒面梁、打点开档、调排等，需要几人甚至十多个人的集体合作才能完成，排工号子是排工们协同劳作时歌唱的记录。排工号子往往以简短古诗或即兴编的诗为歌词，也有的是吆喝动作的简单语言，协调动作的语气词。如吉安县排工号子《捞木》歌词为"喔喔呃！呃！起来了嗬呃，拖上来哟，喂呀哟嗬！"《倒梁》歌词为："喔嗬呃，呃呀嗨，喂喂嘿哟嗬哟嗬，倒梁哩哟！用力拉拉紧，用力哟！咿哟嗬！"或以几种动物为号子歌词。如赣州排工号子《绞车》："打起锣鼓就唱起来哟喂，我把那个麻雀就数起来哟。一个麻雀就一个头哟喂，两个眼睛就一张嘴哟。"

吴城处于修河和赣江汇入鄱阳湖口，上游的竹木倾流而下至吴城。排工在吴城将竹排、木排扎成又大又长又高的竹排、木排，以便在鄱阳湖、长江运输，销往大江两岸各地。吴城独特的地理环境为排工创作号子提供了丰厚的土壤，竹排、木排铺天盖地，作工号子此起彼伏。[①]

肖介汉《吴城排工号子——省非物质文化遗产之一》，发表于其人博客，文中说：

> 吴城既成为湘、鄂、赣三省规模宏大的木材集散地，省内赣州、吉安、南昌、樟树、武宁、修水、永修以及湖北黄梅、安徽宿松等地的排工们均来此喊号劳作。清初，每年从吴城输出的木材达百万立方米之多，排工人数逾千人，故人称吴城"见排不见水，见船不见湖"。至清代中期，吴城的口岸转输功能已超过省府南昌。特有的文化、商埠环境，孕育了吴城深厚的文化底蕴，吴楚文化深深扎根于这片土壤中。古老的吴城排工号子，便是在这种文化氛围的熏陶下应运而生的。

> 吴城排工号子演唱形式多种多样，有比较自由的个人唱，大多与劳动力度的强弱、动作的快慢相关联；有一领众和的多人唱，曲首用一短小的领句吆喝，时而高亢激昂，时而低沉舒缓，时而热烈奔放，起着发号施令的作用。和声配合默契，低沉、有力，生活气息浓郁，音调粗犷，节奏铿锵、气势豪迈。歌词有二字、五字、七字句，间以衬句连接和扩展，除"绞车"有成段实词外，大多只用衬词吆喝，譬如"起来哟""倒梁哟""龙出水哟""拉倒了哟"等等。曲调常用单一乐节或乐句多次变化重复，句幅较短，简洁明快，大多用一个基本统一的节奏一以贯之。

[①] 陈水根：《鄱阳湖棹歌》，江西人民出版社2004年版，第154页。

排工号子，是一种排工作业时脱口传唱的富于原始的声乐。吴城历代排工，兼收并蓄，以满口乡音入调，具有浓郁的民歌韵味。它产生于劳动，又服务于劳动。当年在吴城，只要有木排生产作业场所，必定能听到排工们异口同声发出的悠扬悦耳的号子声。

排工作业时，根据不同的工序唱出不同节奏的号子，大体有扎排、捞排、传缆、倒梁、扛排、出锚、提锚、绞车等几种号子。每道工序有一专用曲牌。扎排、捞排、传缆、倒梁、扛排、绞车等一系列体力活儿，讲究分工合作，需要大伙儿心往一处想，劲往一处使，排工号子起着统一指挥、协调动作、鼓舞士气、激发劳动热情的作用。

此文记载吴城排工号子与作业情景颇为细致、具体、生动。

第九节　水神崇拜

清代的水神崇拜，为保佑船只过往安全，普遍存在升级情况。

晏公庙、萧公庙　自明中期始，在各阶层的塑造下，晏公与萧公成为江西最为著名的两位水神，随着商路的扩张和漕运的发达以及人口的流动，晏公与萧公崇拜也沿着赣江—鄱阳湖水道向其他地区扩散，成为清代江西民间崇拜中一种较为普遍的祭祀活动。甚至进入两湖、四川、山东、山西、浙江、河南、广西、贵州等其他省份，成为与某个特定人群相关的全国性崇拜。

清中叶，江西已经有二十多个县建有数十座祭祀萧公的祠庙，其中宁都一县就建有三座。这些祠庙有的称水府祠，有的称萧公庙，也有的称英佑侯祠，大多以萧公为祭祀主神，但也有的是以萧公为陪神。如南昌府靖安县的昭灵祠，即以屈原为主神，配祀萧公与晏公。建于濒临河道商镇的庙宇，除了祈求航行平安之外，还有的具有同乡会馆或行业会馆的功能。如在河口镇，道光年间，以抽厘的方式向该地从事药材和茶叶贸易的临江府商人取得一定数量的资金，建造奉祀萧公的仁寿宫，作为"临江一郡公所"。新喻县萧公庙，既是沿江放排工人奉祀萧公的场所，也是他们处理行业内部事务之地。

清前期，江西许多城镇和广大乡村开始建起为数众多的晏公庙。康熙年间，广信府铅山县治以西二里重建晏公庙。至"雍正七年，知县张崇朴增广其制，楼阁焕然一新"。其后乡人刘亮珍又在北关城外兴建了平浪庙，该县的五都河背和石塘镇，也各建有平浪王庙。嘉庆年间，德兴县有两座晏公庙，鄱阳县有四座晏公庙。在此县的管驿前村，每年正月与庙会日子，香客如云，鞭炮不断，祭者络绎不绝，求财、求平安、求福禄等，有的还要请戏班子做大戏。

康熙二年（1663），高安县兴建了第一座晏公庙。其时万载、奉新、靖安县分别建有两座以上的晏公庙，在泰和、安福、南城、临川等县也有晏公庙。

湖神元将军崇拜　都昌县老爷庙前地势险要，湖水湍急，来往船只，稍有不慎即倾覆，渔夫船家常有丢弃性命者，故乘船者途经此地，胆战心惊。《都昌县志》载："国初行舟过此，往往风涛叵测多忧之。康熙二十二年知县曾王孙用土人议，建庙三间，高据湖上，以妥其神，覆舟之患乃息。嘉庆十五年封显应将军。"[1] 都昌县教谕熊永亮所作《鼎建左蠡元将军庙记》中说："秀水曾侯……因吊遗迹访逸事，谓此商旅舟楫之所兹，实大有造于民生，遂解清俸，庀材鸠工，就祠塑像，新成庙三楹，高据湖上，以彰将军之威，俾帆樯稳载之，商民蒙其庥荫。"[2] 此地原有定江王庙，废败多年，康熙间重建元将军庙。

据说因为灵验，嘉庆十五年（1810），朝廷册封元将军为"显应"将军。南康知府狄尚絅所撰《加封显应元将军庙碑记》一文中说："元将军庙正临其隘，两岸礓砾无际，而堆崎逼束，水行峻急，注成深潭，章水南来会之，势益湍捍。通省漕艘，必经此险，商民往来，日不可殚记，猝遇风涛，长年莫措其手，一祷于神，即安然得泊。"[3] 文中认为，元将

---

[1] 清同治版《都昌县志》卷之二"坛庙"，都昌县志编纂委员会1985年刊本，第102页。
[2] 清同治版《都昌县志》卷之十二"文录"，都昌县志编纂委员会1985年刊本，第744页。
[3] 清同治版《都昌县志》卷之十二"文录"，都昌县志编纂委员会1985年刊本。

军庙附近湖水中有深潭,赣江水来汇之,两广与江西的漕船与商船过此,如果突然遇到大风涛,长年(即船主)措手不及,即有翻船的危险。建庙即可保佑过往船舶的安全。祷神本乃迷信神灵之举,在科学不发达时,人们将期望寄托在冥冥之中的水神保佑,获得心理上的安慰与定力。

道光年间,元将军庙已经成为地方官员春秋二祭时重要的活动场所。规制均仿照嘉庆九年(1804)江西巡抚秦承恩致祭"江西福主"许真君之例,"用牛一,羊一,豕一,爵三。祭官蟒袍补服,二跪六叩首。其需用银一二两,永为定期"。光绪七年(1881),地方官重建被太平军毁坏了的元将军庙,庙名仍复原称"定江王庙"。①

元将军是鄱阳湖的水神之一,元将军庙俗称作"老爷庙"。不同的称呼反映了这位水神在官方与民间的两种不同形象,元将军由非人格神走向拟人化,从民间神祇上升到官民共祀的神灵。

元将军信仰在鄱阳湖区盛行,元将军庙宇众多,如南昌县、都昌县、余干县、鄱阳县各有一所。仅星子县的元将军庙有三处。②《星子县志》载:"敕封元将军庙,在县治南门外五百步东闸上。嘉庆二十三年,知府狄尚絅建。道光年间,苦被水淹。二十六年,知府邱建猷饬都昌副贡戴国华捐资,迁建于南门外附城十余步闸上。……嘉庆十五年,巡抚先福题请左蠡元将军封号,奉内阁抄出。敕封显应元将军,所有祭仪议仿照嘉庆九年巡抚秦承恩题请致祭许真君之例:用帛一、羊一、豕一、爵三。主祭官蟒袍补服,二跪六叩礼。其需用祭银,亦照例于征收耗羡项下。每祭支银六两,春秋共支银十二两。嗣后即以春分秋分致祭,永为定期,载入祀典。春秋二祭祝文,依拟撰颁行。祝文:'维年月日,主祭某,致祭于敕封显应元将军之神曰:惟神昭功转漕,护佑商民。宏利济于重湖,龙骧稳渡;庆安澜於左蠡,鹢首飞行。鄱湖是赖,南国具瞻。兹际仲之吉,敬陈牲币,肃布几筵,尚飨。'一在下青山镇;一在陡埌山西,去渚溪令公庙二里。乾隆年间,左思年、尹南高、尹思义倡建;一

---

① 参见扶松华:《环鄱阳湖的民间信仰》,南昌大学硕士学位论文,2006年。
② 程宇昌:《明清鄱阳湖区元将军崇拜探析》,载《江西师范大学学报》2012年第5期。

在星、都交界左蠡沙山嘴。"① 官府按内阁规定的礼仪，在每年春秋两次进行祭拜。

张公庙 作为水神的张巡，在清代进一步受到朝野的崇拜。雍正十二年（1734）在江西被封为显佑安澜之神，《皇朝文献通考》中记载：

> 是年加封江西鄱阳湖显佑安澜之神，春秋致祭。神为唐忠臣张巡，布政使李兰奏言："故唐御史中丞张巡，见危授命，保障江淮，江西居民庙祀最盛，捍御鄱阳一湖，屡昭显应，请加封赐祭。"从之，祀于饶州之浮梁县。②

在朝廷的封号提倡下，清代江西各府县（十三府一州）均建有张巡祠庙，有的称为张王庙，或称张公庙，或称张睢阳庙，俗称令公庙，多分布在沿江沿湖处，张巡成了航运的保护神。

鄱阳县有张王庙，蒋士铨《鄱阳竹枝词》中描绘了祭祀的盛况：

> 帆樯一字估舟排，正午开头尚未开。
> 日暮新桥箫鼓沸，张王庙里赛神来。

傍晚，箫鼓之声鼎沸，人们涌入庙里祭祀以酬愿，热闹非常。

浙江平湖人陆奎勋，曾任《江西通志》主纂。他在《横过东鄱阳湖尾》诗中写到船上祭张令公："客行占利涉，使帆不用楫。长年碟鸡酹湖神，令公毅魄垂千春。"作者认为，此船航行顺利，扬帆快速而不必用桨楫，归因于长年（船主）杀鸡祭祀令公。又作有《由瑞洪涉东鄱湖》诗云："榜人争利涉，击汰自歌呼。牲醴睢阳庙，风帆彭蠡湖。"也写到以牲祭张令公庙，得以一帆风顺。

令公也成为吴城的水神，即保护神。黄永年撰《勅封显佑安澜之神吴城张睢阳庙碑》中说："商舸帆樯所往来，风一失利，辄飘忽覆没，赖

---

① 清同治版《星子县志》卷三"建置志"，星子县政协文史委1989年校注刊印本，第81页。
②《皇朝文献通考》卷一〇五《事实》。

公之祭，往往得顺流无事，故凡刊牲烛币，鸣钟伐鼓，以祷于公庙者，日无虚临战，盖公之精爽不应如是。"① 有了张巡对当地水运平安的保护，所以，每年正月初一至初五庙祀活动时，当地民众杀牲烧纸钱，鸣鼓击钟，抬其像出游，称之为"迎神"。

江苏武进人沈钟过此有《登望湖亭》诗写到过往商船客旅到此庙祭神情景云："烟生估舶帆樯到，日落神祠祭赛回"；梁清标《沁园春·登望湖亭》词中："神祠击鼓鸣筘。想吴楚、当年斗丽华。任青帘贳酒，醉眠贾舶，牙樯吹角，惊起栖鸦。"

毛奇龄《湖中客传》还记载了饶州商人彭万年在吴城张令公祠的故事：

> 饶估彭万年祷吴城之张令公祠。夜梦，令公授之坐，询曰："剽人财，室人室，何等律乎？"答曰："斩耳！"顷，裸一人，反接至，使画字。万年画"斩"字于背。及献馘，则其伴邹三也。先是，万年与三伴分舟而行。万年避风舣舟蠡左，三舟渡湖。是夜，盗劫三舟，被杀。而万年寤惊，觅三舟于湖口，知三已死，哭之。遂敛三木，挈三家人置后舟，偕之维扬。暨回舟，而饮三妇于舱。询曰："夫人非三妻，而得随三，何也？"妇愕失箸，既而视仆。万年令三仆避后。妇流涕曰："妾，建昌追工妻也。夫积工值携妾归，附三后舟。夫病，三据妾身并值有之。夫棺在板子沙，家遗老姑，存亡不知。君何得询及乎？"万年曰："吾惟稔其情，故以询。虽然，亦思归乎？"曰："思之。"万年遂呼三仆语，割赢财千金，半与仆，而以其半给妇归建昌，使养姑焉。②

商人彭万年请问张令公，"有人抢了人家的钱财，又占了人家的妻室，该当何等刑律处置？"令公说："应斩首！"果然有裸身一人至，万年在其背上画"斩"字。见其首级，是其当年伙伴邹三。原来他曾与邹三各乘一船渡鄱阳湖，邹三在途中被强盗劫杀。彭万年以棺木收敛了，将伴随邹三的妇人也载往同行到了扬州。返回后，才知此妇人并非邹三

---

① 载《唐张中丞专祠录》卷三《艺文上》，光绪四年浮梁侯氏宝岳斋刻本。
② 清《石钟山志》卷七"轶事"，江西人民出版社1996年版，第91页。

妻，而是建昌追工之妻。两人带了工钱搭载邹三的船，其夫病，邹三霸占了她与工钱，彭万年以千金给她与邹三仆人各一半，让她回建昌赡养其丈夫的母亲。邹三其实也死了，这是在阴间受处置，得到了报应。

太平天国战争后，吴城张公庙渐被冷落。赖学海有诗云："龙头高占令公祠，香火如今亦已稀。"（《吴城竹枝词》）清末欧阳述过此所作《吴城张睢阳祠》诗亦可见证：

行人系缆拜须眉，裂眦当年事可悲。军令尽看神将面，残粮剩有美人糜。名输李郭功成大，泽在江淮庙食宜。谁向湖楼夜吹笛，英灵来往尚凄其。

还有龙王庙，如《星子县志》载："龙王庙有三：一在城内，为每年祭祀行礼之所。庙今毁，未修复，庙门紫石坊犹存。春秋祭，设位祀之。同治十年，知府盛元重建。一在大南门外东石闸上……今皆废。"[①]

大姑庙 在鄱阳湖北部大孤山上，驾船者若泊于山下，也往往拜祭这位仙女庙神。顾大申《泊孤山二首》诗中写道："乾坤似欲乱崚嶒，遑顾帆樯愁旅舶。纸鸢高飞拜河神，贾人低语长年迫。"放风筝拜河神，长年船工听从了商人的叮嘱。黎士弘《渡大孤》诗云："青山十里仙人宅，江水双流姊妹祠。肯送条风回鹢首，独留波影照蛾眉。"

查容，字韬荒，号渐江，浙江海宁人。有《临江仙·大姑山神祠》云：

窈窕凌波鞋一双，朝朝暮暮宫亭。湖光如镜袜尘生。翠微深处，玉座拥霓旌。五老晴开屏九迭，嵯峨云髻梳成。彭郎遥妒未分明。斜风细雨，江上晚潮迎。

首句化用曹植《洛神赋》"凌波微步，罗袜生尘"之意。"玉座拥霓旌"言大姑神的玉座，它前面簇拥着像霓虹那样五颜六色的旗旌，不言美貌而自见。

彭桂，江苏溧阳人。康熙年间过此地，《绮罗香·大姑庙》词中云：

[①] 清同治版《星子县志》卷之三"建置志"，星子县政协文史委1989年校注刊印本，第81页。

"山秀空春。水明残夜。一霎鲤鱼风乍。刚别小姑,又到大姑祠下。听丁丁云佩声摇。望孑孑花竿影挂。爱湖光、翠縠青罗,绿波摇漾朱宫瓦。　争看赛鼓灵旗。有神鸦盘舞。女巫传话。綷縩泥裙。时把雨工低跨。约润玉、来日同游,送兰香、昨宵初嫁。更举案、长对匡君,好把眉峰画。"闻其玉佩声响,仿佛见神女裳裙摇曳生姿。在神祠,有赛鼓灵旗,有神鸦盘翔,有女巫传话。

朱彝尊,秀水(今浙江嘉兴)人。也有《河渎神·大孤山神祠》一词。由于大姑是女神,历代文人以词这一形式描绘居多。

赣江上游还有滩神崇拜。袁枚有诗云:"路上绵津不问津,储潭小住拜滩神。"(《从绵津至赣州储潭得绝句五首》)储潭在赣州城北,章贡二水合流处,下有深潭,其旁有储君庙,敬祀滩神。

第十节　江西的水上战事

清初期与清后期江西有二度水军的战事,在此且作简述。既有水军的战事,必然有兵船与辎重物资的往返运输,而因战事势必影响正常水运的进行乃至衰歇,在此略述几个片断。

顺治二年(1645)三月,清军大举南下,攻占南京。以南明降将金声桓为先头部队,七月,占领了江西省城南昌。金声桓还率部攻拔吉安及赣州,与总兵柯永盛一同发动赣州大屠杀,以功改授提督江西军务总兵官。九月,清军分三路向西南进攻,企图一举消灭南明残余军队。原为李自成部将的李过、高必正、郝摇旗率农民军残部与驻守在湖南的南明将领何腾蛟合作,一度从湘东进入江西中部吉安一带,挫败了清军攻势,随即在大军压境的形势下,退出江西。顺治三年(1646)三月,清军继攻陷南昌之后,又占领了吉州城。这种惨烈在王猷定的诗文中可窥一斑。《黄叶篇》第三首诗小序云:"三月,吉州城陷,予家上五湖船,至螺子山,寻故人不见。城下喋血为江,掘土泉自汲。峡江白昼焚杀,遂夜渡章江，达灨口。五月，由石头城抵淮……"[1]他携家逃出吉州城，上船至螺子山，但见吉州城下，血流成河，无江水可饮。夜渡赣江，前往扬州。在经过峡江县时，看到的是清军在那里大肆烧杀。这样惨烈烧杀的年代，水运是极其冷落的。

顺治五年（1648）元月，一度降清而被封为江西提督的金声桓反叛清廷，邀迎南明大学士、新建人姜曰广出任督帅，一时江西响应者甚众。都昌余应桂与姜曰广为同年进士，此时应姜曰广号召抗清，在都昌招兵买马。四月，清军破九江，长驱而入南康府城。其时星子诸生吴江起兵抗清，带领数千壮士围攻星子城，以计谋诱杀降清官员，扼守鄱阳湖航道，阻止清军溯水攻南昌。吴江率战船二十余艘，并架设神机炮弩等。余应桂命令王长城率队到落星湖会师，正是水涨满湖时，过扬澜、左蠡湖域，风大翻船，士兵多被压溺，余应桂只身逃脱回到老家都昌。

未久，余应桂听说德化（今九江柴桑区）有帅师、孙明卿二人有胆有勇，以钱币招致，立为中军。更倾尽赀财招募溃散的兵卒，渐渐集合至近二千人，堵截水道上下要道。清军倾九江之兵力，自陆路攻南康城。吴江迎战失利，乘战船逃往都昌。因部将黄才、李英叛变而绑架吴江，献给清军被杀害。十一月，清军浔阳守将杨捷来攻都昌城，余应桂夺东门而逃时被抓获也遭杀害。

明清易代之际，南昌城一度成为清军与反清力量交锋的中心。战乱中，城内大量居民纷纷外迁，所谓"邑人避居他去者，不啻万计"。清军攻占南昌之后的屠城，使南昌城内的人口数量迅速下降。清军镇压了全省各地的士民反抗，社会秩序逐渐恢复正常。

康熙十三年（1674），康熙帝削藩，吴三桂在云南起兵叛清，攻下贵州、湖南、四川等地。福建镇守耿精忠起兵响应，兵分三路。由白显忠出征西路，攻打江西。广信参将柯昇、饶州参将程凤相继叛清。九月，闽、信叛军数万攻陷乐平、鄱阳、景德镇。是月，巴额二将军统领清军攻克乐平。叛军闻之，弃府城去，清军进入饶州鄱阳县城。

---

[1] 王猷定：《四照堂诗集》卷三，载胡思敬编《豫章丛书》。

叛军有朱统锟、李标等部，攻破都昌，遂窥南康府（治星子）。知府伦品卓以城守无备，请兵会城。十月十三日夜，叛军趁夜西渡鄱湖，乘虚攻陷南康城。"抢掠捆载，迫胁男子为盗，上自吴城镇、渚溪，下至青山（湖），舟楫蔽湖，焚劫连日无休息"①。十月十九日晚，尼将军领兵从湖北而来，与总督董密商定，移师扑剿。命令伦品卓赴军前。二十一日，分两翼直捣城下，叛军残部奔回都昌。当时尼将军以都昌从叛军者众，将屠城。伦品卓力陈百姓俱系迫胁，单骑至都昌县安抚民众。

咸丰三年（1853）五月，太平天国定都南京以后，派丞相胡以晃、副丞相赖汉英率领殿左检点曾天养等分乘战船一千多艘，溯江西征，克九江。湘军不敌。高心夔《九江哀》诗云："急橹蒙冲下督师，关门一夕啼鸟绝。獠奴醉歌响溢岸，数肩红旗跃风雪。""獠奴"即言太平军士兵。赖汉英、曾天养率太平军一万多人直攻南昌。江西巡抚张芾急调省内各府县内军队防御，曾国藩派夏廷越、朱孙诒、郭嵩焘、罗泽南率领湘军三千人驰援南昌，同时赶到的还有从江南大营调来的一千二百多人以及帮办军务江忠淑（湖南按察使江忠源弟）率八百多人，增兵五千多人。二十二日，江忠淑之兄、湖南按察使江忠源赶到南昌后，与张芾及帮办军务、前军机大臣陈孚恩商议防守办法。江忠源负责全城军事指挥，派湖北援军二百人出城放火焚烧靠近城墙的居民住宅和店铺。太平军三次用地雷轰破城墙，赶制云梯，挖掘地道，但未攻下南昌城。

咸丰四年（1854）九月，总兵赵如胜奉檄率战舰来攻石钟山、梅家洲，遭到太平军的顽强抵抗，只得退守吴城。

十一月，曾国藩派水师进攻湖口，分泊于湖口外的要隘。彭玉麟率大队直下至石钟山对岸扁担夹洲边，烧毁太平军寨棚两座。大小战船四十余号直逼石钟山下。太平天国丞相罗大纲从湖北孔垅连夜率千余军渡过长江，奔至湖口增援。丞相林启容坚守九江，与湖口成犄角之势。十二月，翼王石达开急赴湖口，拼死力抵拒湘军的水陆强攻。湘军水师一部入鄱阳湖，被太平军封锁湖口，以致与湖口外水师相阻隔，不能往

---

① 清同治《星子县志》卷十四"杂志"，第494页。

来。咸丰五年（1855年）三月下旬，曾国藩率湘军水师屯驻南康城（星子），见大势不妙，在船上几欲投水自尽，被部下劝止。

咸丰五年（1855年）七月，曾国藩亲督水师攻打石钟山太平军守部，列舰连营十余里，泊都昌土目、湖口屏峰一带湖面。九月，湘师杨载福、彭玉麟、李续宾等水陆夹攻，施以火烧，激战数日夜，十日一大战，五日一小战。曾国藩几度遇险，提督萧捷三中炮身亡。白鹿洞书院山长万起鸿有诗描写彭玉麟指挥炮攻的情景："先生乘风下中流，旌旗蔽江外援休。月台山，梅家洲，瞬息之间成荒邱。笑指培塿诘朝战，漫空炮火飞一片。尺腿寸臂血模糊，铁马金戈阵雷电。"（《贺彭雪琴观察克复石钟山》）杀伤惨烈的战争场面，如临目前。

曾国藩后来作有《石钟山楚军水师昭忠祠记》，记载战事的大略过程：

当楚军水师之初至也，造舟始于衡阳，大战始于湘潭。其后克岳州，下武昌，大破田家镇。今福建提督杨君厚庵与雪琴暨诸君子，喋血于狂风巨浪之中，燔逆舟以万计，转战无前，可谓至顺。其后官军深入彭蠡之内，贼乘水涸，大塞湖口，遏我舟使不得出，于是水师有外江内湖之分。内者守江西，外者援湖北，骤然若割肝胆而判为楚越，终古不得合并。至咸丰七年（1857）九月，攻克湖口，两军复合，盖相持三年之久，死伤数千人之多，仅乃举之。方其战争之际，炮震肉飞，血瀑石壁，士饥将困，窘若拘囚，群疑众侮，积泪涨江，以求夺此一关而不可得，何其苦也？及夫祠成之后，祼荐鼓钟，士女瞻拜。名花异卉，旖旎啾瑢，江色湖光，呼吸万里，旷然若不复知兵革之未息者，又何乐也？时乎安乐，虽贤者不能作无事之颦蹙；时乎困苦，虽达者不能作违众之欢欣。人心之喜戚，夫岂不以境哉？①

---

① 清《石钟山志》卷十一《艺文·国朝文征》，江西人民出版社1996年版，第206页。

太平军与湘军之激战

第十一节　晚清江西轮船航运业之起步

外国商轮运输企业　咸丰十一年（1861），九江辟为五口通商口岸之一。列强纷纷在九江港建码头，泊商轮，驻兵舰。轮船运输业在长江水系的兴起，刺激了九江港的发展，成为江西物运与客运最早改用轮船外运的港口。

最早在江西开办轮船运输企业的，是美国旗昌洋行于同治元年（1862）三月在九江设立的轮船运输分支公司。继而英国太古洋行、祥泰洋行、怡和洋行也在九江购置地产、趸船、栈房和码头，设立轮运分公司。后来各个外轮企业逐渐把航线伸入江西内河，先后开辟九江至南昌、九江至上饶、九江至樟树、九江至吉安等鄱阳湖至赣江的主要航线，主要运输棉纺织品、煤油以及糖类、火柴、肥皂、金属物品等货物，又从江西运出茶叶、木材、纸张、瓷器、靛蓝等农副土特产品和手工业品，获利巨大。

江西商轮运输企业　光绪二十一年（1895）七月，清廷电令各省督抚，允准华商在"内河行小轮，以杜洋人攘利"。

光绪二十二年（1896）江西官绅、职商蔡燕生、邹殿元等凑集股金银6.8万两，在南昌创办福康轮船公司，为江西首家华商轮船企业，从上海购置"飞渡""隐渡""利济"三艘小火轮在南昌开航，航行于南昌经吴城、鄱阳湖、湖口至九江以及饶州（治鄱阳县）、吉安等处。搭载行客，拖带货船。福康轮船公司的创办开了近代江西轮船航运业之先河，鼓舞了江西各界有识之士对内河轮船航运事业的投资，省内几个港口陆续出现一批轮运企业。

光绪二十四年（1898），和济小轮公司与顺昌协记小轮船局先后在九江开张，以九江为出发港开辟长江航运。同年九月，鄱阳商务内河轮船公司在饶州成立。至光绪二十六年（1900），江西商轮已有十多艘航行于赣江中下游、鄱阳湖。光绪二十八年（1902）七月，江西地方当局集资三万两，购置商轮四艘，建造码头、房屋等设施；后又招商五千两，添购轮船两艘，于南昌正式创办内河商轮公司，开辟自吉安至吴城、吴城经鄱阳湖至湖口、九江，九江经鄱阳湖至饶州等地的航线。光绪三十年（1904）吉安设有"见义"轮渡公司，有轮船三艘，航行于九江、南昌、樟树、吉安航线。

光绪三十二年（1906），由江西巡抚吴重熹与九江道官员集资创办道生公司，有12艘轮船，航线及于赣、鄂、湘三省内河，成为江西当时规模最大、实力最强的轮运公司。

此期间，官绅唐征瑞等投资两万银两，在南昌创办了见义轮船公司，有轮船四艘。同时，祥昌轮船公司在九江开业。此时，航行于鄱阳湖、赣江中下游的江西商轮已有二十余艘。官办、官商合办的内河轮运企业在江西相继出现，九江土药统捐局有三艘小轮在江西内河各线进行客货运输。与此同时，上海泰昌轮船局、广东轮船公司以及镇江的顺昌、胜昌轮船公司也在江西内河揽运客货，江西商轮和官轮运输呈一时之盛。然而晚清时期的轮运业，发展得快，衰败也快。至宣统三年（1911），江西内河的本省籍轮船仅有33艘。

光绪二十九年（1903），陈三立《舟去王家渡十里许风厉仍泊书以寄兴》诗记载了轮运兴起的片言麟爪："起念帆橹制，尺寸遭天缚。今代汽船兴，讶亦格沙砾。往岁设机具，下上营疏凿。"他认为，帆船受到自然条件的限制，而今轮船兴起，但又易因沙石滩搁浅，故曾用机械对航道进行分段疏浚。在"今代"两句诗后有注云："入冬水涸，汽船仅抵吴城，去省会百馀里。"这说明轮船体型也还不小，冬季水浅，仅能行驶至吴城，吴城至南昌的赣江水道无法航行。同时又作《于吴城下三十里曰朱溪，乘汽船渡湖》诗云：

尻轮灭景万灵呼，雁鹜山川挂眼无。
肯向神君乞如愿，浮杯只乞缩江湖。

诗题中的朱溪，一作渚溪，在鄱阳湖西，扬澜山南小港。自吴城至此水路三十里，他仍乘帆船，至朱溪改乘汽船。说明到了此地，航道深，可航轮船。"尻轮灭景"，极言汽船速度之快，连影子也见不到，雁鹜、山川顷刻不见。尻，屁股。景同影，将汽船比作尻轮。语出《庄子·大宗师》："浸假而化予之尻以为轮，以神为马，予因以乘之，岂更驾哉。"谓以尻为车舆而神游。诗人更盼向神君乞如愿以偿，能将江湖缩小如浮杯。"缩江湖"用费长房故事，传说他从壶公入山学仙，一日之间，人见其在千里之外者数处，因称其有缩地术。事见《后汉书·方术列传八十二》。

光绪三十年（1902），陈三立乘汽船往南昌，《夜渡宫亭湖》诗云：

满枕轰轰汩汩声，飞舟一夜指吴城。
栾公袖卷波涛去，看取珠宫明月生。

启程时机声轰鸣。渡湖至吴城，诗人内心欢喜可知，故以为栾公袖卷波涛而去。明月高照，湖面辉映得仿佛珠宫一般。栾公即栾布，平吴楚七国之乱时，以军功封俞侯。

列强的军舰也曾驶入鄱阳湖耀武扬威。光绪三十年（1904年）十月十九日，德国军舰驶入鄱阳湖。光绪三十二年（1906）二月二十二日，南昌知县江召棠被法国传教士王安之行凶刺死。二十五日，愤怒的群众捣毁教堂，杀死法国传教士王安之等六人与英国传教士三人，是谓第二次南昌教案。鄱阳县愤怒的民众焚毁了城内天主教堂，法军舰艇开进鄱阳湖内示威。时任江西按察使的余肇康曾登上法舰与之交涉。

第十二节　文人笔下的江西诸水路

我们仍以从南至北的次序，先看有关赣江上游章水的诗词。

章水　自岭南越大庾岭，至南安府（治大庾县）进入水道。陆茉诗云："章江百折走千峰，南粤车书一道供"（《南安道中》），写出了岭南客货至此改行水道的情景，蒋士铨有《双城合璧》一诗咏南安府城：

楼橹双分百雉崇，炎方形势控蛮中。乱山城郭东西市，落日帆樯上下风。四邑关河穷大庾，万家烟火带南雄。行厨漫说宜春酒，欲访梅花梦未通。

章水流经群山环绕的大庾（大余）县城。城墙高筑，镇控蛮荒之中，一城隔水分为东西两市，真乃双城合璧，帆船来往穿城而过。

下行至南康县，章水与犹江相汇处谓之三江口。袁杲《舟泊南康三江口》诗云：

舟泊已更深，人如鸟择林。水声鏖短枕，雪意逼重衾。
乍醒还乡梦，聊为放浪吟。明朝章贡去，滩险仗平心。

监察御史周亮工也有诗云："几处梦魂明月路，一林枫叶夕阳船"；"不尽悠悠章贡水，为心日夜大江边"（《舟中有感》）。丁炜《青玉案·赣江舟夜》词云："苏桡拍浪浮烟浦，正停云，思亲侣，摇落江蓠伤岁暮。故乡亭树，旧时樽俎，都入离人句。　生涯日趁闲鸥鹭，水驿沙村频来处。明灭渔灯风外吐，愁边心事，梦中归路，滴碎孤篷雨。"悠悠赣水，更引思乡之情。

清末在此任赣宁道台（驻地在南安府城大庾县）的俞明震，有《章江晚泊》诗云：

日没群峰争向西，片帆东指客程迷。江山寥落同萤照，城郭苍茫与雁齐。久坐欲呼河汉语，苦吟如索肺肝题。风含百种凄凉意，吹入人间作笑啼。

日落西峰，西岸寥落，城郭苍茫，萤火稀微，风是那么的凄凉，写出运逢末世泊船章江的凄迷境况。

又有《赣江晓发》诗云：

荒滩有客夜推逢，江入群山一线通。向晓灯光斜月里，残年心事乱流中。将衰微觉悲欢异，无睡方知天地空。忽漫相逢有归雁，哀鸣无奈五更风。

江流蜿蜒于群山之中。系船于荒滩野岸，夜半等待天明时，失眠的诗人与归雁有着共鸣。这是一种牵扯不断的痛楚，原来作者所处时代，正是清政权岌岌可危之时。

贡江 赣州东南有大支流贡江。发源于全南县的桃江在赣县汇入贡江。水道浅，须乘坐小船。清初大诗人王士祯曾有《攸镇雨泊》诗云：

竟日孤篷雨，宵分尚未休。瘴云来岭表，江涨下虔州。
暗湿桃江重，平添竹箭流。更闻禽唤语，催白五更头。

因为整天下雨，桃江水涨流急，"竹箭"谓河流迅疾。船整日未启锚。次日五更时禽鸟唤醒了他，发觉羁滞异乡，更增白发。

黄世成有《上桃江》诗云：

一水多曲折，巨石边相凸。风帆上急湍，挺篙看舵捩。
天旋四山中，团绕如靛涅。遥峰忽开豁，烟光见明灭。
阴云屯朔吹，天意正欲雪。舟中拥火坐，寒涕下隆准。

  视彼弄舟人，立水骨欲折。牵缆涩前行，谁怜指头结。

  巨石阻航，撑篙转舵，但见天如旋转于四面群山之中，天色黑如靛染，忽有远峰豁开，烟光明灭，云重酿雪。在船上，客人拥火炉而坐，尚且寒涕流鼻，可是船工苦啊，弄舟人站在水中，牵曳缆绳而前，水冰冷，骨如折，指头冻结僵硬。一"涩"字愈见行进之难。怜悯之情，融于其中。

  这一带水道，清人题咏甚多。吴江人叶燮诗云："设险资形胜，雄关扼百蛮"；"事去江山旧，时平楼橹闲"（《赣州》）。"楼橹"多指大战船，太平时则置而不用。黎岱诗云："天南保障钳双钥，地轴撑撑奠八州。只见暮航纷聚散，几无隙浪与藏鸥。"（《二水环流》）此城设关控扼形胜，犹如双钥，为天南之保障，如地轴之撑持，奠定八州，写景恢宏。

  河流水涨时舟船尤多，密聚处几无藏鸥之处。妙句还如，周令树诗云："赣州城外赣州漩，竹屋家家傍岸悬。江水涨时高百尺，开窗平看往来船。"丁炜诗云："赣石滩齐滟滪堆，岭岩疑借五丁开。遥天数点轻如叶，知是扁舟触浪来"（《八境台用韵》）；梁佩兰诗云："关分江口东西合，帆向滩头日夕来"（《过赣州》）；徐履忱诗云："章贡分流处，清风送使槎"（《送盛膳部赣关使事毕入京》）。莫不状景如在目前。

  高孝本，嘉兴人，康熙间曾任绩溪知县，有《八境台》诗云：

  虔州形胜地，城出白云中。水急双流合，山高百越通。
  帆樯多北客，魈结竞南风。新建经营后，于今虎穴空。

  赣江舟船的乘客不少是北方人，或可见其时赣州走向商贸的繁荣。

  黄虞诗中云："彭水通湖汉，章流合贡津。编排鸠木客，怖浪祷江神。"（《赣江》）写到章贡合流处的港口情景，作业工人聚集在一起编扎木排。因风浪之可怕，船民在祈祷江神的保佑。

  王原在《章贡舟中望崆峒诸山》诗中，写他在船上观察赣州城的情景：

城南九芙蓉，青翠落云际。二水夹而走，如骨绾络系。
穿胁溯章流，南程及东霁。山光照青襟，俪背随转捩。
邱壑面面殊，骞腾变体势。虔州一都会，山水富奇丽。
石城冠楼橹，台观犹古制……

铭岳《再赴虔州》七律诗云：

又载琴樽入赣州，几回归梦滞孤舟。风酣浪涌滩中石，雨重云低江上楼，流水碧桃怀去日，断山黄叶下深秋。尘颜近日愁临镜，苦为浮名欲白头。

已是深秋风狂雨重时，作者乘船过了十八滩，再次来到赣州，有人生沉浮、奔波尘务之愁。炼"滞""酣""断"字，融情入景。

胡相良《二水环流》诗云：

章贡双流一柱擎，安流成颂禹功成。波收闽粤萦金带，派汇东西锁虎城。树拥残云连岸白，雁回寒影绕沙阴。锦帆高挂看摇曳，好向长风鼓浪行。

章江与贡水，环绕着虎城，赣州古称虔州，虔即虎义。写景鲜丽，由远及近，结尾落笔在一帆高挂，将乘长风破万里浪。

赣州城北有贺兰山，上有郁孤台。顾贞观，字华峰，江苏无锡人。任秘书院典籍。著名词人，到此岂吝笔墨？作有《夜行船·郁孤台》一词云：

为问郁然孤峙者，有谁来、雪天月夜？五岭南横，七闽东距，终古江山如画。感茫茫交集也！憺忘归、夕阳西挂。尔许雄心，无端客泪，一十八滩流下。

行船过赣州城北的郁孤台下，山水茫茫，心情也特别茫然。哪还有雄心壮志，只有客居异乡的泪水随水流下十八滩，写得何其凄凉、怆然。

杨方《赣江竹枝词》云："八境台前春水生，涌金门外万舟横。江头矗矗斜阳里，十里轻风打缆声"；"三月储潭水似银，乱鸦飞处落帆频。危滩十八前头近，伐鼓摐金赛水神"。写其情景如画，万舟极言船之多，有的船只击鼓鸣金以祈水神之保佑。

袁枚诗句云："欣看一路青山好，梳就烟鬟若待人"；"琉璃四面水云铺，屈曲风帆路欲无"；"莫恼矶多行路难，但教目悦即心安"（《从绵津至赣州储潭得绝句五首》）。这是晴日行船所观山水之景，目悦心安，所以不觉行路之难。

吴之章诗云："月色乍沉霜夜魄，橹声已破晓天寒。年催客路兼程发，风送乡云倚棹看。"（《赣江晓发》）写月夜风轻船行，摇橹至天明，昼夜兼程，盖因年关将近。

十八滩 赣州以下过储潭，继续北行，前有十八滩，江行渐窄渐浅。地势之险恶，航行之艰难，激发多少过往文人的愁思，倾其才华，使之成为水运文化的一道风景线。

顺治年间，桐城人方文过此有《滩行诗》中云："舟师稍不慎，大小皆摧残。以此怀戒心，寝食弗敢安。顺风亦三日，乃始至储湍。回思所历处，尚令毛骨寒。牲酒谢神明，同舟人尽欢。"过此担心船毁人亡，难以安眠。顺风时也费了三天，才行至赣州附近的储潭，脱离险境后犹觉得害怕。

易学实《溯赣石》一诗云：

十八滩头水，空流险陷名。我观群动志，人尽九嶷情。
宜有申屠狄，何容阮步兵。此归重樊圉，不教辱柴荆。
自读西铭后，包荒凭大河。黄沙昏日月，浊浪舞鼋鼍。
舟楫鼓斜迤，形骸弃掷过。春风碧石下，天地更如何？

在此险境，只有抱石而沉于河的申屠狄（春秋时人），容不得穷途而返的阮籍。生命是那么微贱，稍有不慎，即形骸抛毁。

康熙初年，江西巡抚宋荦来此巡察，也有《下滩》诗云：

  章贡此交流，水石惊千变。虎牙激奔涛，未许褰裳践。
  鼓棹念乘危，亭午忘朝膳。盘旋百折遥，象马瞿塘见。
  摇摇三板船，远下疾如箭。青山两岸佳，咫尺不及盼。
  长年倚舵楼，目注心还战。羡彼水上鸥，容与随风便。
  才经洄洑艰，又逐嶔崎转。枫林送啼鹃，沙渚窜野涎。
  暮过惶恐滩，渐睹江如练。藏藻荐文山，斜月浮波面。

  下滩，即行下水船过章贡合流后至万安的赣江十八滩。才经过奔湍，又沿曲岸，反而羡慕鸥鸟随风飞翔的便利。这位封疆大吏乘的是官船，三板船速度快，船尾还有舵楼。过了惶恐滩，江渐平静澄清如长练。

  清康熙间著名诗人、湖西参议施闰章乘船下十八滩，有《滩行》诗云：

人老三秋后，舟临十八滩。落帆寻石罅，解缆趁江湍。
久霁衣裳湿，重云灯火寒。柝声兼鼓角，无梦到鱼竿。

  此诗描写的是初冬时的情景，傍晚落帆休息，须寻找滩石间以避风；启行解缆时，则要趁江湍来时，因为水多则船行速度快。施闰章还作有《牵船夫》云：

十八滩头石齿齿，百丈青绳可怜子。赤脚短衣半在腰，裹饮寒吞掬江水。
北来铁骑尽乘船，滩峻船从石窟穿。鸡猪牛酒不论数，连樯动索千夫牵。
县官惧罪急如火，预点民夫向江坐。拘留古庙等羁囚，兵来不来饥杀我。
沿江沙石多崩峭，引臂如猿争叫啸。秋冬水涩春涨湍，渚穴蛟龙岸虎豹。
伐鼓鸣铙画船飞，阳侯起立江娥笑。不辞辛苦为君行，梃促鞭驱半死生。
君看死者仆江侧，伙伴何人敢哭声。自从伏波下南粤，蛮江多少人流血。
绳牵不断肠断绝，流水无情亦呜咽。

万安十八滩一带，那些牵船夫长年累月赤着脚，将一半短衣束在腰带里，躬背曳着长长的缆绳费力前进。口渴了，哪怕是天寒，也只有以手掬江水饮用。清军来了，命令知县征调民夫。知县点了不少民夫，拘留在古庙里，等待清军的到来。这些民夫有如犯人，饿得发慌。待到大船击鼓鸣铙启行时，可怜有些民夫在棍棒皮鞭的驱使下，被累倒再也爬不起来了。

高孝本《十八滩》一诗，写到大雨水涨时船行上水过滩的情景：

万山缭绕随船走，冲来碎石大如斗。滩师先索过滩钱，河北祠前夜浇酒。雨后涨痕添十分，浊流滚滚蛟龙吼。参错谁排水底石，剑芒锯齿无不有。江岸百转少正风，布帆欹侧桅下守。移时方得上一滩，篙撑缆挽矜好手。雨压低篷湿书吏，浪泼船头倒瓮齀。四望冥濛路欲迷，滩行未尽客皓首。

船行到十八滩，还要雇请当地的舵手掌舵，通常称为滩师。滩师先向过往船只索取过滩钱，还要在水神庙前酹酒祈祷，才能安全通行过此。滩师有一伙人，有拉纤者，有撑篙者。此时浊流汹涌，滩石险恶，而江道弯曲，风向不定，布帆倾斜，好久才上得一滩。那些人撑着篙挽着缆绳，还要夸耀自己是能手呢！可怜船上的乘客，面对浪泼船头，远望冥濛未了的行程，焦急得头发都雪白了。

下滩时也很危险，赵文照认为十八滩之崎岖不亚于蜀道之难。其《下滩行》诗云：

客来曾过十八滩，崎岖不让蜀道难。客归仍问虔州渡，孤舟泊处层波澜。万石参差水底布，惊心时闻涛声怒。篙师停篙日咨嗟，人来人往无朝暮。我独何为到此间？日日似悬水中山。石触浪花石有声，水逆乱风水往还。天下江山真奇绝，山夹水流高低折。山高水深时更寒，波撼石边逾清冽。此地险阻成古今，关河况复戎马侵。出外咫尺皆寇盗，我来我去伤此心。

水底尽是参差乱石，遇到船难行时，就连篙师也要停下篙来叹气。

石触浪花有声，浪花逆风也要吹回转。观察细致，更感到出外无一安全处。

赵执信《行十八滩中》极写船行之难：

> 滩行日百转，转转山四围。寒流巾屈曲，郁怒不自持。
> 秋凛肃杀气，陆发龙地机。回风地底来，雹雨皆倒飞。
> 乱石势腾攫，怒恶各异姿。似嗔舟船逼，列阵前相追。
> 篙师工避就，色授颐指挥。蓄力争毫发，险途生坦夷……

船在十八滩中行走，百转之后，仍在四围山中。乱石怒舟船之逼近，幸好篙师善于避让，从容指挥，终能履险若夷。

胡学浃《虔滩行》云：

> 章水贡水真奇绝，二三百里石成列。大者凸起似象牛，小者星散如龟鳖。
> 巉巇出没齿龆龆，往来浪传滩十八。滩滩栉比难愁数，孔明八阵石蕴布。
> 水猛悠悠飘叶过，水渴曲曲穿针度。穿针飘叶色莽沆，雷奔电霍舟难上。
> 满江呼风山谷响，进获尺兮退盈丈。船头点篙眼如火，船尾把舵如安坐。
> 大艑小舸等纸裹，强立排篡始帖妥。
> 噫吁嘻！虔滩之难难于上青天，天煦地姁德好生。……

二三百里的石滩，凸起似象如牛，星散如龟似鳖，又如孔明布下的八阵图。水猛时，船就像树叶悠悠飘过；水渴时，船穿行于石间，就如穿针度孔。有时进一尺，反而倒退一丈。船头有人撑篙触石，眼如火炬般精明。有人在船尾把舵，安坐不惊。无论是大船还是小船，都有如纸扎般危险。状难见之景如在目前，令人如临其境。

邱象升两首五古《过滩》写到这里的艰险："白水泻天河，青峰裂地轨。幽森阴白日，开辟漓太始。"水路崎岖艰危，令他几乎要哭泣，舟子也踌躇不前，就连猿鸟也不敢站到这里来，纤夫牵挽却无所凭借。幸好"石罅一线开，幽境转夷旷"。傍晚，只有停泊在江边。"收帆日已斜，岠崿犹不断。孤烟入群峰，濛濛失霄汉。夜半月清迥，村墟色萧散。鸺鹠自悲鸣，苍鼺自奔窜。贾舶畏猛虎，戍铎依沙岸。可怜兹地土，久矣伤多难。大艑复中艑，千里来更换。"乘坐大船而来，过十八滩时必须换乘中号的船舶，才能到达赣州。

王原的两首《十八滩》，写他从赣州下水行，曲折蜿蜒二百里，但见："紫崖巨灵劈，绾束施鞭垂。牙错断仍续，魋结伏又起。底蟠水宫深，谽谺露龈齿"；"行经万安城，乃与众滩委。拥面来群峰，岩峣造天紫。辊雷殷地轴，铿訇聒双耳。黭黫四山色，沉沉井窨底。天地忽惨澹，风水怒角牴。票姚五滩过，舟轻觉帆驶。"言风与水"角牴"，犹如竞技，类似摔跤、相扑。"票姚"句言轻舟劲疾貌，票姚，本为汉代武官名号。

过了万安，一帆风顺。他想到的是苏东坡南迁过此的忧患，更有文天祥被押送北上过此的悲戚，哀悯南宋的灭亡："始途历惶恐，古有孤臣哭。皂口灵神祠，曾悯宋社覆。"念及自己的身世，不禁清泪扑簌。

王恕《过十八滩》诗云："补天剩块截江流，今古惊涛咽暮秋。万古棱棱争出水，千崖叠叠曲行舟。猿啼频下孤臣泪，日落重增旅客愁。惶恐滩头征雁断，几人回首望神州。"认为滩石是女娲补天所剩，落在此地截住江流。暮秋荒寒之处，孤臣客旅回望中原，如何不愁思故国。

黄世成《上滩》诗云："曾说江湖行路难，风帆日日赴长安。入山纵有蛇行路，何以江湖足险湍。"认为入山的蛇行曲折小路也比不上此地的曲湾险湍。其《下滩》诗云："休愁乱石积江中，长碍行舟恼舵工。但得长年称好手，滩声到处疾如风。"下水时船速快，却因乱石阻行，舵手恼火。但若是篙师好手倒也不怕，哪怕是滩与浪相博之声如风狂。

宁都人杨令琢《下滩谣二首》其一云："云驰电逝鸟飞残，半日船过十八滩。估客漫思眼前乐，下时应忆上时难。"下滩时行驶畅快，但不要忘记了上滩时的艰难。其二云："虎牙鳄齿遍滩滩，失势毫厘性命残。人世许多险阻地，滩师把稳恁平安。"感慨滩中乱石之可怕，稍有不慎，便有性命之虞，须仗滩师把稳舵方能平安过滩。

顾嗣立《宿天柱滩》："一叶乘流下，黄昏次水程。滩喧添夜寂，月上接江清。"月夜行船之凄清，令人感同身受。

乾隆十一年（1746），蒋士铨曾乘船溯赣江，过峡江县，到庐陵，经泰和，过万安，赋有《十八滩》诗云：

前滩鹘突奔长洪，后滩诘屈趋黄公。狂波数里势一折，积铁四立山重重。乱石轮囷截江面，急水生骨昏青铜。星宿漂沉饾饤簇，八阵罗列鱼鸟从。老鸦散影鳌露背，万马纵饮中流中。辊雷轰轰动地轴，却驾大艑驰长风。连樯疾上破逆浪，峭壁横塞惊途穷。峰回驾转路不绝，四围竹树青濛濛。椎牛打鼓告神助，纸钱窣窣烧当空。片席高悬易牵挽，滩师醉叫张两瞳。我闻赣石二百四十里，过客往往愁行踪。畏途平日恐偶到，肯掷性命如秋蓬。今我持篙击滩水，鼋鼍窟宅知难容。浅者一尺深数丈，有潭岂足藏蛟龙？楼船可下鞭可断，恃险浪说虔州雄。三朝三莫厌曲折，几令估舶愁撞舂。

描述十八滩艰险景象，穷形极相。此诗还写到，过此须以杀牛割肉、击鼓、烧纸钱以祈告水神之助。如果风大帆饱，容易牵挽而行，滩师就高兴得睁大两眼，醉酣而叫。而客旅过此，却感到性命有如秋日之蓬草。

南昌人徐咏韶《万安进滩》诗云："两岸云烟万叠山，长河如带水弯环。蓦听樵唱一声去，人在危樯缥缈间。"气韵生动，清丽可诵。袁州府训导、吉安县人郭俨有《万安道上二首》："万叠深山里，舟行入旋螺。峰高遮日少，江狭聚风多。暝色疑无路，喧声识有波。人家依两岸，问讯驿程过"；"衔尾船相接，前湾隔后湾。篙喧防触石，帆隐总低山。溪上云踪逐，峰边日色孱。不知千嶂里，穴处几苴蛮"。写乘船曲折如螺旋而进，船船相接，撑篙以防碰撞到滩石上，极为细致生动。张景渠《万安晚泊》诗云："千里孤帆去路赊，汀洲系缆夕阳斜。风飘白雪柳喷絮，水漾红云榴吐花。"写到这一带船行之曲折，风光之鲜丽。

峡江以下水道　蒋士铨作有《晓过峡江县》，描述"山悬江出峡，县仄岭穿城"的险隘形势。乘船到庐陵，作《庐陵九日》诗，描写庐陵山水是："江流分吉字，山势带虔州。"江流转折，接纳支流，有如"吉"字形。

绍兴人俞明震乘船过峡江，作《峡江道中》诗云："空际又收余照去，人间惟有百忧侵。荒城近水知寒早，醉眼看天觉泪深。身外波涛隐高树，梦余灯火悟初心。滩声呜咽鸦啼急，四十年前枕上音。"这是何等的衰飒之音，其心忧天下，与此荒寒之境如此相融。还作有《晓发庐陵》《泊吉水三曲滩》等诗。

永丰人徐湘潭乘船从吉安至遂川的感受是："舟中不辨岸西东，百转山弯近赣中。日暮水烟生半渡，空江一点远灯红。"；"乱峰环合水侵城，万屋鱼鳞耸画甍。闻说居人多积聚，太平山邑亦声明。"（《自郡城赴龙泉途中》）写景勾勒皴染，真切如画。

新建人胡承弼乘船自南昌至樟树镇："连日太迟滞，今宵破浪行。尽容风力健，不许水声平。"（《初四日风顺泊樟树》）至峡江县北面赣江西畔的仁和镇，又有诗云："山环水绕太萦纡，曲折由来是世途。羡煞御风天上路，直来直往省工夫。"（《泊仁和下十里》）船行因山环水绕而弯转，诗人联想到人生道路也是如此，羡慕天路直来直去，省了多少工夫。又有诗云："苍苍后面云，隐隐前头树。无数顺风船，都被山围住。落日一帆风，危坐默无语。嘈嘈破浪声，疑是江中雨。榜人兴不浅，信口发清讴。"（《峡江舟次》）峡江山多而江转不尽，故前后的行船也被群山遮挡不见了。诗人默默不语，而船夫兴致高时，却信口高歌起来。

彭泽人周怀霂，有《顺风过丰城县》诗云："才离樟树镇，转瞬过丰城。水陆舟疑立，帆飞岸倒行。坐难移定处，语忌算前程。偶看篷窗外，青山觌面迎。"此夸张写法，风格明快。

萍乡人刘洪辟《丰城舟夜》诗云："城高月黑夜深昏，万顷无端浊浪翻。狂雨打篷惊客梦，猛风聒耳欲舟吞。剑光寂寂匣中敛，蜃气蒸蒸水上掀。险避恶潮江岸拍，篙工兀坐悄无言。"狂风大作，触发诗人忧惧之心，感受又自不同。

锦江 源于萍乡、流经高安，在象牙潭附近汇入赣江。丰城欧阳熙有诗云："远山放云出，奔水让沙圆。帆破风难饱，篷疏雨易穿。"（《象牙潭早发》）活写出一位穷苦读书人乘坐破旧小船的窘境。炼"放"字、"让"字，得物理之妙。

锦江又名瑞河，因流经瑞州（治高安）而得名。彭桂馨《泊舟瑞河口》云："柔橹伊鸦不断声，溟濛烟雨望江城。河流合处心先转，乡语听来耳更清。一二寸鱼鲜入馔，两三声雁暗传更。舟人比我尤欢喜，准备帆樯趁晓行。"乘船观群山献翠，写来轻松，风格自然简畅。彭桂馨号伯丹，高安人。官至湖广道监察御史，后弃官归故里。

赣江下游 徐谦《南浦秋怀》描写南昌西南的南浦驿情景：

东吴迟返棹，南浦滞归舟。父子他乡客，烟波一样秋。
久劳慈母梦，怯上暮江楼。欲寄平安信，断鸿云路幽。

南浦驿停泊的大多是客船，客子思念故里而迟迟不能归。

自南昌至吴城的赣江这一段航程，中途经过明代王阳明擒获朱宸濠的地点樵舍。清康熙间，施闰章有《泊樵舍》诗云：

涨减水逾急，秋阴未夕昏。乱山成野戍，黄叶自江村。
带雨疏星见，回风绝岸喧。经过多战舰，茅屋几家存。

写出初秋时涨水初退、赣江流速急的特征，点染野外萧瑟气象如画。

清末新建人陶福履有《樵舍》诗云：

炊烟互明灭，村市灿可数。扬帆过樵舍，日色已停午。
人家半邻水，破网晒近浦。时见渡头人，出汲走三五。
萧萧水风动，惨惨阴云聚。冻鹭带水飞，船头洒晴雨。
客行迫严寒，况乃饥躯苦。途景信自信，悲吟无好语。

乘船远行，过樵舍而观邻岸农家，映现在凄迷的江色水光中。最后四句言因生计所迫而出行。全诗尽多悲苦之语。

福建晋江人丁炜，顺治间曾至南昌。乘船下赣江至吴城，有《周回至吴城》诗云：

> 连朝破浪拍天浮，棹入吴城见浅洲。
> 书卷半床春睡起，杏花风里放归舟。

赣江下游江面宽阔之状豁然可见。

光绪年间，陈三立有《十一月夜发南昌月江舟行》诗云："露气如微虫，波势如卧牛。明月如茧素，裹我江上舟。"四句连用三个明喻，以微虫触人之感觉比喻露气，以卧牛皮肉之皱比喻赣江上的波浪之起伏。月光照在椭圆形船上，犹如洁白茧丝包裹蚕一般，比喻新颖而生动。是以清新自然的散文笔法，写出含蓄隽永的韵味。诚如狄葆贤所言："奇语突兀，二十字抵人千百。"[1] 日本吉川幸次郎认为此诗是陈三立所有作品中，"最足以显示他内心感受时代之挤压、覆盖的心灵体验的一首"[2]。

陈三立还有诗作于吴城至南昌水道中，如《渡湖毕江行遣兴》云："破睡晴江乌鹊哗，酒明十里短丛花。轻舟恰似凌波袜，只向东风舞处斜。"沉睡中被江面的乌鹊喧哗声惊醒，炼"破"字奇警。第三句写轻舟扬帆，却似凌波之袜斜行而前，比喻新奇，又《发吴城取江路指南昌凡百八十里》诗云：

> 持余眇眇身，来御风如虎。脱湖蛟吻舟，灯独围寒雨。
> 鸣索杀余势，晨色遵江渚。浅波黄未澄，平芜绿初补。
> 鸦出接篷翻，鱼卧看网举。岗岭列葱蒨，炊屋错三五。
> 行歌骑牛儿，春气湿村坞。桂石一片魂，又落城头鼓。

以微末之身，抵抗如虎吼之风，脱离了重湖蛟贴近舟危险。风势渐小，乘船自吴城溯赣江而行，但见江波色黄而未澄清，岸上平川开始补

---

[1] 狄葆贤《平等阁诗话》，转引自钱仲联主编《清诗纪事》，光宣朝卷"陈三立"条，江苏古籍出版社1987年版，第3314页。
[2] 吉川幸次郎：《中国诗史》，复旦大学出版社2012年版，第356页。

缀绿芜。乌鹊翻飞于船篷，鱼卧于捕捞的网上。远处的冈岭葱蒨，散落三五村屋。牧童唱着儿歌，春气如湿村坞。行程写来历历清楚。

信江至鄱阳湖水道 这条水道的最大特点是水不向东流而是向西流。文人好事，诗中每言及此。陈文瑞有诗云："低洼水性爱流通，信水西行达瑞洪。"(《西江竹枝词》之三十六)。奉新人宋鸣琦，号梅生。有《瑞洪竹枝词》云："瑞洪湖水长如沟，舟人知喜不知愁。来舟挂帆向东去，侬船偏逐水西流。"也写到船往西行的情景。

浙江嘉兴人李绳远诗云："向过春涨满，今到冷波平。兰桨三支急，蒲帆十幅轻。"(《瑞洪镇过鄱阳口》)写水退时下信江入鄱阳湖的情景。

康熙三十一年(1692)，浙江秀水人朱彝尊由玉山进入江西，途经铅山、弋阳、贵溪、安仁、瑞洪、赣州、南安等地，往游岭南。沿途他以地名为题，写下了大量纪游诗作。其《瑞洪》诗云：

> 余干江路永，回首失崭岩。市酒难为醉，罾鱼乍解馋。
> 湖宽舟愈小，峰远日初衔。渐识宫亭近，分风及布帆。

颈联末尾注云："自玉山至安仁，捕鱼多用乌鬼，鱼皆无味，至此始用罾。"乌鬼即鱼鹰。到了瑞洪古镇，朱彝尊欣喜地看到乡人用渔网捕鱼，乡情美味，让他流连忘返。

李绂，字巨来，号穆堂，临川县人。康熙间由编修累官内阁学士，历任广西巡抚、直隶总督。有《自抚州至弋阳记》一文，写到他自鹰潭乘舟逆行于信江之艰难：

> 初八日登舟，舟人病目。舟数与岸触，缆引之上，波推之下，颠动如鬼没然。急呼引缆人掷缆，听其倒流，里许始定。同舟人各持篙梁佐之。行仅十里，至石鼓，泊焉。……明日至金沙，又明日至贵溪县。日行不能三十里，同舟皆闷。舍舟登陆……①

---

① 胡迎建选注：《江西古文精华丛书·游记卷》，江西人民出版社1995年版，第235页。

驾船者眼睛不好使，以致船屡次与岸相碰撞。缆绳向上牵引，波浪推船下水，弄得船如野鸭般沉浮于水中。有时无法上行，只有赶快叫拉纤者丢掉缆绳，任凭船倒流，说明水流极其湍急。倒退一里，船方停下来，船工们都在努力撑篙上行，也仅走了十里，便停泊在岸边憩息。如此每天不能走三十里，同船者都觉得憋闷。

也有文人写到坐船远行的愉悦情景。乾隆二十八年（1763），蒋士铨作有《归舟安稳图记》云："图曰'归舟'，志去也；曰'安稳'，风水宁也。居士有母有妇有三子，生理全也。舟中有琴书，有酒樽茶灶，有僮婢、鸡犬，自奉粗足也。岸树著花，春波澹荡，游鳞不惊，汀鸥相戏，生趣洽而机心忘也。慈颜和悦坐中央者，太安人也。衣浅碧侧坐陪侍者，居士之妇也。倚太安人膝凭舷而嘻者，三儿知让也。小案横陈，总角坐对读书者，大儿知廉、二儿知节也。执卷欹坐，临流若有所思者，居士也。"[1] 这幅画其实是描绘了蒋士铨一家一同乘船返江南的情景。船上很舒适，有琴书酒茶以遣日，五人神态各异，栩栩如生，生趣盎然。

乾隆十二年（1747），蒋士铨在上饶（今信州区）登舟，顺信江而下，作有《广信登舟有作二首》其一云："童山夹岸立，乱石一线下。碓轮翻急浪，飞雪出远坝。"其二描述诗人乘舟经历河滩情景："上滩如攀梯，下滩如脱弦。半日可百里，飞渡章门边。"乾隆十五年（1750），乘船过弋阳，作《弋阳舟次》："秋江蘸碧回林层，篙工立水如鱼鹰。扭波跳舞声沸腾，一饭十步船底凝。负船上滩猿挂藤，推篷对客臣未曾。"纤拉船上水行滩，篙工异常艰苦。后来于乾隆二十一年（1756），诗人乘舟过弋阳时风快："樵风如箭贴帆催，万马疑从橹后回"（《弋阳道中》），真有不同的境界。

上饶县人张景渠，字翼伯。咸丰年间，历任无锡知县、宁绍台道员。诗风苍郁而兼秀逸，句法琢炼而能出。所作《晚泊河口镇》诗写其"朝发信江头，暮宿铅河口"的行程，极其缓慢。又《鹰潭晚泊》诗中云："山势欺龙虎，江流衍蚌螺。鹅湖三百里，瞬息一帆过。"一帆飞快，亦

---

[1] 秦良选注：《江西古文精华丛书·散文卷》，江西人民出版社1998年版，第320页。

两种境界。

在信江入鄱阳湖之处，也有文人留下不少诗作。黄之隽字石牧，号庑堂，华亭（今属上海）人，官至翰林院编修，有《瑞洪》诗云：

> 塞路皆风雨，随身已月余。大声喧泽国，片篛当蘧庐。
> 水墨米颠画，云烟张旭书。荒荒彭蠡景，倚棹一唏嘘。

前途到处是风雨塞路，炼"塞"字颇得物态。"片篛当蘧庐"虽极夸张，却也显真实，将行者遇雨无处可避的形态逼真刻画出来。颈联以米芾的米点山水画和张旭的草书来比喻鄱湖雨景很有新意。又有《舟泊瑞洪狂风彻夜》诗云：

> 夜泊偏摇梦，枯篷畏热灯。不仁风迫险，助虐水生棱。
> 船势惊相跌，湖身怒欲腾。飞廉休见试，忧患本吾能。

此虽为五律，但却用散文式语词和句型，造成明显的流动感，一改律诗常有的整齐排偶感，使诗人愤郁心境及其调整的过程得到清晰呈现。末联欲告诫风神"飞廉"，他并不怕风浪，本来就历经忧患。

康熙五十三年（1714），涨大水，黄之隽有《鄱阳湖水大发自木樨湾瑞洪，至赵家汇田庐浸没舟过感赋》诗，描写大水涨时的情景："换眼湖光接杳冥，此中坡岸记曾经。浪花自拍无人屋，树杪皆萦有蒂萍。想到避灾闻痛泪，谁为守土告明廷。凫鸥不解行人感，梅雨颠风戏一汀。"他痛心地方官为何不速告朝廷，可是眼前的凫鸥不能明白他的心意。《清诗别裁集》卷二十四收录此诗并评曰："只是波涛入室、树木粘萍耳，今云'无人屋''有蒂萍'，加一'拍'字'萦'字，便觉新警异常。"又《昨岁五月舟过鄱阳湖畔值水溢，询土人，云三十年来所未见，今甲午岁五月归舟复经此大水更甚》诗中云："未纾险阻群黎泪，暂泊风涛一叶身。"由于未能为百姓纾困济贫而肠断，连自己的船也无奈泊于风涛之中。

昌江水道至鄱阳湖　自安徽祁门至景德镇再至饶州，这段水路是一条较为繁忙的商路。皖南山多土少，而饶州在鄱阳湖平原，土地肥沃，大量粮食与景德镇所产瓷器须从此条水道运往祁门以至皖南地区。康熙五年（1666）初夏，浙江海盐人、三十六岁的彭孙遹自岭南游历之后返回，五月北归，在江西境内先后作有《章贡台》《樟树》《康郎湖》《饶州东湖》《由浮梁抵祁门道中》等诗记录其行程。曾由康郎山出发，"东南至瑞虹八十里，道出安仁及抚州"。

清代梁佩兰有《舟发阊水至饶阳道中作》诗云：

镇上烧窑处，看来俗自新。烟迷三里雾，石化一方尘。
水驿通磁器，乡人祀火神。女巫秋醵日，迎来舞罗巾。

阊水即昌江，饶阳指鄱阳县。航行昌江，水驿上下运货以磁器居多。景德镇的繁盛风情宛然如开画卷。

姚世钧，字炳衡，浙江归安（在今湖州市）人。有《饶州舟次独酌醉后放歌》，诗中云：

饶州自古称上郡，土地则广人民稠。鄱阳濆洞恰绕郭，瑞芝峭削才当楼。
兹游信宿敢易视，湖山暂向笔底收。远涉思入女儿港，近眺拟泛琵琶洲。
左挈偏提右不落，狂呼惊动东西舟。遥汀鱼跳刀泼刺，垂杨风卷丝飕飗。

瑞芝即芝山，在鄱阳县城北郊。琵琶洲在余干县城东山岭南面湖中，诗人游此又思远游姑塘、女儿港，更写黑夜、风浪之恢奇，无意中反衬了己之落魄与飘零。

抚河水道 武阳渡在南昌县东南，武阳水汇入抚河主支处，抚河再北行经谢家埠入鄱阳湖。

康熙四十年（1701）秋，李绂的诗写到他舟行抚河的情景，又有《泊武阳渡》诗云：

霜月照孤艇，又宿武阳渡。浩波不可极，欲浸前堤树。

> 野风吹落叶,似有人来去。寂寂芦花影,渔舟不知处。

抚河流至南昌县武阳镇附近,随着各条小支流的汇入,河面更宽了,此诗三、四两句即写这种感觉。又前行,作有《舟泊谢家埠》诗云:

年年漂泊信浮萍,赢得贫交处处轻。客意似舟时一动,旅愁如月夜来生。沙洲有舌终何用,江水无声只自清。明日风尘三十里,寒烟高拥豫章城。

自武阳渡北行数里至南昌城东南,有谢家埠,其地旧有谢埠街。中间两联以比喻写景寄意,颇为新颖。

乾隆十一年(1746)七月某夜,蒋士铨乘船到达李家渡。至抚州,继续乘船往南溯河而上,作《抚州晚发》诗。乾隆四十二年(1777),再次乘船往抚州,"烟中柔橹初辞岁,渡口明星欲下滩"。未料在萧公渡翻船,狂风怒吼,猛雨夹着冰雹,翻江倒海,诗人赤脚袒身在船底舱。"颠风昼吼萧公渡,篙折樯倾拏不住。砰然侧偃卧波涛,性命中流谁得顾。主仆相持冲浪起,赤脚袒身据船底。打头猛雨夹雹飞,自未历戌不暂止。""寒侵肌骨牙齿颤,须臾身等鸿毛死。"(《萧公渡覆舟》)他将这一幕遇险翻船的情景写得真切怖人,几乎有生命之危,幸好得到救援。

鄱阳湖航道　先看赣江、修水汇入鄱阳湖处的吴城镇。梁清标《过秦楼·吴城雨中》词云:

> 树隐千章,风轻五两,堤畔人家容与。真柴门照水,沙岸连樯,一片吴城烟雨。遥望晓卷疏帘,小妇凝妆,映窗眉妩,叹天涯客子,三千余里,雁沉江浦。　空闻说、白苎江东,锦帆南国,颠倒醉乡歌舞。寒林半落,霜叶犹红,愁见凫鸥孤屿。更羡高风,此邦孺子荒亭,云卿黄土。问江山、万古茫茫,今夜梦回何处?

从船中观看雨中的吴城。树林扶疏,柴门错落。远远望见轻帘卷起,少妇梳妆。唯我漂泊天涯,羡此邦有徐孺子、苏云圃等高士。从

"沙岸连樯"中也不难想见水运港口之繁华。作者另一首《沁园春·登望湖亭》词也可作证:"一天帆影,白波东去,几缕残霞。方寸乡心,迢遥水驿,愁绝风涛博望槎。徘徊处、有喧阗列肆,烟火千家。"

在鄱阳湖上过往而写到航行状况的诗不少。彭孙遹,字骏孙,浙江海盐人。授翰林院编修,官至吏部左侍郎。有《彭蠡夜泛》诗云:"清浅宫亭水,溅溅百道流。残春风送客,终夜月随舟。野水沉葭苇,遥天挂斗牛。相依有鸥鹭,任意宿汀州。"全诗扣住"夜泛"两字,首联是鄱阳湖水流状,次联点出时令为"残春"之夜,有月相随。末乃将视点收束到随意栖宿的鸥鹭。

方象瑛,字渭仁,浙江遂安人,授翰林编修。在《中秋鄱湖对月》诗中云:"湖光泱漭片帆闲,秋色连天水一湾。皓雪溶溶彭蠡月,青螺点点大孤山。星悬北斗鱼龙静,日落西风鸟雀还。最喜客游当此夕,匡庐缥缈白云间。"强烈对比中有奇异的审美冲击感。三四句点题,谓月辉映水如雪,孤山如青螺,有阔景有细小之景。五六句承三四句而写鱼族鸟类之动静。

描写鄱阳湖风光的妙句还有不少,譬如,李绳远诗云:"暖日轻飔片席张,明湖如镜荡晴光。千峰远霭连空碧,九派长江入混茫。"(《过鄱阳湖》)首联"暖""飔""晴光",风和日丽之景。"片席"言片帆如席。又鄞县人周斯盛诗云:"城头落照下,津口暮舟开。风急千帆过,湖空一鸟回。"(《夜过大孤山》)乘舟于落照下,但见湖面千帆竞过,水鸟飞回。还有王文清诗云:"波平月满连天白,云尽山围一线青"(《过鄱阳》);"轻帆点水飞何处,叠浪骄风怒未平"(《早泊鄱阳》);严遂成诗云:"潮回三楚白,山压五湖青"(《渡鄱阳》)。

东乡人艾畅,道光年间曾官广东博罗知县,有《渡鄱阳湖》诗云:

西风落照卷寒潮,极浦苍茫入望遥。大地远包吴楚坼,空天晴涌日星摇。蛟龙窟穴妖氛敛,矶堠烽烟战迹销。浪稳一船秋正好,云中五老笑相招。

写鄱湖旷荡汪洋之景。颔联上句化自老杜"吴楚东南坼",下句"空天",实乃言水中之天。腹联转入虚写,想见当年烽火。末联转写眼前,秋高浪稳,则五老峰头如微笑而招我。实写虚写,相映生趣。

又万载人龙赓言《吴城早发》诗云:

长空昨讶倒银河,大泽今看起白波。帆远影疑天半落,浪高船自雪中过。人情大抵安常易,世路从来涉险多。却望湖山三百里,顺流争奈逆风何。

首联写昨天瓢泼大雨如倾银河,今日鄱阳湖白浪翻腾。第四句"浪高"呼应第二句。"雪中"亦喻白浪。第三联转为议论,从行船之险联想到人情、社会。末联转写眼前,回眺湖山,更写逆风行驶之艰。

诗人航行在鄱阳湖上,不仅将湖光之美写入诗中,而且写入庐山之峻伟。叶燮,浙江嘉兴人。康熙间著名诗论家,己亦工诗,有《发南昌入彭蠡湖遥望庐山》诗云:"击榜洪都郭,沿洄入滉漾。域内扩归墟,涛鼓橐钥状。谁谓瀛壶遐,冥冥如在望。……俄顷沉瀣澄,横亘赤霄障。金碧晃层城,苍紫错岚嶂。怅矣川途遥,神先五老傍。"湖浪滉漾而至翻滚、庐山高峻壮丽之状如在眼前。

再看几首五律对仗:屈大均名绍隆,字翁山,广东番禺人。《过彭蠡》诗中云:"千峰过有影,万壑到无声。吴楚浮前浦,云霞荡晚晴。"此写石钟山、庐山一带鄱阳湖风光,招千峰万壑到眼前,真乃有造境之本领。梁佩兰,字芝五,南海(今佛山)人。与屈大均、陈恭尹并称"岭南三家"。有《长江入湖》诗云:"石钟蟠水府,匡岳敌山庭。地势分吴楚,天河倒日星。"分别写处于鄱阳湖北部的石钟山、庐山之形势,进而写鄱阳湖阔大之状。冷士嵋,字又湄,江苏丹徒(今属镇江)人。有《渡鄱湖》诗中云:"郡郭浑依水,峰岩半入云。波摇五老动,涛压九江分。"写出水与城郭相依互动之势。朱克生,字国桢,江苏宝应人。《舟中望庐山》诗云:"怅望鄱阳道,云帆水驿孤。千峰盘楚汉,万壑导江湖。"写湖山相映而壮阔之景气象极恢弘。又九江人罗大佑诗云:"叠浪浮光气,中流混太清。地吞章贡阔,天入吴楚平。"(《舟泛彭蠡》)写航行至中流,仿佛湖水与天空同一清色。湖之阔大,足可容纳赣江诸水。

也有不少古风写庐山与鄱阳湖相济美之状。闵麟嗣，字宾连，安徽歙县人。《湖中望庐山次襄阳韵》诗中云："宫亭凌晓发，浩淼乘长风。峨峨天子鄣，突兀来舟中。遥连南岳秀，下压百川雄。杰峰插云日，寒翠滴高空。"在湖中，愈见得庐山之雄峻奇伟，直可插云逼日。诗风峻奇而高古。

吴炜，字粲叟，北平人。康熙七年（1668）官江西学政，重新修订《庐山续志》。其《过彭蠡湖望庐山》诗云："扁舟昨泊吴城驿，匡君面目俨咫尺。轻帆今挂彭蠡上，五老苍颜竞相向。彭蠡章江一水长，千峰倒影连微茫。"匡君即代指匡庐，其山灵为匡君。既写己之行旅程，又从吴城驿与彭蠡湖、落星石不同角度观庐山，写得神飞魄动。

江苏昆山人徐昂发诗云："我来越彭蠡，及此秋光回。林岫远参错，洲潊互陵亘。鱼龙气不骄，鸧鹕散游泳。川途玩回转，欹疾孤帆影。洪流既归壑，巨薮失溟涬。乃知造化根，终焉返虚静。沿溯过连圻，苍然见西岭。"（《过彭蠡湖》）正值秋冬之际水落洲现之时，作者由此生发万物轮回造化之理。

有的诗描绘了雪天鄱阳湖的景色。浙江海宁人查慎行，康熙五十八年（1719），赴江西入南昌书局，修《江西通志》。诗宗宋诗，清新隽永。有五古《雪后渡彭蠡》诗中云："雪山四望开，彭蠡潴其中。天光落东北，寒气青濛濛。独往矫孤鹜，群飞驾高鸿。沙明洲潊出，叶溃枝颠空。"纯写雪后鄱阳湖的景致。沙洲对枝叶，以一大一小对衬写来，突出鄱阳湖雪初融化时景物的变化。又七律中二联云："霞翻彭蠡波千叠，雨过匡庐月一峰。绿水啼猿愁暮霭，碧天飞雁淡秋容。"（《晚过彭蠡湖》）彭蠡湖烟波浩荡，霞翻波迭，富有动态感。

冬天大风中的鄱阳湖尤为可怖。方浚颐，安徽安远人。有《彭蠡》诗曰："宫亭湖冷波涛死，断港荒滩屈曲通。天意要窥诗客胆，风威斗觉大王雄。轰腾万骑沙场上，漂泊孤舟水国中。四顾茫茫人迹绝，凄凉云外叫哀鸿。"写鄱阳湖风涛汹涌者常有，写其死寂者绝少。

在这条中国南方最长最为便利的水运航线上，人们利用风力为舟船的行进作无价的动力。有的诗不重写景而重在写风帆行走之状。山东益都人赵执信有《彭蠡湖》诗云：

颢气中流转，烟光四周遭。层波碧离离，秋色寒滔滔。
泠然乘风游，托身任毫毛。仰观天垂幂，旁见林露梢。
山移舟向背，目荡心飘摇。北望千帆走，灿若组紃交。
五老云外笑，人世心魂劳。明当接匡君，举手为我招。

层波离离，秋水滔滔。湖阔船小，而觉人在其中如毫毛之微，因舟行而感觉是山背向舟的方向后移，意蕴不尽。沈德潜将此诗选入他编的《国朝诗别裁集》，并评点"山移舟向背"五字"足抵一篇游记"。

再看义宁（今修水）人冷采芸诗云："木兰舟小挂红幡，渺渺无涯雪浪翻。万里秋烟冲塞雁，一帆暮雨拜江豚。"（《过彭蠡湖柬王子舆》）乘舟渡湖，但见雪浪翻滚，秋烟中横冲塞雁，暮雨中见江豚翻起作揖拜状。

吴名凤，字竹庵，嘉庆间知都昌县事。有诗云："一片云帆衔尾来，浪花怒拥雪涛堆。江流为泽原东汇，湖岸依山势左回。"（《左蠡》）写出帆船衔尾而经过左蠡沙山边的队列。

北京大兴人舒位《过鄱阳湖》诗云："荡舟彭蠡滨，春水不成片。譬如到匡庐，不见匡庐面。明沙潦四围，细草量一线。舟行且欲止，水至亦未荐。迟迟若毂推，曲曲如床旋。乃以十幅蒲，易此百丈牵。劳苦诚莫辞，险难从兹眷。想当湖水平，巨浸与天衍。破浪乘长风，不如此方便。矧是数载间，吾游亦云倦。一身万波涛，皇天念贫贱。百端何忙忙，回首看檣燕。"此乃无风之日，河港水犹未涨，船行甚慢，如车毂之推转。盼以十幅蒲帆，来替换百丈牵缆，因而忆及当年乘风破浪之行。甘肃武威人张澍，有《湖口舟中望石钟山》诗云："迅飚扇左蠡，波谲浪委属。轻艑似鸟飞，不用铁篙促。大声发水上，势与山根触。"鄱湖波谲而风劲帆饱，船轻如鸟飞，不须用篙，此乃畅快之行。

星子人查昆山有《风船解缆月徘徊》诗云："夜气三霄朗，湖光一鉴开。月偕船动荡，船与月徘徊。缆解流清矣，襟披客快哉。前程千里共，上界片帆来。"月夜行船，月与船行而动荡，船也与月而徘徊，妙句。无怪乎披襟而快哉。

曾炎权《鄱阳湖歌》诗中云："波浪八月湖水平，秋风犯舟滞行程。我今遇此阴晴日，风雨不作片帆疾。天吴冯夷俱安然，蛟龙畏我潜幽室。左蠡宽阔右蠡长，极目江天两茫茫。我欲生得鸥鸟翼，满湖飞掠云水光。"阴天而无风雨，盼望有鸥鸟之翼，而船必快行而飞掠湖面。

曹龙树，号星湖，星子人。乾隆间官沛县知县，辞官后有《扬澜口风帆》诗云：

利名驱作水生涯，江走沙湾卷雪花。百叠帆悬烘日白，千条桅簇驶风斜。怕停险岸催文鹢，望祭灵祠噪墨鸦。此处想通银汉路，人间一自有仙槎。

鄱阳湖西面近星子扬澜沙山，称扬澜湖。薛所习《郡湖辩》释其义云："左蠡者，蠡之左也；扬澜者，蠡波至此回腾浩荡也。"诗的首句出自《史记·货殖列传》云："天下熙熙，皆为利来；天下攘攘，皆为利往。"利名驱人，不顾险难。次句写扬澜风浪之大而险。颔联写此地过往帆船之盛况，腹联言此地之险而船不敢多逗留，遥祭定江王庙以乞平安。末联更触发奇思妙想，此地或通天上银汉也，句句扣题而不松懈。

陆奎勋，号坡星，浙江平湖人。康熙五十八年（1719）来江西修省志。其诗屡写行舟情景，如："左蠡乘风亦快哉，船头剪水白皑皑。"（《风利发鄱阳湖一日可达章江新洲舟子畏雨夜宿双港》）又："饶江西注赣江东，一样操舟运不同。只爱宫亭湖畔路，湖神面面解分风。"（《舢子词》）在不同水域驾船，方式不同。他感觉到在鄱阳湖北部驾船最好，传说那里的宫亭庙神能分风向，使湖中的船能顺风扬帆。《水经注》："山庙甚神，能分风、擘流、住舟，遣使行旅之人，过必敬祀，而后得去。"

宋功迪，字伯蓉，奉新人。光绪间曾任静海县知事。有《自吴城晓发夕抵鄱阳》诗云："老鱼吹雨沉红日，骇浪浮天卷白芦。十幅蒲帆风百里，飘然一饭过鄱湖。"大船有十多帆桅，行进于大风浪中，仅一餐饭时间便横渡湖到了鄱阳县，极言其行速。

鲁曾煜，浙江会稽（今属绍兴）人。其《早发鄱湖》诗云："梦中惊起似奔雷，借得雄风亦快哉。地缺尽容湖荡潏，天低惟见浪崔嵬。此时词客扬帆去，何处船娘打桨来。形势前朝经用武，干戈销尽荻花开。"早晨船出发而惊梦，帆借雄风而快行，人亦快哉！颔联言因大地沉陷而形成大湖，因天低而见浪高，此乃妙联。顺利扬帆而去，船娘打桨而来。然不滞于眼前所见，末乃言因前朝战事的结束而赢得太平之世。

陈正璆，安徽桐城人。有诗云："舻声摇浪细，帆影落波间。半日南风便，轻舟直到关。"（《鄱湖》）风平浪细，帆影出没。南风扬帆甚速，半天时间即从左蠡到了湖口关。李元鼎《彭蠡湖晓发》诗中云："淡日朝涵沫，高帆晓信风。"晴日行舟畅快，四望清朗。熊文举《湖口遇风夜行百余里》诗中云："绵渺都无际，天风鼓海涛。云樯争解缆，雪艣不容篙。"此遇风更速行而不须用篙撑。

薛时雨，字慰农，安徽全椒人，同治间官杭州知府兼督粮道。有《顺风过彭蠡湖》诗云：

> 日日伤羁滞，今朝顾盼雄。始知风顺逆，不异境穷通。
> 迎送群峰转，津涯四面空。湖天真浩荡，览胜片帆中。

阻风之后顺风扬帆，得以壮览大湖之雄概。颔联感悟顺风与逆风有如人生穷通之境遇，后四句得意于片帆转送之际而见湖天之浩荡。

薛时雨还有词写鄱阳湖的乘船情景，如《南乡子·过彭蠡湖风和日暖一波不兴回忆去冬阻雪时光景顿异》："风静浪花平。柔橹咿哑荡客情。湖外青山湖里树，分明，贪看春光不计程。　滔汩旧心惊。雪压孤篷梦未成。转眼寒暄谁作主，难凭。白舫青帘自在行。"

金烺字雪岫，号子閟，浙江山阴人，贡生，官训导。有《泛清波摘遍·过彭蠡》词云：

> 掠波海燕，泛渚沙鸥，断送暮春能几许。扁舟飘泊，片片征帆微雨。伤羁旅，乱山幂历，杂雾朦胧，一派苍茫迷野屿。　两岸涵空，

映出匡庐，万朵红乳。镇无语、翘首遥天断云，极目隔村丛树。多少徘徊，暗中寸肠千缕。还看处分翠远，接马当、争流近连溢浦。且自停桡拚醉，放怀千古。

船如海燕般轻快，航行于鄱阳湖上，微雨薄雾中经过庐山，将过九江溢浦、彭泽马当。夹叙夹议婉转中见细密如针线。

曹亮武，字渭公，号南耕，江苏宜兴县人。有《贺新郎·过彭蠡》词上阕云："昨夜秋风急，鼓洪涛、匡庐山下，鱼龙嘘吸。孤艇浪凭双桨去，不似马当当日。算人命、几同蚁掷。日落戍楼悲角起，望霜天、一霎浑如墨。聊伏枕、撼羁魄。"秋风转急，洪涛大作，只有奋力击桨而前。

王闿运（1833—1916），字壬秋，号湘绮，湖南湘潭人。主讲南昌书院时有《入彭蠡望庐山作》一诗写行舟之乐："轻舟纵巨壑，独载神风高。孤行无四邻，窅然丧尘劳。晴日光皎皎，庐山不可招。扬帆挂浮云，拥楫玩波涛。"湖乃巨壑潴水而成，风乃神风，扬帆挂云，是帆高还是云低？操楫玩弄于波涛之间。写来都见作者轻松心态。

浩瀚的湖面上，风向变化莫测，有时南风，有时北风。顺风时扬风快行，乘船者心情舒畅。若是逆风，舵手能以牵绳及时调整帆的倾斜角度，把舵行走"之"字形而前。有的诗写到风与船行的关系。顾大申，号见山，江南华亭（今属上海）人。所作《舟过鄱湖风厉不得登庐山》诗写到东南风转西北风："岂知六月鄱阳湖，朝风东南暮西北。"早晨东南风，傍晚转西北风，舵手须及时把握。管抡《早发左蠡》诗云：

酒醒浪初静，波平鸥不惊。半船微雨过，双桨挽风行。
古寺藏云冷，秋岩入晓明。大姑山不远，犹隔片帆程。

酒醒之时，虽不似杨柳岸晓风残月那般伤感，但酒后心灵片刻的"静"还是显现于作者笔端。"浪初静"之后，微雨中双桨挽风而行。但见湖岸古寺隐藏于云间，秋日的岩石，至拂晓时方见得分明，又《过彭蠡湖三首》其一云：

挂席扬舲下蠡湖，便风不似马当途。钟声林送东西寺，帆影峰开大小孤。挥手归心先朔雁，掉头诗思寄江凫。明朝若过柴桑里，十载山川问讯无？

这首诗必定是从长江进入鄱阳湖。历数鄱湖北部若干地名，尤其颔联蕴含丰富，十四字包含鄱阳湖周边五个地方，石钟山、东林寺、西林寺、大孤山、小孤山，实则在鄱阳湖上，东林、西林寺俱不可见，此乃造境也。最后归结到对阔别十载的庐山与柴桑的惦念之情，颇有亲切之感。

倪国琏，字子珍，仁和（今属杭州）人。《丙午二月自九江过鄱阳湖还南昌作》诗云："汩汩春水生，湖宽森无岸。捩柁犯洪波，望洋一兴叹。快逢北风利，舟行急如翰。昨辞大孤难，今泊龙沙畔。片帆截湖来，信宿出险难。忆昔八月还，星渚事可惮。黑风压巨浪，骤决百川灌。一叶随簸扬，龙伯恣慓悍。生死介毫发，正襟惧神乱。同舟各咨嗟，寝梦犹骇汗。此湖自鸿蒙，浩荡不可玩。拍天五百里，弥望魂欲断。况多不测风，忽掩苍山半。年年舸舰覆，赤子几鱼烂。"捩柁即转柁冒犯洪波，行进艰难，望洋兴叹。若是遇上北风顺利，舟行急如飞翰。若是黑风巨浪，则船如一叶簸扬，生死在毫发间，梦中犹骇怕出汗，乃是因为这一带年年都会发生船翻人死的悲剧。

有的诗则描写大风大浪中的行船情景。何文明，广东香山人，有《彭蠡过风》诗云：

黄气惨惨风势恶，云如坏山势将落。江豚水面作人立，纷飞鹜鸽与鹳鹤。巨舰真如夹两龙，飞翔之势欲凌空。顾盼两岸目为眩，银涛雪浪相撞舂。我时凭舷事小酌，破浪乘风真足乐。坐客惕息指我痴，公等不痴欲何作。

彭蠡气昏风恶，云如坏山之崩落，江豚在水面如人之竖立，水鸟纷飞。大船有如两龙挟持而奔。作者却能凭舷小酌，豪逸之情若现。

曾国才，字华臣，自号桔园，四川简阳人。其《过彭蠡湖》后二联云："风劲帆腰弱，天寒浦口荒。惟看万舻过，鸣爆洒神浆。"风力太大，连桅杆半腰也微微作软而弯。无数舟船经过左蠡老爷庙前时，纷纷鸣爆竹以祈平安。

张际亮，字亨甫，福建建宁人。道光十一年（1831）来江西，有《过鄱阳湖歌》诗中云：

波涛滚滚排空来，青天莽莽烟一堆。沙飞石走白日暗，蛟龙鱼鳖驱风雷。篙师喑哑颜色黑，湿鬼漉漉啼舟侧。浪势崩崖千丈花，帆影拖乌几点墨。我时酒醒立船头，但闻四面声飕飕。银河横决不到地，是谁倒拨昆仑流。

开篇正面描写鄱阳湖浪如一堆堆烟云排空而来。湖岸边，飞沙走石、浪势崩崖，白日昏暗。接写篙师声嘶力竭面貌鳌黑。作者面对此恶劣天气，竟感到银河还悬挂空中未落到底，又不知是谁决开昆仑水，流泻至此。可见湖水发怒的凌厉气势。

魏元旷，号潜园，又号斯逸，南昌人。光绪二十一年（1895）赴京考进士时作有《过鄱阳湖》诗云：

入春雨雪苦缠绵，添得鄱湖水拍天。
连日晴开风力紧，开头争放孝廉船。

此诗见于《蕉庵诗话》卷四："舟行往境，最可忆者，甲午计偕，与达生同一小舟。风雪兼旬，计偕之舟俱阻鄱阳湖中。既而同出姑塘，上下关津，旗帆如织，望之皆赴礼部者，为赋云云。"装载举人乘坐的船只称为孝廉船，将赴京参加进士考试。初春时的鄱阳湖，雨雪缠绵，以致水涨起来，众多船停泊于姑塘港中。天转晴，风力大，则众多船只礼让孝廉船先行。

又《拟谢灵运石壁精舍还湖中作》诗中云："扪壁下幽冈，整棹径南归。波流净复阔，崖翠远渐微。朝暾掩薄霭，宿雾凝夕霏。榜遗水声咶，蓬转长芦依。近岸更携屐，薄暮遥叩扉。宠辱苟相忘，意愿常不违。圣哲贵顺时，试用物理推。"记叙从晨至暮舟行于鄱阳湖上所见景观，至"近岸"两句，则写泊舟登岸投宿。末四句写其随遇而安，忘怀宠辱，并试图推究万物之理的愿望。此诗扣紧"石壁精舍还湖中"七字，无论是用语还是结构方法都是模仿谢灵运诗原作，可谓形神俱似。

又《鄱湖》一诗云：

> 八月出鄱湖，水阔际天杪。演漾三百里，波涛悚腾矫。
> 山阜间错落，恍如东溟表。十月入鄱湖，水落失浩淼。
> 独流旋文螺，万渚居阳鸟。伊予远行役，惊感岁月少。
> 经霜亦才秋，云间见五老。四顾弥苍茫，寒日正西绍。

作者两过鄱阳湖：先回忆八月泛鄱阳湖时所见湖面，是一番壮阔而又惊险的情景；十月归来时所见水退之状，在湖港（俗称老河）迂回曲折如螺旋，洲渚露出，鸿雁栖息，四顾苍茫，不胜凄迷之感，表现岁月不居的迷惘心态。阳鸟即鸿雁之类候鸟。《禹贡》："彭蠡既潴，阳鸟攸居。"孔传曰："随阳之鸟，鸿雁之属，冬月所居于此泽。"

然如果风浪太大，船须停泊岸边或港口，等候风力减弱或平静方能启程。施闰章，安徽宣城人。顺治年间官江西布政司参议，分守湖西道。有《彭蠡湖遇迅风误入别港》诗云：

> 方舟夜溯湖口县，雨涨春朝急飞电。北风晓发江晦冥，惨淡孤山看不见。
> 天吴河伯白羽旗，牛首蛇身共酣战。帆樯饱掣天欹斜，儿童转侧头惊眩。
> 今朝雷雨更訇砰，鄱阳倒揭匡庐倾。折戟沉沙怨鬼怒，崩崖古庙神鸦鸣。
> 百端乱集茫茫里，白浪如山那肯平？日昃风狂天尽黑，漫漫江路无人识。
> 鹢首横飞断港中，一步千钧移不得。是时四顾迷南北，掾柁长年失颜色。
> 磨牙吮血盗如麻，垂堂惧委豺狼食。语君勿叹息，听我歌短歌。
> 千里乘风聊快意，片时停楫非蹉跎。同来独忆联舟客，仓皇相失随风波。
> 人生自古忧思多，明日愁看青鬓皤。

此写春夏之交北风大作、雷雨交加时行船避风却错入港内的情景。

查慎行也有《四字令·阻风鄱阳湖》云:"彭郎小姑。康郎大姑。更愁五老香炉。限狂澜一湖。云汀树枯。沙汀草枯。北风吹折黄芦。奈萧萧雁呼。"

有时船因阻风停泊多日。李元鼎,字梅公,吉水人,清初累擢兵部右侍郎。有《舟过屏风山狂飚大作,遂作累日泊,望五老有怀》诗云:"迅帆一叶鄱湖侧,晴美中流颇气色。须臾萍末轻飚起,水光鳞鳞寒日昃。汀雁盘风细雾来,江豚吹浪云头黑。急呼长年泊林麓,篙师橹史总无力。中流维缆石矶边,涛影兼天未肯息。"将晴天微风渐起到狂飚大作、云黑浪翻的天、湖之间情景写得恐怖可怕,却也生动逼真。篙师橹史在大自然变幻莫测的威力下显得无可奈何,屏风山在湖口与都昌交界处。

方中发,字有怀,号鹿湖,安徽桐城人,《阻风鄱阳二首》:

湖水渺无际,朔风方怒号。沙驱荒岸走,浪蹴晚天高。
远浦上残月,孤山浮一毛。苦吟通夕坐,双鬓忽萧骚。

用笔锐刻而新。颈联,荒寒之境毕现,适为作者萧骚孤独之状的映衬,于寂寞中沉吟,感喟人生易老。又如管抡《阻风珠矶》诗云:

群山如螺髻,过雨弄修岐。绿水如玻琍,沦漪积深翠。
舟行随浩荡,浮沤乾坤内。倒景吞云霞,寒光互显晦。
六月暑气清,鱼龙贪昼睡。长啸击棹歌,卧待清风至。
雅志轻沧溟,旷观渺湖海。前行不可测,恶浪排空翅。
巨波含洞庭,雾气连苍昧。柁师失径途,顾视心欲悸。
谓须就此栖,莫与蛟鼍试。岂知天壤间,万事倏如戏。
稽首酹天公,愿以舒留滞。须臾风澹荡,舟子喜无似。
打鼓争歌呼,张帆渺无际。

渡湖之初,清明气象,未料天气违和。诗人旷观湖海以为渺小,至此方知湖上航行之艰危，前途叵测，恶浪排空，就连柁师也找不到方向，要在此栖息等候，切不可与蛟鼍相较量。未料万事变化如戏，祭拜天公之后，大风渐渐化为清风澹荡，船工们高兴得擂鼓欢呼，张帆驶向渺无边际的大湖中。

渚矶又名珠矶，在星子县蓼南乡的鄱阳湖边。船从此出发，再次阻风。李元鼎再作《自珠矶发棹行三十里至左蠡复阻风和苏长公洪泽中途遇大风复还韵》诗云：

朝迎暾日出，暮逐落霞归。风卷浪如屋，兹行计恐非。
鱼龙中夜舞，鸟雀不敢飞。匡庐色如黛，可望不可依。
低首就篷坐，逆鳞怒莫违。北风声正号，中流橹声微。
近村黍酒薄，连湖巨鱼肥。舟人三致词，向神默祷祈。
夜半不能寐，敲火启窗扉。清泠暑气少，御寒欲添衣。

船北行三十里至都昌左蠡山下，阻风而停泊。于是步苏轼《发洪泽中途遇大风复还》一诗而作。先写湖上行船之所见，浪如屋高，连鸟雀也不敢飞越之浩瀚的大湖，庐山可见而不可靠近。在船舱里，听到呼啸的北风，就近买了些黍、酒、鱼以充饥，船工仍向神祈祷保佑。半夜无法入睡，开窗敲火以烧炭炉取暖，但还是冷得要添衣服。只可怜在此等候了三天，于是又作《阻风左蠡三日望匡庐》诗云：

江云吹浪似奔雷，惊起鱼龙陡舞回。隔岸炊烟晴欲雨，绕崖湿雾暝还开。风连百丈涛头卷，云暗千山雨脚来。咫尺春帆斜日过，手携玉笛上平台。

将大风、暗云、湿雾中的鄱阳湖写得黯然失色却又生动逼真，又《十六日夜大雨舟行康郎道中》诗云：

雪消春涨水波生，拥被篷窗听雨声。
夜半敲诗多不定，舻枝催梦过江城。

春涨水生，雨声潺潺。此时闲坐船窗下敲诗，踌躇不定，橹声催他入睡，心境与雨景相惬。亦可见闷在船中，最宜写诗以消磨时光。

沈元沧，字麟征，号东隅，仁和（今属杭州）人，任过广东文昌知县，有《阻风鄱湖走笔》诗中云："放船凌晓出湖中，湖水渺莽浮长空。千鬟万髻互环绕，灭没时见青濛濛。帆似随湘转，迎风西复东。狂澜势难撼，尺寸弯强弓。相约竞回柂，客舫极望无来踪。榜人就浅下重碇，一叶独受洪涛舂。寒云暗淡雨忽至，飞洒飒飒兼籱籱。三军驰逐坚阵溃，万马蹴踏重围冲。"起初帆船依风向而转舵，时而东时而西。但风越来越大，风势凶猛，犹如三军驰逐，万马蹴踏。他在船舱孤灯下，瑟缩如蛰虫，倦而倚枕，不由得痛恨此风："今兹之风胡乃虐？侮衰欺厄宁为雄？"叹息自己"飘然羁孤一老翁，羽毛零落栖樊笼。"

南昌人杨垕《夜泊彭蠡风大作》诗云："卸帆月欲堕，泊岸风转急。惊砂传铁箭，飞霰散琼粒。重湖太古水，帝遣龙下吸。潜鳞失故穴，苍黄望舟人。宁知政坐窘，衾裘尽沾湿。慌慌中夜起，莽莽百忧集。"惊砂如箭射，飞霰即雪籽粒，仿佛上帝派遣了龙在吸水，鱼儿失去了安身的穴洞。只有降帆以泊岸，衣裳尽湿，怎不惊恐万状。

新建人胡承弼，乘船过鄱阳湖，也曾因风力大而阻于左蠡，"客愁添万斛，乡梦搅三更。卷地沙狂走，连天浪倒行"（《老爷庙阻风》）。客子思乡之愁如万斛之重，只因黄沙卷地，浪涛拍天。

就连光绪间曾主持清朝大政的李鸿章，过鄱阳湖时也曾遭遇过阻风之艰："远树黏天云一色，狂涛卷地雪千堆。"（《鞋山阻风》）

姚永概，字叔节，安徽桐城人，光绪十四年（1888）解元。早年因其父姚浚昌任江西安福知县，曾探亲而往返长江鄱阳湖赣江水道。冬日返回故乡，过吴城阻风，因有《吴城阻风》诗，诗中云："湖水落半槽，归棹趁急溜。云中五老人，吐气弥宇宙。万舟阻不前，添缆相看守。掠野龙虎遭，发空笙竽奏。"水退而现出老港，水浅行走不易。在此阻风之船，多至万舟，语似夸张，但说明泊船之多，写风狂浪高之景如现。

屏风山在鄱阳湖东岸，湖口、都昌二县交界处。行至此，姚氏又作《屏风山下》诗中云："望归旅思集，岁晚北风高。一峰障天末，背水系百艘。蛟龙气逼人，白昼吹腥臊。匡君挟五老，欲弃坤舆逃。正恐二神山，向我索六鳌。谁云一气力，能使万窍号。贾人逐倍利，竹屋编江皋。阴森石壁孔，向来宅鰒魛。水落民聚来，出入如猨猱。网师登白鲤，持我易钱刀。对箸不能食，枉使釜鬲膏。妻愁奴仆叹，我安弗郁陶？"屏风山下的小渔港，居然有上百艘船停泊。因船不能行，诗人全家困守在此。他想象庐山之神挟持五老峰，想要弃此地而逃遁，又担心漂移不定的两座神山向他索取六鳌之足以落脚于地，有渔夫登船卖鱼给他。烹鱼虽好，但他心情焦躁，无心食此美味。无论写山水之景还是写生活场面，无不毕肖如在目前。想象夸张，用字狠而重。

范当世，字肯堂，号伯子，江苏南通人。光绪十四年（1888）十月就婚安福，光绪十六年再至安福，光绪二十六年（1900）再到南昌，诗多沉郁苍凉之作。乘船至东南康府（治星子县）遇大风，因有《南康城下作》诗云："雪里乘舟出江渚，维舟忽被南风阻。日日登高望北风，北风夜至狂无主。似挟全湖扑我舟，更吹山石当空舞。微命区区在布衾，浮漂覆压皆由汝。连宵达昼无人声，卧中已失南康城。"冬天行船，北风转南风大作，只有在南康府城下泊船避风，盼望转北风，顺风至南昌，忽然风挟湖水扑来。诗中描绘北风狂扑南康城与湖港的情景。景、事、情、议，互为参插，气韵流转，下字亦极狠重。

不少诗词写到舟泊庐山下，大抵地点均在南康府前湖边。如梁清标《千秋岁·长至泊庐山下》词云："遥青缥缈。彭蠡湖天晓。葭管动，阳回早。香闺添彩线，画阁薰龙脑。人何处？楼船官烛寒相照。　星渚环山堞，战叠埋荒草。伤往迹，浑如扫。炉峰烟未改，鹿洞云还绕。涛万叠，月明一点匡庐小。"

彭孙遹，浙江海盐人。康熙十八年召试博学鸿词名列第一，授翰林院编修。有《红窗睡·舟泊庐山下寄吴尔世》云："薄暮江滨绕竹寻，见水面，渔灯三两。香炉五老青冥上，正峰峰相向。　犹记此中君独往。料此后，云岩松瀑、依依梦想。因风传语，道庐山无恙。"均可证。

陈三立，字伯严，号散原，义宁（今修水县）人。助其父、湖南巡抚陈宝箴在长沙推行新法。戊戌政变，与父同被革职，退居南昌西山，后移居江宁（南京）。其父逝，葬于西山，从此他每年清明与冬至，溯长江西上，渡鄱阳湖至南昌，往西山扫墓。其诗云："岁时往还复经此"（《由江入彭蠡次黄鲁直宫亭湖韵》）；"半生孤棹去来处"（《阻风鸡笼山次答小鲁见寄韵》）；"一年六度过樵舍"（《过樵舍》）。可见往返鄱阳湖、赣江之频繁。

光绪二十六年（1900），陈三立乘船自江宁经长江过鄱阳湖来西山扫墓，作《由江入彭蠡次黄鲁直宫亭湖韵》诗，诗中说："可怜湖水浓于酒。"在愁苦人看来，鄱湖之水比酒还要浓也。"四迷洲渚浸渺冥。"极目远眺而迷惘，汀洲岸渚，如浸润于渺茫之水中。

同样是借风浪写家国之恸，《舟夜感赋》虽简省却更为惊警：

吼浪风犹满，移檠意有初。将携十年泪，狼藉半船书。
众醉为何世，天亡欲到余。飘魂乱呼雁，江色夜吹嘘。

怒吼的风浪声与其哀愤的心境相呼应。颔联言其携泪之悲，忆家国之痛。腹联哀众醉而唯己独醒。天将亡，祸及其身。语急意迫，乃因绝望于昏聩腐败的清朝廷。

鄱阳湖平静时波光万顷，起风时则波浪滔天。陈三立不少诗，极力表现风平浪静时湖光山色的美丽，并援引一系列的神话故事，展示了鄱阳湖的神奇与诡谲。同时也可见其身心在大自然怀抱中的放松，诗风超逸旷放。如《渡湖晴望庐山》诗云：

夜来风恶怒涛旋，晓起晴湖落鬓边。贪近鱼身浮镜面，任移鸥翅拍吟肩。披霄彩翠灵山气，中酒光阴归客船。莫更作痴乞如愿，大姑迎我髻鬟妍。

风止天晴，行舟于鄱阳湖之上，贪看附近的鱼身浮出如镜般湖面，任随白鸥靠近而拍我吟肩。远望庐山这座灵山，晴空下尽现彩翠。乞求如愿，如髻鬟般美的大姑山在迎接我的到来，写得亲近如此。

此类诗也写出了鄱阳湖风浪之险、行船之艰难，如"骇飚务驱人，气与鱼龙上。举酒呼神君，如愿渠无恙"(《渡湖至吴城》)。狂飚骇浪，仿佛鱼龙掀腾。故希望呼来神君，举酒祈求神灵保佑平安无恙。"鱼龙"泛指鳞介水族。同在吴城所作如："空飚刷层波，响梦趋轻舟。为客无根蒂，自恣冥冥游。撼床万铁骑，恐血长黄虬。"(《湖尽维舟吴城望湖亭下》)客游在外，犹如无根之蒂飘荡于湖中。自恣己意，作冥冥之游。泊船于港，船仍被风浪撼摇，如万千铁骑冲撞而来。

至于江西的外江即长江航道，也有不少诗人咏写。江苏武进人邵长蘅（1637—1704），字子湘，号青门山人，康熙间来游江西。在九江作有《浔阳舟中》诗中云："羁心零雨悲，水宿风潮倦。兹晨廓澄霁，岩流惬佳玩。绿英媚芳洲，杂花覆春岸。青天镜中流，浴凫沙际乱。落日碎江光，林峦采馀绚。"描绘的是长江航道，从中看出其时的江洲与两岸生态之佳，绿英秀媚，杂花繁盛。其诗风神似小谢。

著名戏曲家、兰溪人李渔有《浪淘沙·顺风过大小二孤山，俱不及泊》词云："帆急势如奔，得失相均。好山空与目为邻。引得二孤愁欲绝，双黛含颦。目送过江云，缓度成雯，无心愧煞有求人。一日纵行千万里，俗煞风尘。"所乘船飞驰如奔，过大小孤山均未停泊。

宜黄人黄秩林，咸丰间有《过九江舟中作》诗云："鼓舵才迎三峡水，开窗已纳九江云。夜来急浪蛟飞立，天外横峰虎啸闻。"可见船行之迅，风浪之大。长江犹如蛟龙起而直立，似可听到庐山虎啸之音。

万载人龙赓言，历任安徽望江、湖北当阳知县。光绪间有《九江下驶》诗云："香炉远色荡氤氲，吴楚东南浪劈分。三峡水翻溢浦雪，九华晴扫皖山云。残蟾照影微生晕，早雁书空淡有文。人在中流天在水，舵楼高处倚斜曛。"写到庐山香炉峰之氤氲、吴头楚尾之有高浪，长江三峡水与溢浦涌雪相汇，九华山之风将扫荡皖山之云。船在中流，人倚舵楼高处，但见天水相近。将一连串的地名赋予诗意，设色鲜明妍茂。

胡元轸（1882—1926），字孟舆，号雪抱，都昌人。光绪二十二年（1905）冬自淮安归来故里，经过九江作有《江州信宿》诗云：

    才此驻初程，风涛又倦征。绿沉租界柳，红惨汽船灯。

座客稀苏语，邻楼送郑声。晓来乡梦碎，重与补分明。

诗中写到九江通商口岸英租界的"绿沉"柳，见此处经营已有相当时日，写到现代汽船，即以汽油为动力的船，"红惨"灯见其风雨夜中的凄寒。

山东淄川人唐梦赉，顺治间翰林院庶吉士。其《贺新郎·忆庐山旧游》词中云："风正蒲帆卷，记彭湖、石钟浪静，马当风遭。画桨双闲珠沫细，溅湿绮窗清泫。"出鄱阳湖，过石钟山，彭泽马当山，帆船顺风而行迅，波溅船舷而微湿，状物细致。

丁炜，福建晋江人，官至湖广按察使。有《如此江山·浔阳怀古》词上阕云："扁舟渐近浔阳路，迢迢片帆飞渡。地接三湘，流分九派，波浪淘成今古。江州旧戍，但苦竹黄芦，荒矶断浦。遥忆陶公，当年旄节此曾驻。"乘船至九江，盛赞此地形胜，并缅怀唐代江州司马白居易与东晋大司马陶侃当年在此行迹。

曹亮武，江苏宜兴人。他从九江出发，听得邻船人口音，均非南方人，足见这里有不少来客是北方人。回首楚天万里，乘风而下。有《贺新郎·月夜舟发九江用迦陵词韵》下阕云："片帆一任奔涛打，正苍茫、玻璃千顷，银河欲泻。雁落芦汀，花似雪混，混水天都化。几明灭、渔灯舱罅，山枕横施眠味隐，恐惊魂、一去招犹怕，凉月向，波心挂。"乘船观景之感觉奇妙，江如千顷玻璃，芦花如雪，混水融化。渔灯明灭，月挂波心，好一幅月夜行舟图。

潘眉，苏州人。他的《望湘人·江州晓渡》一词上阕描写乘船到达江州情景云："奈涛声沸枕，秋气侵肌，客魂乡梦撩乱。强起推篷，轻舟一叶，已近浔阳江畔。粉坠莲房，露啼柳眼，怆然肠断。"涛声惊梦，就岸愈加牵动乡愁。

总之，丰富多彩的诗词再现了当年船行或平静或险恶的情景，以及泊船时的困窘无奈，无不描绘生动，又曲绘诗人或愉悦或惊骇或愁闷的心态，也有助于了解当年水运的状况。

民国时期

【第十章】

武昌起义爆发后，江西光复。民国时期，江西多战乱、政局多变。

1913年7月，江西都督李烈钧在湖口石钟山讨袁起义。8月，袁世凯派李纯率军过长江入鄱阳湖，攻占湖口，起义失败。袁军遂在江南烧杀掳掠，殃及平民。随后江西在民国北京政府管辖之下。

民国初年废府州之建置，改省府县三级制为省县二级制。1913年，义宁州及莲花、定南、全南、铜鼓四厅改为县，直辖于省。义宁改名修水县。

1926年11月，北伐军攻克南昌。1927年4月，南京政府成立。

土地革命战争时期，中共创建赣南、赣西南、赣东北和赣西北苏区。尤其是中央苏区与赣东北苏区的崛起，"围剿"与反"围剿"斗争不断，由于根据地边界变化极大，苏维埃政权之间的隶属关系多变，辖区范围相应增减。1934年10月，第五次反"围剿"失败，中央红军被迫转移，撤出江西而长征远去。

1932年6月2日，第471次省务会议通过《江西省各行政区长官行规程》规定，实施行政区制度，全省划为13个行政区。婺源原属安徽省，1934年，国民党政府为围攻赣东北革命根据地，以此县"僻处山陬，层峦叠嶂，匪薮难除"，辖境"大部分突入江西境内"，遂划归江西，又将福建光泽县也划归江西。

1938年5月，日军水陆并进，彭泽马当失守。7月5日，日军侵占湖口县城。8月至9月，赣北沦陷。本已萧条凋敝的商港吴城镇遭到日军飞机、兵舰的轰炸，疮痍满目，从此一蹶不振。日军攻陷南昌，继而在武汉保卫战之后，日军向西出江西至湖南，江西之西亦沦陷。后来建立的日伪政权基本统治了九江到南昌一带以及赣西一线。

1938年，日军舰攻占石钟山后驶向鄱阳湖　　被日军轰炸后的吴城望湖亭

其时江西省政府撤退至泰和，赣中、赣南均属于国统区。1945年8月，日本投降，在南昌、九江的全部日军被解除武装。9月，省政府返回南昌。未久，国共内战又起，国民党军队节节败退。1949年4月20至22日，解放军百万大军分三路横渡长江，至5月，江西全省解放。其时，光泽县自江西划归福建。

清末民初，外国轮船业来江西开拓业务，本省轮船业迟缓起步，但第一次世界大战爆发后，外国商轮急剧减少，江西的商轮业乘势扩展业务，航运于本省干线与长江航道。大型木帆船在干线航道上以货运为主，中小型木帆船主要航行于河道支流，成为轮船运输的重要补充。木排业仍以吴城为重要转运集散地，运往长江中下游地域。

第一节　轮船运输业与主要航运线

近代轮船业兴起之后，轮船逐渐成为水运的主力军。

民国初年，江西省军政府认定道生轮船公司为清朝官府和官吏投资的企业而予以没收，改组为光汉轮船公司，有客轮、货轮16艘，规模仅次于上海泰昌轮船公司。1915年，道生轮船公司复业。光汉轮船公司将原属于道生公司的产业归还原主，以承袭原官轮总局的8艘轮船为基础改组为保胜轮船公司，几经整顿，多次扩充，1921年，客轮、货轮共有18艘，总吨位超过700吨，规模居江西航业之冠。道生轮船公司奋发努力，1918年，客轮与货轮总吨位达666吨，其中，两2艘大吨位轮

船("复盛"号340吨,"复祥"号81吨),居赣省轮船吨位之前列。

民国初年,利昌轮船公司和长记轮船局各以一艘轮船在武穴、安庆、广州港进行客货运输。至1922年相继创办的轮船运输企业有三十余家。1923年至1934年新创办的轮船运输企业有28家,轮船59艘,总吨位达2066吨。至1938年日军侵赣前,江西轮运业已经具有一定的实力。

由于轮船业的兴起与发展,南昌港与九江港成为全省的中心港口。1922年南昌已有十多家轮船局,帆船港向轮船港过渡。进出港口的轮船每年平均有2000艘。沿江11个水运码头从事装卸的码头工人有二千八百余人。1934年以后,浙赣铁路等铁路相继建成,南昌港逐渐萎缩衰退。

抗日战争前夕,进出九江港的轮船年达五六千艘,加上木帆船25000艘,贸易总额居全国沿海与内河港口第九位。

1939年3月,日军攻陷南昌,港口冷落凋零。此后轮船营运限于国民党政府控制的赣江中游、信江中上游。合营航运公司纷纷倒闭,轮船由船主自营。此时期轮船运输组织有1938年4月开办的航商集体合作型组织江西省航运管理处,当年7月停办;有1938年10月始办的江西省战时贸易部运输组,1940年10月合并于江西省驿运管理处;有公私轮船联合组建和经营的江西省赣江轮船联营局,由于经营不善而亏损,于1943年9月停办。还有赣江轮船联营局、协和船运局和卫联实业社船运部等。抗战后期在吉安组建有私营轮船公司,还有临江、江西、兴业等轮船公司。

在日伪统治区,由日清株式会社九江分店、国际运输株式会社九江营业所和日伪政府组合的中华轮船股份有限公司九江支店。由于日伪统治区面积仅占全省的十分之一,经济萧条,轮船运输业务量很小。

日寇军舰在鄱阳湖水域活动时,曾屡遭灭顶之灾。1940年4月12日,国民党军队特工核心组长陈植楷,率工兵潜入长江、鄱阳湖安置水雷,先后炸毁敌舰4艘,汽艇10余只,毙敌数百人。1942年端午节后,日军十多艘武装汽艇由长江开进鄱阳湖。国民党军队鄱湖司令部派出

"黎明号""福兴号"两艘军舰启航迎战,在湖口附近与日艇激战。两舰撤至余干马背嘴停泊,日艇却早已在康山附近设下埋伏。当"黎明""福兴"两舰驶近康山时,十多艘日艇团团围住。"黎明号"击中日艇一艘,撞沉另一艘日艇,冲出重围,离开鄱阳湖,顺着乐安河航行至石镇街河内停泊,后返回南昌。

1945年4月15日,日军千吨级运输舰"神户5号"自南向北行,在鄱阳湖老爷庙附近水域断裂下沉,船上二百多名日本士兵,无一生还。

抗战胜利后起初两年,江西经济复苏,复员运输紧张,轮船运输业得以复原并逐渐继续发展。原撤入吉安、鄱阳县一带内河的轮运企业,部分迁回南昌、九江港口,一部分就地重新组合。江西省政府下属的有船部门兼营轮船运输,就轮船拥有数而言,首推中华旅运社,次为陶陶旅运社,再次为兴业公司。以承运粮食、食盐、油料等大宗货物为主,兼营客运。战后货源充足,有利可图,商营轮船公司已有基础而较有规模的有9家:协和轮船局、卫联实业社(在吉安、鄱阳设分社)、临江轮船公司、江西轮船公司、云记轮船公司、新安轮船公司、泰安轮船公司、遗记轮驳局、赣北轮船局。还有战后组建的轮船公司13家,但每家轮船公司仅有1至2艘轮船。由于内战爆发,军差无度,物价狂涨,敲索倍增,私营业亏损严重,被迫停航者日益增多,轮船公司纷纷倒闭。1948年,南昌港籍的轮船因赔蚀过巨而停航的达31艘,692总吨数,占总数将近一半。至1949年5月南昌解放前夕,商营轮船公司仅有协和轮船局等9家尚有一定规模。解放军南下前夕,官营轮船均自行凿沉。[①]

赣江、鄱阳湖等干流航线和出江航线为轮船航区。1912年至1914年间,轮船运输主要在以九江、南昌为出发港的赣江中下游和鄱阳湖区。九江至南昌、南昌至吉安有轮船直达航线。九江的商轮企业开辟了九江至湖口、姑塘、鄱阳、余干瑞洪、吴城、都昌、星子等航线。南昌的商轮主要行驶在赣江下游、鄱阳湖区,还开辟了赣江中游的樟树、新

[①] 参见《江西省交通志》,人民交通出版社1993年版,316-317页。

淦、吉安等航线。民国初年，吉安县富商周扶九在南昌开办捷安轮船公司，在吉安县设立分公司，有轮船六艘。至1936年，吉安的轮船公司多达11家，共有轮船24艘。

1914年后，轮船航线扩展到五大干流，轮运企业从南昌、九江两港口扩展至具有水运优势的湖口、吴城、鄱阳、樟树、吉安、泰和等港埠。自20年代水运鼎盛时到抗战前鄱阳湖区和赣、抚、信、饶、修干流以及昌江、锦江、乐安河、袁河等支流都有季节性客运航线。以九江为出发港的长江客运航线，上至武汉，下抵上海。

1915年以后，江西轮运航线延伸到上至宜昌、下达上海的长江各主要口岸以及湘、鄂内河。1918年，余干官矿局以一艘40吨货轮开辟从余干直达汉口的干支直达航线。由商人秦仲华开办的太昌轮船公司以一艘1226吨的"太昌号"轮船，开辟从南昌港至上海和南洋群岛等地的近海和远洋航线。

抗战爆发后，内河客运航线收缩在赣江中上游河段。江西省驿运处组织的五条省际联运线均为客货混装、轮、帆并用的混合航线。赣江中上游还开辟了多条帆船客班航线，吉安、泰和两地都有帆船快班开往万安、赣州等地，以弥补轮船客运的不足。

1945年抗战胜利后，江西境内的客运航线全部恢复。1945年，全省77艘轮船中有22艘客轮，927马力（681.8千瓦），大部分属私营轮船运输企业所有。1947年，国共内战方酣时，军事运输沉重，轮船客运航线仅维持在赣江、鄱阳湖、长江三条干线上，区间航线客运仍以帆船运输为多。

第二节　帆船与水运航道

内河的货物运输，由五河一湖的支流航区、赣江、鄱阳湖为主的五河一湖干流航区和自内河干流到长江沿岸的出江航区所构成。

据江西《经济旬刊》载，1912年，江西省约有帆船7万艘，1927年减至5万艘，次年减至3.5万艘，至1933年仅存21342艘。这与经济的不景气，加以鄱阳湖航道、赣江中下游已由轮船承担了主要客运业务有关。不过，民间木帆船运价低廉，还有不少货运与少量客运依赖于帆船，航行于诸多河道中。据1934年江西水上警察总队的调查，当年南昌市共有大小帆船1736只，24.977个吨位。

民船业有四大行帮：一是抚州帮（称抚船）；二是南昌帮（船俗称小狗子）；三是赣州帮（船俗称杉桅）；四是丰城帮（船俗称铜壳子）。南昌、抚州的木帆船吃水深，可进入长江。赣州船吃水浅，但善于驾驶急流险滩，能从赣南直下长江。

由于水运的运价便宜，这一时期，江西物产如木材、毛竹、茶油、桐油、柏油、香菇、笋干等已采取多种形式经营，成立各种运销合作社，实行股份制经营，开拓流通领域。本省生产的杉木，大部分还是以扎木排的方式经由吴城的转运，拖往芜湖、安庆、南京、镇江、常州、上海等长江中下游一带销售。江西木材被称为"西木"，颇受青睐，与福建"建木"，湖南"广木"一同媲美于市场。

轮船运输业的发展和轮船航区的扩大，使中小型木帆船退入支流航线营运。在赣江、抚河、信江、昌河、饶河、锦江、修河、袁水等一些支流，木帆船航线有南昌至赣州、南昌至九江、南昌至龙南、南昌至上犹、南昌至万载、南昌至宜春86条左右，遍及全省各大小支流。

也有一些大型木帆船，补轮船之不足，航运在赣江、鄱阳湖等干流航线和长江航线上。行走长江水运的帆船，一般是从南昌运出大米、木材及土特产，从南京、上海运回票盐等。

1937年12月，为阻止日军舰艇沿长江西犯武汉，国民党军事当局下令在彭泽县马当山兴修炮台，在江宽水浅处沉石于江，征集湖口、星子、都昌等地木帆船，将不少铺路石块、山上松木运往马当，甚至湖口县城的一部分城墙砖也被拆而运去。在星子、余干、万年等县调集民工3万余人，于东牯山搬运花岗石，以帆船运往马当，是为枯水期阻塞工程，抛石形成30堆暗礁或载石沉船。1938年3月，进行高水位阻塞工程，主要是沉船，两期工程共沉船13艘，249000余吨，并以空军空投布雷。

在赣江中游的吉安，仍有大量帆船运输，如安福、永新等地大量货物如木材、粮食等由水路运往吉安，再由吉安转销南昌等地。据统计，1914年，吉安县成立民船公会，全县有帆船126艘。至1937年改组为吉安民船商业同业公司，1937年9月，吉安县有帆船129艘。

在抚河，据1941年江西水利局调查，载重5吨左右的帆船可在广昌白水镇至新建八字堖之间航行。中水位时，临川至新建八字墩可航行20号以下轮船。

在信江流域，抗战期间，由于汽油绝源，煤料缺乏，汽车几乎停驶，浙赣线的火车也减少开行次数。玉山至上饶、广丰至上饶之间运输以水运为主，军运、盐运增多，烟、茶、粮特别是军需被服成为水运大宗。然至秋冬，信江水浅，航深不足，货物积滞。

其时玉山至上饶间信江有帆船20艘，最盛时曾多达400艘；上饶至河口镇间有帆船200艘，河口至鹰潭间有帆船1600艘；鹰潭至瑞洪间有轮船4艘，帆船200艘。上运货物以粮食、桔饼、瓷器、油类、菜籽、干鱼为大宗；下运货物以食盐、纸张、药材、皮油、布匹为大宗。

在饶河与昌江，20年代，自景德镇昌江至鄱阳县的帆船往来频繁，常年可航行载重量5吨的帆船，夏季涨水时还能通航吃水浅的小汽轮。洪水时乐安河自乐平至鄱阳县亦可航行小汽轮。德兴至鄱阳县，中水位时可通行20吨以下的轮船。1943年至1947年，乐安河有帆船1100艘，昌江有帆船950艘。

二三十年代，来往于修江的舟船有900艘左右，全年货运量仅1万余担。抗战胜利后，据1946年2月调查，铜鼓县至吴城共305公里，为6级航道。潦河122公里，全年可通船筏。吴城至涂家埠在中水位时可通航20吨小汽轮，吴城至修水县可常年通航载重量5吨以下的帆船。

抗战期间，江西部分帆船滞留于沦陷区，转入江西后方的帆船损失不少。至1941年，在江西船舶总部登记的帆船仅10348艘。战后，帆船增多，1948年陆续增至21415艘，载重量105419吨，恢复战前水平。

在日伪统治区，帆船受制于日商洋行，如星子县帆船就是日本人组织的德星船团所控制。1944年4月，汪伪省政府组建所谓江西省民船团运输处，以"征租帆船"为业务，企图维持日伪统治区的水上运输，帆船业主极力抵制，不予应征。[①]

第三节　通过水运的省内外贸易

这一时期，水运贸易仍是江西极为重要的经济命脉线，汽车作用有限，火车线路不长。

南昌老码头附近

民国时期，以水运销往外省的货物，有以米谷为主的大宗出口货物经由长江输往沿岸城市，远至天津等处。1916至1936年经九江海关输出的米谷平均年运量达84万多担，1936年多达303.7万担。鄱阳湖东鄱阳、乐平等县向来土地肥沃，粮食丰足，往往经昌河转运皖南，经信江转运浙西，经抚河转运福建，经章贡二水转运广东的米谷运量亦不少。如1933年、1934年各航线在鄱阳县中转的米谷各为170万担左右，其中，四分之一运销上海，四分之三从昌河上溯运往安徽祁门等地。

还有烟叶、茶叶、靛青、棉花、芝麻等，多经九江关出口。烟叶年约20万担，茶叶年约10~30万担，靛青也在20—30万担之间，棉花、

[①] 以上参见《江西省交通志》339-340页。

芝麻年运量共十余万担。手工业品以瓷器、纸张、夏布为大宗。景德镇瓷器多以木帆船运出昌江，经鄱阳转运各地。由九江出口的瓷器主要运往天津、上海、广州、烟台等处，还有经玉山运输浙江的瓷器，抗战前最高年份达30万件瓷器。经九江关输出的纸张，1930年以前，年平均12万担。经信江出玉山而入浙江、经赣江支流出萍乡而达湖南、经大庾岭而运往广东的纸张亦为数不少。1929年以前，运入浙江的各类纸品运量年平均就有30万担。通过水运出袁水入赣江而达九江外运的夏布，1930年达24061担。矿产品运输量随近代冶炼业的发展而增长。煤、锰、铁、钨从矿山运出至中转港口九江等港全都依赖于木帆船运输。1916—1932年从九江输出的钨砂年均约3.9万吨。如城门山铁矿大部分经水运供省内实业公司，少部分经长江外运汉阳铁厂。从外省运入江西的淮盐、闽盐、浙盐、粤盐从湖口、玉山、河口、大庾等不同方向继续大量运入以外，还有来自英、美、日等国的舶来品以及上海、汉口等城市生产的日用工业品。以鸦片、棉纱、棉织品和煤油、金属材料等为大宗，主要由九江进口，经湖口入鄱阳湖再运往内河通往的各主要城镇，在民国前二十多年，数量与年俱增。

1927年10月至1934年，中央苏区处在残酷的军事"围剿"中，"红区白区对抗"，进出苏区的物资受到严密的封锁。赣南的中央苏区利用贡水河系为物资运输网络。如1931—1934年，每年出产的钨砂共约2000吨，均由江口运出，经桃江而至信丰，再由陆路转运广东，并以水运出口木竹、纸张、烟叶、茶叶、食油、夏布等物资。从白区运入苏区的有盐、布、西药和日用百货。仅中央苏区的盐、布进口量年约180万斤。

赣东北苏区的水运航线，婺源、德兴和信江、鄱阳湖赤白相间的地带开辟较早。1931年，苏区政府在铅山县河口镇、乐安河的德兴县铜埠镇和鄱阳镇为秘密贸易口岸，利用私商船舶开展反封锁运输，出口苏区的大米、猪、牛等农副产品。

抗战时期，船只运输物产愈加艰难。1938年九江、1939年南昌相继沦陷。战时的江西市场，在物资供应上出现了极大的困难。当时国民党军第三、第九战区所需军粮大部分由江西供应，大批粮食的周转调运极其紧迫。面对物资匮乏、供应紧张、运输困难的形势，时任江西省政府建设厅厅长杨绰庵以其卓越的组织才能，大刀阔斧地改组战时交通机构，先后兼任江西省船舶总队长、省驿运管理处长，组织木帆船、木排木筏等民间运输工具，进行省内运输，发展省际联运，从而有效保证了军输民运。从1938年至1941年，江西输运、供应第三、第九两战区的军粮共六千九百余万斤；运济兄弟邻省的粮食也达四千七百余万斤；抢运出敌占区的物资不下数十种。还运送了大量油料、生活必需品及各类物资，缓解了战时江西物资匮乏的困难局面。[1]

抗战时期，国民党省政府迁至泰和县，成为全省大后方的政治、经济、文化中心。在泰和县城港口增加简易码头，天然岸坡铺砌石阶，一时成为战时水陆交通枢纽。抗战胜利后，省府迁回南昌，港口转为萧条。

第四节 造船业努力求发展

民国初年，随着现代工业的兴起，江西本地民营资本的轮船造船业开始发展，至30年代初，20年间，在南昌市新增广同和、德记、徐恒顺等10多家造船厂，分布在沿江路与新洲一带。至1916年以后，全省新增的小轮船多数由南昌各造船厂承造。

官办的有民生机器厂，能制造16—20马力的船用柴油机，也经营轮船修理业务。至1933年，此厂发展成为能生产各种轮船引擎的厂家，各方络绎不绝向此厂订购轮船机件。

民国前期，江西的帆船修造业也较兴盛。据1929年6月省建设厅统计，仅南昌就有帆船修造厂20多家，分布在新填洲、打缆洲、新洲一带，每年可修造各类木帆船260艘左右。

抗日战争时期，战时省会设泰和县。省建设厅在吉安筹建江西车

---

[1] 以上整理节录《江西通史·民国卷》与《江西省交通志》《江西省人物志》。

船厂，厂址迁到泰和县水南。1940年11月建成投产，开工以来四年多，建造轮船6艘，蒸汽锅炉5座，蒸汽机10部。此外，还造了一批木帆船。1945年2月，日军进犯赣西南，此厂被迫投产。

1947年以后，由于内战影响，江西百业萧条，商货运输锐减，军工运输骤增，航运秩序混乱，绝大多数厂家经营轮船修造业务举步维艰，纷纷关闭或转产。

轮船种类有客轮、客货混装轮、货轮。据1948年九江港船名录载，客轮最大功率为73.55千瓦，最小功率25.74千瓦，最大速率每小时9公里，最小速率每小时5公里，最大载客量145人，最小载客量为26人。

第五节　航道的整治与红船的没落

赣鄱航道受水文与泥沙、气象条件的影响，每年9月至次年3月为航道枯水期，水深不足，浅滩碍航。

民国初期，省水利局兼理航道事务，开展对碍航河段的查勘、撩浅、疏浚与炸礁等航道的维护。1916年，江西巡按使署在设立水利筹办处的同时，从上海购买2艘机器挖泥船，疏浚饶河出口处的龙口滩。南京政府成立后，1928年成立江西省水利局，对鄱阳湖与赣江、抚河、饶河、修河等主要航道进行勘察，并在次年以10万元购置4艘挖泥船组建撩沙工程队，对赣江南昌段的鲇鱼溜、扬子洲尾滩、龙王滩等处分别撩沙，使浅滩水深达到2.5米，在一些县的小港也进行了疏浚工程。在赣江下游与鄱阳湖设立了南昌、吴城、星子、湖口水文观测站与航道测量队。1928年至1930年曾进行实测赣江河道地形，1930年至1935年进行了少量的堵塞汊流、加强干流的工程。如堵塞南昌附近的赣江地段牛行汊流453米，使用挖泥机疏浚蓑衣夹、鲶鱼淄、瓜子洲。1935年至1937年，省水利局设立8个工区工程处，对赣、抚、信、饶4条河支流浅滩进行过疏浚。但由于财力不足，航道水深维护难以为继。

抗战初期，江西省政府迁泰和县。1941年设立赣江十八滩航道工程处、禾水河航道工程处。在信江，也有整治上游玉山水、永丰水之动议。由于处于战时，需要资金巨大，这些工程规划、计划都未能付诸实施。

1947年，江西省政府成立赣江水利设计委员会，下设10个查勘队、3个测量队，还聘请了专家学者组成工程顾问团，计划开发赣江为五级航道，南接黄浦大港，北连鄱阳港，水深2.4米，通行200吨的船舶。在赣县、万安县赣江段筑坝设闸，全部渠化，辅以浚渠。1948年进行了开发赣粤运河的规划，并测设了赣粤运河工程中大庾县至广东南雄县的"航运沟通线"。计划在章江自赣县、大庾至南雄三口水穿岭辟渠，成为人工运河，使之成为南方沿海大港直通长江的航道。因内战愈烈，经济陷于崩溃，水利航道部门工程技术人员历尽艰辛制订出来的规划、设计方案全部付之东流。

民国前期，江西水利局对抚河进行过多次查勘，作局部性整治。据1936年《江西年鉴》载，在抚河中上游河段的干流与支流曾多次进行挖浚、筑坝、疏港、凿滩、修堤、护坡工程，总工程量近14万市方。

在信江上游至下游，均有淤塞，浅险、急、弯的滩道逐渐增多。为此，在玉山至上饶先后建有人工坝23座，上饶至河口段建有人工坝14座，河床降坡得以稍缓。

在饶河进出鄱阳湖必经之处的龙口滩，其北支俗称老河，本为航行孔道，因严重淤塞，河水改由南支入湖，南支后亦淤塞成滩，年久失修，每年秋冬时舟楫难通，进出滩口均须过驳，待驳船舶多至一两千艘。饶河上游的瓷、煤、锰以及土特产品常常滞留半年之久方得畅通。1929年，江西水利局勘测后提出疏浚方案：堵塞北支，建滚水坝。枯水时，洪水全由南支泄出，涨水时老河溢水过坝以滞洪峰。同时，深挖南支龙口滩，使河槽水达到1.8米。以挖出的泥土在河两岸筑束水堤，以增流速，冲刷泥沙入湖。1931年至1933年着手疏凿。1945年，因运输军粮紧急又进行复浚，初见成效，但工程欠佳，无法持久。[1]

---

[1] 以上摘录《江西省交通志》247—248页。

随着轮船业的发展，为了航行安全，民国初年，在鄱阳湖区的蛤蟆石、鞋山、梅溪、老爷庙、灌子口、吴城等处设有6根冲天炮状的钢管航行标志。

鄱阳湖边，还有清朝时数县官府设置的红船，即救生船，延续至民国时期，仍由官府接办，但维持维艰。民国初年星子县救生船经费，仅各典生息240元。抗战前有10条红船，在抗战时或损毁或击沉，仅剩6条逃至乐平，辗转至都昌。1941年每月拨28元维持其费用。战后，红船破烂失修而不能用。都昌县也如此，每况愈下。1934年，高润堂因见过往军队强行征用红船，呈文都昌县府、江西省府，得以由地方政府颁布公告不得滥行征用。日军入侵后，都昌左蠡同仁堂救生工作停止。

第六节 船民、牵船夫生活、劳作情景

历来船民承担了繁重的水上运输，他们的生活与劳作异常艰苦。小一些的船，船民一般都是以家庭为一个运输个体，船体为全木质，船首尾皆尖翘，中间有拱形的固定或移动雨篷，雨篷是用箬叶竹篾精制而成，用以遮蔽阳光和风雨，并设有可放倒的桅杆。结构精致，整条木船都凝聚着手工艺制作者的智慧。

中小型木船的运载力为5—10吨。船尾有舵及舵杆，大船尾部高，有台，称为舵楼。帆绳由舵工操纵，根据风向随时调转张帆的角度。船前后两头有竹撑杆、长桨，是船在水上划行撑行的工具。船中底部的船舱分为主、副部分，主舱用以载货或载客，副舱用来放置食品与杂物。货舱甲板上、雨篷下，就是船民全家生活的空间。船尾有限的空间即是煮饭炒菜和洗漱之处，照明用的是马灯为主。还有的装备是蓑衣和脸盆一样大小的斗笠，用以遮风避雨。

男人的体力就是船行驶的动力之一，过浅滩时船靠人力撑行，深水靠人力划桨而行。顺风扬帆，这是船民最盼望的时刻。最艰辛的莫过于无风逆水行急流险滩，几条船上的所有人合力，才能将一条船拉过急流

险滩，有时一天才能行驶十几公里。

船夫用力撑船情景

逆水背纤行船是必需的劳作，全家都要参与，年长体弱者在船上把舵，其余男女老少都得要上岸背纤，甚至男孩女孩为了生活也得加入行列。背纤是辛苦的体力活，又是技术活，四十多厘米长的木纤板套在胸前，身后是50至100米长的纤绳连着船，无论春夏秋冬、雨雪冰冻，十多吨的船全靠人力在岸边背着缆绳逆水行驶，拉纤绳的力不能中断，否则船停驶后重新拉起是很困难的。纤绳要拉直才能省力。冬天纤绳如果落入水中，离开水面后立刻就会结冰，增加了纤绳的重量，使背纤更吃力。

背纤绳过岸边的障碍物要讲究技巧，除了船上套在桅杆上固定纤绳的铁环要上下调整外，岸上背纤的几人要相互配合好，收绳放绳动作要迅速，使纤绳牢牢地拽住水上的船。作业者往往赤脚、满头大汗地背着纤绳，身体弯成45度，奋力向前背行着。

船上的妇女是生活、劳动的一把好手，她们一边在船尾炒菜煮饭，一边还要帮助操纵舵杆。有时背着孩子忙前忙后，帮助丈夫撑船划桨。下雨时前后舱内容易积存雨水，妇女们就要用竹制抽水桶将雨水及时排出。船上妇女大多都能用竹丝编制自用的斗笠，用桐油刷过，就像一件别致的工艺品。因生活艰苦穿不起鞋袜和经常要沾水，无论严寒还是炎夏，大都赤脚且穿着简单。船就是移动的家，被船家妇女收拾得非常整洁，衣着破旧，但洗刷得很干净。

由于船民们从小就在水上漂泊，经历了太多的艰辛和风浪，从而养成了淳朴、豪爽、顽强、刻苦的性格。长期的体力劳动也造就了船民独有的健壮体魄，男人往往臂粗臀大、腰板硬直，水性极好。女人皮肤黝黑，动作麻利。由于船在江湖上结伴行驶，需要靠嗓门传递信号和招呼的缘故，船民们嗓门都特别高昂，雨雾中穿透力特强，能传一百多米远，这既有遗传因素，更是后天练就。

船主人称为长年，驾船操舵者称为舵师，也称舟师，俗称艄公，船老大。帮手与撑船者称篙师，亦称艄公。

在大型商船或官船上，往往不仅是只有一家一户的船民，也许有多达四至八人的男船夫。舵师操舵，有的撑篙，有的负责风帆。过滩时还要下船背纤而行。如果过赣江十八滩，则要花费请当地的牵船夫，尊称为滩师。唯有当地人熟悉情况，又有经验与技巧，才能顺利过滩。

第七节　文人笔下的江湖与航运

由于诗词在清末科举废除后，不再是士子推崇的唯一文学样式，至1917年新文学运动兴起，更跌入低谷，所以这一时期，咏叹鄱阳湖、赣江诸水系风光与航行情景的诗词不多见。

乘船过鄱阳湖而感兴的诗尚有佳作。新文学运动时以创作《卖布谣》而著名的刘大白（1880—1932），浙江绍兴人，先后在浙江第一师范、复旦大学任教。1912年，他曾乘帆船经长江入湖而作《鄱阳湖晓望思亲》曰：

一望满湖白，孤舟天水间。残星追落月，重雾葬遥山。
归梦杳难觅，游踪滞未还。老亲扶病盼，何日慰慈颜？

前四句写清晨孤舟行于茫茫湖水之中，星残雾沉，炼"追""葬"字精警，后四句抒写独在异乡而思亲之情。

高安人白采（1894—1926），原名童汉章，白采乃其笔名。朱自清曾赞其《赢疾者的爱》为"这一路新诗的押阵大将"，实则旧体诗写得更好。有《大姑怨曲》，其序云："自浔阳火车通行后，鄱湖帆樯顿稀矣。曩泊大姑山下有句云：'小姑正韶媚，寂寞大姑祠。'今演为四字诗一章：'大姑何许？眉黛偏浓。惯住本乡，郎行西东。望郎两桨，郎去无踪。愿郎回心，郎怀不同。何须避面？郎怯见侬。瘦杀小姑，伫立江中。'"以拟人手法写大姑失恋之状，借以寄寓九江与南昌通火车后、鄱阳湖水路变为萧条人稀之慨。

从新建县人陶绪洵的《康郎山晚泊》诗中，可见鄱阳湖东的康郎山当时尚为水上的泊船处："隔岸斜阳黯欲无，康郎山古接番湖。东船西舫人如鲫，旅客情怀各自孤。"斜阳欲坠，黯淡几近于无，写景逼真。"康郎山古"点出确切地点。"东船西舫人如鲫"，可见其时其地的旅客甚多。

民国二年（1913）7月，江西都督李烈钧在湖口成立讨袁总司令部，史称"二次革命"。袁世凯旋即派李纯率军镇压。战争恐怖的阴影在水运诗中时常出现。永修人蔡会亭，曾任北洋政府北京银行稽核等职。他的《过鄱阳湖二首》即写到湖口起义后的鄱阳湖战争，其一云：

> 三百鄱湖接太空，往来船舶共称雄。
> 无端炮火连天演，文武贤能岂尽盲。

彭泽人汪辟疆（1887—1966），号方湖。京师大学堂毕业，历任心远中学教员、中央大学中文系教授，系主任。1914年自南昌乘船返回老家彭泽，途经鄱阳湖，作有《乱后由章门返湖口杂诗二首》，其一云："平生几两屐，媚此山泽游。兹来值燹馀，不知天已秋。鸣榔向山口，匡庐已在眸。颓波自突兀，浅濑亦咽嘎。寒鸥匿不飞，渔舸更夷犹。平居迈往心，生灭等一沤。宿昔擅胜区，浦屿多清幽。春风一回顾，水色如泼油。自从衅萧墙，流祸蛤与蚌。似闻寒潦清，尪呻散江头。阿伯对攒眉，丧乱无时休。"写袁世凯派军镇压李烈钧湖口起义之后鄱阳湖的萧瑟景象,以"宿昔"四句写从前清平气象,与眼前所见相对比。"尪呻"乃瘦弱憔悴者发出的呻吟声。忧国忧民之情怀浸润诗中。

1915年,陈三立自上海返居南京,此年到南昌西山扫墓,其《渡湖抵湖口》诗中云:

> 烽燧气不散,丛雁绕哀鸣。负嵎亦奚为?但博啼妇婴。
> 喋血百里间,井闾烧榛荆。我过揽形便,笑成竖子名。
> 亘古积一閧,快殉蛮触争。蛟鲸伏相啗,雪浪淘豪英。
> 五老蹲寥廓,阅世有馀情。

"烽燧"两句言发生在湖口的一场战事,后兵气未散、哀鸿在野,见作者悲天悯人之情怀。"喋血"句咏袁世凯派兵镇压李烈钧湖口起义事。"笑成竖子名",语出自于《晋书·阮籍传》:"时无英雄,使竖子成名。"讥袁世凯窃据国柄。成败不过如蛮触之争。蛟鲸啗人,雪浪淘尽千古英豪。樊增祥评价此诗曰:"高议从静辞出,是老僧杀人手段。"[1]

又《三月廿七日别南昌晚泊吴城望湖亭下》诗,相比而咏时事较为隐晦:

> 十月城中饮,低徊父老言。买船逢雨断,苏病视江奔。
> 岸草销兵气,山云是梦痕。前朝依桨燕,向我尚飞翻。

首联言南昌见父老相与饮宴,别后忆念,自有亲切之感。颔联言至吴城镇望湖亭,买船渡湖,适逢雨停。病初愈后"视江奔",言观看赣江汇入鄱阳湖。腹联言兵气渐销,"兵气"言民国初年在此的战事氛围。以"山云"喻"梦痕",寓世事沧桑之感慨。

王作宗(1860?—1919),字霭亭,湖北黄冈人。1913年夏,跟从

---

[1] 见《古今文艺丛书》第4集,江苏广陵古籍刻印社1995年版,第1662页。

北洋军李纯部来赣镇压李烈钧讨袁军。1917年,赣西镇守使方本仁聘为顾问,卒于萍乡。所作《吴城晚泊》诗云:

> 暮泊吴城镇,荒荒夕照收。旌旗孤戍垒,灯火几家楼。
> 逻卒稽行李,饥鸟绕客舟。停轮待明发,东去是江州。

客轮入夜停泊于吴城镇码头,依稀可见旌旗飘扬下的戍守垒台、灯火中的楼屋。此时却被兵卒检查行李,疏疏几笔,将当时的临战紧张形势和盘托出。"逻卒"即巡逻士兵。

魏调元(1851—1941),字文希,九江人。曾参加李烈钧湖口起义失败而逃亡,被通缉逃走新加坡。越年返南昌,当选省议会临时议长,有《渡鄱阳湖》诗云:

> 凉意秋空阔,鄱湖好放船。囊沽桑落酒,帆带石钟烟。
> 云重全迷岸,途长只见天。中流欣稳渡,明月正初弦。

携美酒乘船过鄱阳湖,虽湖阔云迷,唯见天空弦月,然愉悦心情不减,可见当时必有快慰之事。

都昌人向海鹏,1927年所作《晓发吴城舟中即景》一诗反映其时航行的情景与心情。

> 几度吴山爪印鸿,江湖浪迹九秋蓬。一帆高挂风来北,双橹轻摇水去东。
> 斜月色笼薄暮白,乱云光射夕阳红。惊传宁汉军开火,沪上新闻报未通。

一帆高挂,因风而逆行,故轻摇双橹。末联结言时局不靖。1927年,武汉国民政府派第四集团军总司令唐生智沿江东下,与蒋介石为首的南京政府开战。

胡雪抱(1882—1926)名元轸,以号行,都昌人。出游每往返于鄱阳湖航道,往南昌途中曾作《彭蠡湖中》诗云:

快随白鸟下晴氛，斜倚乌篷背夕曛。帆影耸疑天外剑，水痕旋作画中云。疏风阵阵无人语，小橹声声带雁闻。四顾秋芳摇落尽，渺怀何处礼湘君？

斜倚乌篷船向外望去，但见帆影高耸，近处波痕如云。描摹鄱阳湖景色清奇如画。1922秋年自景德镇乘船下昌江，至鄱阳县有《七月望泊饶州》诗云：

> 大好中元夜，归帆小滞留。清辉连万户，凉梦压千舟。
> 月下攒溪树，星明近水楼。江山静人语，远笛一丝秋。

望即望日十五日。港口泊有千舟，可见其时航运之繁忙。此诗勾勒了一幅清淡的夏夜舟泊图。炼"连""压""攒"字，无不传神而妙。

江峰青，字湘岚，婺源人。民国元年（1912）为婺源县商会会长。有《小舟夜出饶河口》诗云：

天气阴森水气昏，水天一色碧无痕。凫群四五不成阵，渔火两三疑有村。
章贡双流湍鑫渚，徽饶重险界龙门。干戈永戢湖山好，我亦维舟醉一尊。

饶河口在今鄱阳县双港镇。信江、赣江老河床均在附近鄱阳湖中。

萍乡人刘洪辟（1864—1939），字舜门，民国初年任萍乡县教育局长。有《舟行即事》二首云：

扁舟早发下重滩，水底潜藏乱石巉。梦里不知身履险，容余鼾睡过钟山。

雨添船涨三篙水，风转帆随九面衡。双橹咿哑人自在，舟行不见见山行。

从诗意看，两首诗当在冬季湖水消退，乘船于湖洲中的老河，故第一首写水底有乱石而履险；第二首写逆水行舟，须靠舵手转帆借风，故有"风转帆随九面衡"句。

还有20年代曾任之江大学教授的夏承焘，有《题潭秋〈培风楼集〉兼坚湖上觌面之约》诗中写到昔日风雪时乘船的艰危："昔年风雪过彭蠡，浮江归计迫穷冬。茫茫禹迹不敢留，恐无语答洪涛春。"风雪肆虐时渡鄱阳湖，不敢停留考察，亦一憾事。

都昌人黄福基，年轻时自湖口乘船到南昌，有《舟发湖口》诗云：

入世能让人，山水耻人后。买楫三纤途，如访忘年友。
收青辨烟鬟，缀白出星斗。秋潋不肯波，微飔苦相诱。
兹游鲜会心，驼坐如被酒。柂楼风不寒，似识我病久。
中之骨稍苏，可一不可又。请挟夜魂南，持此告我母。
我母应未眠，念我残灯守。

"纤途"可知行进之艰难。"秋潋不肯波"，湖面潋滟而无波浪。用一"肯"字赋予湖波以主观情态，从陶渊明"晨鸡不肯鸣"诗句中来。"柂楼"在大船后舱之上，诗人在其上，风吹而不寒，乃有情义之风，想象出奇。

其弟黄仁基，曾于月夜从九江过姑塘渡鄱阳湖至都昌故里，有《假归渡姑塘遇风》诗云：

急装赴晚渡，赖是新月生。篙师怪我顽，轻与长飚争。
跳波忽化雨，沾衣凝作声。感此舟一叶，孰若吾生轻？
时危谣易盛，念母心怦怦。不惜颠簸苦，但伤老泪倾。
谁为照肝胆？三两寒星明。

前六句以叙事之法写急于回家而强行渡湖，连篙师也责怪他的顽固。遇到大风，一叶舟就像他的生命之舟，飘荡而不能自主。后半将思乡念母之情置于"时危"背景和当前阻风的苦况之下，结末以寒星耿耿的视觉意象作映衬，诗情更浓。

胡先骕（1893—1969），字步曾，号忏庵，新建县人。1916年任庐山森林局副局长，后任南京高师、东南大学教授。1941年中正大学成立，聘为首任校长。1921年所作《泛鄱阳湖暮抵南昌即事成吟》云：

> 万顷宫亭湖，记涉惊涛怒。秋宵悬满月，倚槛饱风露。
> 呼吸通天阊，意比凌风御。此景近十年，挂梦常不去。
> 今更浮泱漭，迷茫接烟雾。遥观五桂寨，天末辨云树。
> 即之久不近，翻疑海市误。洲渚摇蒹葭，沉浮泛鸥鹭。
> 何当老射鸭，芦花浅水处。烟波长儿女，闲味供寐瘖。
> 浮世真外物，堕甑值一顾。劳劳行役情，净业付空慕。
> 指顾见江城，远钟动曛暮。

诗人因渡鄱阳湖而回忆十年前月夜过此情景，历惊涛而不顾，如凌风而行。"今更"转写此时夜渡之迷茫。劳劳行役，空有向佛之心。纵横写来，笔致蕴藉。宫亭湖即鄱阳湖北部古名，此泛指鄱阳湖。"江城"即指南昌城。

余一清，婺源县人，抗战时任祁门县长，所作《过鄱阳湖口》诗云：

> 五百航程十日游，天风何事滞行舟。
> 老夫生性随缘住，稳坐篷窗看急流。

十日走了五百里水路，应是实录。末发议论，船行缓慢而不急躁，末句写流之"急"、己之"稳坐"而见"随缘"。

傅绍岩，字梅根，湖南宁乡人。民国二十二年（1933）夏日来庐山，有诗云："湖波西下千帆起，江水东来一线分"（《过湖口望庐山》），由此可见帆船运输之繁忙。

曾晚归，广东人。他曾与广东籍退役等18人，来到庐山太乙峰下，购地建别墅，村名太乙村。所作《最高楼·山中辞》词中写到山上眺望鄱阳湖的船运情景："喜鄱湖，新绿到山窗。认片片，归帆过。"又《曲游春·彭泽》上阕云："溢浦斜阳影，照横波孤舫，柔橹双画。画郭参差，绕苍峰峰麓，四围天碧。　云树荒城隔，定卷入、涛声萧瑟。想过江、几易晴岚，都挂旧家帘额。"题中彭泽并非言彭泽县，而是彭蠡泽，即鄱阳湖。词中写到九江湓浦一带船行情景。

欧阳怀岳（1917—1943），星子人，毕业于厦门大学，所作《短歌行》序曰："星子陷后，余由都昌偷渡返里，因睹景物清凉，感而赋此。"诗云："匡庐之树蠡湖船，云移高峰浪摇天。风景不殊似昔年，客子归来泪欲涟。……"沉哀凄戾。当时鄱阳湖西的星子县在日占区，湖之东的都昌县在国统区。

在长江航道的九江段，也有诗词写到此处港口情景。胡以谨（1886—1917），字伯宜，安义人，有《乘轮舟至九江》一诗云：

金铁争鸣处，银涛万马奔。推篷看九派，转瞬失千村。
簟具饥仍食，窗风夜不温。浔阳怀旧梦，襟上泪痕存。

"金铁争鸣"言轮船将到岸时之声音，"银涛"如奔马，可见风力之猛，九派茫茫皆不见，故云"失千村"。

程镜寰（1890—1976），字览宇，铅山县人，在九江教书。有《望海潮·九江怀古》词写到长江航道：

山连湘粤，疆通吴楚，楼船迤逦江州。貂锦绣旗，秋霜白日，依稀晋代风流，成败一荒邱。甚星移物换，争战难休。画角谯门，暝烟疏雨使人愁。　扬舲万里会游，几重湖泛月，叠巘吟秋。通子书随，莱妻夜话。孤篷茗碗相酬。清景不常留。又车轮马足，尘海沉浮，好语浔阳岸柳，凭系往来舟。

在九江城外江边而凭吊怀古。此地交通位置重要，向来水运昌盛，人文鼎盛，而今萧条乃因"争战难休"。

又有《踏莎行·舟行鄱阳湖》词云："隐隐轻雷，濛濛细雨，扁舟摇在鄱湖里。长堤芳草绿如茵，朝来约略生春水。　脉脉离情，盈盈别泪，此行端的无情绪。不知何处是家乡，纵然有梦难寻处。"将行舟之愉悦与思乡之愁糅合在一起。

新文学作家康白情在他的《庐山纪游》中以新诗记叙他在庐山上所见鄱阳湖风光以及舟行情景："真个鄱阳湖会梳妆！昨天的云鬓蓬松；今天的满头珠翠；昨天的眉目含愁；今天的毫发可数。昨天的离魂倩女；今天的新嫁娘。鄱阳湖真个会梳妆。三面都摆着这么长、这么宽的大镜子！""鄱阳湖七百里底全景尽在我们的眼底。湖里黄白黄白的水——往来的帆船都数得清。平原上乱着起伏的丘陵。远望无极的扬子江直像风袅袅地拖着一条长银带。""钱家湖里荡舟。山影连锁似地环绕在湖面。暝色带来些模糊涂在黛晕上。鲤鱼斑的红云映在湖面织成丝丝的鲛绡纹。波纹由红而橙黄了，由橙黄而绿了，由绿而油碧了，由油碧而蓝了，由蓝而黑了。"

在赣江中游的航行之作并不多见。刘肃《过峡江》诗云："两岸山环抱，间阎劫后存。云开先见塔，树密半藏村。酒市临江闭，渔舟下濑喧。萑蒲何日靖，到处有惊魂。"随境触发时局不靖、人无宁日、乡邦萧条之忧。又《晓发》云："朝日上篷背，微风不动林。波平牵缆直，沙聚受篙深。新涨失孤屿，宿云归远岑。寥天看雁去，嘹唳答遥吟。"观察帆船被缆牵、篙撑沙中之细微。刘肃（1875—1944），字严吾，号念庐，都昌人。民国初年为南昌法院书记官，后以教书为业，抗战时辗转泰和、赣县。

民国初年在赣省第五中学执教的辛际周，有《自虔州乘涨下洪都》诗云：

小休逢夏日，乘涨去虔州。不觉船前进，翻疑水倒流。
风凉侵旅枕，山翠豁吟眸。更喜陪谈笑，同舟足胜俦。

夏日赣江上游水涨，船行速快而不觉得，却以为是水向后流，颔联以流水对写心态如现。凉风吹来痛快，观青山愉快，有同船者在一起谈笑更愉快。辛际周（1885—1957），号心禅，灰木散人，万载人。民国初年为《江西民报》主笔。抗战时江西省志馆聘为总纂。

欧阳武（1881—1976），号南雷，吉水县人。辛亥光复时任江西护卫军司令。1928年作有《发南昌经丰城樟树舟中夜吟》云：

> 天边残月落，江上晚风遒。几处灯照岸，数朵云出岫。
> 风景灿如画，何能解我愁。归心似箭夜，夜分趁孤舟。
> 舟空可载石，破浪溯上流。明朝早抵里，庶慰堂上忧。

逆水行舟，观天边、江上、岸边之夜景疏淡如画。"载石"用的是东汉陆绩罢官后乘船行装轻、以石载重的故事。归心似箭，乃因家有老母。

李烈钧（1882—1946），号侠黄，武宁人。民国初年任江西都督，1927年任江西省政府主席，后投闲置散。他曾离开故里乘船于修江上，有《修江舟中》诗云：

春光迤逦满芳洲，道出宁江望永修。天地有心恒覆载，湖山无恙任遨游。风敲岸竹疑琴韵，晖映林花似锦裘。更喜高人同击楫，悠然箕踞一扁舟。

此诗写出乘船所见修江沿岸的风光，自励并鼓励同行人有击楫中流的志气。

抗战时期，赣北沦陷，赣江中游以上仍属国统区。其时流迁居泰和的文人，每有思念故乡之作。程学恂（1872—1951），字窬堪，号伯臧，新建人。日寇侵华，乃辗转吉安、乐安、泰和。在设于泰和的江西通志馆为协纂时，作《澄江杂诗》中云："诗魂今古月，帆影去来潮。兵隙贪登眺，因风散郁聊。"言澄江仍可见帆影之往来。熊冰，号艾畦，南昌人，时为省府秘书。有诗云："轻轻已放重阳过，坐对枫林晚色殷。两岸澄江通罄欬，千秋双井绝援攀。谁怜皋庑歌兼噫，终见楼兰斩复还。万点风帆皆北向，梦魂常绕旧家山。"（《秋感次程伯臧先生登快阁韵》）江上白帆万点，可见赣江中游水运仍然繁忙，应与当时江西经济政治、文化中心在赣中有关。

涂世恩(1900—1960),号梦梅,丰城人。执教于南昌二中,抗日时随校迁永新县,后为中正大学副教授。乘帆船于赣江途中,作《舟次偶占》诗,中两联云:"鸦喧牛背飞仍立,岫列船唇卧似游。万井烟沉兵气接,一川风紧客帆收。"战争阴影笼罩,江上风劲,其内心之忧虑可知。

这些诗词与新诗,写出了江、湖之美以及水运的情景。虽说民国时期轮船航运不少,但文人笔下出现更多的是帆船,此一意象更容易融入怀念乡国的愁情别绪。

后 记

  我出生于鄱阳湖滨的星子县城。小时候，每当来到鄱阳湖畔，常想那中流竞发的千帆，从何处而来，到何处去？还有那小火轮拖着一札札木排从吴城方向，经过左蠡、扬澜而航行到湖口，转运长江上下游。往返九江、都昌的小客轮，每天上水一班，下水一班。在湖边，经常看见星庐瓷土矿运来的高岭土砖搬运上船，继而扬帆驶往鄱阳县转达景德镇。因此之故，我也了解到船只形制有异，譬如都昌船的式样，船头向上尖翘；星子船的式样，船头是齐平的。船民的劳作与生活，屡有所见。我也有多次乘船的体验。有一次乘小帆船渡越鄱阳湖去都昌苏山土目村，逆北风在大浪中行驶，帆腹很饱，驾船者随时调整帆与舵的角度走之字形而前，颇为惊险。

  70年代初，我在星子县型砂矿劳作时，更是经常与帆船、货运船打交道。有时小火轮拖来十多条大驳船的船队，每船载重量近二百吨。上百工人得干两天加一夜通宵才能完成一条船队的装砂任务。我在扬澜沙山时，屡闻船舶经过对岸老爷庙附近时燃放的爆竹声，这是在祈求神灵保佑水运安全；也曾亲眼目睹七级狂风浪中，货运船在大浪中翻覆的惨状，十多条生命浮沉在水中，被风浪卷到岸边，无一幸存。

  艰苦繁重的劳作，枯燥单调的环境，却萌生了我的文化梦、诗词梦。在杨澜山有元末朱元璋、陈友谅大战鄱阳湖时所遗烽火台废址。1973年5月，我登台而作《扬澜烽火台记》。其中云："若夫晴晨登坛，湖碧天蓝，轻移白帆。俄而东方霞光斑斓，金彩腾辉，敷染群峦。至若送金乌，迎皓月。银辉如水，碧波如墨。机船轰鸣，湖谷响彻。回想当年，陈友谅无计可逃，舰坏橹断而散飘。"

80年代前期，我在星子县志办担任主编。1985年我离开了星子县。1987年8月，我应邀参加县志审稿会，会后与几位方志同行乘小轮船航行鄱阳湖上。站在天篷上，远眺湖水如巨大的绸袍，碧波起伏，指点胜境，遐思千年，何其快哉！因作《出航》诗云：

一轮劈破巨绸袍，雪浪琼花划剪刀。

我上天篷频指点，迷离星渚渐迢迢。

21世纪初，鄱阳湖又开始成为江西学术界的话题。其时，我作有《鄱阳湖赋》，其中云：

浩瀚兮茫茫，滉瀁兮泱泱。或明镜滢滢，或波光粼粼。倒映匡庐之黛，簸摇星月之光。遥想当年，渔歌唱晚，声声远传南浦；帆樯乘风，片片直泛溟沧。得舟楫之便利，有鱼虾之满舱。至乃"扬澜左蠡，无风浪起"。几番桅折船沉，闻者魂惊色变。更有狂飙大作，洪波春撞。天地惨昏，山川荡摇。鱼龙昼啸，魍魅夜号。浪崩沙山之麓，响振豫章之城。迨至冬时，湖水消退。老河迤逦一线，鱼出池沼；洲地裸横千里，滩蔓藜蒿。石钟雄耸，能辨湖青江黄之界；鞋山孤峙，如遗约会凌波之履。落星自天而坠，杨吴国因号为宝石湾；石镜有谁得窥，谢灵运攀崖于松门山。商旅如云，群集于吴城名镇；舳舻塞港，榷税于姑塘海关。连两广之通途，纳西江之奔澜。孰知天造地设之水乡，翻为箭飞艇逐之疆场。周瑜点将于宫亭，西拒曹操之骄；刘裕攻栅于左蠡，击败卢循之狂。朱陈两军，大战康郎。火燎血溅，以弱胜强。艨艟巨舰，瞬间化作烟灰；忠臣猛将，几多供入祭堂。太平军筑垒石钟，内外阻隔，曾国藩为之束手；李烈钧起兵湖口，南北响应，袁世凯因此丧亡。

我在2010年至2013年曾任赣鄱文化研究所所长。退休后第一年，我应江西省政协学习文史委员会之邀，出任《鄱阳湖文化志》副主编。多年主编的《鄱阳湖历代诗词集注评》2014年出版，获2015年全国优秀古籍整理图书二等奖。我与鄱阳湖可说是有不解之缘，不过很遗憾，赣江等五河，我却无缘乘船航行其间。八九十年代以后，帆船几乎消失了，汽车运输业的大发展，使得水运锐减，就连客运轮船也难得一见。

短短几十年间，水运变化居然如此之大。

2013年5月，省社科院立项有《赣鄱文化研究丛书》五种，其中有《赣鄱水运文化史》。其时我刚退休，马放南山投闲置散，此书写作难度大，不敢问津。然而我的后任朱林所长极力鼓励我申报此课题。颇费踌躇，考虑到我与鄱阳湖有种种缘分，又有一份对江西山水胜境、人文历史的挚爱，于是贾余勇申报此项目而获通过。在写作过程中，朱林两次帮助寻找资料，搜寻《天下水陆路程》一书电子版，《江西内河航运史》一书也是他到省航运局索求的。我因多事干扰，撰写时断时续，至今四年多才完稿。

此书根据史料情况，在不同朝代突出的重点略有不同，如宋代突出漕粮运输的细节；明代详于水道驿站，突出四大名镇与二大钞关；清代详于造船种类、工艺；民国时期详于轮船运输兴起之后与帆船相济为用，并叙船工与排工号子、船民生活情景，并非此前无，而是文献不足征。又如水运方面的诗文，在各章节安排的重点也有不同。譬如第六章宋代部分第八节"文人笔下的行船情景"，重点叙述苏轼苏辙兄弟、杨万里、范成大、文天祥的水路行程与体验。第八章明代部分第九节"文人笔下的赣鄱水运情景"，对船行顺风与逆风快慢情景有较多的留意。第九章清代部分第七节"文人笔下的江湖与航运"，用较多篇幅叙述了赣江十八滩行情景与鄱阳湖阻风情景。这些内容的重点安排在不同章节，则可以避免细节的重复。高兴之余，我手绘赣江水运画一幅，作为每章开始的插图。

对于此科研项目的研究，我还有诸多不满意，限于文献不足，限于没有科研经费，未能到一些江河的重要地段作实地踏勘，但总算是能够出版，圆了多年一梦，还是非常幸运的。我期待着方家的指正。

胡迎建记于南昌青山湖畔湖星轩

2017年5月25日

主要参考文献

[1] 谭属春、陈爱平校点，郦道元：《水经注》，岳麓书社1995年版。

[2] (明)黄汴著.杨正泰校注：《天下水陆路程》；(清)恒漪子辑：《天下路程图引》。山西人民出版社1992年版。

[3] 周振鹏编校：《王士性地理书三种·广志绎》，上海古籍出版社1993年版。

[4] 魏嵩山、肖华忠著：《鄱阳湖流域开发探源》，江西教育出版社1995年版。

[5] 程宗锦主编：《江西五大河流科学考察》，江西科学技术出版社2009年版。

[6] 钟起煌主编：《江西通史》，江西人民出版社2008年版。

[7] 沈兴敬主编：《江西内河航运史》(古、近代部分)，人民交通出版社1991年版。

[8] 胡柏龄主编：《江西内河航运史》(现代部分)，人民交通出版社1997年版。

[9] 江西省交通厅交通史志编审委员会编著：《江西省交通志》，人民交通出版社1993年版。

[10] 江西省交通厅交通史志编审委员会编著：《江西省交通志》，人民交通出版社2010年版。

[11] 郑翔、胡迎建主编：《庐山历代诗词全集》，上海古籍出版社2011年版。

[12] 李华栋、胡迎建主编：《鄱阳湖文化志》，江西人民出版社2014年版。

[13] 胡迎建主编：《鄱阳湖历代诗词集注评》，江西人民出版社2015年版。

[14] 孔煜华、孔煜宸编注：《江西竹枝词》，学苑出版社2008年版。

[15] 刘显族主编：《历代名人咏赣州》，中国文史出版社2014年版。